近代日本プロテスタント史の政治思想

——内村鑑三、植村正久、海老名弾正の足跡

古賀敬太

風行社

〔目次〕

［凡例］

1　文献からの引用は、原則として、旧漢字は新漢字に、旧仮名遣いは、新仮名遣いに改めた。またローマ字はひらがなに変更した。

2　以下の書物ないし雑誌の引用箇所の表記は、『内村鑑三全集』、『内村鑑三日記書簡全集』、『内村鑑三目録』、『内村鑑三聖書注解全集』、『植村正久著作集』、『植村正久と其の時代』、『矢内原忠雄全集』、『福音新報』、『基督教世界』、『上毛教界月報』、『六合雑誌』の場合は、例えば1巻50頁は、①―五〇とする。また『新人』からの表記は、1巻2号50頁は、①―二―五〇とする。なお『福音新報』の論稿で『植村正久全集』や『植村正久著作集』に収載されている場合には、『植村正久全集』や『植村正久著作集』から引用した。

3　聖書からの引用は『聖書　２０１７』（日本聖書刊行会）を用いた。

4　本文中の引用の【　】の部分は、著者が追加したものである。

5　本書では、歴史的用語として用いられる場合には基督教、ないし基督教会とし、そうでない場合にはキリスト教ないしキリスト教会と表記した。

6　本書で登場する重要な人名には基本的に生没年、外国人の場合には原語表記も加えているが、人名だけで終えている場合もある。

7　巻末に内村鑑三、植村正久、海老名弾正の年譜と参考文献、人名索引を加えた。

はじめに

本書は、近代日本プロテスタン史におけるキリスト教指導者である内村鑑三、植村正久、海老名弾正の思想と行動を歴史的文脈に即して比較しつつ、彼らが日本プロテスタン史において果たした役割を考察するものである。

明治から大正を経て昭和初期まで生きた卓越した三人のキリスト教指導者たちが、近代プロテスタント史の中で果たした役割を否定する歴史家はいないであろう。京都学派の哲学者である田辺元（一八八五〜一九六二）は、『キリスト教の弁証』（一九四八年）において若き日を回想して、当時におけるプロテスタント指導者が青年に及ぼした精神的影響力について次のように述べている。

それには、当時の日本のキリスト教界に、内村鑑三、植村正久、海老名弾正氏の如き有力な人が居って、その結果キリスト教の影響力が大きかったということもある。その前後の一高生の中、精神主義が徹底的に強くして純粋であった少数の人々は、角筈に内村に教えを求め、堅実なる信仰と共に、キリスト教に関する学識を要求する人は番町教会に就き、更に比較的多数の人々は、壱岐坂教会（本郷教会）に海老名氏の説教を聴いたようである。[1]

一高生のみならず、当時キリスト教を求める人々にとって、この三人の名声は知れ渡っていた。ところで内村鑑三の研究書は数えきれないほどあるし、キリスト信者である人にもそうでない人にも広く親しまれている。また内村に比べれば読者の範囲も限定されているが、植村正久や海老名弾正に関する研究書や論文も再生産され続けている。また、例えば植村の研究書においては必ず内村との比較が試みられているし、海老名の研究書においても植村との神学論争や内村の非戦論との比較が行われ続けてきた。

しかし、こうした部分的な比較考察は存在するものの、この三人のキリスト教思想や政治思想を当時の時代的文脈の中に位置づけて、三人の信仰や歴史観、政治観を明らかにして相互に比較する試みは、私の知る限り、少ないと云わざるをえない。その試みには、三つの作業が必要となる。

第一は、三人の思想と行動の原点と変遷を丹念にフォローすること、第二は、それぞれの時代の問題や危機に際して、三人がどのように対応したかを比較し、その相違の原因を考察すること、そして第三に、そのような比較考察を通して、日本の近代プロテスタント史の光と闇を明らかにすることである。この第三の作業が本書の最終的な目的であり、それによってどのような近代プロテスタント史の全体像と問題点が浮かび上がってくるかが重要である。

本書は、大別して三つの主題をテーマとして念頭に置いている。第一は、日本特有の排他的な国体論の主張に対して、国体とキリスト教との関係に三人がどのように対応したかである。ここで国体という言葉について説明しておくことにする。国体は天皇が統治権を総攬《そうらん》する日本独自の国柄を表現する言葉であり、一八九八年の大日本帝国憲法と翌年の教育勅語の発布によって確立され、天皇への忠孝が臣民の義務とされた。同時に皇祖神の天照大御神の神勅による天孫降臨や万世一系の天皇という記紀（古事記と日本書紀）神話によってイデオロギー的に天皇の絶対的支配が正当化された。更には皇室神道と神社神道が結びついた国家神道の成立によって、臣民に対して神社参拝が義務づけられることとなる。更に為政者の側から発せられる「国体の本義」や「国体明徴」の声明によって、国家的統合が進められ、日本人の内面をも呪縛するようになる。一八九一年に生じた不敬事件は、そうした国体イデオロギーに対決する象徴的事件であった。

内村鑑三の不敬事件以来、国体とキリスト教との関係がクローズアップされ、加藤弘之（一八三六～一九一六）や井上哲次郎の官界アカデミズムや日本社会の宗教的因習などによってキリスト教や教会が試練にさらされた。三人は、当時の国家権力や排他的な神権的国体イデオロギーと対決せざるをえなかった。そして、そうした試練や迫害は三人が死去して後一層本格化することになる。三人は、日中戦争の発生やファシズムを経験することはなかったが、本書の叙述はそこで終わっていない。日中戦争以降のキリスト教会の歴史にも触れて、一九三九年の宗教団体法の成立、一九四一年の教会合同による日本基督教団の成立、そして太平洋戦争下におけるキリスト教会迫害までをフォローしている。というのも、そこに日本のキリスト教会の闇の部分が全面的に現わされているからである。なぜそのような闇が発生したのか。なぜキリスト教会は、国家権力の圧迫に唯々諾々と屈し、ないし妥協し、排他的なナショナリズムや国体の激流に飲み込まれていったのか。そこに、三人の基督教指導者の思想と行動との連続性があるのか、それとも断絶のみなのか、連続性があるとするならば、三人の思想と行動のどこに問題があるのかが問われなければならない。

第二点は、彼らのナショナリズムや戦争に対する立ち位置である。三人とも、日本国のありかた、日本の将来を模索し、日本国のために生きることを使命としていた愛国者であった。彼らの信仰のヴィジョンは日本国を神の国にすることにあった。彼らは等しく、外国の宣教団体から独立した日本独自の教会形成を試み、また日本に委ねられた神の摂理と使命を強く感じていた。しかし、そのナショナリストとしての立ち位置において三人には相違点があった。

内村鑑三の思想は「預言者的ナショナリズム」と呼ばれるように、彼は預言者的・超越的な視点から国の動向を鋭く批判することを躊躇しなかった。彼の有名な二つのJ（Japan と Jesus）は、相互に緊張関係をはらみながらも、Jesus が Japan に優越する地位が与えられていた。彼が古い聖書に書きつけていた「私は日本のために、日本は世界のために、世界はキリストのために、そしてすべては神のために」が彼のモットーであった。彼の「預言者的ナショナリズム」は、没落士族に特有な平民主義の立場と結びついて、国家の専制や帝国主義を批判する立場を形成した。他方、植村正久も海老名弾正も内村と同様に日本人たることに誇りを持ち、外国の宣教師やミッションから独立した教会形成を展開していった。しかし植村や海老名は、日清戦争以降非戦論に転じた内村とは異なり、日清戦争、日露戦争、韓国併合、第一次世界大戦を支持し、国家の対外的拡張を説くナショナリストとしての相貌を示した。その中で、植村の言動は国権と民権との間を揺れ動くバランス感覚が働いたが、熊本バンド出身の海老名弾正には国家主義的な傾向が特に強く、内村や植村にあった平民主義の視点は欠如していた。しかし、大局的に見るならば、植村も海老名も基本的に社会的な進歩史観に依拠していたので、文明対野蛮、民主主義対軍国主義という二元論で歴史を見、結果的に日清戦争、日露戦争、韓国併合、第一次大戦をイデオロギー的に正当化するに至った。二人には、内村鑑三が有していた終末論的な危機意識や歴史観が欠けていたのである。

第三点は、本書は彼らの政治思想をテーマとするのみならず、それとの関連で彼らの神学的、教会論的な立場を考察し、三人の共通点と相違点を明らかにすることを目指している。つまり国体、戦争、民主主義についての彼らの政治思想と神学的立場の相互作用に着目するものである。したがって内村鑑三、植村正久そして海老名弾正の政治思想を描くと同時に、その背後に存在する彼らの神学思想の特徴について詳しく紹介した。彼らの神学思想と政治思想は密接な関係を有しているからである。特に第一章の「三つのバンドの成立とその特徴」、第二章の「不敬事件をめぐる各バンドの対応」、第三章の「国体とキリスト教をめぐる論争」、第四章の「新神学をめぐる論争」、第五章の「正統的神学と自由主義神学」、第一二章の「内村鑑三の再臨運動とその批判」、そして第一四章の「内村の無教会主義対植村の教会主義」において三人の神学的な立ち位置に言及したが、そのことは、近代日本のプロテスタント史の歩みを知る上では、重要である。

正統と異端という観点からすれば、海老名の自由主義神学に対して、内村鑑三と植村正久はキリストの神性、三位一体、霊感の書としての聖書、イエス・キリストの十字架の贖罪と復活を信じ、正統的な福音主義の立場に立った。こうした立場からすれば、イエスが神であることを否定し、また人間の罪性やイエスの十字架の贖罪を信じない海老名弾正の自由主義神学は異端であった。しかしこの異端は、近代日本のプロテスタント史において大きな影響を及ぼした。

内村と植村は、同じ正統主義の立場に立って、共に自由主義神学と戦ったが、他方再臨問題、教会問題においては鋭く対立した。内村は教会の堕落に対抗して「無教会」を主張し、一九一八年から翌年にかけて再臨運動を展開した。日本の教会の主流を形成し、神学的訓練で評判の高かった植村が指導する日本基督教会は、再臨運動を素人神学で危険な運動として批判すると同時に、無教会の運動を教会を破壊するものとして攻撃した。植村にとって、内村は、海老名弾正とは別の意味において、日本のプロテスタント教会の傍流であり、攪乱分子に映じた。植村は、自らが日本のプロテスタント教会の本流であるという強い自負心と使命感を持ちつつ、自らの立ち位置を海老名と内村の間に設定した。内村は、贖罪信仰の完成として、また統一的な聖書の理解として「再臨」論を唱道したにもかかわらず、日本基督教会、組合教会そしてメソジスト教会といった主流派の教会からは迷惑がられ、無視され、批判され続けた。

同様なことが約二十数年経過した第二次大戦下におけるキリスト教迫害において再現することになる。この時は再臨問題は単なる教義上の問題ではなく、政治問題に発展していた。一九四一年に日本基督教団が成立していたが、「王であるイエスが再臨する」という再臨信仰の故に国体や天皇の権威を脅かすという理由で投獄されたホーリネス教会信者や無教会信者に対してキリスト教団統理の富田満や日本基督教会出身の神学者が示した態度がそのことを物語っている。本書の第一九章「基督教団の成立と戦時下におけるキリスト教迫害」で述べているように、裁判において証人として出廷した彼らは、迫害される側に立って弁護するのではなく、迫害する側の立場に立った答弁をした。内村の再臨運動の時の推進者と反対者が、人は変われども、今度は迫害される被告と国家の代弁者として対峙したのである。日本基督教団にとって、無教会やホーリネスの再臨論の伝統は、他方における自由主義神学と同様に、排除さるべきものであった。

本書は、基本的に時代順に三人の信仰と行動を考察するものであるが、中には論じるテーマとの関係上、必ずしも時代順ではなく、時代を前後して論じている場合もある。

総じて本書は三人の神学や教会論を追跡すると同時に、不敬事件、日清戦争、日露戦争、韓国併合、大逆事件、第一次世界大戦、関東大震災、米国の移民排斥、宗教法案といった政治的出来事に対する態度を考察することによって、明治以降の日本プロテスタント史の信仰と政治の問題に迫ることとする。そして、何故に、内村、植村、海老名亡き後の日本のプロテスタント教会が、抵抗することなく国体イデオロギーや天皇の神聖化、神社崇拝に屈していったか、その経緯を検証して、本書の締めくくりとしたい。

当然そこには、筆者の価値判断が反映されているが、できるだけ客観的に内村鑑三、植村正久そして海老名弾正の思想と行動を考察することを心がけたつもりである。ただ事実をどのような視点から見るかによって、事実の意味と評価は異なってくることとなる。

注

（1）『田辺元全集』第十巻「キリスト教の弁証」（筑摩書房、一九六三年）、四頁。

第一章　三つのバンドの成立とその特徴

本書は、近代日本プロテスタント史における内村鑑三、植村正久そして海老名弾正の信仰と政治思想を、明治、大正そして昭和初期という時間軸に沿って比較考察することを目標としている。内村鑑三は札幌バンド、植村正久は横浜バンド、そして海老名弾正は熊本バンドの出身である。それぞれのバンドの特徴を知ることは、三人のキリスト教理解を正しく認識すると同時に、その後の近代プロテスタント史の展開を知る上で極めて重要である。三人の信仰の源泉に迫ることは、第一になすべき作業である。

第一節　横浜バンド

Ⅰ　横浜バンドの誕生

日本でキリシタン禁制の高札が撤廃されて、信教の自由が認められたのが、一八七三年二月二四日であった。よく知られているように、一八七一年から一八七三年に欧米を視察した岩倉具視遣欧使節団が、行く先々で日本におけるキリシタン迫害を批判されたので、不平等条約の改正を成功させるためにも、キリスト教の解禁は不可避であった。しかしそれ以前に、一八五八年の日米修好条約の調印によって、在留米国人の居留地での伝道が解禁され、次々と宣教師が来日した。よく知られているのが、J・C・ヘボン（James Curtis Hepburn、一八一五〜一九一一、アメリカ長老教会）、S・R・ブラウン（Samuel Robbins Brown、一八一〇～一八八〇、アメリカ・オランダ改革派教会）、G・H・F・フルベッキ（Guido Herman Fidolin Verbeck、一八三〇～一八九八、同）たちであった。J・H・バラ（James Hamilton Ballagh、一八三二～一九二三、オランダ改革派教会）は、二年遅れて一八六一年二九歳の若さで来日している。彼らは、横浜や長崎の居留地で生活をし、日本語を勉強したり、英語を教えたり、聖書を和訳したりして、本格的な宣教の機会を探っていた(1)。

横浜バンドとは、ブラウンやバラの薫陶をうけた人々の総称であり、植村正久（一八五八～一九二五）、本多庸一（一八四九～一九一二）、井深梶之助（一八五四～一九四〇）、押川方義《まさよし》（一八五〇～一九二八）といった人々を輩出している。本多は植村の一〇歳上、押川は植村の八歳上、井深は植村の四歳上、内村は植村の三歳下である。ブラウンは一八七〇年に横浜修文館で教え始めたが、そこで本多、井深、押川、植村も学んでいた。植村は、一八七二年にバラの説教を聴いて回心する。彼は、英文で書いた「若き日の思い出」の中で、バラの説教と祈禱会で受けた感動を以下のように述べている。

私が学舎に入った時、それは祈禱会の開かれている時でした。そして私は、キリスト教に導かれたのです。そこで私が耳にした最初の説教は、聖霊のペンテコステの注ぎについてでありました。宣教師の日本語は分かり難いものでした。しかし、私にとって古く、また新しいキリスト教の神の概念が、私の心を何とか捉えたのです。……私の若い魂は、唯一なる神への、またしても永遠にしてあらゆる所に臨在され、聖にして慈愛に富み給う神への驚くべき信仰に揺さぶられたのです。私は議論することなく、何かの疑問を示すことなく、私はすでにキリスト者であることを感じたのです。そしてその日から、「天にいます父なる神」として神への祈りを始めたのです。いかなる偶像も象徴もなしに、また見るべき標識もなしに、この新しい形で神に祈ることは、新しい改宗者にとって驚くべき経験でした。そして罪の自覚、キリストの贖いによる赦しが正当に理解されるようになったのは、最初の回心の後、間もなくでした。（『植村正久と其の時代』①—六八二(2)）

この証のように植村を信仰に導いたものは、聖書の知識や神学ではなく、圧倒的な神の臨在体験であり、聖霊の働きによる回心体験であった。バラの説教と祈禱会では、リヴァイヴァルが起きていたのである。

井深は一八七三年にブラウンから受洗、押川と植村はそれぞれ一八七二年と一八七三年にバラから洗礼を受けている。植村が洗礼を受けたのは、基督教が解禁されてから約三か月後である。彼らは、等しく藩閥政府に対して戦った佐幕派の藩の武士出身であった。植村は旗本出身、本多は津軽藩、井深は会津藩、押川は伊予松山藩の出身である。特に井深は戊辰戦争の生き残りであった。なお本多は一八九四年から青山学院の第二代院長に就任し、一九〇七年にメソジスト教会の初代監督になっている。また井深は明治学院の総理を三〇年間（一八九一～一九二一年）勤め、押川は一八八六年「仙台神学校」（現、東北学院）を創設し、教育事業にも大きな足跡を残した。

Ⅱ　日本基督公会の信仰箇条

彼らは、日本最初のプロテスタント教会である日本基督公会を設立した。一八七四年に制定された「日本基督公会条例」の第一条「信仰諸則」においては、聖書の完全性、三位一体、キリストの十字架での贖罪、信仰による義認、聖霊による聖化、復活と永生、最後の審判といった教義が採択されている。ここで重要なことは、この教義が、バラやブラウン、フルベッキが属していたカルヴァン主義に基づく改革派の信仰箇条ではなく、イギリスで結成された「福音同盟」（The Evangelical Alliance）が一八四六年に福音主義キリスト教の信仰箇条として定めた以下の九項目を採択していることである。

聖書は聖霊において霊感されたもので、力と信じられるべき事に満ちている。

聖書はそれを読んで教える場合、自分自身の洞察力に適用する人にとって理にかない、賢明である。

神は三位一体である。

人間は始祖の原罪を負わせられて、罪を犯しやすい。

神の子は受肉し、人間を罪から贖われた仲保者として、人間に天の父を啓示し、人間を神に導かれる。神の子は教会のために執り成し、教会の頭として支配される。

罪人は、信仰のみによって義とされる。

罪人は聖霊の感化によって更生され、聖化される。

魂は不死であり、身体は復活し、主なるイエス・キリストはこの世を裁き、義人は永遠の祝福を受け、永遠の罰を免れるであろう。

キリストの職務は神によって定められた。洗礼と主の聖餐は、いつまでも守られるべき教会の聖なる定めである。

また「公会条例」第二条の「公会基礎」においては、「我らの公会は宗派に属せず、ただ主イエス・キリストの名に依て建る所なれば、単に聖書を標準とし、これを勉むる者は皆これ基督の僕、我等の兄弟なれば、会中の各員全世界の信徒を同視して一家の親愛を尽くすべし。これゆえにこの会を基督公会と称す[3]」とあり、福音主義の信仰に立ち、特定の教派にとらわれない、キリスト中心の教会形成が謳われている。

植村は、バラの召天を哀悼した「最古参お宣教師逝けり」において、教派を超えた教会建設に熱心であったバラを讃えて、以下のように述べている。

ジェームズ・バラ氏の名をして、日本キリスト教の歴史に不朽ならしめるものは、彼が最初の教会を創立したことであるのみならず、外国の宗派に属せざる日本を樹立し、その実現を志したことである。たとい、そのこと志成らざりしにもせよ、かくのごとく理想を抱き、これがために本国教会当局者の意見と背馳し、その身幾多の不利益を蒙りたるにもかかわらず、数年の間奮闘を続けられたことは、徳とすべきことである。(『植村正久と其の時代』⑥—四八五)

バラから継承した植村の超教派の教会形成の試みに関しては、第一四章の「内村の無教会主義対植村の教会主義」において詳しく触れることにする。

Ⅲ　日本基督一致教会批判

一八七四年に成立した日本基督公会は、一八七七年に日本長老教会と合同し、日本基督一致教会として新たにスタートし、一八九〇年に日本基督教会に改称している。植村は、日本基督公会の延長線上に日本基督教会を位置づけ、その二つの中間に位置する日本基督一致教会のあり方に批判的であった。というのも、日本基督一致教会は宣教師主導で行われ、ハイデルベルク信仰問答（一五六三年）やウエストミンスター信仰基準（一六四八年）を信条とする厳格なカルヴァン主義の信条主義であったからである。したがって福音主義教会の合同を目指し、簡易信条主義を好む植村にとっては、日本基督公会の路線とは異なるものであった。この点について、植村は『福音新報』（一九二四年八月一四日）に掲載した「宣言もしくは信条」において以下のように述べている。

日本基督教会は明治五年に創立せられたとき、福音同盟会の九ケ条をその信条として採用した。明治十年日本基督一致教会なるものを組織した場合には外国宣教師らに余儀なくせられて余り丁寧にもウェストミンスター信仰告白、キリスト教略問答、ハイデルベルク問答、ドルト教憲の四つを採用して殆ど首も回らぬ時宜であった。明治二十三年日本キリスト者の実力ようやく発達してこの四筋の鎖を打ち破り、今のごとき簡明なる心情を自由に制定することを得たのである。（『植村正久著作集』⑥一二九）

Ⅳ　神学教育の重視

植村自身は聖霊の働きにおける回心や教会形成を重視すると同時に、教役者に対しては、正統的な神学に依拠しつつ、教会形成や教会訓練、そして神学研究を重視した。それは、基督教会の伝統となっていったが、そこには、師ブラウンの影響があった。同時に、福音主義神学を攻撃する自由主義神学や新神学に対抗する目的があった。

ブラウンは、「自分は直接に伝道して歩かないけれども、伝道者を養成することに全力を尽くす」（『植村正久著作集』⑥—四五三）としてブラウン塾を開き、神学教育に専念した。植村は、ブラウン塾で神学、ギリシャ語、聖書学などを学び、伝道者たることを決意する。後にブラウン塾は、横浜から東京の築地に移転し、東京一致神学校として本格的にスタートするに伴い、植村も東京に移転し、神学校で学ぶと同時に、下谷練塀町で開拓伝道を始めている。植村二一歳の時である。

なお植村は伝道活動・教会形成と同様に、第六章で述べるように、『日本評論』を創刊し、時代の政治・社会問題に対しても積極的に向き合い、「社会の木鐸」しての論陣を展開した。

第二節　熊本バンド

Ⅰ　熊本バンドの成立

熊本バンドの人々は、熊本洋学校で授業をし、自宅で聖書を教えていた退役軍人である米人Ｌ・Ｌ・ジェーンズ（Leroy Lansing Janes、一八三八～一九〇九）の感化をうけ、キリスト信仰を持つに至った人々である。彼ら三五名は、一八七六年一月三〇日に、花岡山で「奉教趣意書」に署名し、キリスト信仰を守りぬくことを誓い合った。この中には、金森通倫（一八五七～一九四五）、海老名喜三郎（弾正、一八六〇～一九四六）、宮川経輝《つねてる》（一八五七～一九三六）、徳富猪一郎（蘇峰、一八六三～一九五七）、蔵原惟郭《これひろ》（一八六一～一九四九）、伊勢時雄（横井時雄、一八五七～一九二七）、浮田和民（一八六〇～一九四六）などがいた。後に小崎弘道（一八五六～一九三八）がこのグループに加わることになる。なお熊本洋学校は多くのキリスト教徒を輩出したため、旧守派から攻撃され、閉鎖を余儀なくされた。

後に述べるように、熊本バンドの人々は、人間的には内村鑑三に対して好意的であり、教会組織のバックを持たずに一匹狼的な内村に援助の手を差し伸べた人々である。ただ神学的・信仰的な観点から見れば、熊本バンドの神学は、自由主義的で、正統的信仰から逸脱していた。それは、ジェーンズのキリスト教理解の影響によるものである。それでは、ジェーンズはどのような神学を奉じていたのだろうか。

Ⅱ　ジェーンズの自由主義神学

フレッド・G・ノートヘルファーは、小崎弘道の発言を引き合いに出して、ジェーンズの信仰について、以下のように述べている。

彼【ジェーンズ】を宣教師的な、本質的には保守的な信者だったと考えるのは誤りだろう。小崎は後に、正しくも言った。ジェーンズは、本当は異端的なキリスト教徒であった。強く宗派主義に反対し、教会組織の敵であり、福音主義的になりきった局面ですら原典批判をはっきりと信じており、ヘンリー・ウォード・ビーチャーとホレース・ブッシュネルを熱烈に支持していた(4)。

ここで特定されているビーチャー（Henry Ward Beecher、一八一三～一八八七）は、正統派の教義を否定し、神の奇跡を疑い、進化論を主張した神学者であった。また、永遠の神の裁きを否定し、神の愛を説いた。彼は奴隷廃止者で、彼の姉のハリエット・ビーチャー・ストウは、『アンクル・トムの小屋』の著者である。またブッシュネル（Horace Bushnell、一八〇二～一八七六）は自由主義神学者で、三位一体やキリストの十字架の贖罪論を否定し、奇跡は自然法則と矛盾するものではないと説いた。

二人とも一九世紀米国の典型的な自由主義的な牧師であった。また、ジェーンズのキリスト教は、倫理的であったので儒教的な体質を持っていた熊本バンドの人々に受け入れやすかった。この点について、ノートヘルファーは次のように述べている。

彼【ジェーンズ】が熊本にもたらしたキリスト教は、ラディカルな改革者としてのキリスト教徒という概念を取り入れたものであり、宣教師のものとはずいぶん違っていた。力点は社会への奉仕におかれ、伝統的意味での改宗が中心ではなかったのである。大尉の考えるキリスト教徒の責務とは、道徳的模範となることであり、仲間をできる限りの方法で援助することだった。ルナンの『イエス伝』、シーリーの『エッケ・ホモ』(『この人を見よ』)の強い影響を受けていたジェーンズにとって、キリストの意味はまさに道徳的模範と人間性への信頼に存在したのである。(5)

ルナン(Josph Ernest Renan、一八二三~一八九二)の『イエス伝』(一八六三年)は、イエスが神の子であることを否定した書物であり、歴史家シーリー(John Robert Seeley、一八三四~一八九五)の『エッケ・ホモ』(一八六五年)は、キリストを道徳的改革者として描いた自由主義神学の代表作であった。

Ⅲ 「奉教趣意書」(一八七六年)

以下、熊本バンドの特徴を知るためにも、三五名が署名した「奉教趣意書」の全文を紹介する。

余輩かって西教を学ぶにすこぶる悟る所あり、爾後《じご》これを読むに益々感発し欣載措《きんたい》かず。遂にこの教を皇国に布き大に人民の蒙昧を開かんと欲す。しかりといえども西教の妙旨を知らずして頑固旧説に浸潤するの徒未だ少なからず。豈慨嘆に堪ゆべけんや。このときに当りいやしくも報国の志を抱く者は宜く感発興起し生命をちりあくたに比し、もって西教の公明正大なるを釈明すべし、これ我ら最も力を竭《つく》すべき所なり。故に同志を花岡山に会し同心協力してもってこの道に従事せんことを要す。

一　およそこの道に入るものは、互いに兄弟の好を結び、百事相戒め、相ただし、悪を去り、善に移り、もって実行を奏すべし。

一　一度この道に入りて、実行を奏する能わざるものはこれ上帝を欺くなり。これ心を欺くなり。かくのごとき者は必ず、上帝の譴罰をこうむる。
一　方今皇国の人民多く西教を拒む。故に我徒一人此の道に背く時は衆のそしりを招くのみならず、終に吾徒の志願をして遂げざらしむに至る、勧めざるべけん哉、欽《つつし》まざるべけん哉。
一八七六年一月三十日　日曜日　誌となん。(6)

この宣誓文には、文明としての西教＝キリスト教への傾倒と、迫害を辞さない強烈な戦闘意識が吐露されているが、信仰の内容は全くと言っていいほど見当たらない。

この趣意書に署名した金森通倫は、熊本花岡山において三五名が署名した奉教趣意書そのものが、キリスト教的ではなく、儒教的だという。またすでにそれは、国家主義的な傾向を示していた。金森によれば、熊本バンドは、キリスト教を輸入し、日本国家の根幹にすえることによって、日本を真の文明国にしようとしたのであり、それは個人的信仰ではなく、国家的信仰であった。熊本バンドにとって、キリストの十字架の贖罪と復活、永遠のいのちは、信仰の内容とはならないのである。この点に関して、金森は奉教趣意書に関して以下のように述べている。

この主意書の中には神、基督、救い、贖罪、罪、悔い改め、天国、地獄、聖魂、未来などという言は、一つも見えない。その代わりに皇国とか、報国の志とか人民の蒙昧を開くというような政治的文字が現れている。……基督教の本筋の魂の救いから入った者がこんな主意書を見たら是はクリスチャンではないというだろう。又実にそうなのである。全く本筋から横道に外れて居る。名称からが基督教といわず、西教といっている。もし本筋の信仰で書くのなら「我々近頃基督教を学び、深く己の罪を悔い、十字架の救の広大無辺なるを悟り、これによりて未来における永遠の幸福をよろこぶ、然れども、共同朋未だこの救いを知らず。この魂将に永遠に滅びんとす。吾輩これを見るに忍びず。挺身以ってこれを救わんと欲す」云々とでも書くべきであろう。(7)

実際熊本バンドの人々の中には、後に言及するように、国家主義的な心性を持ち、かつ正統的信仰から逸脱し自由主義神学に走ったものが多かった。いやそもそも正統的な信仰がどういうものか知らなかったのである。熊本バンドの面々は、創立の翌年、二期生として同志社英学校に入学し、新島襄（一八四三～一八九〇）や福音的なアメリカン・ボードの宣教師たちから神学や聖書学の授業を受けた。しかし両者の間には聖書の霊感説やキリスト論において対立が表面化したのである。特に、キリストの贖罪をめぐって、彼らは新島襄やジェローム・ディーン・デイヴィス（Jerome Dean Davis、一八三八～一九一〇）と衝突した。彼らは、新島やデイヴィスが教えるキリストの贖罪を否定したのである。この点において、金森は『回顧録』において、同志社の授業を振り返って、以下のように述べている。

殊に議論の激しかったのは、デビスの神学講義の時であった。デビスの神学は保守的オルソドックス、我々の方はゼンスやビーチャーの仕込みで自由主義だったから、その衝突は免れない。毎日毎日神学教場は、先生と生徒の討論会場だった。ろくにデビスの講義のノートをとったものはなかった。……贖罪論の時などは論駁が高じてきた。デビスは基督の死を以て贖罪の死、すなわち罪贖いの死だと主張する。我々はそうではない。あれは殉教の死、即ち献身犠牲の模範的死だと言って争った。そうして議論はとうとう纏まらず一カ月にわたりウヤムヤの中に神学教授はすんでおわった。(8)

海老名弾正も『回顧録』において、「贖罪説の講義に及んで、教授は頭脳を痛め、数日欠席せられた。我々は言った。先生はAtonement sicknessで休業された。Atonement sicknessの語は諺となったのである(9)」と書いている。Atonement sicknessとは贖罪の議論から生じる病気という意味であろうか。

Ⅳ　海老名弾正の信仰の特徴

ここでは、熊本バンドの代表的な人物である海老名弾正の信仰の特質について三点指摘しておきたい。

第一点は、海老名が儒教の延長線上に神を理解したことである。彼は横井小楠（一八〇九〜一八六九）の儒学における人格的な「天」の思想によってキリスト教的な人格神に導かれ、「儒教の天は、……西洋で云うゴッドというものではないかと思われた[10]」と述べている。この点に関して土肥昭夫（一九二八〜二〇〇八）は、「海老名は儒教をキリスト教に接木し、その志向を完成、成就するものとしてキリスト教を見ようとする」と評している[11]。

第二点は、彼が神を天帝として信じ、神との君臣関係に入ったことである。海老名は、ジェーンズが、「祈禱は人間の職分である」といったことに感動した時のことを次のように述べている。

> 職分と云う一言が非常に私の心を動かした。この一言を聴いた時には、あたかも光り物として落雷したようで、私の頭は全く砕かれた。深く私の心に合点したのは、この職分ということであった。神に造られた私が、我々を造り、天地万物を造りてかつこれを支配して居る神の大御心《おおみこころ》を考えて、一身を処するは職分である。私一個の心を以てするのではなく、神の大御心を窺い探すは、人々の職分である。臣が君に対すると同様、日常に処することは之は職分でなければならぬ。私は今まで職分を怠って居たのか、実に不見識であった。職分なれば腰もかがむ、平身低頭もする、職分のために腰をかがめるは屈辱ではないと云う心になって、今までの頑固な頭脳も砕けて、始めて神と私の関係が、君臣の関係、主僕の関係となってしまった。これは、僅か瞬間の精神状態で、当時の光景は今以て忘れられぬ[12]。

海老名は、この経験で自我中心主義から神中心主義に一八〇度転換し、神のしもべとしての立場を確立した。彼は、忠誠の対象を幕藩体制における藩主から天帝＝神に置き換えたのである。

第三点は同志社英学校時代に生じた第二の回心である。それは、「神の赤子」、「神との父子有親の関係」、あるいは「神人合一」の経験であった。彼は言う。

> 二十一歳の秋、私は仙洞御所の池の畔、大樹の下、ゲセマネーにおけるキリストの祈りをささげた。この時あたかも

神の赤子が我が衷心に誕生し居るを自覚した。これより以前我は、神の忠臣たらんと奮闘したのであるが、この時より我は神の赤子となった。(13)

そして海老名はこの「神の赤子」の意識を媒介として、キリストと一体化する境地を目指すことになる。この点において、土肥昭夫は「海老名弾正の神学思想――思想史の一精神」において、「キリストはその業と教えを通して神との父子有親の関係の極致に到達したものとなる。キリストは彼の主ではなく彼の兄弟である。……キリストとの出会いがあるにせよ、それは救い主への信仰告白ではなく、平等な人格的他者との出会いになる(14)」と述べている。

こうした海老名の独特の信仰理解については、第五章の植村正久との神学論争において詳述することにする。

同志社を卒業した熊本バンドの人々は、横井時雄、金森通倫、海老名弾正、小崎弘道、宮川経輝のように牧師や伝道者への道を歩む人々がいた一方、徳富蘇峰や蘆花のようにジャーナリズムや文学畑を歩む人々もいた。また社会事業や政治家を目指す人々や社会主義者もおり、実に多様な人材が活躍した。

第三節　札幌バンド

Ｉ　札幌バンドの創設

最後に、内村鑑三の名前で知られている「札幌バンド」を紹介することにする。「札幌バンド」の形成に大きな影響を及ぼしたＷ・Ｓ・クラーク（William Smith Clark、一八二六～一八八六）は、アーモスト大学を卒業し、ドイツのゲッティンゲン大学に留学して博士号を取得した後に、母校のアーモスト大学で一五年間科学を教え、南北戦争が勃発すると志願して士官となり、戦争終了後はマサチューセッツ州立農業学校で一一年間校長を務めた。五〇歳になった時、札幌農学校の教師として招聘された。当時の開拓使長官黒田清隆（一八四〇～一九〇〇）の命を受け、札幌農学校に教頭として招かれたのである。クラークはキリスト教によって学生を教育することを訴え、黒田がキリスト教は禁制であると一時は退けたものの、激論の末、最終的に黒田はクラークが聖書を学生に教えることを許可したと言われる。この辺の経緯について内村鑑三は、黒田清隆の死を哀悼して『福音新報』（二七二号、一九〇〇年九月一二日）に寄稿した「故黒田清隆」において、以下のように述べている。

伯、農学校を札幌に移すや、米国マッサチューセッツ州立農学校長W・S・クラーク氏を聘《へい》してその臨時校長となす。二雄東京において相会し、汽船玄武丸に同乗して北航す。船中直ちに学生の徳育問題に入る。クラーク氏は彼の確信を述べて曰く。「余の知る処を以てすれば、彼等に聖書を教えるの外彼らを徳育するの途あるなし。」と。長官襟を正して曰く。「これ余の賛同する能わざる所なり。我国に儒教あり、神道あり、何ぞ必ずしも外教を用いるの要あらん。君、余の学生に教えるに倫理を授くるも可なり。然れども彼等に耶蘇教の聖書を教えるに至りては余は堅くこれを謝絶せざるを得ず」と。クラーク氏は答えて曰く。「もし然らば余は道徳を教えざるのみ。余の道徳はすべて聖書の中に存す。聖書を離れて余は道徳の教える能わず」と。……クラーク氏は少しもその説を曲ぐるの様を示さず、両雄共に札幌に入りぬ。而して新設農学校の徳育問題は未決問題として存しぬ。然れども、開校の時期は迫れり。而して、二者孰れか一歩を譲らざるべからず。伯、クラーク氏に面して曰く、「君終に君の意を曲げず。余は今如何ともする能わず。余は君に告げんと欲す。余は君に聖書を学生に授くるの許可を与えんと欲すと。唯君願わくば余り公然にこれを為すなかれ」と。大佐は答えて曰く。「君に謝す。余は明日より倫理を余の学生に講ずべし」と。これ北海道札幌におけるキリスト教の濫觴《らんしょう》なりとす。（『内村鑑三全集』⑧—二七〇）

クラーク博士は行李の中に五〇冊の英訳聖書を持参したと云われているが、内村もその一冊を読んだのであろう。クラークはジェーンズと同様に、宣教師や牧師ではなく、一信徒であったが、熱心に聖書を札幌農学校の一期生に語った。彼の感化によりキリストを信じた第一期生一六名が、一八七七年にクラークが作成した「イエスを信じる者の誓約」に署名した。一期生には大島正健《まさたけ》（一八五九～一九三八）、伊藤一隆《かずたか》（一八五九～一九二九）、佐藤昌介《しょうすけ》（一八五六

〜一九三九）らがいた。二期生である内村鑑三、宮部金吾（一八六〇〜一九五一）、新渡戸稲造（一八六二〜一九三三）たち一五名も、翌年この「イエスを信じる者の誓約」に署名した。内村の署名は、内村の意志に反して強制されたものであり、大島正健と伊藤一隆は、「一人が内村を説いている間、他の一人はその影に立って熱禱を捧げていた」（『内村鑑三目録』①―一六八）とあるように、内村を説得しようとしたのである。

この一期生と二期生をあわせて札幌バンドという。ちなみに内村は上州高崎藩、新渡戸は奥州南部藩出身で、双方とも佐幕派であった。

Ⅱ　「イエスを信じる者の誓約」

札幌バンドの信仰内容は、「イエスを信じる者の誓約」（Covenant of Believers in Jesus）に明確に示されている。冒頭に「われらの罪をあがなうために十字架上に死に給える、尊き救い主に対する愛と感謝」が表明され、それ以降に信仰箇条が記されている。

われらは、聖書は神が人に与え給える、言語をもってする唯一直接の啓示にして、かつ輝く来生への、唯一にして完全無謬なる指導書であることを信じる。われらは、われらの恵み深き父にして、至正至上の支配者にいますとともに、われらの最後の審判者なる、唯一永遠の神を信ずる。われらは、すべて真心をもて悔い改め、かつ神の子を信じる信仰によっておのが罪の赦しを得る者は、聖霊によってこの世の生涯を恵み豊かに導かれ、また天にいます父なる神の不眠不休の摂理に守られ、かくてついに贖われたる聖徒の喜びと営みとに準備せらるべきを信じる。（傍線部引用者）[15]

クラークは、毎朝授業前に聖書の箇所を呼んで聞かせ、熱心に祈り、愛唱の賛美歌を暗唱したという。彼が愛唱した賛美歌の一つが、「いさおなきわれを」であった。[16]

Just as I am, without one plea,
But that Thy Blood was shed for me,
And that Thou bid'st me come to Thee.
O Lamb of God I come !
功無き我を、血をもて贖い
イエス招き給う、身許にわれゆく

内村は、この賛美歌の深い意味を、後に自らの苦悩を経て体験的に理解するようになる。内村は死の三か月前今井館で「僕が死んだら、人々はいろいろなことを言うだろう。偉人だとか、何だとか。そしたら書いとくれ、僕が十字架にすがる幼児にすぎない事を」と語っている。(17)

Ⅲ　内村鑑三と札幌バンドの人々

札幌バンドの人々は、独立伝道者となった内村鑑三以外は、主に教育の分野で活躍した。一期生の大島正健は、一八八六年から一八九二年まで札幌独立教会の牧師を努め、一九〇〇年に赴任した山梨県第一中学校（現在の甲府第一高等学校の前身）では、石橋湛山（一八八四〜一九七三）に大きな信仰的影響を及ぼしている。また佐藤昌介は、札幌農学校（北海道帝国大学の前身）の教授、そして学長になった。また二期生の新渡戸稲造は東京帝国大学教授や第一高等学校校長もつとめ、矢内原忠雄など一高の学生を内村鑑三の聖書研究会に紹介している。また宮部金吾は、札幌農学校の植物学の教授を務めているが、札幌農学校の卒業から晩年に至るまで内村と親しい関係を保ち、内村の伝道を助けた良き理解者である。また宮部は、札幌独立教会に所属していたので、内村が札幌に伝道旅行に来るときには行動を共にした。(18)

一九二八年一月一三日の内村の日記には、伊藤一隆の自宅に、内村鑑三、大島正健、宮部金吾が集まり、祈禱し、五〇年前の札幌農学校のことを懐かしんでいる記事が記されてある（『内村鑑三日記書簡全集』④―一三二～一三三）。更に、一九三〇年内村の葬儀に関しては、宮部金吾が「友人を代表して」謝辞を語り、大島正健の祝禱で式が終わっている。

実は内村はクラークが帰国した後札幌農学校に入学したので、クラークを個人的には知らなかった。クラークは一八七六年九月から一八七七年四月までの八か月だけ一期生を教えたにすぎない。したがって内村は、馬上から〝Boys, be ambitious〟と語ったクラークの言葉を聞いていない。たった八か月しか札幌にいなかったクラークが遺した信仰の遺産には目を見張るものがある。

ちなみに内村鑑三は、一八七八年六月二日にメソジスト監督教会のN・C・ハリス（Nerriman Colbert Harris、一八四六～一九二一）から洗礼を受け、いかなる教派にも属さない札幌独立教会のメンバーとなった。そのことが後に内村が「無教会主義」を主張する伏線となっている。

私たちは、三つのバンドの成立と、その信仰内容を見てきたが、実にその中に、それ以降のキリスト教界内部における対立の萌芽が存在することを確認しておきたい。また内村、植村、海老名の信仰を考える上で、この三つのバンドの特徴は重要である。基本的に内村も、植村も、そして海老名もそれぞれのバンドの信仰を継承し、深めていったのであり、そこから離れたり、否定することはなかった。個人的・時代的な難問と対決する中で彼らの信仰は飛躍を遂げていくが、基本的な立場は変わっていない。

ここでそれぞれのバンドの成立順を整理すると、横浜バンドの成立は日本基督公会（横浜公会）が誕生した一八七二年、熊本洋学校の学生たちが花岡山で「奉教趣意書」に署名し、熊本バンドが生まれたのが一八七六年、そして札幌農学校の一期生が「イエスを信じる者の誓約」に署名し、札幌バンドが成立したのが一八七七年である。

次章から、具体的にこの三つのバンドの代表者が、時代的な諸問題に対してどのように対応していったか、そのせめぎあいを描いていきたい。まずは、不敬事件からである。

注

（1）ブラウン、バラ、ヘボンについては、横浜プロテスタント史研究会編『横浜開港と宣教師たち――伝道とミッションスクール』（有隣新書、二〇〇九年）を参照のこと。
（2）植村がいつ十字架の贖いの信仰に到着したかは、内村鑑三ほど明らかではない。木下裕也は、植村の著『真理一斑』（一八八四年）は、キリストの贖罪論が弱いと指摘している。木下裕也『植村正久の神学理解――『真理一斑』から「系統神学」へ』（一麦出版社、二〇一三年）、九一～九二頁。
（3）鵜沼裕子『史料による日本キリスト教史』（聖学院大学出版会、一九九七年）、一一〇～一一九頁。
（4）フレッド・G・ノートヘルファー『アメリカのサムライ――L・L・ジェーンズ大尉と日本』（飛鳥井雅道訳、法政大学出版局、一九九一年）、二八一頁。
（5）同書、二四八頁。
（6）鵜沼裕子、前掲書、一〇四～一〇五頁。
（7）金森通倫『回顧録』（アイディア出版部、二〇〇六年）、四七頁。
（8）同書、六六頁。
（9）關岡一成『海老名弾正――その生涯と思想』（教文館、二〇一五年）、一三二頁。
（10）海老名弾正『我が信教の旧来と経過』（一九三七年、非売品）、五五頁。
（11）土肥昭夫「海老名弾正の神学思想」（『熊本バンド研究』所収、みすず書房、一九九七年）、二八六頁。
（12）關岡一成、前掲書、八一頁。
（13）同志社大学人文科学研究所『熊本バンド研究』（みすず書房、一九九七年）、二八七頁。
（14）土肥昭夫、前掲論文、二八八頁。
（15）鵜沼裕子、前掲書、一〇六～一〇八頁。
（16）小原信『評伝　内村鑑三』（中公叢書、一九八二年）、三〇頁。
（17）鈴木俊郎編『回想の内村鑑三』（岩波書店、一九五六年）、二八〇頁。また大島正健『クラーク先生とその弟子たち』（新地書房、一九九一年）を参照のこと。
（18）内村鑑三の宮部金吾宛ての書簡に関しては、山本泰次郎『内村鑑三――信仰・生涯・友情』（東海大学出版会、一九六八年）、六五九～九七五頁を参照。

第二章　不敬事件をめぐる各バンドの対応

この章では、不敬事件に対する内村の対応を、横井時雄や金森通倫といった熊本バンドの人々、そして横浜バンドを代表する植村正久と比較して明らかにすることとする。まさに不敬事件は、一九三〇年代において本格化するキリスト教と国体の衝突を先取りした国家と宗教をめぐる象徴的事件であった。内村だけではなく、当時のキリスト者や教会が試練にさらされたのである。この事件では、愛国心と超越的な神への信仰の関係如何も問われ、そこに異なった選択が生じた。つまり一方において愛国心を強調しつつも、超越的な神を国体や天皇の上に位置づけ、排他的で独裁的な愛国主義を批判する植村や内村の立場と、他方においてできるだけ国体とキリスト教の両立を主張するあまり、しだいに正統的なキリスト教理解から離れ、国家主義に傾斜していく熊本バンドの相異なる立場である。この違いは、実は第一章で述べた横浜バンド、熊本バンド、札幌バンドの発祥の時の信条に関係している。

そして次の第三章では、キリスト教と教育勅語ないし国体は衝突するという井上哲次郎の議論を、彼の著作『宗教と教育との衝突』に即して紹介し、それに対する横井時雄、植村正久、そして内村鑑三の反論を考察することにする。実はこのキリスト教と国体ないし教育勅語をめぐる問題は、それぞれのバンドの神学理解、キリスト教理解と密接にかかわっており、そのことがキリスト教界内部における自由主義神学をめぐる論争で明らかとなる。この問題に関しては、第四章「新神学をめぐる論争」そして第五章「自由主義神学と正統的神学」で触れることにする。したがって、第二章から第五章までは、一八九〇年代以降の日本の国粋主義への傾斜という時代状況を考慮しつつ、内村鑑三、植村正久そして横井時雄や海老名弾正といった熊本バンドの人々の信仰や神学理解の相違点に光を当て、国体に対する相異なる態度を跡づけることにする。

第一節　不敬事件の背景

内村は米国から帰国したあと、熊本バンドの海老名弾正の好意もあり、一八八八年九月新潟の北越学園に仮教頭として赴任した。しかしそこの宣教師と衝突し、たった三か月で北越学館を辞めてしまった[1]。その時、両者の間を調停しようとしたのが、横井時雄である。基本的に内村の人間関係は横浜バンドよりは熊本バンドの指導者たちとの関係が密であり、内村は横井時雄の好意で、組合教会で定期的に説教したこともあるので、一時期組合教会のメンバーであるかのように見られた時もあった。内村と熊本バンドとの関係は、新島襄が内村鑑三に期待し、絶えず好意を示してきたことにも関係していた[2]。

ところで、一八九〇年代は、一八八〇年代と時代の様相が変化していた。この点に関して、鵜沼裕子は、「一八八〇年代は、政府の欧化主義政策の波に乗ってキリスト教の教勢も大いに伸びた。一八八三年東京で開かれた第三回の全国基督教信徒大親睦会は、未曾有の盛況でリバイバル状態に高まり、十年と経たぬうちに、日本はキリスト教国になるであろうとの確信を参会者一同に抱かせたほどであった。……しかし続く九〇年代は、国粋主義の台頭により、キリスト教にとっては、試練の時期となった。そのあらわれがいわゆる『内村鑑三の不敬事件』とそれに続く、『教育と宗教の衝突』事件である[3]」と述べている。

内村は、北越学園を辞めた後、東洋英和学校教師を経て、一八九〇年九月に第一高等学校の嘱託教員となった。それは、当時一高に勤務していた木村駿吉（一八六六〜一九三八）の推薦によるものである。この一高で、一八九一年一月九日に、不敬事件が発生した。その前の一九八九年二月一一日に大日本帝国憲法が発布され、同年一〇月三日に教育勅語が発布されたことにより、天皇制国家や国家神道の法的・倫理的バック・ボーンが形成されていた。大日本帝国憲法の第一条では、「大日本帝国は万世一系の天皇これを統治す」とあり、第三条には、「天皇は神聖にして侵すべからず」と記されており、発布に際しては宮中で天照大神や歴代の天皇を祭る神殿の前で奉告祭がおこなわれた。教育勅語は、皇祖皇宗に対する臣民の忠孝を説き、「これ国体の清華にして、教育の淵源」と謳っている。冒頭部分には、「朕惟うに、我が皇祖皇宗、国を肇むること宏遠に、徳を樹つること深厚なり。我が臣民、克《よ》く忠に克《よ》く孝に、億兆心を一にして、世世厥《そ》の美を済せるは、これ我が国体の精華にして、教育の淵源また実にこれに存す」と記されてある。

まさに天孫降臨、皇祖皇宗の記紀神話が、忠孝という儒教の教えと結びついているところに教育勅語の特色があった。この教育勅語を解説した文部省教学局が作成した『国体の本義』には、次のように述べられている。

大日本帝国は、万世一系の天皇皇祖の神勅を奉じて永遠にこれを統治し給う。これ、我が万古不易の国体である。而してこの大義に基づき、一大家族国家として億兆一心聖旨を奉体して、克《よ》く忠孝の美徳を発揮する。これ、我が国体の精華とするところである。

不敬事件が起こる前、丁度大日本帝国憲法が発布された二月一一日に、当時の森有礼（一八四七〜一八八九）文部大臣が暗殺されるというセンセーショナルな事件が起きた。彼は欧化主義者でクリスチャンであったので、国粋主義者から嫌われていたが、彼が伊勢神宮に参拝した時に、土足で昇殿し、すだれをステッキでもちあげて、拝礼しなかったという誤ったニュースが伝えられたため、それを聞いた暴漢が犯行に及んだのである。この事件は、これから日本を襲う神権的な国体主義の前触れとなる事件であった。森有礼は、アメリカ滞在中の一八七二年（明治五年）に英文で「信教自由論」（religious freedom in Japan）を書いていた。鈴木範久は、この暗殺事件は、「内村には衝撃は大きく、その朝降った大雪とともに三〇年後も鮮やかに記憶されている」（『内村鑑三目録』②―六二）と述べている。この事件から三〇年経過した一九一九年二月一一の日記に、内村は以下のように当時を回想している。

紀元節である。憲法発布第三十周年である。その時、余は、東京小石川上富阪町に住んで居た。余の父も母も一緒であった。大雪であった。何か珍事が起こりはしまいかと思って居た。そうして夕刻に居って、森文部大臣が西野文太郎に刺されたということを聞いた。憲法が発布されて、黄金時代が日本に臨んだように感じたる人が多くあった。しかし、それは夢であった。その時以来、日本は、道徳的にはだんだんと悪くなった。ことに政治家の堕落、愛国心の減退は最も著しくある。いかに完全なる憲法なりといえども、国家を根本的に潔むることはできない。法律と教育で日本国を改築しようと思うた薩長の政治家らの浅薄さかげん、今に至りてわらうに堪えたりである。伊藤、井上など、人生の深き事には全然没交渉なりし政治家らによりてつくられし新日本が今日のごとく、浮虚、軽薄の国に成りしは、あえて怪しむに足りない。（『内村鑑三日記書簡全集』②―六八）

第二節　不敬事件の発生

ところで、第一高等学校では、一八九〇年一一月三日に、天長節祝賀式が行われ、翌年一月九日に教育勅語奉読式が開催された。時代は自由民権運動から国家主義への転換を告げていた。

第一高等学校では、講堂の中央に天皇、皇后両陛下の御真影が掲げられ、その前の卓上に天皇の署名（宸書《しんしょ》）のある教育勅語が置かれ、その脇に忠君愛国の誠心を表す護国旗が立てられていた。そして勅語が奉読された後、教員や生徒たちが順番に御宸書を奉拝（礼拝、最敬礼、礼拝的低頭）して退場した。奉拝の対象は、御真影ではなく、教育勅語の宸書であった。内村は、当日教育勅語に向かって礼拝的低頭をなすように命じられたが、信仰上良心の呵責を感じ、少し頭をさげるだけで、最敬礼しなかった。それが、「不敬事件」の真相である。内村は頭は少し下げたが、礼拝のように最敬礼しなかったことで学生が騒ぎはじめ、それが大事件に発展していった。この件で、内村は国賊として批難されるようになる。なお彼が、最敬礼をしないことはとっさの判断ではなくて、不敬事件の前日宮部金吾への英文書簡において、札幌教会からの脱退申し出をしていることから、事前に考えていたことではないかと思われる（『内村鑑三日記書簡全集』⑤―二二二）。彼は、不敬事件の顛末に関して、一八九一年三月六日に、ベル宛て書簡の中で以下のように述べている。

親愛なるベルさん。……一月九日に、私の教鞭をとる高等中学校で教育勅語の奉戴式が挙行され、校長の式辞と上述の勅語奉読の後、教授と生徒とはひとりひとり壇上に昇って、勅語の宸書に敬礼することになりました。その敬礼はわれわれが日常仏教や神道の儀式で、祖先の霊宝の前にささげている敬礼です。この奇妙な儀式は、校長の新案になるもので、従って私はこれに処すべき心構えを全く欠いていました。しかも私は、第三番講壇上に昇って敬礼せねばならなかったため、ほとんど考慮をめぐらす暇もなく、内心ためないながら、自分のキリスト教的良心のために無難な途をとり、列席の六十人の教授および一千人以上の注視を浴びつつ、自分の立場に立って、敬礼しませんでした。おそろしい瞬間でした。（同、⑤―二二二～二二三）

なお内村が書簡を送ったデーヴィト・C・ベル（一八四一～一九三〇）は、内村鑑三がアメリカ滞在中に親しくなった篤信の実業家で、内村鑑三の宣教を資金的にも支えた人物である。また折に触れて、再臨や聖書に関する福音的な書物や聖書注解書も送っており、信仰的にも内村に大きな影響を及ぼした。また内村は、ベル宛て書簡において人には言えない自分の苦しみや喜びを打ち明けることができたので、ベルへの書簡は内村の心の思いを知る上で不可欠な資料である。

内村は、後になって、一九〇三年八月二日の『万朝報』に「不敬事件と教科書事件」を書き、当時を回想している。

今はさること十四年前、余はその頃発布されし教育勅語に向かって低頭しないとて酷《ひど》く余の国人より責められた者である。その時の余と余の国人との争点は、下の如き者であった。即ち余は勅語は、行うべきものであって、拝むべきものではないと言いしに、文学博士井上哲次郎氏を以て代表されし日本人の大多数は、これを拝せざる者は国賊である、不敬虔である、と言いて余の言う所には少しも耳を傾けなかった。しこうして彼らは多数であり、かつ其言う所は日本人の世論である故に、彼等は余を社会的に殺してしまうことができた。(『内村鑑三全集』⑪―三四七)

この式に、キリスト者である木村駿吉と中島力造(一八五八～一九一五、三四歳)は困難な事態が生じることを見越してか、欠席をしていた。森有正(一九一一～一九七六)は、内村が奉拝しなかったことについて次のように述べている。

重要なことは問題が、殆ど瞬間的であったことである。かれは予め考慮して、この行動をしたのではない。ただ神以外のものを断じて拝すまいとする瞬間的な良心の感覚の為であったのである。ここに天皇神格化とそれに象徴される国家至上主義は、神を信じる内村鑑三によって原理的に否定されたのである。しかし彼がこの挙に出たのは、決して勇気凛々としてやったのではない。彼は実際はチョット頭を下げたのである。重要なことは、彼の良心が内側から神に束縛されて、拝することができなかったのである。(傍線部引用者)(4)

内村がとっさに深く敬礼をしなかったのか、前もって考えていたことかは別にして、神以外のものを礼拝しないとする決意、内側から神に束縛されているという内村の内的動機についての森の指摘は重要である。

第三節　内村鑑三の皇室観

なお内村は、皇室を崇拝する気持ちは人一倍強かった。彼は、一八八九年三月から一八九〇年二月まで東京英和学校で勤務したが、一八八九年一一月四日の「天長節並びに立太子式祝会」での「菊華演説」において、「皇室」と「富士山」、「菊華」が日本の誇りであると述べている。当時内村の講演を聞いた山路愛山(一八六五～一九一七)は、次のように内村の講演を記している。

されど書生よ記せよ、日本において世界に卓絶したる最も大きな不思議は、実に皇室なり。天壌と共に窮りなき我皇室は実に日本人民が唯一の誇りとすべきものなり。（『内村鑑三目録』②―六七〜六八）

また内村は、明治天皇の崩御の報に触れて、以下のように悲しみを露わにしている。

申すまでもなく明治天皇陛下の崩御はたとえようもなき悲痛であります。私どもはこれによって、天地が覆えりしように感じます。聖書に言うところの日も月も暗くなり、星その光明を失う（ヨエル書三・一五）とは、かかるさまを言うのであろうと思います。私どもは今さらながらにこの世の頼みなさを感じます。此悲痛におおわれて、休暇も休暇になりません。（『内村鑑三信仰著作全集』⑲―一八三）

この皇室と天皇への内村の愛着は、死ぬまで変わらなかった。彼は、死の直前の聖書講義において、「天皇は国民の父であり、単なる政治的君主ではない」（『内村鑑三目録』⑫―二七〇〜二七一）と述べている。しかし、皇室を敬愛することと、御真影や勅語を礼拝することとは別問題である。とはいえこうした皇室や天皇に対する内村の強い愛着は、国家神道や教育勅語によって臣民に無制限な服従を強いる国体の支配構造を認識し、対決することを困難にさせたのである。しかしこうした天皇や皇室に対する強い愛着は内村のみならず、植村正久や海老名弾正にも等しく見られるものである。

この後、内村は、木下校長から、お辞儀は礼拝ではなくて尊敬の現れであるという手紙をもらったことに心を動かされて、再度奉礼することに関して、組合教会の牧師金森通倫（当時三五歳）と横井時雄（三五歳）、そして同僚の木村駿吉と中島力造に相談した。その結果彼は、拝礼することを決意したが、当時インフルエンザが悪化し、肺炎で伏せっていたため、木村駿吉が一月二九日に代礼することとなった。なお木村駿吉は、横浜バンドの牧師植村正久から洗礼を受け、植村が牧師を務める一番町一致教会（富士見町教会の前身）の長老をつとめていたキリスト教徒であった。中島力造（一八五八〜一九一八）は同志社英学校の一期生で、この時一高の嘱託教員であり、組合教会に属していたが、のちに東大教授をつとめた著名な倫理学者である。

第四節　熊本バンドの対応

ところで、基督教界においては、内村の不敬事件に対してどのような反応が示されたであろうか。つまり熊本バンドと横浜バンドの代表者は、この問題をどのように見ていたのだろうか。熊本バンドの横井時雄と金森通倫は、それぞれ『六合雑誌』と『基督教新聞』に、植村正久は、『福音週報』に、この問題に関する論評をのせた。

なおこの時期、内村鑑三、植村正久、横井時雄は、キリスト宣教のために連携があり、相互に交わりがあった。例えば、一八九〇（明治二三）年一一月一〇日に、横浜バンドの植村正久と押川方義、熊本バンドの横井時雄と金森通倫、そして札幌バンドの内村鑑三が東京帝国大学基督教青年会に出席して、「落陽会」を開いている。

Ⅰ　横井時雄

横井時雄は、幕末の志士、横井小楠の長男で、一八七一年熊本洋学校に入学し、ジェーンズの感化を受け、花岡山の「奉教趣意書」に誓約した三五名の一人である。横井は、同志社を卒業したあと、愛媛県の今治での開拓伝道に専念し、今治教会で成功を収めた。その後、一八八六年まで同志社で勤め、一八八七年に上京し、海老名弾正に代わって本郷教会の牧師を務めると同時に、『基督教新聞』や『六合雑誌』の編集者をしていた。ちなみに当時横井の本郷教会には、同志社英学校出身で後に早稲田大学の哲学教授になる大西祝《はじめ》（一八六四〜一九〇〇）や田口卯吉（一八五五〜一九〇五）が出席していた。

不敬事件の時に横井時雄は、一八九一年五月一五日に、「忠孝と基督教」を『六合雑誌』（一二五号）に書き、忠孝とキリスト教の教えは矛盾しないとして、「忠孝とキリスト教との関係明白なりと云うべし。吾人は、今後キリスト教が我日本に伝播するといえども、少しも我が帝室に対し、祖先に対し大義に反するとなきを確信するなり」（『六合雑誌』⑫⑤—八）と述べている。

Ⅱ　金森通倫

組合教会系の『基督教新聞』では金森通倫の署名のある「帝室及祖先に対する敬意」（二月六日）と「再び礼拝事件について」（二月二七日）が掲載された。(5) 前者の論説において金森は、内面と外面を分離し、外面はたとえ低頭礼拝していても、内面において神以外のものを拝んでいなければ問題はないと主張する。これは、江戸時代のキリスト教禁制において、キリスト像やマリア像を踏んでも、信じる心が変わらなければ信仰を捨てたことにはならないという主張と同様である。

吾人が宗教的礼拝なる者は、更に形によるにあらず、唯その心において霊なる神に祈念するのみ、その形の如きは……毛頭礼拝には関せざるなり……吾人はキリストの教訓によりてその外形の式は礼拝に非ざる事を覚りたる者なりせば、拍手低頭は最早吾人の眼中に宗教的礼式にあらざること明白なり。（『内村鑑三目録』②—一一二）

そして金森は御真影に低頭奉礼することは、信仰にとって全く問題ないと考えた。金森にとって、天皇の御真影、賢所参拝、天皇のご先祖に対する敬礼は宗教的なものではなく、君臣関係の儀式にすぎなかった。金森は逆に、これらの奉礼を宗教的に理解して、偶像崇拝として拒否するならば、キリスト者は尊王愛国の念に欠けるというそしりを招くことになると警告するのである。金森は、後者の「再び礼拝事件について」では、教育勅語に最敬礼することを偶像崇拝とみなして拒否することを批判し、最敬礼を普通の敬礼とみなすべきであると主張する。

そもそも我国の基督教徒をして普通の敬礼と宗教的礼拝との区別を誤らしめるが為に、多くの人の良心を傷《いた》めまたこれが為に多くの日本人の前に福音の門を閉じて、これに入るを拒み、彼らを暗に迷わしめたるは、果たして誰の罪ぞや。もし三省してその帰する所を尋ねば、必ず覚える所あるべし。（同、③―一〇〇）

内村は、こうした『基督教新聞』の論調をどのように受け止めたのであろうか。木村が内村の奉礼の代わりをしたのが一月二九日なので、その後の記事である。小沢三郎は『内村鑑三不敬事件』において、この『基督教新聞』の記事に関して、「基督教新聞にあらわれた、組合教会の金森通倫、横井時雄の意見は、宸書礼拝に宗教的意義なし、これに『敬礼』するも差し支えなしというのである。したがって、日本基督教会の植村正久の意見とは完全に対立してしまうのである」(6)と評している。

熊本バンドの人々は、不敬事件で一高の教員をやめさせられ、四月に愛妻の加寿子をなくし、世間から国賊呼ばわりされた内村に対して同情的であり、彼の生活を助けることに心を砕いていた。特に横井は、加寿子の葬儀の司式を引き受けたり、定職を失った内村に対して、本郷教会でエレミヤ書の講義をさせたり、『基督教新聞』の執筆の機会を与えたり、組合教会の京橋講義所の説教者としての働きを与えたりした。その後内村は、一八九二年九月に熊本バンドの組合教会派の牧師、宮川経輝の招きを受けて、大阪泰西学館の教授に就任した。しかしこの学校は経済的にいきづまり解散したので、内村も八か月働いただけで、依願退職した。それを見て、内村を助けたのが、米国のボストンで知り合った熊本バンドの蔵原惟郭である。彼は、海老名弾正が一八八八年に建てた熊本英学校の二代目校長であった。内村は一八九三年四月に赴任したが、わずか三か月の勤務であった。なお内村は、不敬事件のときに妻をなくした後、一八九二年一二月に岡田シズと再婚している。

ところで、不敬事件に際して組合派とは全く異なる対応を行ったのが、長老派の植村正久であった。

第五節　植村正久の対応

Ⅰ　植村の不敬事件に対する対応

植村は、徳川旗本一五〇〇石の家に生まれた。すでに述べたように、横浜の宣教師J・H・バラから洗礼を受け、後にブラウン塾で神学を学び、下谷一致教会での開拓伝道を経て、一八八七年三月に一番町教会（一九〇六年から富士見町に移転して、富士見町教会になる）を開設していた。また植村は、牧師の働きと共に、明治学院神学部教師、明治女学校高等科講師を兼任した。彼が、自分の信仰を明らかにしたのが、『真理一班』（一八八四年）である。それ以前彼は、一八八〇年に創刊された『六合雑誌』に頻繁に寄稿し、名前が知られるようになっていた。後に植村は、『六合雑誌』が自由主義神学に傾斜していったので、この雑誌に距離を置いている。(7)

ところで、植村は、天皇の「教育勅語」を今まさに日本にとって必要であると受け入れた。しかし、その宸書を拝礼することは、暴挙以外の何物でもなかった。ここに植村の武士としての気骨が示されている。小沢三郎は上述した『内村鑑三不敬事件』の中で、「植村正久は、明治政府の独善的、絶対主義的行為や、人権弾圧に対しては、堪え難い怒りを全身に感じていたらしい(8)」と述べている。藩閥政治に批判的で、平民主義の立場をとるという意味では、内村の政治的スタンスと共通していた。不敬事件に関して植村は、『福音週報』（一八九一年二月二〇日）の社説に「不敬罪と基督教」を掲載し、信教の自由の論陣を張った。この時植村は三四歳である。植村は、宸書を奉礼することだけではなく、靖国神社などでの拝礼の問題をもとりあげた。それは、後のファシズム時代において、神社礼拝の強要という形で現れることになる重要な問題である。植村は信教の自由の侵害が将来起きることを予想し、憂えていたのである。彼は言う。

先日、高等中学校において、内村鑑三氏等が勅語に対して低頭稽首《けいしゅ》して拝をなさざりしとて、一場の紛議を生じたることは、読者の記憶せらるる所ならん。吾人は今上陛下を尊敬す。陛下に対して敬礼を表せずんばあらず。その尊影に対して、勅語に対し、同一の精神に基づける敬服をなしたりばとて、その智愚、損失は暫く置き、これをもって、偶像を排するなり、十戒に背戻することなりとは容易に断言すること能わざるなり。しかれどもこの事たるや、単独の問題として論ずべきものにあらず。その連帯するところ極めて広く、その関係甚だ重大なるものあり。キリスト教徒は賢所において参拝するも不可なりや。キリストを信ずる海陸の将校士官兵卒は、靖国神社において、神官の司る祭典に列《つら》なり、これに列なるのみならず、また拝を遂げ、祭文を読み、百事キリスト教を信ぜざるものと共に、その祭に与ることを得るや。これらの問題は、彼の内村氏等の事件と多少の関係を有するものにて、キリスト教徒の明かに決定するを必要とするものなり。（『植村正久著作集』①―二八九、傍線部引用者）

Ⅱ　植村の内村批判と内村の反応

植村は、内村が最初、奉拝することを拒否したことに感服すると述べた上で、内村がその後「これを礼拝し、金森・横井諸氏がこれを賛成したりと聞きて、深くその挙動を怪しまざるを得ず」（同、①―二九〇）と不満をあらわにしている。更に植村は、天皇の署名のある教育勅語に奉礼させることは権力の濫用だと批判すると共に、この事件で内村を一高の教員から辞めさせた暴挙を指摘している。彼にとって、教育勅語の拝礼は、「児戯に類するもの」であり、当局者の頭脳の妄想から発したものにすぎなかった。彼の論調はきわめて明快であり、横井・金森に対する批判のみならず、間接的に代礼を容認した内村に対する批判でもある。それは、できるだけ勅語の奉礼に妥協しようとする金森や横井と対極にある立場の表明である。金森と横井の立場には教育勅語の拝礼に対する国家主義者としての妥協的な立場が示されているのに対して、植村の立場は、超越的な神に対する信仰と同時に、人民の自由や権利の視点からの批判である。内村は、当時は金森・横井と植村の間を揺れ動いていたのではないだろうか。問題は、この『福音週報』に示された記事に対する内村の反応である。彼は、植村の論評に憤激して、一八九一年三月六日のベル宛て書簡で以下のように述べている。

小生はまた一派のキリスト信徒がその鉾を転じて小生に向かい、小生を卑怯者、追従者と呼び、小生がお辞儀することに同意せるを批難し居れるを発見せり、彼等は概ね長老教会信者なり。小生自身のみならず、全家族が悪名を被り、今なお然り、世人は小生が最後にお辞儀することに同意せる事実を調べずして小生の最初の躊躇を断固たる拒絶と取れり、しかるに長老教会信者は、お辞儀するは正しと主張しながら、小生が政府の威光に屈服せることに軽蔑の言葉を浴びせ懸けるなり。(『内村鑑三日記書簡全集』⑤―二二五)

Ⅲ　信教の自由をめぐる植村の戦い

『福音週報』は、この論説で発行禁止を受けたが、植村は恐るることなくすぐに新しい雑誌『福音新報』を三月に創刊するという迅速・果断な行動に出ている。

植村は「不敬罪と基督教」を掲載した翌日、『郵便報知新聞』(二月二一日)、『女学雑誌』(二月二一日)に、更にそれ以降『読売新聞』(二月二二日)、『日本評論』(二月二五日)、『福音週報』(二月二七日)において、押川方義、植村正久、三並良《みなみはじめ》(一八六五〜一九四〇)、丸山通一(一八六九〜一九三八)、巌本善治《いわもとよしはる》(一八六三〜一九四二)の五名の署名で、「敢えて世の識者に告白す」という共同声明を掲載している。

『女学雑誌』は当時『文学界』の中心人物である巌本善治が刊行していた雑誌で、巌本は植村の信仰的な影響を受けていた。ちなみに『文学界』にはキリスト教の影響をうけ、洗礼も受けていた北村透谷(一八六八〜一八九四)や島崎藤村(一八七二〜一九四三)たちが寄稿していた。島崎藤村の自伝的小説の『桜の実の熟する時』(一九一九年)には、巌本善治や、藤村が通った一番町教会の植村正久をモデルにした人物が登場する。

ここで不思議に思えるのは、植村が新神学の『真理』の編集人であった三並良や丸山通一といった信仰が異なるユニテリアンの人々と共同戦線を張っていることである。ユニテリアンは、三位一体やイエス・キリストを神と認めない人々であり、植村の信仰と対極にある人々であった。これは、植村が不敬事件は、信仰の教義にかかわる問題ではなく、国家対個人、なかんずく、信教の自由をめぐる戦いなので、相異なる信仰の持ち主とも共働できると考えたからである。植村は信仰の教義をめぐる問題に関しては、対立を恐れず、自説を徹底して主張したが、信仰以外の問題に関しては、教派を超えて連帯することにやぶさかではなかった。これが福音宣教を共にするための福音主義の内容にかかわる問題であれば、とても共働できなかったであろう。信教の自由の視点から不敬事件を問題にすることは、内村にはなかった視点である。植村たちは、「敢えて世の識者に告白す」という共同声明において、皇室を敬いつつも、天皇を神として宗教的礼拝を強要することは、大日本帝国憲法が保障する「信教の自由」を侵害するものであると強く批判している。少し長くなるが大事な点なので、植村たちの発言を引用することにする。

各小学校の陛下の影像を掲げ、幼少の子弟をしてこれに向かって、拝礼をなさしめ、勅語を記載する一片の紙に向かって稽首《けいしゅ》せしむるがごときは、必す宗教上の問題としてこれを論ずべからざるとするも、吾輩教育上においてその何の益あるかを知るに苦しむ。むしろ一種迷妄の観念を養い、卑屈の精神を馴致《じゅんち》するの弊あるなきかを疑う。またかくのごとき処置をもって皇室の尊栄を維持せんと欲するはすこぶる策の得たるものに非ざることを信ず。皇上は神なり。これに向かって宗教的礼拝を為すべしと云わば、これ人の良心を束縛し、奉教の自由を奪わんとするものなり、帝国憲法を蹂躙するものなり、吾輩死を以て、これに抗せざるを得ず。（『内村鑑三目録』②一二六〇～一二六一、傍線部引用者）

ちなみに一八八九年に制定された大日本帝国憲法は、第二八条において、「国家の安寧を妨げず、臣民の義務に背かざる限り」という条件付きで、信教の自由を認めている。したがって、政府は国家神道における崇拝の儀式に参加することは、特定の宗教行事ではなく、臣民たる義務であるので、信仰の自由の侵害にはあたらないとみなした。

しかし植村たちは、英霊を祭る靖国神社に参拝することは、明白な憲法違反と指摘する。

徴兵は国民の義務なり。兵士をして神道にて祭れる靖国神社に参拝せしむ。これ国民に強いるに神道を奉ずるをもっ

てするなり。違憲に非ずして何ぞや。（同、②―二六一）

そして最後に彼は、「学校、陸海軍、及び宮廷その他国民に関する諸礼式より宗教的の臭味を除去する」ことを要請している。これは、時代を先取りした勇気ある発言である。そして不敬事件以降、植村は宗教を保護・統制しようとする政府の政策に反対し続けた。植村が生きておれば、ファシズム時代に植村と同じ日本基督教会の系譜につらなる富田満（日本基督教団議長）が、神社参拝は宗教でないとして、積極的に神社参拝を勧めたことは、許すことができない暴挙であったにちがいない。植村は一九〇七年に『福音新報』に寄稿した「神道非宗教論」においても、神道＝非宗教論を批判し、神社参拝から宗教的要素を一掃することを主張している。（『植村正久全集』⑤―五八一）この点については、あらためて第一八章「日本的キリスト教」において触れることにする。

天皇制イデオロギーとの関連における植村と熊本バンドとの相違点について、武田清子は以下のように述べている。

内村鑑三をはじめ、明治時代の他のキリスト者と同様、植村も愛国主義者であり、国家主義から未だ自由でなかった世代と呼ばれる範疇に入る人であったことは否定できない。しかし、政治・社会問題に元来関心の深かった熊本バンド及び同志社系の人たちのうち、信仰的に自由主義神学（新神学）の影響を受けると共に、国家主義として妥協していく人たちが、割合多く出現したのに比べて、オーソドックスな教会信仰に立った植村においては、人格的個人の主体を犯し来る天皇制イデオロギーとの妥協は最も少なかったように思われるのである。[9]

まさに適切な指摘といわざるをえない。ここに、正統的な信仰理解に立つ植村と自由主義神学に依拠する熊本バンドとの不敬事件に対する態度の相違が正当に指摘されている。

注

（1）内村鑑三の北越学館における衝突については、政池仁『内村鑑三伝』（教文館、一九七七年）の一五三～一七五頁を参照。この頃から海外のミッションに対する内村の批判は強烈である。
（2）新島襄と内村の関係については、新島が内村と浅田タケとの調停を行っていたこと（『内村鑑三目録』①―一五五、一五七、『内村鑑三目録』②―二二一～二二五）、また内村にアメリカのアーモスト大学やハートフォード神学校を紹介し、帰国後の内村のクリスチャンとしての活動に期待していたことが知られている（『内村鑑三目録』①―一九七～一九八、二〇四～二〇六、二〇九～二一八）。内村の方は、新島から便宜をうけつつも、政治家や実業家に寄付をもらって学校建設に奔走している新島の事業を評価していなかった。これは、内村だけの評価ではなく、植村正久の評価でもある。内村は、一九〇七年に「新島先生の性格」（『内村鑑三全集』⑮―二四三～二四五）で、新島襄の宗教家としての資質に疑問を呈し、同時に同志社で出した宗教家には真の宗教家は少ないと述べている。また植村正久の新島評は、内村よりもっと厳しく、一九〇三年八月の『福音新報』において、次のように批判している。「彼【新島】は、神を信じ、基督を愛したに違いない。彼は伝道の熱情を持っていた。しかし彼は、余りにも己の事業【同志社設立】を偶像としたのである。その計画と事業とは彼を束縛して、霊的な発展にも幾分か害を及ぼし、日本教化の統領として、その天職を全うすることを得ざらしめた。……事業上の必要は、彼を駆って、非キリスト教勢力を抱合し、これを利用せんと汲々たらしめた。彼は世間の政治家や財産家も利用し、外国の宗派とその勢力を自家薬籠中のものとなし、これを工会いよく操縦しつつ己の理想を実行せんと試みた。」（『植村正久全集』⑦―五三一）。また植村は、「再び同志社について」で、同志社の霊的衰退を嘆き、「余輩は信ず。『同志社の宗教は基督教にあらずして、宗教なるべし』」（同、⑤―五五七）と述べている。
（3）鵜沼裕子『史料による日本キリスト教史』（聖学院大学出版会、一九九七年）、三三頁。
（4）森有正『内村鑑三』（講談社学術文庫、一九七六年）、二〇～二二頁。なお、森有礼の後妻の岩倉寛子（岩倉具視の五女）とその息子明（後の中渋谷教会の牧師）は、一九〇四年に植村正久から洗礼を受けている。また森有正は、森明の子供で森有礼の孫である。青芳勝久『植村正久』（渡辺省三訳、キリスト教図書出版社、一九七七年）、一四八頁を参照のこと。
（5）金森が寄稿した『基督教新聞』は、一八八三年創刊された超教派のプロテスタントの週刊新聞であったが、一八九三年頃から組合教会系の機関紙となり、一九〇三年に『基督教世界』に改称されている。海老名弾正が頻繁に自らの発言の場として活用するのが、『新人』とこの『基督教世界』、そして『六合雑誌』である。
（6）小沢三郎『内村鑑三不敬事件』（新教出版社、一九八〇年）、一八三頁。
（7）『六合雑誌』は、東京青年会が母体となり、主に植村正久と小崎弘道が中心となって発行され、一八八〇年から一九二一年まで続いた。発行の目的は、井上哲次郎や福沢諭吉などのキリスト教批判や時代の風潮に対してキリスト教を擁護することであった。しかし植村はこの雑誌が一八九八年にユニテリアンの機関誌になるに及んでこの雑誌から離れている。以降、『六合雑誌』の執筆者は組合系やユニテリアン系の人々によって占められていく（同志社大学人文科学研究所編『六合雑誌の研究』、教文館、一九八四年、四三頁を参照）。なお『六合雑誌』のすべての寄稿論文については、同志社大学人文科学研究所編『六合雑誌総目次』（教文館、一九八四年）を参照。

（8）小沢三郎、前掲書、二〇一頁。

（9）武田清子『植村正久――その思想史的考察』（教文館、二〇〇一年）、八〇頁。植村正久は、一九〇五年から一九二五年まで皇室祭祀である新嘗祭の機会に富士見町教会において新嘗感謝祭を行っている。それについて土肥昭夫は、「新嘗祭は天皇が五穀豊穣を感謝し、神々と共に神饌の新穀と新酒を食し、神霊と一体となり、神格化されるとする。それはキリスト教と全く無縁で、異質の考えである」と批判している（土肥昭夫『基督教会と天皇制』、二三八頁）。ただ「新嘗感謝祭」という言葉が使われているが、感謝や礼拝の対象は皇祖神ではなく、超越的で創造者なる神である。また植村は「基督教と皇室」（『六合雑誌』五三号）において皇室に対して最大限の敬愛の情を示しつつも、「国君をして活神のごとくなすあらんか、これこそキリスト教の主題に相反する」と強調している（『植村正久著作集』①―三九）。更に植村は、明治天皇の死を悲しみつつも、一九一二年八月四日に富士見町教会において行われた「御大喪」特別礼拝において、一天万乗の君と雖も、神の御招きがあれば遂に此の世を去らざるを得ぬ。……唯ひとり神の栄光のみは全地に普く、永遠に輝き亘るを見るのである」と述べている。ただ富士見町教会では天長節礼拝や紀元節礼拝も行われていたが、そこに偶像崇拝的な要素はみられないとしても、そうした一連の天皇や皇室に関する記念礼拝が、天皇制に対する教会の妥協と見做される危険性は存在する。

第三章　国体とキリスト教をめぐる論争

不敬事件はその後、「教育と宗教の衝突」論争に発展することになる。これは、「不敬事件」のあとに続く国体とキリスト教との関係をめぐる論争であり、排他的で国粋主義的国体論の観点からキリスト教がどのように理解されていたかを知ることは、一九三〇年代のファシズム時代における政府のキリスト教迫害を知る上でも重要である。国体に反するという大義名分によるファシズム下のキリスト教迫害は、すでに一八九〇年代にその根を有するのである。

第一節　井上哲次郎のキリスト教批判

Ⅰ　井上哲次郎のプロフィール

井上哲次郎（一八五五〜一九四四）は、一八五五年に筑前大宰府で生まれ、一八七五年に上京して開成学校に入学した。一八七七年には東京大学に進学し、哲学と政治学を学んだ。一八八〇年に卒業し、一八八二年に東京大学の総理加藤弘之（一八三六〜一九一六）の紹介で東京大学助教授となり、東洋哲学史の講義を受け持った。加藤は官学アカデミズムにおける井上の恩師であり上司であった。井上は、一八八三年からドイツを中心に約七年間留学し、一八九〇年帰国し、東京帝大の哲学教授に就任している。

井上は帰国してから、時の文部大臣芳川顕正《あきまさ》（一八四二〜一九二〇）から「教育勅語」の解説書の作成を依頼され、一八九一年九月に『勅語衍義』を刊行した。このことがきっかけとなって井上は国体論争、つまり「教育と宗教の衝突」の論争を引き起こすこととなる。つまり国体の道徳的バックグラウンドをなす教育勅語とキリスト教は両立しないという論争である。

彼は、長い海外生活があるにも関わらず、或いはそれゆえに帰国して狭隘な国体論を展開した。帰国早々彼は、不敬事件に遭遇したのである。彼の論説には、彼がドイツやフランスで経験したことや、彼が出会ったりした哲学者や神学者が登場する。(1)

Ⅱ　教育と宗教の衝突

「教育と宗教の衝突」論争の発端は、『教育時論』(二七二号、一八九二年一一月五日)に「宗教と教育との関係につき井上哲次郎氏の談話」が掲載されたことにある。この中で、井上は、キリスト教と国体との関係、ならびにキリスト教と教育勅語との関係を問われ、キリスト教が非国家主義的、彼岸的、博愛主義的であるのに対して、教育勅語は国家的、現世的、差別的なものなので、基本的に矛盾すると主張した。この後井上は、連続してこの問題に関する論説を、「教育と宗教の衝突」というタイトルで、『教育時論』の二七六号(一八九二年一二月二五日)、二七九号(一八九三年一月一五日)、二八〇号(一八九三年一月二五日)、二八一号(一八九三年二月五日)、二八三号(一八九三年二月二五日)に連載し、その総仕上げとして、今までの連載に加筆して、一八九三年四月に敬業社から一八三頁に及ぶ『教育と宗教の衝突』を刊行した。

本稿では、井上の所説の引用は、『教育時論』からではなく、この本からおこなうこととする。(2)

井上は、内村を個人的に攻撃すると同時に、キリスト教と国体は相いれないと批判した。内村の不敬事件だけが問題ではなく、唯一の神を信じるキリスト教徒はみなすべて皇室に不敬なる非国民であると断罪する。

井上は、大日本帝国憲法の信教の自由を認めた第二八条には、条件があることを強調し、唯一なる神を礼拝するキリスト教は国体に反すると主張する。大日本帝国憲法が制定され、第二八条に「信教の自由」が規定されたことは、キリスト教徒には朗報であった。すでにのべた通り、植村正久も「信教の自由」の視点から、不敬事件の強制的な礼拝を批判した。しかし、井上は、逆の立場から一神教は教育勅語への崇拝や神社崇拝とは矛盾することを指摘した

内村氏が此の如き不敬事件を演ぜしは、全く其耶蘇教の信者たるに因由すること亦疑いなきなり、耶蘇教は唯一神教にて其徒は自宗奉じる所の一個の神の外は、天照大神も阿弥陀如来も如何なる神も如何なる仏も決して崇敬せざるなり、……多神教なる仏教は古来温和なる歴史を成し、唯一神教たる耶蘇教は到る処激烈なる変動を成せり、内村氏が勅語を敬礼することを拒み傲然として偶像や文書に向いて礼拝せざると云いたるは、全く其の信仰する所唯々一個の神に限るに出づるなり。（『教育と宗教の衝突』、七〜八頁）

こう述べて井上は、信教の自由を定めた大日本帝国憲法第二八条の条件にあたる「臣民たる義務」をキリスト者は満たすことができないし指摘し、間接的に信教の自由を保障する対象とならないと主張する。

然るに憲法第二十八条は、『日本臣民ハ安寧秩序ヲ妨ケス及臣民タルノ義務ニ背カサル限ニ於テ信教の自由ヲ有ス』とあり、然れば日本の臣民たるものは皆均しく信教の自由を有すと雖も、亦制限のあるあり、何ぞや、第一には社会の安寧秩序を妨げざる事、第二は臣民たるの義務に背かざる事是れなり。……此れに由りて之を観れば、信仰の自由は如何なる境界にまで達するものなるやを知るを得べし、然るに耶蘇教徒は果して毫も社会の安寧秩序を妨げる傾向なきか、又臣民たるの義務に背く傾向なきか、内村氏の不敬事件の如きは能く安寧秩序を維持したる結果なるか。

（同、一三〜一四頁）

Ⅲ　井上のキリスト教批判の骨子

井上のキリスト教批判の骨子は、キリスト教が信仰の自由を定めた大日本帝国憲法第二八条の条件に合致しないとい

う事以外に、キリスト教は科学の発達に矛盾すること、キリスト教は一神論なので、唯一神以外のものを偶像として礼拝しないことから、内村のような不敬な人物は必ず現れること、教育勅語が国家中心の道徳を示しているのに対して、キリスト教は人類はすべて神の子という博愛主義であることにあった。また、教育勅語は現世の道徳を強調するのに対して、キリスト教は、来世を強調すること、またキリスト教は「教育勅語」が教える忠孝を説かないということが批判の対象とされた（同、一二五頁）。要するにキリスト教は国家主義を否定するものであり、キリスト教と国家主義、国体は相矛盾するのである。彼は、「勅語の主意は、徹頭徹尾国家主義にして、基督教は非国家主義なり」（同、四〇頁）と言う。井上は、キリスト信者は天皇のため、また国家のためにいのちを捨てることはしないと批判する。

また勅語に「一旦緩急あれば義有公に奉じ、以って天壌無窮の皇運を扶翼すべし」とあり、しからばわが邦人は、いかなるものも国家に緩急あるに際しては、生命をなげうちて皇運の安全を企図せざるべからずなり。然るにイエスは勿論、イエスの子弟も少しも国家の為、また君主の為には命をなげうち、これが安全を維持せざるべからざることを言わず、これ彼らは国家の外にある天国あるを信じ、君主の上に神あれば信ずればなり。彼等は、神のためには欣然生命をなげうつべきも、国家の緩急なるに際しては冷淡に傍観し去るべきなり。（同、九七頁）

更に井上は、『教育と宗教の衝突』において、欧州のキリスト教の歴史を批判的に総括し、今日欧州においてキリスト教が勢いを失い、死滅しかかっていると論じる。彼が自説を補強するために引用する哲学者は、J・J・ルソー（Jean-Jacques Rousseau、一七一二〜一七七八）、エルンスト・ルナン、ショーペンハウアー（Arthur Schopenhauer、一七八八〜一八六〇）などのようなキリスト教に批判的な人々である。井上はショーペンハウアー哲学の専門家であるが、ショーペンハウアーが仏教やインド哲学に関心があることに着目し、彼の主著『意志と表象としての世界』（一八一九年）が最後に仏教涅槃論を展開していることに関心を示している。また井上は一八八四年ドイツ留学に出かけ、ベルリンでクーノー・フィッシャーに師事し、イエナ大学でヴィルヘルム・ディルタイの講義を聞き、一八八七年四月から、当時パリのコレージュ・ド・フランスの学長をしていたルナンと会っている。また一八八八年七月には、英国で社会進化論者のハーバート・スペンサー（Herbert Spencer、一八二〇～一九〇三）を訪ねている。井上はルナンの『イエス伝』（一八六三年）を読んでいたが、ルナンに「あなたはイエス伝を書いたから、キリスト教を信じているのであろう」と語ったら、ルナンは「自分は何もキリスト教を信じているわけではない」と答えている。ルナンの『イエス伝』はイエスを神の子と信ぜず、聖書の奇蹟や超自然的なるものを排除した近代合理主義の産物であったが、当時キリスト教世界に多大なセンセーションを巻き起こし、正統的な信仰を揺り動かしていた。

ここで重要なことは、井上のキリスト教批判が、近代合理主義の理性重視の立場からなされていることである。彼は、「近来、科学の著しく進歩するに従い、迷信を打破し、キリスト教はこれがために消滅の途に就けり」（同、一四四頁）と述べている。しかし、井上の二枚舌は明らかである。彼は、科学的な合理主義の刃を、記紀神話や仏教・儒教には向けようとしない。後に述べるように、『吾国体と基督教』（一九〇七年）を発表した加藤弘之も、科学的視点から仏教やキリスト教が迷信で、国体を害するものと批判したが、国家神道の記紀神話を批判の刃にさらすことはしなかった。

Ⅳ　J・J・ルソーのキリスト教批判

井上がキリスト教批判で最も典拠としているのが、ルナンやショーペンハウアーと同時に、J・J・ルソーの『社会契約論』である。ルソーの『社会契約論』は、自由民権運動家の中江兆民（一八四七～一九〇一）によって『民約訳解』として訳され、自由民権運動のバイブルとされていた。(3) ところが、井上は、ルソーの自由やデモクラシーは完全に無視し、『社会契約論』の最終章の第四編第八章の「市民宗教」に着目し、キリスト教批判を展開するのである。ルソー自身は、この書の中で、二点にわたってキリスト教批判を展開している。

第一点は、内面性や彼岸、天国にのみ関心を注ぎ、敵味方を区別せず、博愛を説くキリスト教は、祖国の義務に対しては、無関心であるという批判である。特に祖国のために戦い、命を捨てるということに関して、キリスト教はその精神を萎えさせてしまって、戦う意欲を失わせてしまう。井上は、ルソーの見解を踏襲し、以下のように述べている。

キリスト教は、愛国心を撲滅させるの傾向在り。ローマ人はもともと勇気ありしも、ひとたびキリスト教その土に入るに及んで、その勇気はたちまち消滅せり。ルソー氏曰く。「帝王がキリスト教信者となりしより、名誉の競争は廃止せり、而して十字架が鷲旗(ローマの旗)を退けてより、ローマの勇気は全く消散せり。」と。この事、我邦人の最も省慮すべき所なり。そもそも愛国は、自愛を拡充せしものゆえ、キリスト教とは反対の位置にあり、キリスト教は此国と彼国との差別なく、如何なる人もひとしく愛すべきとするゆえ、博愛の際限なきものなり。故に欧州人の愛国心に富むは、決してキリストより得来りたるものにあらざるなり。キリスト教とは、その信じる神の為には斬殺さるるも、焼殺さるるも、いかなる苦痛も堪えるべきも、国家のために死するとはせざるなり。国家は、その仮に居る所にて、天国すなわちその帰せん欲する所なり。(同、六八〜六九頁)

第二点は、キリスト教が盲目的な服従を説く、奴隷の宗教であるので、共和国の「市民」の宗教としてはふさわしくないという批判である。ルソーは言う。

私がキリスト共和国といったのは、まちがいである。これら二つの言葉は、互いに相いれない。キリスト教は、服従と依存だけしか説かぬ。その精神は圧政に好都合なので、圧政はこれを利用せずには済ませない。まことのキリスト教徒は奴隷になるようにつくられている。(『社会契約論』(VI—八)

興味深いことに、井上哲次郎は、このルソーのキリスト教批判の第一点は継承しつつも、第二の批判はまったく度外視している。井上にとって国体を護持する宗教は、「服従と依存」を示すことが望ましいからであり、彼はルソーが持っていた共和国の自由や市民の概念には疎遠であった。井上にはもともとルソーが『社会契約論』で「人間は自由なものとして生まれた。しかし至るところで鎖につながっている」と述べた自由に対する情熱をもっていなかった。そもそも、不敬事件などを目撃した井上にとって、キリスト教は秩序をみだし、騒乱を引き起こすものに他ならなかった。彼には、自由や人権に対する考慮は全くといっていいほど見当たらない。

例えば、キリスト教側からの信教の自由の要求に対して、井上は、憲法第二八条の「日本臣民は安寧秩序を妨げず、及び臣民たるの義務に背かざる限りにおいて信教の自由を有す」を持出して、「耶蘇教徒は、果たして毫も社会の安寧秩序を妨げる傾向なきか、また臣民たる義務に背く傾向なきか、内村氏の不敬事件の如きは、能く安寧秩序を維持したるの結果たるか」（同、二三頁）と非難している。

井上の談話に関しては、最初に横浜バンド出身で、メソジストの監督となった本多庸一が『教育持論』（二七六号、一八九二年一二月一五日）に「宗教と教育との関係につき井上氏に質す」を発表し、井上に反論した。また横井時雄は、『六合雑誌』（一四四号、一八九二年一二月一五日）に「徳育に関する持論と基督教」を載せて、井上を批判した。その後井上は「教育と宗教の衝突」を『教育持論』の二七六号以下の号に連載し、それが、全国三〇種の雑誌や新聞に転載され、国民的な論争となったのである。

植村の井上批判は、一八九二年二月五日発行の『日本評論』（四〇号）で「国家主義」と題して行われた。『日本評論』は、一八九〇年に『福音新報』と同時に植村が発刊したもので、社会の木鐸として行動する植村の発言が展開されている。

内村が井上を批判したのは、『教育時論』（二八五号、一八九三年三月一五日）に寄稿した「文学博士井上哲次郎君に呈する公開状」においてである。以下、横井、植村、内村の議論を時系列的にフォローしつつ、一方において、横井時雄の立場、広くは熊本バンドの立場、他方における植村・内村の議論の相互の相違点を明確にすることとする。

第二節　横井時雄の井上哲次郎批判

横井時雄は、『六合雑誌』に「徳育に関する持論と基督教」（一四四号、一八九二年一二月一五日）を載せて、井上を批判した。横井は、まずキリスト教と忠孝は矛盾するものではなく、儒教の長所は人倫の途を説くこと、キリスト教の長所は、神人合一を説くことであり、神人合一により、人の精神が一新されて、真に人倫の道を実現できると説く。次にキリスト教が来世を重視するあまり、現世を軽視するという批判に対して、横井は「基督が、天国を説きしは、現世のために説きしなり。基督が神に忠義なるの働きを論ぜし時は、現世界において、現社会に在って、世人のために慈悲憐憫の事業をなすを指して以て神に対する働きといえり」（『六合雑誌』⑭—七）と述べ、キリスト教の「厭世主義」や「来世主義」は、古代、中世の「堕落したキリスト教」であり、最も健全なキリスト教は、現今の欧米の「現世天国主義」であると主張する。つまり現世のかなたに「天国」があるのではなく、現世を「天国」にするというものである。またキリスト教は反国家主義的であるという批判に対しては、キリスト教は、慈善博愛の事業のみならず、国家や社会のために命を犠牲にすることを説くものであるとして、「真の宗教家たるもの何ぞ必ずしも国家を忘却するものならんや、基督教徒たるもの何ぞ、神聖なる勅諭の背くを為さんや」（同、⑭—八）と反論している。総じて横井の反論は、井上のキリスト教批判に対応しようとするあまり、来世主義が現世主義に、博愛主義が国家主義に吸収されてしまっている印象を与えている。しかしそれは、熊本バンドの特徴でもあった。

気になるのは、井上哲次郎と横井時雄ないし海老名弾正との関係である。確かに熊本バンドの人々は、井上に反論して、キリスト教は国家主義、教育勅語の忠孝道徳、現世での責任や義務、そして近代の合理主義と矛盾しないことを主張した。しかし彼らは、そのプロセスにおいて、内村鑑三や植村正久のように、国家を超えた神の権威や正義を主張する代わりに、しだいしだいに国家主義、現世主義、そして合理主義に傾斜していき、それによって、新神学＝自由主義陣営の側に追いやられ、それと結びつくようになる。かくして、熊本バンドの国家主義的・自由神学的特質が教育と宗教の衝突を巡る論争、なかんずく国体論争を契機に明らかにされていくのである。

そもそも横井は井上哲次郎と開成学校で一年間同級生で知己であった。横井が編集する『六合雑誌』（一三四号、一八九二年二月一五日発行）には、井上哲次郎の「王陽明の学を論ず」が掲載されている。また井上は海老名弾正が一九〇八年に初めて欧米旅行に出発する前に開かれた歓送会にも参加して挨拶しているし、一九三七年の海老名の葬儀にも出席している。また海老名が編集する一九〇三年一月発行の『新人』（四巻一号）には、井上哲次郎の「日本の徳教に就きて所懐を述ぶ」の講演が掲載されている。この講演で井上は、「教育と宗教の衝突」事件を振りかえって、自分が果たした役割について以下のように述べている。

元来キリスト教は、外部から日本を刺激したのでありまして、その効験は決して軽視すべきものではないが、とかくにその初め外国的で、どうも日本国民徳教の中心となることができない。……この如きからして日本の祭日に国旗をかかげぬことなども珍しくなく、キリスト教と国民精神との間には、軋轢あること免れぬ有様でありましたから、私もキリスト教に対してこの国民精神を主張したのであります。もちろん私の列挙しました例証のうちには、誤りもありましたろうけれども、真実当時のキリスト教の弊風を一掃するには、多少貢献した事があったと思います。それは後に横井時雄君が私の許に来られて、君がさきの日書かれたような弊風は確かにキリスト教界にあったといわれたのを記憶して居ります。私がこのことを発表しましたのも、全くこれらの外国的風習を主とする我日本のキリスト信者の反省を促すに留まり、これをして真実国民的にならしめんとの真意に外ならなかったのであります。またこれがために幾分国民的精神をキリスト教信者に吹き込んだ事と信じて居ります。（『新人』④―一一―一八～一九）

ここで井上哲次郎は、彼の当時の主張がキリスト教批判そのものではなく、キリスト教を国民精神と一致させようとするものであったと述べているが、実態はキリスト教批判そのものであった。ただ横井や海老名といった熊本バンドの人々は井上の国家主義に対しては共鳴した。そこに彼らの「問題」が露呈している。

井上哲次郎は、『六合雑誌』に定期的に寄稿しているが、これも、井上と横井や海老名との関係を示すものといえる。[4]
また井上は「宗教の統一」を一九〇九年に『六合雑誌』に連載しているが、儒教、仏教という伝統的宗教とキリスト教の統一という問題意識においては、どの宗教を中核にすえるかは別にして、井上と海老名は共通の問題関心を抱いていた。
「井上哲次郎の宗教観と『六合雑誌』」を書いた沖田行司は、井上と横井ないし海老名の共通性について、以下のように述べているが、極めて重要な指摘である。

井上のこうした宗教の統一は、明治三〇年代以降の『六合雑誌』を含めて、明治後半期のキリスト教の方向と密接な関係を有している。つまり欧化の一環として存在したキリスト教を相対化し、伝統のうちに取り込もうとするところに、宗教の統一の終局的な意図を置いた井上と、教育勅語を契機として、国家主義とキリスト教信仰との内的葛藤を、天皇制を含めた伝統との調和の方向で解消しようとしたキリスト教との歩みとは、或る意味においてその課題を共有することになったのである。[5]

第三節　植村正久の井上哲次郎批判

植村は『日本評論』（四〇号、一八九二年二月二五日）に「国家主義」という論稿を寄稿し、井上の唱える排他的、独善的な国家主義を批判した。まず彼は、熊本英学校において奥村という教員が「眼中国家なし」と述べたとして、県知事松平正直によって解雇された事件に触れている。植村にとって私学の教員が、狭隘な国家主義を批判したからといって、県知事によって解雇されるとは、権力の濫用に他ならなかった。熊本英学校事件（一八九二年一月）とは、校長の蔵原惟郭の新任式に教員総代として祝辞を述べた奥村禎次郎が、熊本英学校の教育方針として、「日本主義に非ず、亜細亜主義に非ず、また欧米主義に非ず、すなわち世界の人物を作る博愛主義なり」と述べ、狭隘な愛国心を批判し、

「国家を偶像にせざれば、これを愛すること能わざるか、愛国の精神はかくまでに狭隘なるものにあらざるなり。愛国心にしてかくのごとく狭隘固陋なるを必要とするものならんには、むしろ愛国心なきにしかず」（『植村正久著作集』①―二九八）と、個人の自由を否定する国家主義を批判し、解雇された事件である。植村は国家とは何かと問い、国家は「政治上の秩序を整え、人民の自由を保護するものなり」（同、①―二九五）と述べている。同時に植村は、「今日の宗教論および徳育論」（『日本評論』四九号、一九九三年三月四日）において、基督教は個人のことだけを大切にするのみならず、国家への忠誠も併せ持つ愛国者であることを力説した。

その教えるところの道徳は、敬神愛人の主義にして、公のために身を労し、犠牲献身の心を厚うするに在り。至人《しじん》己のためにせずの精神はキリスト教の主眼にあらずや。イエスの十字架は、身を捨て、人類の進歩を図れる赤誠を顕せり。公共の念これより盛んなもの、またいずれにかこれを求むべき。（同、①―三〇四）

このように植村は、キリスト教が愛国心を大事にすることを前提としたうえで、誤った盲目的な国家主義や愛国心を徹底して批判するのである。

キリスト教は、博愛を教えるものなり。人類を囚えて、これを自国という観念の中に禁固するは、陋俗なる国家主義、国粋論者の迷夢にあらずや。……国を愛するの本意を失い、反って国家の滅亡を招くこと無きを保せず。今や愛国と呼ばわるの声、はなはだ盛んなりといえども、吾人喜ぶところのものは、その声にあらずして、その実なり。（同、①―三〇五～三〇六）

そして植村は愛国心が神の義の下に醸成されるべきであって、神の義を無視するような愛国心は愛国心ではないと主張する。

正義なる愛をもって国家を愛せざるべからず。ゆめ愛国をもって絶対の義務なりと思惟するなかれ。吾人は上帝にそむきて国家のために力を尽くすこと能わざるなる。（同、①―三〇六）

そしてここでも植村は政教分離を主張して、国家が信仰の領域を侵害することを批判するのである。

イエス曰く、カイザルのものはこれをカイザルに奉り、神のものは神に奉るべしと。政治上の君主は、良心を犯すべからず、上帝の専領せる神聖の区域に侵入すべからず。キリスト教徒は国民の一人として、政府に服従するの義務を知ると同時に、神に対するの義務あるを確信するものなり。キリスト教は徒に個人主義に基づきて権利を主張せず、厳然たる上帝に対する義務を重んずるに由りて良心の自由を固執し、信教の権利を維持し、神と人との別を明らかにして、世に立たんことを期するなり。（同、①―三〇八）

一八九二年七月には、山鹿高等小学校で赤星校長が、キリスト教の勉強をする生徒を譴責した上で退学処分にするという事件が起きている。この背景には、熊本県知事松平正直が、小学校教員が政党に加入し、キリスト教を信じることを禁止する演説をしたことがあった。この事件に対しても、植村正久は、本多庸一、井深梶之助、横井時雄、山路愛山などと共に、『基督教新聞』（九月三〇日）に、学校の措置は、信教の自由を侵害し、国民教育の趣旨にもとるという公開状を掲載している。

第四節　内村鑑三の井上哲次郎批判

不敬事件以降、内村は大阪泰西学館長で組合教会の牧師である宮川経輝の推薦で、大阪の泰西学館に赴任していた。この時内村は、『教育時論』（二八五号、一八九三年三月一五日）に「文学博士井上哲次郎君に呈する公開状」と題して、井上哲次郎に対して反論した。この論説の内容の骨子を四点列挙しておく。

第一点は、井上の批判が、仏教系の真宗派の雑誌『霊智会雑誌』の誤った事実や一方的な評価に基づいているという批判である。

第二点は、教育勅語は奉礼するものではなく、実践するものであるという主張である。内村は「教育勅語」そのものは、道徳的実践の内容として評価していた。

第三点は、キリスト教を批判する井上に対して、また再び禁教下の日本に戻そうとするのかと批判している。

足下《そっか》は、キリスト教の教義を以て勅語の精神と並立し能わざるものと論定せられたり。もし、足下の論結にして、確実なるものなれば、キリスト教は日本国において厳禁せらるべきものにして、耶蘇宗門禁制の表札は再び日本橋端に掲げらるるに至らん、帝国大学に職を奉じるキリスト教徒を始めとし、我帝国政府内にあるキリスト教徒は直ちに免官すべきなり。足下すでに足下の持論を世に公にせられたり、しかして誠実なる日本国民として、真理を奉じる学者として、足下は世論のクルセードを起し、キリスト教撲滅策を講ぜざるべからず、足下の責任も亦大なる哉。（『内村鑑三全集』②——一三二）

第四点は、二つのJ、つまりJesusとJapanの主張である。内村にとって日本を愛する愛国主義は誰よりも強かった。しかしそれはJesusへの愛と矛盾するものではなかった。また良く知られているように内村は、自分の聖書の扉に「I for Japan, Japan for the World, The World for Christ, And All for God.」と書いていた。この系列からわかるように、排他的な国粋主義的な思想は内村にとって唾棄すべきものであった。また内村は平民主義の視点から愛国主義を考えた。平民を国家主義のゆえに切り捨てるような愛国心は愛国心ではないのである。それゆえに井上が主張する「尊王愛国論」が一部の特権階級の唱える愛国論であって、「足下の如き尊王愛国論を維持する人士は、多く政府の庇陰を得て成長せしもの故、甚だ平民的思想に乏しきなり」と述べ、「広く目を宇宙の形成に注ぎ、人権の重みを知り、独立思想の発達を希望すること」を不可能とするものと批判している。

ここに二種類の「忠君愛国論」が紹介されている。一つは、権力と結びつき、キリスト教や自由・人権を抑圧するような官製の愛国主義であり、もう一つは人権や個人の独立を重んじつつ、皇室を敬愛し、国を愛する愛国者である。当然内村は後者の愛国心から前者の狭隘な愛国主義を批判したのである。

ちなみに内村は、一八九三年三月二四日のベル宛て書簡において、井上哲次郎を批判して以下のように述べている。

ところで何よりも興味ある今月の事件は、帝国大学教授で東洋一の哲学者とうたわれる井上教授なる人と、論争を開くべく余儀なくされた事です。彼は、その教育雑誌（注、『教育時論』）に三回にわたる長論文を寄せ、キリスト教に対してあらゆる悪口をつらね、私に対しても多くの個人的中傷を浴びせ、特に敬礼しなかった事件を非難しました。彼は非常に傲慢な男で、自分こそ日本第一の学者なりと思い込んでいます。私は彼の挑戦に応じ、過去三ケ年間の積る思いを吐き出してやりました。私は今日まであれ以上の激しい言葉を使った覚えはありませんが、しかし今度は余儀なくさせられました。（『内村鑑三日記書簡全集』⑤―二五一）

私たちは当時の国家主義的風潮の中で、井上の国体とキリスト教が相容れないという偏狭な見解が、広く浸透していたことに目をむける必要がある。

ちなみに内村を批判した井上は、今度は一九二五年九月に自分が書いた『我が国体と国民道徳』が皇室に対して不敬であると玄洋社の右翼の頭目頭山満（一八八五～一九四四）によって攻撃され、不敬漢の汚名を着せられて、貴族院議員を辞任している。迫害者が迫害されるという歴史の皮肉であり、井上はまったく正反対の運命を享受したのである。まさに国体や皇室、不敬という言葉が、濫用され、自らと意見の異なるものを追い落とす戦略として用いられるその融通無碍さが際立っている。内村は、井上が迫害される側に立ったことに対して、深い同情の思いを寄せている。内村は井上の攻撃によって苦難を強いられたが、井上の苦境に対しては、深い情愛を示している。一九二六年一〇月二四日の日記に次のようにある。

この井上哲次郎こそ、明治の二十四年頃、自分を第一としてキリスト信者全体の不敬の罪を天下に訴えた人であったことを知って、実に今昔の感に堪えない。三十五年前の日本第一の忠君愛国者が、今日の日本第一の不敬漢として目せらるるとは、信ぜんと欲して、信ずるあたわざる不可思議である。自分の如き井上氏の痛撃に会いて、ほとんど二十年の長き間、日本全国に枕するに所なきに至らしめられし者にとりて、井上氏今回の不敬事件は唯事《ただごと》とはどうしても思われない。何かその内に深い意味があるように思わる。かく言いて、今日井上氏に対し恨みを報いんと欲するのでない。自分の場合には、痛撃は壮年時代に臨んだのであって、これによりてこうむりし傷を癒すの時があった。しかし井上氏の場合においては、老年においてこれが臨んだのであって、傷を癒すの時のはなはだ短きを思いて、その事だけは井上氏に対し、深き同情なきあたわずである。（同、③―三六〇）

以上、私たちは、井上哲次郎のキリスト教批判に対する横井時雄、植村正久、そして内村鑑三の反論を見て来た。横井が、国家主義にできるだけ同調しようとするのに対して、植村と内村は、偏狭な国家主義を批判し、国家の権威の上に神の権威や正義を建てるのである。植村に至っては、国家の信教の侵害に対して、国民の自由と権利の保障と政教分離を提唱する。

なお海老名弾正は、井上の「教育と宗教の衝突」、国体と基督教の論争については、『六合雑誌』に「忠君愛国と博愛」を寄稿し、忠君と愛国そして博愛は矛盾しないとし、「博愛あに愛国に衝突せんや、忠君一歩を進むれば愛国となり、愛国また一歩を進むれば博愛となる」（⑯―1）と述べている。海老名は、基本的に横井と「神人合一」の理念を共有しているので、忠君愛国がキリスト教においてより高い博愛に高められると信じていた。土肥昭夫は、こうした海老名の危険性を指摘して次のように述べている。

彼【海老名弾正】は、植村、柏木義円【一八六〇~一九三八】、大西祝らのように、信教や学問の自由のために大胆な反駁を世に問うことはしなかった。彼の基本的姿勢はもっぱら時代の挑戦を受身にとり、日本の精神的伝統を再評価し、キリスト教を矛盾なくその中に位置づけることであった。その結果はキリスト教と国家主義、伝統的思想との等質的類似性の強調となり、キリスト教の固有性や主体性を解消することになった(6)。

こうした相違点は、不敬事件とほぼ同時期に起きた新神学論争、正統主義と自由主義との神学論争と密接に関係している。というのも、キリスト教から超自然的なものを排除しようとする自由主義神学は、キリスト教の教義を破壊し、そこに国家主義や国体論が流れ込んでくる空白を作り出すことになるからである(7)。

第五節　加藤弘之のキリスト教批判

私たちは、不敬事件を発端として国体とキリスト教が相矛盾するとキリスト教を攻撃した井上哲次郎に対する横井時雄、植村正久、そして内村鑑三の批判を考察してきた。こうした国体論争は日露戦争が終わった後に再燃することとなる。その起爆剤となったのが、東京帝国大学教授である加藤弘之が一九〇七年に刊行した『吾国体と基督教』である。本節では、時代的には「教育と宗教の衝突」から約一五年ほど後になるが、テーマとの関係上、加藤弘之の『吾国体と基督教』の内容を紹介することにする。その前に時代を遡って加藤弘之の変節に触れておく必要がある。

I　加藤弘之の『国体新論』と転向

東京大学初代総理で帝国大学総長である加藤弘之は福沢諭吉と同じく啓蒙思想家としてスタートし、明六社の社員として『明六雑誌』に寄稿した。一八七五年に『国体新論』を著し、国粋主義的な国学者の国体論の天孫降臨説や専制的な天皇論を批判し、後の美濃部達吉(一八七三~一九四八)の「天皇機関説」に近い国体論を展開した。彼は、国学者の主張する神権的な国体論が国民を奴隷とするものであると、「天賦人権説」の立場から批判している。

例の国学者流の論に、『わが皇国は畏くも天照大御神の詔勅によりて天孫降臨したまいしより、万世一系の天皇臨御したもう御国なれば、わが邦の臣民たらん者は、つねに天皇を敬戴し、ひたすら天皇の御心をもって心とし、あえて朝命に違背すべからず』という。わが邦の臣民、天皇を敬戴し、朝命を遵奉するはもとより当然の義務なりといえども、天皇の御心をもって心とせよとはなにごとぞや。これすなわち例の卑屈心を吐露したる愚論なり。欧州にてかくのごとき卑屈心ある人民を称して心の奴隷という。吾輩人民もまた、天皇と同じく人類なれば、おのおの一己の心を備え、自由の精神を有するものなり。なんぞこの心、この精神を放擲し、ひたすら天皇の御心をもって心とするの理あらんや。吾輩人民もし自己の心を放擲し、ひたすら天皇の御心をもって心とするにいたらば、あにほとんど牛馬と異なるところあるをえんや。天下の人民悉皆牛馬となるにいたらば、その結局のありさまいかんぞや。人民おのおの自由の精神を備えてこそ、実際上の自由権をも握りうべく、したがいて国家も安寧を得、国力も盛強をいたすべきに、もしわが邦人民この精神を棄て、ひたすら天皇の御心のみにしたがい、したがいて実際上に自由権を失うに甘んずるにいたらば、わが国の独立不羈はほとんど難きことなり。(8)

加藤は、天孫降臨、万世一系の天皇の国体イデオロギーに関しては、記紀の記述を尊敬するものの、「人間界の道理にあわず、」国家のことを論ずる場合に関係なしと述べている。この当時加藤は啓蒙思想家として、後の津田左右吉（一八七三～一九六二）の批判をすでに先取りして、天孫降臨、万世一系の天皇の神話を事実上否定しているといっても過言ではない。

しかし加藤は後に右翼の辛辣な批判に晒され、また身体的な攻撃の危険性に恐れおののき、一八八一年一一月に突然新聞広告を出し、『真政大意』（一八七〇年）と『国体新論』（一八七五年）を絶版にしたことを宣言し、自らの立場を一八〇度転換させたのである。不敬事件が起きる一〇年前である。

彼の「転向」はさらに続く。加藤は一九八二年『人権新説』を発表し、今までの「天賦人権説」を妄想であると撤回し、自然の世界と同様に人間の世界にも生存競争と自然淘汰による優勝劣敗の法則が貫徹しているとして「社会的ダーウィニズム」を提唱し、天賦人権主義、そしてそれに依拠する自由民権運動を全否定したのである。杉山亮は、東京大学における官学アカデミズムについて以下のように述べている。

クリントン・ゴダールは、国家形成期から一九〇六年五月の一九一〇年代にかけての官学アカデミズムの思想的変遷を進化論の観点から考察している。ゴダールによれば、官学アカデミズムの中心である東京大学は、世俗的反宗教的アカデミズムとして出発した。お雇い外国人として東京大学の草創に携わったエドワード・モースは、日本にも流入しつつあったキリスト教に対抗する武器として進化論を紹介した。モースの薫陶を受けた外山正一・加藤弘之らが反宗教的な進化論を継承、東京大学を反キリスト教的・反宗教の牙城とした。モースの紹介で日本を訪れたアーネスト・フェノロサ【一八五三~一九〇八】はハーバート・スペンサーの社会進化論を官学アカデミズムに紹介するとともに、ヘッケルの影響を受けた、進化論のロマン主義的な解釈を伝えた(9)。

また武田清子も進化論を紹介したモース(Edward Sylvester Morse、一八三八~一九二五)に着目して、以下のように述べている。

明治期において、宗教批判、特にキリスト教批判が、新しく西洋諸国により輸入された科学としての進化論によって展開されたことは、モースのような自然科学者をはじめとして、井上哲次郎、加藤弘之ら、国家主義者たちも井上円了ら仏教徒の場合も共通である。進化論の紹介者、モースがその講演の邦訳書『動物進化論』の中で論じた宗教家、特に、キリスト教徒の迷妄の攻撃は、その代表的なものである(10)。

植村正久は、『日本評論』に「わが国の進化論者の近著」を寄稿し、加藤弘之の『人権新説』(一八八二年)や『強者の権利の闘争』（一八九三年）をとりあげて、加藤を批判した。植村にとって、加藤の説は、「人間を神の肖像《にすがた》ではなくて、動物の進化したもので、動物を支配する天然の法則は人間をも支配するものだとみなし、人間はその本性に任せてあくまでも利己的競争をすべしとする」ものであるとし、加藤を「曲学阿世の先輩となす」と痛烈に批判している。[11]

加藤は、社会的進化論の立場からその批判をキリスト教に向け、一九〇七年に『吾国体と基督教』、一九〇八年に『迷想的宇宙観』、一九〇九年に『基督教徒窮す』（一九〇九年）を発表し、キリスト教の廃絶を主張した。加藤にとって、キリスト教は国体に同化させることのできない宗教であった。

Ⅱ　加藤弘之の『吾国体と基督教』

加藤の『吾国体と基督教』は、日露戦争が終わって、二年後に刊行された。日本が日露戦争に勝利し、日本全土がナショナリスティックな高揚した感情に満ちている時である。本書は、第一章「信仰と知識即ち宗教と科学」、第二章「民族教と世界教」、第三章「仏教と吾が国体」、第四章「基督教と吾が国体」、第五章「科学的証明」によって構成されている。私たちの文脈において中心的な部分は、第四章「基督教と吾国体」である。

彼は、第一にキリスト教が科学とは相いれないことの実例として、マリアの処女降誕、イエスの復活、イエスの諸々の奇跡は迷信であることを指摘する。この批判はすでに述べた井上哲次郎の批判と同一である。

第二に、キリスト教のような超国家的な世界宗教は国家や民族にとって害あるものと主張する。唯一神と隣人愛を説く基督教の信者たることと、国家の命令に従順に従い、戦争の場合には人をも殺す義務ある国家の臣民の義務とは矛盾せざるを得ない。彼はキリスト教の発展による愛国心の衰退を危険なものと見做している。この点も井上哲次郎の批判と同様である。加藤は、内村を念頭に置いて、世界教主義や倫理主義が強くなると、「絶対的に非戦論説などを唱えて、国家の体面も利害も顧みないようなことになる。既に日露戦争の時にも左様な者が少しはあった様であるが、たとい少しにしても甚だ害をなすのである」[12]と批判している。

加藤は第三章の「仏教と吾が国体」において自らの国体観を明らかにしている。つまり国体とは「日本民族の大父なる帝室が万世統治の大権を掌握して、族子たる吾々臣民を撫育したまい、また族子たる吾々臣民がその統治を受けて、臣子たる道を盡す」ことであり、「万国無比の国体」である。

加藤によれば、唯一神を礼拝することは天皇崇拝と矛盾し、アダムによる原罪を主張することは天皇をも罪人とみなすことになる。彼は言う。

日本は世界万国無比の族父統治であるから、皇祖皇宗と天皇の外に至尊として崇敬すべき筈の者は一もないこの至尊の上に、なお唯一真神を載くということは決して国体の許さぬ所である。さようなわけであるから、基督教の本旨が吾が国体と決して両立しあたわぬのは、はなはだ明らかであると思う。(13)

続けて、加藤はキリスト教が不敬である事実を具体的に列挙し、批判している。そこには内村鑑三の不敬事件についての言及がある。内村の不敬事件は時が経っても、キリスト教の反国体的性格を非難する象徴的事件として繰り返し引用されるのである。

先年、某高等の学校で式日に例に依て教員学生等が聖影を拝した時に、一教員はその拝礼を拒んだというを聴いている。これは蓋し偶像の拝礼を禁ずる基督教の訓戒を守ったであろう。そのくせいわゆる唯一真神には必ず跪拝して祈禱を捧げるのであろうが、はなはだ不都合千万な話である。(14)

更に加藤は徳富蘇峰主筆の『国民新聞』、海老名弾正主筆の『新人』、コスモポリタニズムを説く山路愛山、非戦論を説くトルストイの影響を受けた徳富蘆花、救世軍のブース隊長の演説、ギリシャ正教会のニコライの演説などを批判し、キリスト教の唯一神論と国体（加藤の考える排他的で神聖化された国体論）の両立不可能性を次のように指摘している。

偶像崇拝を厳禁する基督教が、まさか伊勢大廟を唯一真神の権化であるとせぬ以上は、大廟の崇拝を許すとは決してできまい。かように基督教は頑固一偏なものであるから、如何にしても仏教の如く日本化するということは毫もできないと思う。してみれば、吾々の最も敬愛すべきものは、独り全知全能の唯一神である、吾々の最も信頼すべきものは、独り天父である、この天父の前には天皇も吾々人民も平等であって尊卑貴賤はないというが如き観念は、決して放擲することは出来ないに相違ない。今日の国家は真の国家ではない。真の国家は、特に天国である。しかもこの天国を地上に建造するのが吾々の務めであるなどという妄想は、決して基督教から離れとは出来ぬに相違ない。(15)

総じて、加藤のキリスト教批判は、井上哲次郎の批判を超えるものではない。井上のキリスト教批判と同様に加藤の批判も、極めて専制的で神聖的な国体観を前提とする以上、国体と基督教とが矛盾するのは当然といわざるをえない。不思議なのは、井上も加藤も東京帝国大学教授であるにもかかわらず、その科学的な精神を天孫降臨や万世一系の天皇論に適用しようとしないところに、彼らの偽善性がある。

なお井上は、国体とキリスト教が矛盾するという考えを修正し、日露戦争以降国体を中心とした諸宗教の統一に向かい、一九一二年の「三教合同」を支援している。また井上は唯心論者であるのに対して加藤は唯物論者であることから、お互いに論争している。(16)

Ⅲ　内村鑑三の加藤弘之評価

内村鑑三は、井上哲次郎を批判したことと比較すれば、加藤弘之の『吾国体と基督教』に対する目立った批判を行っていない。ただ加藤弘之が一九一六年二月九日に死去して後、『聖書之研究』誌一八八号に「故加藤博士と基督教」を発表し、次のように述べている。

法学博士文学博士加藤弘之氏は逝いた。余輩はここに又明治昭代の大学者の一人を喪《うしの》うて悲嘆に堪えない。博士はすべての宗教の敵であった、殊に基督教の敵であった。彼は彼が基督教に抱きしその憎悪を言い表すに足るのことばを有たなかった、彼は基督教は迷信であると言うた。真理の敵であると言うた。而して日本学会の大権能なる博士の痛撃に遭うて、日本国に於ける基督教は微塵に壊《こぼ》たれしように感ぜられた。……進化論の剣を採り、国体論の盾に拠りて日本に於ける基督教に攻撃を加えし加藤博士は、議論の戦場において、全勝を博せしが如き観があった。(『内村鑑三全集』㉒—二三〇)

内村はこう述べた後、キリスト教は加藤の非難にもかかわらず、水脈を保ち続けており、その理由としてキリスト教が、哲学ではなく、いのちそのものであるからと述べている。

しかしながら、基督教は博士の攻撃を受けて壊れなかった。基督教は今なお前の如くに日本人の霊魂の深所に侵入しつつある。多くの日本人、しかもその内の最も清潔にして真面目なる者は、この身と魂とをナザレのイエスに献げつつある。加藤博士は議論において勝ったであろう。しかしながら事実において勝ち得なかった。もし基督教が哲学であるか或いは制度であったならば、彼の深き学識を以ってこれを毀《こぼ》つことが出来たであろう。しかしながら基督教は哲学でもなければ教会制度でもない。基督教はいのちである。生ける霊魂を以って実験すべきものである。故に如何なる学者の攻撃を以てしても毀つことの出来る者ではない。加藤博士は基督者を攻撃しながら、その正体を見届けなかったのである。博士の攻撃せる基督教はその幻影に過ぎなかったのである。(同、㉒—二三〇〜二三一)

内村がこう書いたのは大正デモクラシー時代の一九一六年であった。彼は、キリスト教の将来に対して楽観的であった。しかし一九三〇年代になると加藤の『吾国体と基督教』は、神権的な国体論からの基督教批判のテキストとして、国体論者によって好んで取り上げられるようになり、キリスト教批判は再度熾烈を極めるようになる。この点については、第一八章の「日本的基督教」の所で言及する。

注

（1）井上哲次郎「井上哲次郎自伝」（『井上哲次郎集』第八巻、富山房、一九七三年）また杉山亮『井上哲次郎と『国体』の光芒』（白水社、二〇二三年）、一三～二〇頁参照。
（2）井上哲次郎『教育と宗教の衝突』（敬業社、一八九三年）。
（3）坂野潤治『明治デモクラシー』（岩波新書、二〇一四年）、一〇頁。
（4）井上の『六合雑誌』への寄稿には、「王陽明の学を論ず」（一三四号、一八九二年二月一五日）、「荘子の学に就て」（一四五号、一八九三年一月一五日）、「日本目下の宗教問題」（二五五号、一九〇二年三月一五日）、「我祖国本来の主義を忘るる勿れ」（二九四号、二九五号、一九〇五年六月一日、七月一日）、「日本における宗教の統一」（三三八号、一九〇九年一月一〇日、三四〇号、一九〇九年四月一日）、三五一号、「宗教統一の基礎的概念」（三五一号、一九一〇年三月一日）がある。
（5）同志社大学人文科学研究所編『六合雑誌の研究』（教文館、一九八四年）、三七四頁。
（6）和田洋一編『同志社の思想家たち』（同志社大学生協出版部、一九六六年）、一〇一頁。柏木義円の井上哲次郎批判については、「勅語と基督教」（『同志社文学』一八九二年一一月、(59)―一～七）と「再び井上哲二《ママ》郎氏を質す」（同、一八九三年四月、(64)―一六）を参照。
（7）隅谷三喜男は、この点に関して以下のように述べている。

　自由主義神学が反動的な役割を演じたのは、自由主義神学がはいることによって、日本のキリスト教界は福音的な信条から解放されて、復古的なものと結合する契機を握ったからです。福音的な信仰の場合には、信条なり神学なりがはっきりしていますから、そういう日本主義的なものとの結合が非常に困難なわけです。自由主義的神学になりますと、その中核が曖昧になるから何とでも結びつきうるというようなことになる。そしてこれが次の段階で社会主義的なものと非常に強く結びついてゆくのです。

（『近代日本と基督教』、創文社、一九五六年）、二一三頁。

（8）立花隆『天皇と東大』（第一巻、文春文庫、二〇一二年）、一一一頁。
（9）杉山亮『井上哲次郎と「国体」の光芒』（白水社、二〇二三年）、二九頁。
（10）武田清子『植村正久――その思想史的考察』（教文館、二〇〇一年）、一二四頁。
（11）同書、一二九～一三〇頁。なお武田の本書の第五章「進化論の受容方法とキリスト教」は、当時内村や植村が進化論をどのように受け止めていたかを知る上で興味深い（一一八～一四二頁）。

（12）加藤弘之『吾国体と基督教』（国立国会図書館、デジタルコレクション、一九〇七年）、三九頁。
（13）同書、六五頁。
（14）同書、六一頁。
（15）同書、六八頁。
（16）田畑忍『加藤弘之』（吉川弘文館、一九五九年）、一七〇～一七二頁。また杉山亮、前掲書、五二～七二頁を参照。

第四章　新神学をめぐる論争

この章では、不敬事件に対する内村鑑三、植村正久そして熊本バンドの対応の違いと関係して、一八九〇年から一九一〇年前後における基督教会内部における正統的神学と自由主義神学の戦いについて触れることにする。この事件は、第五章で触れる植村と海老名の神学論争と同時に、日本のプロテスタント史における福音主義の立場がはっきりと打ち出され、方向性が決定されるきっかけとなったものである。ここでは新神学ないし自由主義神学に傾斜していった熊本バンドの金森通倫、横井時雄と、自由主義神学と戦い、正統的信仰を守り続けた植村正久と内村鑑三の立場とを比較考察することにする。

第一節　新神学の日本への影響

一八七七年に改革派と長老教会が合同して日本基督一致教会が成立し、一八八六年には、日本組合教会が設立された。その後日本基督一致教会と日本組合教会の合同が試みられたが、一八九〇年に破綻するに至った。これは、会衆主義に固執する新島襄の反対が主要な理由であると言われている。しかし、より本質的な原因は、合同するに際しての教義的共通項が不足していたのではないかと思われる。事実この頃、特に組合派の牧師たちによって新神学、自由主義神学が導入され、キリスト教会内部で神学論争が展開されることになる。教会合同に積極的であった組合教会の海老名弾正、横井時雄、金森通倫が新神学や自由主義神学に傾斜していたからである。植村正久は、後年この時の教会合同を挫折させた張本人である新島襄に対する批判的な思いを抱き続けていたが、この時に合同が実現していたとするならば、新設される合同教会自体が新神学や自由主義神学のチャレンジを受けていたことになる。

日本では一八八五年ドイツ普及福音新教伝道会に属するスイス人宣教師ウィルフリード・スピンナー（Wilfried Spinner、一八五四〜一九一八）が来日し、チュービンゲンの高等批評（聖書の歴史的・批判的研究）を紹介し、原罪、キリストの神性、奇跡、復活などを否定した。彼の影響を受けたのが一高教授の丸山通一や三並良である。スピンナーは、「新教神学校」という神学教育機関を設け、機関紙『真理』を刊行し、新神学の普及に努めた。

また一八八八年には、アメリカのユニテリアン協会の宣教師でハーバード大学で学んだアーサー・ナップ（Arthur Knapp、一八四一〜一九二一）が来て正統派の信仰を批判した。ユニテリアンとは、キリストの神性を批判し、三位一体を認めず、キリストによる贖罪を否定する集団である。ユニテリアンの神学者たちは、機関誌『ゆにてりあん』を発行し、京橋に「東京自由神学校」を設立し、ユニテリアンの教義を宣伝した。

また、直接日本に来日した宣教師だけではなく、一九世紀のドイツの自由主義神学者の書物が、組合教会の金森通倫、横井時雄、海老名弾正に多大な影響を及ぼした。

政池仁は、『内村鑑三伝』において、横井時雄と金森通倫について次のように述べている。

明治二十四年（一八九一年）には、金森通倫が『日本現今の基督教並びに将来の基督教』を著して「キリストは全能の神にあらず、人とみてこそ、その生涯の言行を満足に説明し得ると信ず」と説いた。また横井時雄も『六合雑誌』に新神学を主張した。明治二十七年（一八九四年）に出した『我国のキリスト教諸問題』には「旧神学破壊せざるべからず、新神学建設せざるべからず」と説いている。(1)

内村や植村もこの論争に巻き込まれざるをえなかった。否、キリスト教界自体が、揺り動かされたのである。以下、自由主義神学を主張した金森通倫と横井時雄の見解を紹介し、それに対する内村鑑三の批判を見ておくことにする。

雨宮栄一（一九二七〜二〇一九）は、明治期における新神学の導入について、以下のように述べている。

新神学の導入によって教会は大いに揺さぶられた。新神学を受容した金森通倫は一八九一年『日本現今の基督教並に将来の基督教』を記し、いわゆる正統派信仰を攻撃し、また自らもキリスト教信仰から離れ、実業界へ転じた。この書物が一週間で初版を売り切ったということも、当時のキリスト教徒が「新神学」問題に大いに関心を払った証左であろう。横井時雄も同じ道を歩んだ。彼らを信仰上の指導者として仰いでいた人の動揺も目に浮かぶ。少なからざる人々が信仰から離れた。それもそのはずである。この金森通倫の書物は、内容的には、第一に聖書の歴史的批判的研究の受容であり、それに連動して第二は、イエスの神性への懐疑が表明されている。(2)

第二節　金森通倫の新神学

Ⅰ　金森通倫の新神学の特徴

金森通倫は、一八七九年同志社大学を卒業し、岡山伝道を志し、成功を納め、岡山教会を設立する。一八八六年に同志社神学部教授に就任し、その後、社長代理や校長として同志社大学設立のために奔走した。金森の代わりに岡山教会の牧師に就任したのが、安部磯雄（一八六五〜一九四九）である。金森が同志社校長を辞し、東京の番町教会の牧師に招聘されたのは、一八九〇年七月であった。この年の一月に新島襄が死去し、翌年の一月に内村鑑三の不敬事件が起きている。金森が新神学を主張し、組合派の番町教会を去るのが一八九一年七月である。したがって、不敬事件の頃の金森は、すでに新神学、自由主義神学を信奉していたといえよう。彼が新神学の典拠としたものはオットー・プフライデラー（Otto Pfleiderer、一八三九〜一九〇八）であった。プフライデラーはチュービンゲン大学でF・C・バウアー（Ferdinand Christian Bauer、一七九二〜一八六〇）に師事し、ベルリン大学で教義学や新約学を講じていた神学者で、

「宗教史学」の先駆者であった。後に述べる海老名弾正もプフライデラーの感化を受けている。プフライデラーは、新神学を日本に導入しようとした普及福音教会のスピンナーの友人でもあった。金森は、一八九二年七月に『自由神学』と題してプフライデラーの邦訳を出版している。しかし金森が新神学を最も大胆に説いたのは、一八九一年六月に出した『日本現今の基督教並に将来の基督教』においてであった。

本書は、第一章「キリスト教の大勢」、第二章「バイブル」、第三章「キリスト神性説の批評」、第四章「キリストの宗教心」、第五章「誰をクリスチャンと言う」、第六章「贖罪説の批評」から構成されている。彼は、正統的なキリスト教の教義が、旧態依然としていて、キリスト教普及のつまずきとなっていると主張する。彼は、バイブルを「唯一無二完全無謬な神の言葉」であるとする説を批判し、聖書に誤謬が含まれていると指摘する。聖書は神の霊感の書ではなく、人間が記録し、編纂した文書に他ならない。また彼は、イエス・キリストが人ではあるが、「完全無欠、絶対無限」という意味での神ではないと主張する。イエスは、キリスト教の創始者であり、神と心が一つとなる最高の宗教心を持った人物であるにすぎず、イエスの奇跡も弟子たちの妄想の産物にすぎない。金森は、奇跡やイエス・キリストの神性、そして三位一体を否定することによって、できるだけ理性で理解できるようなキリスト教の再構築を試みるのである。そこには、啓蒙主義や合理主義の影響がみられる。金森はキリスト論において、イエスは私たち人間と異なった存在ではなく、神と心が一つとされれば、人間もイエスのようになりうると主張する。

> 救いは、即ち神人の合同、天地の融和なり、もし、之を会得し、ここに至るを神となるといわば、御人は神となるという[3]。

また金森はイエス・キリストの十字架の贖いを否定する。キリストの十字架は決して人間の贖罪のための犠牲ではない。彼は、人が神に帰り、神と一つになるためには人が悔い改めて、方向転換するだけで、神に赦されるのであり、贖罪や仲保者の必要は全くないと主張する。金森の新神学では、人間の原罪、神の裁き、地獄、キリストの十字架と復活による救いは完全に除外されている。救いとは、神と心が一つにされることだけである。
こうした極端な自由主義神学は、彼が属していた組合派の番町教会でも受け入れられず、彼は事実上追放される形で牧師を辞めざるをえなかった。金森の自伝である『回顧録』によれば、彼の自己認識においては、彼の新神学は、別に新しいものではなく、すでに熊本洋学校で学んだジェーンズが奉じていたものである。事実ジェーンズの教えを受けた熊本バンドの青年は、同志社で新島襄やデイヴィスのようなアメリカン・ボードの宣教師たちの正統的神学とことごとく対立したのである。

II　正統的信仰への復帰

時代的に後のことになるが、約二〇年後金森通倫は、一九一二年の妻の死を契機として、正統的な信仰に復帰している。金森は、岡山での彼の伝道で回心し、洗礼を受け、孤児院を開設した石井十次（一八六五〜一九一四）の深刻な病気を知り、一九一三年一一月六日に石井に次のような書簡を送っている。金森は妻の死という苦難を経験して、十字架信仰に立ち返ったのである。

石井君、僕も多年の間、暗き死のかげの谷を通りました。実におそるべき道をふんで居りました。しかしその死のかげを通る間も、神は少しも愛の御手をゆるめ給わず、昨年は僕の目の前より最愛の者を取り去り給うて、僕をして長き間の眠りよりさめしめ給うたのである。さめて誠に驚いた。自分の身がいかなる危き位置に立って居りしかを。誠に神はほむべきかな。神はたしかに昨年の不幸をもって僕を死のかげより救い給うた。今は、全く生まれ変わりて、嬰児の如くなりて、神に仕える次第であります。……石井君よ。僕はもうすべての世の中の議論や理屈をすてて単純な最初の信仰に立ち返りました。神は愛の天父である事、キリストは私のために十字架に死し給うたこと、私は罪人の中の大罪人である事、私はたしかに死後には罪のために地獄に落つべきはずであったこと、今は救われて天国の民たる事、以上の単純なるキリスト教の根本真理を僕は今更のごとくに信ずるようになった。……君もどうぞ最初の単純なる信仰をもち給え。我々を救うものは、キリストの十字架のほかなし。議論はいらぬ。理屈はいらぬ。信ずべきはキリストの十字架、頼るべきはキリストの十字架、望むべきは天国の福である。僕はもう今では此の世に就いては死んだものと心得ている。……お互いに最初の単純なる信仰にかえり、神を愛し、キリストを愛し、天国を望んで進み来るものである。此の手紙は君の上に神の祝福あらんことを。(4)

金森は、十字架の贖いを確信することによって、再度伝道者として、海外伝道、日本国内の伝道に全生涯を燃焼するようになる。(5)

第三節　横井時雄の新神学

I　横井時雄の信仰の揺らぎ

横井時雄は当初は金森の新神学に反対していた。不敬事件の時も正統的な信仰を持っていたと思われる。彼は、一八九一年七月一五日『六合雑誌』(一二七号)に、「金森通倫氏の新学説を評す」を掲載して、金森の著書『日本現今の基督教並に将来の基督教』を論評し、キリストの神性を否定する金森に対し、受肉と復活、キリストの罪のない性質と神性を示そうと試みている。横井は、キリストの受肉の聖書的根拠として、「キリストは、神の御姿であるにもかかわらず、神としてのありかたを捨てられないと考えず、ご自分をむなしくして、しもべの姿をとり、人間と同じようになられました」(ピリピ人への手紙二章六~七節)を引用し、またキリストの復活を示すために、「御子は、肉によればダビデの子孫から生まれ、聖なる霊によれば、死者の中からの復活により、力ある神の子として公に示された方、私たちの主イエス・キリストです」(ローマ書一章三~四節)を引用している(『六合雑誌』⑫⑦―二、四)。

更に横井は一八九一年一〇月一五日の『六合雑誌』(一三〇号)に、「我信仰の表白」と題して、自らの信仰の経緯に触れた後に、キリストの神性、聖霊、三位一体、罪悪説、来世論、聖書論に言及しつつ、結論として、ユニテリアン、ドイツ教会派、自由派キリスト教を批判して、正統派の教会を支持している。

たしかに、この時点で、横井の議論が、金森の極端な自由主義神学を退けているのは事実である。しかし同時に、微妙に正統派の教義からの逸脱をも示しており、後に内村が批判する所となる。例えば、横井はアダムとエバの罪がその後全人類に遺伝したという原罪説を否定する。

余は、いわゆる始祖の原罪なるものを信ぜず、すなわち一人の罪故により、神は全人類をとがめ、これを罰せんとし給うと云うことを信ぜず、すなわち人心の全然堕落なる説を信ぜず、すなわち人心は、少しも善をなすの力もなく、その思う所、そのなす所、皆悉く罪悪なりと云うの説を信ぜず。けだし、この後の二説は、欧米正統神学中よりも、ほとんど放棄せられんとしつつあり。（『六合雑誌』⑬〇―一二二）

また贖罪説に関しては、「キリストの十字架とは、全人類を罪悪より救うにたると信ず」と主張し、「キリストとその十字架は、無限の価値を有し」、人間を罪の奴隷から解放すると述べつつも、「神学者のいわゆる贖罪説に至っては、いまだ我が理性を満足する者あるを聞かず」（同、二二一～二二三頁）と述べている。横井が否定する贖罪説とは、刑罰的代償説である。つまり、彼にとってキリストの十字架は、神の愛のあらわれであるが、人間の罪の身代わりとしてキリストが十字架にかけられ、神によって裁かれたことによる罪の赦しではない。彼の言う十字架は、キリストの犠牲の行為が人間の良心を強めて犠牲的な道徳的行為をもたらす「道徳的感化説」か、罪人のための犠牲の死という「犠牲説」に他ならなかった。

横井は、不敬事件の一〇か月後一八九一年一一月に警醒社から『基督教新論』を出版し、自らのキリスト教理解を展開した。ここには『基督教新聞』の社説として書かれたものが多く含まれている。一見ここでは比較的正統的な教義が展開されているように思われるが、「我信仰の表白」と同様に、自由主義神学に至る過度的段階にある。

イエス・キリストの神性については、「吾人は、キリスト・イエスにおいて完全な人性を見るのみならず、また実に神の発現を見るなり」[6]と、イエス・キリストの人性と神性の双方を認めている。また彼は、キリストの十字架は人間を罪の支配から解放する代価であり、神の愛の現れであると主張する。ただすでに述べたように彼は、刑罰的代償説を否定している。

他方、横井は、キリストのなした奇跡や復活を支持し、キリストの復活は弟子たちの願望にすぎないとする主張を批判し、第一コリント一五章のパウロの復活の記事を取り上げ、復活が福音の土台であることを論証している。

世の懐疑論者は、何等なる論鋒《ろんぽう》を以ってこの確実なる歴史上の事実を説破せんと欲するも、決して説破し能わざるべし。吾人はこの確信の上に信仰の生命を置きて以って今後我邦伝道の大業に当たらざるべからず。[7]

このように、一八九一年の段階では、横井の「我信仰の表白」にせよ、『基督教新論』にせよ、正統的神学を継承している部分があり、彼が明確に正統的神学から新神学に移行したとはいいがたく、いわば新神学に至る過度的段階にあったといえよう。

Ⅱ　横井の新神学の提唱

横井の論調に明確に変化がでてくるのが、「現世的基督教」の論考である。横井は一八九二年一〇月五日の『六合雑誌』（一三九号）に、「現世的宗教」と題して寄稿し、キリスト教の意義は、来世による救済はほんの一部で、現世に「神の国」をもたらすことにあると主張する。彼は、「第二十世紀の基督教は、蓋し社会的、政治的、倫理的、宗教的の基督教にして、キリストと山上垂訓を主眼とし、神の王国をこの世界に実行するものならん」（『六合雑誌』⑬⑨―四二一）と主張する。彼は、来世を拒むものではなく、個人的救いを軽んじるものではないと主張しつつも、「キリストの救は、人の霊魂を天上の国土に救い入るに在りと云い、以てこの人生と社会と国家とを挙て止むを得ざるの付帯物となすが如きは、尤も恐るべきの異端なり」と述べている。これは、魂の救いと永遠のいのちを救いの重要な価値と信じた上で、現世の変革を主張しているというよりは、横井にとって、来世や天国が救いにとって二次的なものであったといえよう。

また彼は、すでに「教育と宗教の衝突」をめぐって井上哲次郎を批判した「徳育に関する持論と基督教」（『六合雑誌』一四四号、一八九二年一二月一五日）において、同じくキリスト教の現世的性格を強調した。

横井が明確に新神学にシフトするのは、彼が一八九四年一二月に『我が国の基督教問題』を刊行した時である。『我が国の基督教問題』の序文は、同志社英学校の時に新島襄から受洗し、後に新神学を奉じて、ユニテリアンになった哲学者の大西祝が書いている。当時大西は、『六合雑誌』の編集をしつつ、東京専門学校（現早稲田大学）で哲学を講じていた。大西は序文の中で、横井の書物の目的とする所を、「其旧観念の根拠たる旧神学の破壊さるべき所以を論じ、新神学の破壊されざるべき基礎を開く[8]」と述べている。

横井は、『我が国の基督教問題』において、人間について「夫れ人の心はその奥底においては善なりといわざるべからず、善なるが故に吾人はおのづから善ならん事を思い、また善を為さんことを考う、これ宗教の因りて立つ所の地盤なり[9]」と性善説を述べているので、人間の罪、またキリストによる罪の贖いは信仰の内容に入ってこない。彼にとってキリスト教は、「人間の至情を説き、人世の真実を発揮し、神人和合の真意を體実」することを目的とし、キリストを仰ぎ、彼を大師友として、その目的に近づくものであった[10]。

ここにキリストの十字架の贖いは明確に否定され、すでに述べた金森、そして後に述べる海老名と同じ「神人和合」の思想が展開されている。超越的な神と人間の間にある罪という断絶は見失われ、安易な和合が説かれるところに、「熊本バンド」の信仰の特徴があった。

第四節　植村正久の新神学批判

一八九〇年代、そして一九〇〇年代の植村は、不敬事件に見られるように良心の自由を侵害する国家主義に対して戦うと同時に、もう一つの戦いに勢力を注いだ。それは、キリスト教会における新神学ないし自由主義新学に対する戦いである。

植村は、新神学を、イエス・キリストの贖罪を否定する近代合理主義の産物であると批判した。新神学に対する植村の戦いは、一八九一年七月に金森の『日本現今及び将来の基督教』に対する批判を『日本評論』に「日本現今の基督教並に将来の基督教」という同名で掲載することから始まった。植村にとって金森の議論は、「聖書に対し、奇蹟に対し、天啓に対し、キリスト神性説、贖罪説等に対して、破壊的な評言」であり、明晰さがなく、論拠に欠けるものであった。

この戦いは、約一〇年後の一九〇一年から、当時の本郷教会牧師の海老名弾正とキリスト論をめぐり、約一年間論争することによって頂点に達する。後に植村は、自由主義神学に対抗して神学教育を強化するために、一九〇四年東京神学社（現東京神学大学）を設立し、神学教育の重要性を訴えた。熊本バンドが、新神学や政治に傾斜していくのに対して、植村は、教会形成と、その健全な信仰の基盤としての神学研究に尽力を傾けた。他方内村鑑三は、聖書研究に向かい、一九〇〇年に『聖書の研究』誌を発行している。

すでに、植村は不敬事件の三か月後、『福音新報』に「近時神学界の所感」を書き、新神学が「明白なる聖書の教理」に反することに警告を発していた。

ドイツの自由主義神学は、一八八八年頃から日本に輸入され、影響を及ぼした。植村は、「ドイツ流の極端自由主義神学は、活けるキリスト教を扶植し、力ある教会を設立し、剛健なる伝道機関を造るには、適せざるもの」（『植村正久著作集』④―二四〇）と述べている。ドイツの自由主義神学者の中で最も日本に影響を及ぼしたのは、植村によれば、プフライデラーである。植村は、彼について次のように述べている。

彼の思想は、講壇に文章に随分広く紹介され、波乱を起こしたり、信仰を破壊したり、思想の開発を促したりする点において甚だ大いなる勢力であった。……彼はキリストの神性を否定した。奇跡を排斥することは無論、贖罪などはその顧みざるところである。プフライデラーは、積極的また消極的に日本のキリスト教思想に多大なる影響を及ぼした外国神学者の一人である。（同、④―二四四）

彼の影響を受けた人物として、植村は海老名弾正や松村介石（一八五九～一九三九）を挙げている。松村介石は、バラの英学塾に入り、バラから受洗し、牧師となったが、自由主義神学に接近して、高等批評を主張し、一九〇七年に独自の日本教会を開いた一匹狼的存在であった。彼は内村とは親しかったが、一九〇八年機関紙『道』を創刊し、一九一三年に処女降誕や贖罪を信奉する内村を批判している。[11]

第五節　内村鑑三の新神学批判

Ⅰ　キリストの贖罪をめぐる論争

すでに「不敬事件」の所で述べたように、横井は不敬事件で失意の中にあった内村を助け、内村夫人の死に際しては、葬儀の司式もしている。組合教会の中で内村が最も親しかったのが横井時雄であった。

横井は、一八九一年一〇月一五日の『六合雑誌』（一三〇号）に「我が信仰の表白」を掲載していたが、それに対して内村は、同年一一月一五日に発行された『六合雑誌』（一三一号）において、同名の「我が信仰の表白」を寄稿して、横井時雄を批判している。ここでは、彼の主張を『内村鑑三全集』一巻から引用する。

まず三位一体論である。キリストの神性を否定する新神学に対して、内村は、「基督は人にあらずして神と同一なり、即ち神なり。……聖霊は神と同一なり、即ち神である」（『内村鑑三全集』①―一二一～一二三）と述べる。次に原罪であるが、内村は、「余は始祖の原罪なるものと共にいわゆる人心の全然堕落説を信じるものなり」（同、①―一二五）と主張する。更に「贖罪説」については、「基督の贖罪は此罪より離れし人類を再び神に呼び返すの道なることを信ず。余の知る所によれば基督の十字架を除いて他に余をして神に返らしめるの道をしらず」（同、①―一二五）と述べている。

次に、来世については、「余は人霊は其躰と共に朽ちざるものなることを信ず。……余は亦肉躰の復活を信ず」（同、①—二一六）と述べて、魂の不滅と基督の再臨に伴う身体のよみがえりを肯定する。

また内村は、横井が『六合雑誌』に一八九二年一〇月五日に書いた「現世的基督教」に対しても批判的であった。キリスト教の救いを個人的な罪の赦しと永遠のいのちと理解するよりは、現世的、かつ国家主義的な変革の思想ととらえる横井とは、内村の信仰理解は全く異なっている。来世や天国を否定、ないし軽視する横井の信仰は、内村にとって信仰の本質からの逸脱である。内村は、一八九一年四月に彼の処女作である『キリスト信徒の慰め』を書くが、その冒頭に「余のためにその生命を捨し余の先愛内村加寿子に謹んでこの著を献ず、願わくは彼女の霊天に在りて主と偕に安かれ」と記している。そしてこの第一章の「愛する者の失せし時」において「余は天国と縁を結べり」と天国を身近に感じ、「余の愛するものの肉体は失せて、彼の心は余の心と合せり」と天国での再会の希望を表明している。まさに横井と内村の信仰は同床異夢であった。横井は、内村のように罪との戦いをしなかったし、それだけにキリストの十字架の贖いの価値を会得できず、死を超えた天国への希望も希薄であった。

横井は、内村の『求安録』の書評を『六合雑誌』（一五三号、一八九三年九月一五日）に書き、イエスの贖罪論を聖書の中心的テーマと認めつつも、イエスの死は人間の英雄的な死と特別に異なるものではないと、贖罪を否定している。当然内村は、親友の横井を批判し、一八九三年一〇月一五日の『六合雑誌』に、「六合雑誌記者に申す」と題して反論し、次のように述べて、キリストが神であり、キリストの贖罪の死のみが罪の赦しにとって有効であることを指摘する。内村の信仰告白である。

基督の死のみが充分なる罪霊の救いなり。そは人（社界）に対するの罪（社交上の罪）は、人に依て救わるべけれども、神に対するの罪（心霊上の罪）は、神のみ救い能うなり。故に生は云う。基督は神の神（The Very God of Very God）なりと。（同、②—二五四〜二五五）

ところで、内村の新神学、自由主義神学に対する批判の源泉は、彼の神学研究ではなく、彼自身の実存的な救いの経験にあった。

彼の『求安録』や『余はいかにして基督信者になりしか』は、新神学論争と同じ時期、ないしそれ以降に書かれたものであるが、彼の罪責論やキリストの贖い、聖書霊感説が単なる教義ではなく、彼の罪との戦いによって会得されたものであることを示している。彼の信仰上の体験そのものが自由主義神学に対する反証であった。後に述べるように、植村が神学的に自由主義神学に対して戦ったとするならば、内村は自己の信仰の体験から、新神学に立ち向かったのである。

彼は、自分の信仰の体験を、『求安録』に書き記した。『求安録』は、熊本時代に原稿が完成し、京都で出版された。この『求安録』は、内村の魂の軌跡であり、罪に悩む鑑三の戦いが描かれている。最終的に内村は、イエス・キリストの十字架を仰ぎ見て、魂の平安を得るのである。ここで重要なのは、内村が人間に対する「楽観主義」の中に、新神学を入れていることである。新神学は、「神は愛なれば、汝の罪を責めたまうの理なし、人類の堕落未来の刑罰、共に中古時代迷信家の妄想にして一九世紀の学術は、已にこれを排除」（同、②―一七九）とするもので、「純粋基督教」のように罪の問題を厳格に扱わないのである。内村にとって新神学は人間の罪の問題を回避して、キリストの贖罪を否定するものに他ならなかった。内村は、浅田タケとの離婚を契機として、深刻な罪との戦いの中で苦悩している時に、アメリカに行き、アーモスト大学の学長シーリー（Julius Hawley Seekye、一八二四～一八九五）のことばによって真の回心を経験した。

内村、君は君のうちを見るからいけない。君は、君の外をみなければいけない。なぜ自分の内を省みることをやめて、十字架の上に君の罪を贖い給いしイエスを仰ぎみないのか。（同、㉙―三四三）

内村は、このシーリー学長のことばを通して、自分の罪を神の子イエス・キリストがすべて負って、十字架の苦しみを受けたことにより、神の愛と罪の赦しが宣言されていることを知り、狂喜した。なおシーリー学長は、ドイツ敬虔派の影響を受け、ニューイングランドの古来のピューリタニズムの信仰を受け継いだ教育者であった[12]。

内村の『求安録』と『余はいかにしてキリスト信者になりしか』は、罪との戦いからキリストの十字架における贖罪を経験した内村の spiritual journey であり、それ自体が、原罪を否定し、十字架の贖いを否定する新神学に対するポレミークであった。内村の書物は、神学上の議論とは異なり、多くの人に読まれ、愛されたので、それだけ大きな影響力を及ぼし、間接的に正統的神学の普及に役立ったのである。

Ⅱ　横井時雄に対する内村の友情

横井は、新神学を提唱した後に本郷教会の牧師を辞め、その後、エール大学神学校に留学、同志社の第三代社長を経て、一九〇二年（明治三五年）三月に逓信省の官房長に就任、そして一九〇三年に立憲政友会の衆議院議員を務めた。しかし、一九〇九年に日本製糖汚職事件に連座し、東京控訴院第一部で、重禁錮五カ月、追徴金二五〇〇円という有罪判決を受け、衆院議員を辞職している。彼は、その後二〇年ほどの長期療養を経て、一九二七年に死去している。

内村は、金森や横井を念頭に置いて一九〇二年（明治三五年）に、「政治と宗教」と題して、『万朝報』に熊本バンドの人々について一文を書いている。そこには、人間的に親しかった熊本バンドの人々に対する深い悲しみと厳しい評価の双方が滲み出ている。

今や伝道事業をなげうって政治界に打って出るもとの基督教の教師がだいぶある。しかもこの種の宗教家は新教派の教師の中に多い。しかも組合派の人に多い。しかも同志社出の人の中に多い。これは最も奇妙なることである。もちろん政治とても悪い事ではない。……しかしながら余輩のどうしてもわからないことは、彼らがキリスト教の伝道をやめたことである。彼らは何がゆえに、かくも有益なる、かくも愉快なる、かくも自由なる事業を捨てしか、これ余輩の知らんと欲して知るに苦しむことである。彼らは実に真正のキリスト教の真味を味わったことがあるのであろう

か。もしありとすれば、何ゆえに其の伝道をやめたのであろうか。（同、⑩―一二三二）

内村は横井時雄の死を追悼して、一九二八年四月一四日に東京青山会館で行われた追悼演説会で、追悼演説を行っている。この追悼演説会には、内村の他に、徳富猪一郎（蘇峰）、小崎弘道などが参加し演説を行っている。この演説は、『故横井時雄君追悼演説集』（一九二八年、アルパ社）に収録され、『聖書之研究誌』（一九二八年五月）に「故横井時雄君の為に弁ず」として再録されている。ここでは、『内村鑑三全集』（三一巻）から引用することにする。内村の追悼演説は横井に対する共感に満ちたものであるが、同時に横井に対する内村の複雑な思いが吐露されている。少し長くなるが、紹介しよう。内村は、横井が宗教界を離れて、政治の世界に入ったことを回想して、次のように述べている。

君！　伝道ではとても駄目だよ。僕は……ああ、横井君、あの時を憶うて僕は今尚涙がこぼるる。あの時は、君のライフのクライシスであった。ああ、あの時僕等君の友人は、なぜ君を引き止め得なかったであろうか。……君と相前後して金森君も当分伝道を止め、松村君も方法を改め、押川君も他に方向を転じました。……政治界を退いて、君の公的生涯は終わりました。みようによっては、これで、君の生涯そのものが終わったといいえましょう。しかしながら神は知り給います。君自身にとりては、その残りの生涯が最も大切なる生涯であったことを。君の長所であって、また短所であったことは、君があまりに国家社会を思いて自身を思はなかったことであります。君の信仰までが国家的でありました。私はその点において、しばしば君と議論を闘わしました。私は霊魂の救いの大切さを唱えましたに、横井君は国家人類の救いの大切さを説かれました。舞子の浜にひらかれし青年会の夏、学校において、横井君が現世的基督教を主張せられし後を受けて、私は同じ講壇に立ちて来世的キリスト教を主張しました。至って仲は良くありましたが、宗教論をたたかわすたびに、議論はものわかれになりました。要するに君は外にひろがらんと欲し、私は内に深からんと欲したのであります。（同、㉛―一五二～一五六、傍線部引用者）

そして内村は、横井の晩年の二〇余年の生涯が、再度キリストに立ち返る期間であったと主張する。

君はこの間に神の栄光を君自身のうちに拝しました。現世は恃むに足らずして、来世に真の安息を得られました。キリストは君の霊魂の救い主として、新たに君に現れました。君はその生涯の終わりに於いて、君が青年時代に見出し得た神の子イエス・キリストを君の心に迎えて、今やこの世の智識も、政治も、宗教も、君の清き心を誘うことなく、英語をもって Nearer my God to Thee Nearer to Thee と歌いつつ静かに眠って呉れたと信じます。(同、㉛―一五六)

横井は、病気との戦いの中で本来の信仰に立ち返ったのである。否、真にキリストの十字架の救いを経験したのである。[13]

内村の追悼演説は、神の視点から見た愛情にあふれた演説であった。神学上の対立にもかかわらず、内村の横井に対する友情は変わらなかった。

内村は、一九二八年三月一五日の日記において、横井が病床の中で言ったことを人ずてに聞き、感動して書き記している。

僕はこうして病床に在るけれども、植村君や内村君のことは、一日も忘れたことはない。植村君と内村君は、日本において最も大切な人である。この両君は事実において日本を指導して居るのである。世間はこの事実を知らないけれど、両君は日本の国家に無くてはならぬ指導者である。(同、④―一五三)

以前の自由主義神学の信奉者である横井が幾多の苦難を経て病床の中で発した言葉は、なにものにも勝って、日本のプロテスタント史における植村と内村の重要性を示す証言である。

次に私たちは、いったん内村から離れて、日本の明治期の教義史、教会史にとって重要な論争である植村‐海老名の論争に言及することとする。海老名は、すでに不敬事件の頃には自由主義神学に傾倒し、金森や横井と同じ見解を有していたが、それが公に現われるのが植村‐海老名論争を通してである。

注

（1）政池仁『内村鑑三伝』（教文館、一九七七年）、二一二頁。
（2）雨宮栄一『牧師植村正久』（新教出版社、二〇〇九年）、二一一頁。
（3）『近代日本基督教名著選集――日本現今の基督教並に将来の基督教、我邦の基督教並に将来の基督教問題』（日本図書センター、二〇〇二年）、一四三頁。なお金森通倫の『日本現今の基督教』と横井時雄の『我邦の基督教並に将来の基督教問題』は、この『近代日本基督教名著選集』に収載されている。
（4）高橋虔「宮川経輝と金森通倫――信仰と人間」（同志社大学人文科学研究所編『熊本バンド研究』、みすず書房、一九九七年）、三二七～三二八頁。
（5）金森は正統的な信仰に立ちかえった後に、一九一四年に山室軍平率いる「救世軍」に入り、一九二七年に中田重治の「ホーリネス教会」に転会し、「百万人救霊運動」を展開するなど、大衆伝道者として活躍した。
（6）横井時雄『基督新論』（警醒社、一八九一年）、四二頁。
（7）同書、六〇頁。
（8）『近代日本基督教名著選集』、四頁。大西祝については、望月詩史「大西祝――短き生涯が遺したもの」（沖田行司編『新編同志社の思想家たち（上）』（晃洋書房、二〇一八年）、一五四～一七六頁）を参照。大西の大学院時代の指導教授は井上哲次郎であったが、大西は、井上の「教育と宗教の衝突」を批判し、キリスト教は国体に矛盾しないと訴えた。
（9）同書、一六〇～一六一頁。
（10）同書、一九〇頁。
（11）鈴木範久『内村鑑三交流事典』（ちくま学芸文庫、二〇二〇年）、二八八頁。
（12）土肥昭夫は、内村がシーリー総長の保守的な正統的信仰に触れたことにより、「米国より帰朝後日本のキリスト教界でチュービンゲン学派の流れをくむ自由主義的な新神学に走る者たちに対して本質的に異なる立場に立った歴史的由来」が理解できると述べて

いる。土肥昭夫『内村鑑三』（日本基督教団出版部、一九六二年）、六八頁。

(13) 横井と同じ熊本バンド出身の小崎弘道は『キリスト教の本質』において、横井の信仰の回復について以下のように述べている。

横井時雄は、大正八年以来大患にかかり今なお病床にいるが、死火山がふたたび噴火を見たるがごとく近来その信仰も復興し、日々もっとも喜んで聖書のみを読んでいる。ただ彼の信仰が最初の信仰に立ち返り、新神学や自由思想に全然反対し、保守的思想を歓迎しているのはおもしろき現象となさねばならぬ。（小崎弘道『キリスト教の本質』（日本基督教霊南坂教会、一九五九年）、九頁）

第五章　正統的神学と自由主義神学
――植村正久と海老名弾正の神学論争

第一節　福音主義とは何か

この章では、日本のプロテスタント史上最も重要な植村正久と海老名弾正の有名な神学論争を紹介する。日本のプロテスタント教会の方向性を左右する論争である。まず論争のきっかけとなった事件を紹介することにする。

一九〇〇年四月、大阪で開かれた超教派の福音同盟会（一八八五年から「全国基督教信徒大親睦会」を改称）で「二十世紀大挙伝道」が決議され、一九〇一年から全国伝道が開始された。そして一九〇一年六月に福音主義の信仰に疑義がある海老名弾正を講師から除外することが決められたことから、植村‐海老名論争が始まった。[1]

植村は『福音新報』（三二四号、一九〇一年九月一一日）に「福音同盟と大衆伝道」を掲載し、大衆伝道には福音主義の信条についての一致が必要であるが、諸教派の親睦団体である福音同盟会は伝道の基盤である福音主義の内容が曖昧なので、ユニテリアンも含むことになり、福音伝道で一致できないと主張した。[2]そして彼は、福音主義を、「余輩は神、人となりて世に下り、十字架に死して人の罪を贖いたるを信ず。而して余輩の信ずる耶蘇基督は活ける神のひとり子にして、人類の祈りを受け、礼拝を受くべきものなり。基督は人類よりこの上なき崇敬と愛とを受くべきものなり。この信仰を主張し、この信仰を人に伝えるを以て主義とするは余の伝道なり」という信仰告白に根拠づけようとした。それに対して海老名は『新人』（二巻三号、一九〇一年一〇月一日）の「福音新報記者に興うるの書」において、植村の信仰告白を批判し、神が人となることは神の永久不変の性質と矛盾すること、三位一体論（父なる神、子なるキリスト、聖霊なる神は神であることにおいて一体であるが、それぞれペルソナ（位格）を持っているという教理）を三神論として批判した。そこから植村‐海老名の神学論争が約一年間行われることになる。その結果、一九〇二年四月に福音同盟会は、植村の福音主義の定義を採用し、海老名弾正や新神学の主張者や教会を福音同盟会から排除した。植村の正統的な信仰理解が勝利した瞬間であり、これ以降の日本のプロテスタントの教会の方向性が決定した瞬間であった。

第二節　海老名弾正の新神学

I　海老名弾正の同志社時代

それでは、海老名はどのような信仰を持っていたのであろうか。すでに述べたように、海老名弾正は、柳川藩士の子として生まれ、熊本洋学校に学び、ジェーンズの影響で熊本バンドに入った一人である。彼は、同志社では、特にキリストの贖罪論をめぐって、正統的なピューリタニズムの伝統に立つ新島襄やデイヴィスと対立した。海老名は、同志社時代を回想して、自らの神学的立場について以下のように語っている。

キリストの奇跡は我々の信仰には邪魔になるとも利益になるとも思えなかった。特にキリストの肉体の復活説には反対であった。ジェーンズ先生は、肉体復活説には反対であった。……処女誕生の記事の如きも、むしろそれなきことを願うたのである。……旧約書の記事にも、新約書の記事にも、科学的説明のできないものは除去したかったのである。人性悪の教えには反対であった。我々は性善説を信じて居った。この性善は、我々が意識する所であって、否定すること能わぬ所であった。……キリストの十字架は、真理の為、世界人類の為に献げたる大なる犠牲と見た。故に凡そキリストの徒たる者は、この十字架を負う覚悟を要する。……自己の罪咎が、キリストの十字架の死によって贖わるるということは、我々は知りもせず、思はなかったのである。（傍線部引用者）(3)

Ⅱ　神戸教会時代

海老名は、同志社卒業後、一八七九年から群馬の安中教会で牧師をし、一八八七年に熊本に移転し、教会を建て上げると同時に、翌年熊本英学校を設立している。一八九〇年一〇月以降、彼は組合教会の日本基督伝道会社の社長として、アメリカン・ボードからの独立を主張し、一八九三年に神戸教会の牧師に就任した。一八九五年には、海老名が中心となって、奈良の組合教会教役者大会で奈良宣言が発せられている。

海老名は基本的にジェーンズの神学を継承していたが、安中教会の牧師としてはそのことを語ることを封印していた。彼は、自らドイツ神学を学ぶことによって、自らの初期の信条に確信を持っていった。そしてそれが牧師としての説教に現れるのが、神戸教会時代（一八九三年九月～一八九七年四月）である。この時期の前後に、金森通倫も横井時雄も新神学に「転向」している。この時代における海老名の発言と行動を三点紹介しておくことにする。

第一点は、神戸教会時代の海老名の説教を聞いて、危機感を抱いたのが神戸英和女学校（現在の神戸女学院）の院長代理で宣教師であったスーザン・A・ソールである。彼女は、一八九三年一一月八日付の書簡で、アメリカン・ボードの本部幹事のN・G・クラークに以下のように書き送っている。

あの方【海老名弾正】は、キリストを称揚なさる一方、我々もまた程度が違うだけで、意味の上では同じ神の子であることを理解するようにと、ご自分の会衆に言い聞かせられました。その説教は、公然と宣言されたわけではありませんが、受肉と復活を含めて奇跡というものに対する不信心を表明していると聴衆に受け止められるようなものでございました。(4)

スーザン・A・ソールは、この海老名の説教を聞いて以来、神戸英和女学校の生徒を神戸教会の礼拝に参加させない方針をとった。

この時代は、日清戦争前後の時期にあたるので、海老名も講壇から「忠君愛国」を語り、国家主義を訴えた。しかしそれ以上に、彼の神学そのものが、正統的信仰から逸脱していた。海老名はその時のことを、「当時我が内外の教師に危険視されたのは、我が独立主義よりも、忠君愛国主義よりも、専ら神学思想であった」と回想している。(5)

第二点は、海老名が神戸時代に『六合雑誌』(一五八号、一八九四年三月一五日)に寄稿した「基督の教」の内容である。

ここで海老名は、キリスト教には様々な教派、様々な聖書解釈があるので、「新旧約聖書は、万古不易一定不変の大真理のみを教示するもの」ではないと述べている。(『六合雑誌』⑮8—三)。また新約聖書は、書かれた時代の思想や編纂作業に影響されているので、必ずしも基督の教えを伝えていないと考えた。特に彼は、パウロやペテロの書簡ではなく、イエスの教えに注目すべきことを説いている。

また海老名にとって大事なことは、「敬神愛民」であって、それに比べれば、「天啓論」や「贖罪論」、「三位一体論」は、副次的なものであった。(同、⑮8—五)つまり海老名にとってキリスト教は、倫理的なものであり、「敬神愛民」を実現するための方法であった。そしてキリストは、「敬神愛燐の大道を実践する」模範的な存在であった。(同、⑮8—一一)キリスト者は、キリストに倣って、自らの意思を以って、この大道を実現すべきである。彼にとって「贖罪論」、「三位一体論」といった信仰箇条は、「敬神愛隣」の大道を妨げ、「思想の自由」を侵害するものである。彼は、「ああ、基督の教えは実に簡明にして、純乎たる倫理的宗教たるや知るべきのみ」(同、⑮8—一二)と結論づけている。

第三点は、一八九五年四月、海老名の尽力によって、日本伝道会社のアメリカン・ボードから組合教会が独立する案が承認されたことである。海老名にとってアメリカン・ボードから派遣された宣教師は正統的な教義を抱いているので、古臭いと思われた。また彼は、植村や内村と同様、外国のミッションや宣教師から独立した教会を目指した。彼の信仰観は、一八九五年一〇月に海老名が中心となって起草した、奈良の組合教会教役者大会での奈良宣言に反映されている。その内容は、以下の通りである。

我、耶蘇基督を救主と尊信し、神の召しを蒙れる者、大に時勢に慨する処あり、ここに南部に会して天父に祈願し、聖霊の恩化に浴し、遂に左の綱領に従いて福音を宣伝し、神の国を建設せんとすることを決す。

一　罪悪を悔い改め、基督によりて、天父に帰順すべきこと
一　人は皆神の子なれば、互いに愛憐の大義を全うすべき事
一　一夫一婦の倫を保ちて、家庭を潔め、父子兄弟の道を尽くすべき事
一　国家を振興して、人類の幸福を増進すべき事
一　永生の望みは、信と義によりて全うせらるる事

明治二十八年十月二十四日

この宣言は、一読して、小崎弘道が中心となって一八九二年四月一八日の組合教会の設立の時に定めた福音主義に立脚する信仰告白と根本的に異なることが明白である。

一八九二年に採択された九箇条の信仰箇条には、聖書が神のことばであること、三位一体論、原罪論、キリストの受肉、十字架による贖罪、キリストの復活、そして霊魂不滅と身体のよみがえり、信仰義認が明確に書かれていた。しかし一八九五年の奈良宣言では、どちらかというと倫理的な規範が中心となっていて、信仰の中心的な教義が消失している。一八九二年の組合教会の信条と一八九五年の奈良宣言を、前者は組合教会の信条、後者は教役者の指導原理というように区別することは可能であるが、一八九二年の重要な信仰箇条に対して海老名が疑念を持っていることを考えると、これは、組合教会自体の信仰の変質の表れといえよう。神戸時代、そしてその後の本郷時代の海老名の影響力によって、組合教会自体が、自由主義神学に次第次第に傾斜していくことになる。その動向に危機感を抱いていたのが小崎弘道である。実は熊本バンドの中で最初に聖書の霊感説を否定したのが小崎であった。彼は一八八九年同志社で行わ

れたYMCAの夏期学校で「聖書のインスピレーション」と題して講演し、聖書霊感説を否定し、高等批評を擁護した。また小崎が同志社の総長、続いて社長をしている時に、アメリカン・ボードの宣教師たちと衝突し、一八九六年にアメリカン・ボードは同志社と完全に絶縁するに至った。しかし小崎は、植村‐海老名の神学論争の際に植村を支持し、彼の影響もあり、正統的な福音信仰を回復している。その意味において、小崎弘道は熊本バンドにおいては異例の存在であった。

Ⅲ　本郷教会時代

海老名弾正の生涯の最も輝かしい時期は本郷教会時代（一八八七～一九二〇）であり、特に東京帝国大学の学生初め、青年たちに大きな影響を及ぼした。海老名の影響力に関して、土肥昭夫は、「海老名弾正の神学思想」の中で、以下のように述べている。

彼【海老名】は、一八九七年から一九二〇年三月まで、本郷教会の講壇をまもり、月刊誌『新人』（明治三三年七月創刊）、さらに『新女界』（明治四二年四月創刊）を刊行して、時代の諸問題を提起し、思想界に著しい影響を与えた。本郷教会は明治後期が最も華やかな時代で、日曜日には、六〇〇人の会衆が集まり、特に学者や学生は彼の講壇に共鳴し、感動した。(6)

海老名主筆の『新人』は、一九〇〇年から始まり、また海老名を主幹、安井てつ（一八七〇～一九四五）を主筆とする婦人雑誌『新女界』は一九〇九年から一九一九年まで発行された。安井てつは海老名弾正から洗礼をうけているが、それは彼女がキリストが神であることや三位一体について疑問を持っていたからである。

吉野作造（一八七八～一九三三）や内ケ崎作三郎（一八七七～一九四七）、小山東助（一八七九～一九一九）といった東京帝国大学の学生が本郷教会に集い、海老名主筆の『新人』に寄稿して、本郷教会を盛り上げた。彼らも海老名弾正の新神学に惹かれてきた本郷教会に来た人々である。ちょうど植村 - 海老名の論争が終わった後のことである。

吉野作造は、仙台の二高時代に、アメリカのバプティスト教会の宣教師ミス・ブゼル（Anny Syrena Buzzell、一八六六～一九三六）のバイブル・クラスでイエス・キリストを信じ、一八九八年、内ケ崎作三郎と一緒に洗礼を受けた。その後、吉野と内ケ崎は帝大に入学するために上京し、しばらく小石川柳町のバプティスト教会に通っていたが、しばらくして一九〇四年二月一四日、海老名弾正が牧する本郷教会に転籍している。なぜ転籍したのか。吉野や内ケ崎は科学と宗教の関係に悩んでいたので、聖書の処女降誕や肉体の復活を否定する海老名の自由主義神学に共鳴したからである。[7] また内ケ崎は、一九一二年に本郷教会を離れ、ユニテリアン教会の牧師となっている。

当時海老名弾正がキリスト教会からどのように見られていたかについての興味深い話がある。相原一郎介という学生が二高から東京帝大に入学する前に会津若松を旅行し、そこの教会に出席した時に、牧師から東京ではどの教会に出席するか聞かれた時、彼は郷里の先輩の吉野や内ケ崎がいる本郷教会に行くつもりと答えたそうである。その時その牧師は、「急にきつい顔になって、本郷はいけない。異端である」と云ったそうである。当時本郷教会がどのように見られていたかを示す逸話である。[8]

社会主義者石川三四郎（一八七六～一九五六）も本郷教会の会員であった。彼は一九〇二年に海老名から洗礼を受け、一時期日曜の夜の礼拝では、伝道説教もまかされていた。彼はその後一〇年間ほど本郷教会に留まっていたが、一九〇七年の筆禍事件で投獄されて棄教している。大杉栄（一八八五～一九二三）も本郷教会のメンバーで、海老名から洗礼を受けている。また本郷教会の講演会にはしばしば安部磯雄や島田三郎（一八五二～一九二三）も講師として参加していた。安部磯雄は、やはり三位一体やイエスが神であることを否定したユニテリアンであった。[9]

本郷教会には保守主義者も社会主義者も政治的立場を異にしつつも、海老名のカリスマと自由主義神学に惹かれて多くの有能な青年が集まっていたのである。

植村と海老名の神学論争は、海老名の本郷教会時代において行われている。それは、正統的な神学か、自由主義神学ないし新神学かという重要な路線をめぐる対立であった。鵜沼は、植村と海老名の信仰上の相違について以下のように述べている。

福音の本質をめぐる植村と海老名の論争は、こうしたそれぞれのキリスト教理解を背景として、交わされたものである。植村は、海老名における罪の意識の欠如をつきながら、キリスト教の根本義は、神の子キリストの受肉降世、十字架の死と復活による人類の罪の贖いにあるとして、伝道の目的はこの福音の信仰へと人々をいざなうことにあるとした。これに対して海老名は、右のような独特のキリスト教理解に基づいてキリストの神性と贖罪正統的理解を否定し、キリストの生涯と教説の目的は、人類を導いて神人合一の境に到らせることにあると主張した。(10)

第三節　植村 - 海老名論争

I　論争の経緯

ここでは、植村と海老名の神学論争を、植村が主筆をつとめる『福音新報』と海老名が主筆を務める『新人』の論稿を中心にして、跡づけることにする。(11) なお『福音新報』は、週刊誌であるが、『新人』は月刊誌である。

植村は、一九〇一年一〇月九日の『福音新報』において、「海老名弾正君に答う」において次のように述べている。

貴殿が、キリストを神にあらずと断定なされ、もしくは神人となりしという説に駁撃を加えられるか、キリスト信徒の歴史的に継承し来たれる信仰に向かいて非難を下さる様なことを公然ご議論あらば、その時こそ小生も、キリスト教信仰の主張者、弁護者として、非キリスト教信仰のなることを公示せられたる貴殿と論戦を開くことをも辞せず。

(『植村正久著作集』④―三二九)

これに対して海老名は、「植村正久氏の答書を読む」(『新人』二巻四号、一九〇一年一一月一日)において、植村氏が言う「キリスト信徒の歴史的に継承し来たれたる信仰」とは、「日本基督教会が信奉しているカルヴァン派の信仰」であり、自称正統派を称して異端を排斥するようなものと批判する（②―四―四）。ここでカルヴァン派といっているのは、海老名が神の内在を強調するのに対して、長老教会のカルヴァン派が神の超越や予定を主要な教義にしているからである。しかし海老名の神学は、プロテスタント教派間の信条の相違に関するものではなく、様々な教会が共通の土台としている「使徒信条」に対する批判であるので、それだけ深刻であった。つまり、海老名は、キリストの「受肉」や三位一体論などを、「古代の哲学思想の生み出せる神話的教説」（『新人』二巻五号）とみなし、植村の言う信仰の「歴史的継承」を、「古代の形骸を気ままに伝える」ものに他ならないと批判するのである。

次に植村は、一九〇一年一二月一一日の『福音新報』に「海老名弾正氏の説を読む」と題して、海老名の聖書の高等批評、キリストを神と認めないこと、三位一体論の否定に対して、「吾人はキリストの神性を信じ、聖霊の神性をも信じ、また三位一体の教義にも深遠なる宗教的真理の包蔵せらるるを信ず」（『植村正久著作集』④―三三六）と自らの信仰的立場を明らかにしている。

これに対して海老名は、『新人』（二巻六号、一九〇二年一月一日）の「新年の辞」において、従来の受肉論、三位一体論、キリスト再臨に対抗して新しい時代に応じた新神学の必要性を訴えている。また彼は同号の『新人』に「三位一体の教義と余が宗教意識」と題して植村の批判に対して、自らの基督論を詳細に展開している。この論題から推察されるように海老名にとって重要なのは、固定した教義ではなく、宗教的経験や宗教的意識であり、それが強調されると、キリスト教の正統的な信条を内側から破壊する危険性がある。海老名は、彼の重要な宗教意識として、第一に天地の神が君主であることを感得し、主我主義から主神主義に転回したこと、第二にキリストに倣って、「神は我父にして、私はその愛子である」という神の子としての意識、赤子の意識を挙げている。それは、キリストが父なる神に対して持っていた「父子有親」の意識と同様なものである（『新人』②―六―一四～一五）。そして三位一体の教義は、キリスト信徒の「神人合一の意識」を説明するためのものに他ならない。そして祈りはキリストに対してではなく、ただ天父に対してだけ捧げるべきであり、「キリストに礼拝と祈禱とを捧ぐるがごときは」、キリストの霊を有するキリスト者のすべきことではないのである（②―六～一九）。

ここにおいて、海老名が、イエス・キリストを礼拝すべき神としては認めず、「神人合一」をすでになしとげた模範的人間として想定していることは明白である。それは植村にとって、聖書の真理からの大きな逸脱にほかならなかった。植村は言う。

余輩はキリストの贖いを忘却し、その十字架の意味を埋没し、僅かにキリストと神との間に親交ありという事実に依り、その宗教心に訴えて十分に神の衷情を認識せんと欲するは、ほとんど木に縁りて魚を求むるの類なりと断言すると憚らず。（『植村正久著作集』④―三四八～三四九）

なお植村が依拠していた十字架の意味は、基本的に刑罰的代償論である。彼は後に『福音新報』（一〇四五号、一九一五年七月八日）において、以下のように述べている。

福音主義の信仰は、罪の赦されることを高調すると共に、その既に当然審判せられ、処置せられおわりたるをも力説して止まぬ。キリストの十字架は、人類が自ら罪悪の報いを受けて、その刑罰に服するよりも一層明らかに、かつ十分に、神の審判とその宣告とを表明して少しも遺憾なきものである。（同、④―四七一）

最後に植村は、自分と海老名との違いを、以下のように要約している。

海老名氏は、キリストの神格を信ぜざるなり。そのキリスト教はキリストを宗にせず、これを崇拝するものにあらず。余輩はキリストの神たるを信ず。キリストは人となりし神なり。余輩はキリストの内在と偏在とを信ず。余輩はキリストを礼拝し、またこれに祈りを捧ぐ。海老名氏は、キリストを師表として仰ぐのみ。余輩は然のみならず、こ

れを救主なりと信ず。（同、④―三五〇～三五一）

植村は、生涯キリストの贖罪を強調し続けた。彼は「福音新報」（一九一五年一〇四〇号～一〇四七号）に「福音主義の信仰」を掲載し、福音主義の中心は、イエス・キリストの十字架の贖いであることを訴え続けた。

キリスト教において最も重大なる位置を占め、その根本的要点と称すべき一つはキリストの死と贖罪である。これを高調せずんばキリスト教の伝道ではない。無論、福音主義の信仰とは一致せぬ。イエス・キリストの死と贖罪とによりて罪を赦され、かつ救われることを信ぜざるもの、その伝道おいてこれを盛んに宣べ伝えざるものは、どうしても福音主義の信仰ではない。（同、④―四八二）

また福音主義の信仰はイエスを神と信じ、礼拝することであった。（④―四八三）

これに対して海老名の聖書観、キリスト論も、生涯変わることはなかった。海老名は、神学論争から約二〇年後の一九二二年、同志社総長として同志社教会で聖書について、「バイブルは参考書として読む。けれども宗教的経験はそれだけではない。聖書は手紙である。けれども、二千年前での手紙では満足しない。私は神の赤子である」と述べている。またキリストの十字架についても、「キリストの十字架の血をみなくては赦されないというのは、クリスチャンの神ではない。我々の神は限りなくこれを赦したもう神である。罪を犯した放蕩息子が恐れながら帰るのを、走っていって抱く、その父がキリストの神である。十字架の血を持って初めて赦すと云う信条は、神の子が承知しない」と断言している。[12]

これは、キリストの贖罪の否定であり、罪人の自覚よりも神の子という立場が前面にでるあまり、キリストの十字架の血の価値が見失われている。総じて、金森通倫、横井時雄、海老名弾正の自由主義神学に等しく見られる特徴は、人間の罪性の軽視とキリストの贖いの否定である。こうした教義を持つ海老名が、明治、大正におけるプロテスタントの歴史で大きな影響力を及ぼしてきたことを看過すべきではない。

Ⅱ 海老名弾正とシュライエルマッハー

海老名弾正の信仰理解は、熊本バンドの創始者ジェーンズから継承したものである。しかし彼は同時にドイツ神学に造詣が深かった。關岡一成は、『人になれ人、人になせ人』において、海老名が本郷教会時代、四三歳の時にドイツ語を学び始め、一〇年かかって自由に読めるようになり、一九〇八年五月から一二月までの最初の欧米旅行で、プフライデラーとハルナック（Adolf Harnack、一八五一～一九三〇）に会う計画を立てていたという。[13] この欧米旅行は、スコットランド・エジンバラで開催された第三回万国会衆教会大会参加の為であった。

しかし彼が一番影響を受けたのはドイツの自由主義神学者フリードリヒ・シュライエルマッハー（Friedrich Daniel Ernst Schleiermacher、一七六八～一八三四）である。海老名は、「近世になって私に感化を及ぼした処の者は、独逸のシュライエルマッヘルであると思います、彼がいかに深く、ギリシャの思索に這入っていたか、またいかに清き温かき感情の人であったか、いかに神に対して、敬虔の情厚かったかという処は、今日私の真に敬慕して、止まない処」と述べており、一九〇一年に『新人』（一巻八号、九号）に「シュライエルマッヘル伝」を執筆している。また『新人』（四巻四号、五号）に「シュライエルマッヘルの基督教」（一）（二）を書いている。

それではシュライエルマッハーの神学とは何であろうか。ここでは、植村正久の弟子で、ドイツ神学にも造詣が深かった高倉徳太郎（一八八五～一九三四）の「福音的キリスト教」に依拠して、シュライエルマッハーの思想を、海老名弾正の神学思想との関連で二点指摘しておくことにする。

第一点は、神と一体となることを、キリスト教の中心と見做す点である。高倉は言う。

シュライエルマッヘルなどは、イエスの贖いとは、イエスの神意識をわれらのものとみなし、低き感覚性に打ち勝って霊に生きることであると主張した。かくのごとくイエスの宗教とか、イエスの「内的生命」とかを、我らの信仰の目標とする考えは少なくとも二つの点において誤っている。[14]

高倉徳太郎によれば、シュライエルマッハーの間違いは、第一に人間は罪人であるのにたいしてイエスは罪のない神の子であるという質的な相違を看過していることにあった。

第二点は、自己を内面的に掘り下げて、神人合一することは、聖書の神を神秘主義的・汎神論的に理解しており、創造主である超越的な神と人間の質的な相違を看過し、人間の罪を忘却させるものであった。この点について高倉は以下のように述べている。

我らはこの神と交わらんとするにあたって、まず罪赦されんことを求めざるを得ぬ。赦罪の確かさなくして、我ら罪人は、この神に近づき得ないことを知る。我が神のふかきところに神は生きたまわない。我らのうちに生きるのは罪である。自己をのみ求めんとする意志である。かかる罪人にはキリストの十字架の贖いなくして、神の前に立ちえないことを痛感する。かく考えると、いわゆる「イエスの宗教」なるものが、深き贖罪の宗教としてのキリスト教をはきちがえたものであることがわかるであろう。[15]

高倉は、また海老名に見られるイエスの十字架の「道徳感化説」、つまり、イエスの十字架の犠牲は私たちがそれによって励まされ、鼓舞されて、自分を捨て、自己犠牲の道を歩むためのものであったとする見解を、実質的に十字架の贖罪の意味を否定すると批判して以下のように述べている。

神の内在性が高調され、人間中心主義が信仰を支配するとき、道徳感化説が起こるのである。……要するに、道徳感化説は聖書における贖罪的経験を深く解釈しているかどうかはすこぶる疑わしい。[16]

こうした高倉の批判は、シュライエルマッハーのみならず、名前は特定されていないが、海老名弾正にもあてはまるものであった。芦名定道は、「海老名の宗教理解は、まさにカントあるいはシュライエルマッハーの影響下にある一九世紀の自由主義神学の宗教観に立つものといえよう」[17]と評している。海老名は、一九〇三年に出版した『基督教の本義』の第一四章から一六章においてシュライエルマッハーの神学の特徴について詳述し、信条よりも宗教感情を重視する点を強調している。

信条や教理や儀式の上に宗教を求めるは偽りである。真の宗教は情感の発動其ものであるから、信条や教理や儀式の宗教は偽りの宗教、情感其ものの宗教は真の宗教である。[18]

詰まるところ、シュライエルマッハーにとって、キリストの救いは贖罪の救いではなくて、神の子の性質を人類に分有させることにあった。[19]

海老名はシュライエルマッハーに傾倒したのみならず、歴史神学の視点からギリシャ神学に自己の神学的立脚点を求めた。彼はキリスト教思想の二つの流れを指摘し、パウロ－アウグスチヌス－ルターに到る西方キリスト教にヨハネ－アレキサンドリアのクレメンス－オリゲネス－シュライエルマッハーに到る東方の神秘主義的キリスト教を対置し、後者の「ロゴス論」に注目した。ロゴスとは「万有に偏在し、万有の理性」であり、万有を形成していく神の霊であるので、汎神論的、内在的傾向は明らかである。ここに海老名神学の問題点があった。[20]

Ⅲ　植村正久とデニー

海老名がプファイデラー、ハルナック、シュライエルマッハーといったドイツの自由主義神学に傾斜していったのに対して、植村はドイツ神学を嫌悪し、英米神学、特にスコットランドの神学を好んだ。その代表的な神学者がデニーとフォーサイス（Peter Taylor Forsyth、一八四八～一九二一）である。

佐藤敏夫（一九二三〜二〇〇七）は『植村正久――植村正久とその弟子たち』において、「以前に植村からどういう神学書を奨められたかを熊野義孝（一八九九〜一九八一）に質問したところ、即座にデニーという答えが返って来た。植村はホッジなど当時のアメリカの神学者をあまり尊重せず、またドイツ神学界に余り感心せず、英国特にスコットランドの神学を尊重した」と述べている。[21] なお植村は、『福音新報』（四〇〇号、一九〇三年二月）に「蘇国の神学」の記事を寄稿し、「この冬グラスゴーも自由教会神学校において、博士デニーの講義を聴いている米国人が十一人も有る由だ」（④―二三七）と述べている。

ホッジとは、アメリカの長老派のチャールズ・ホッジ（Charles Hodge、一七九七〜一八七八）で、福音的神学の『組織神学』（三巻本、一八七一、一八七二年）の著者である。デニーとは、スコットランド自由教会の牧師かつ神学者であるジェームス・デニー（James Denney、一八五六〜一九一七）のことでグラスゴー大学で教えた新約学者、かつ組織神学者である。すでに述べたように植村が贖罪論において海老名の道徳的感化説に対抗して、刑罰代償説を採用しているのは、デニーの贖罪論に基づくものであった。[22] またフォーサイスは植村のみならず、彼の盟友の小崎弘道や彼の弟子高倉徳太郎に特に贖罪論において多大な影響を及ぼした神学者である。

Ⅳ　植村‐海老名神学論争の結果

植村‐海老名の神学論争の後、福音同盟大会は、一九〇二年四月一二日に福音主義の定義として、「聖書を以て信仰と行為の完全なる規範とし、人と其の救いのために、世に降りたまえる我らの主イエス・キリストを神と信じるものである」ことを、紆余曲折の末に決議し、海老名弾正や本郷教会を福音宣教の共同活動から締め出した。これはまた植村の「福音主義」の定義であった。ここに至って、植村の尽力によって、正統的なキリスト信仰が明白にされ、教会が従うべき教義として確認されたことは、日本プロテスタント史上重要なステップであったといわざるを得ない。しかし海老名弾正と本郷教会は、一九〇三年三月に一旦離れた組合教会に復帰している。彼は、金森通倫や横井時雄のように教会を去らず、依然として本郷教会において、牧師としての働きを続行し、青年たちに大きな影響を及ぼしたのである。またいったん一九〇二年四月に海老名と本郷教会を除名した福音同盟会は、一九〇六年五月の福音同盟会の大会で海老名たちの復帰を決議したので、除名の期間はわずか四年である。それは、一九〇六年「福音同盟会」が「日本基督教同盟」に発展的に解消するにあたって、イエスを神とするという福音主義の定義を撤回したからであった[23]。

逆に福音同盟会の方は、会長の本多庸一と副会長の小崎弘道が辞任を表明している。

こうして海老名弾正の影響は、組合教会、そして「日本基督教同盟」において以前にもまして強化されることになる。逆にいえば、それだけ信者の健全な信仰からの逸脱の危険性は大であったと云わざるを得ない。せっかく植村が心血を注ぎだした戦いの重要性が失われていくことになる。

一九〇一年から一九〇二年に至る植村正久と海老名弾正との神学論争は完全に終わりを告げたわけではなく、双方の機関誌で続けられていった。この点に関し、鬮岡一成は、次のように述べている。

明治三四、三五（一九〇一、二年）の海老名・植村神学論争は、「福音主義論争」「三位一体論争」「基督論論争」などいろいろ呼ばれるが、中心は「キリストは神か人か」のキリスト論であった。この論争は、海老名が本格的な論文「三位一体の教義と余が宗教意識」を発表することにより、大きく進展したが、植村がこの後海老名のキリスト論について追及したのは、海老名の罪悪観であり、贖罪観であった。確かに今日では、海老名・植村のキリスト教理解の相違点は、キリストが神か人ということよりも、さらにはその根底に、贖罪観の相違が横たわっていたことは明らかであった。……そのことは、海老名・植村が直接論争したのではないが、贖罪観を巡り明治四十一年（一九〇八年）二月から数カ月にわたり、『基督教世界』と『福音新報』との間で論争が行われたことからも明らかである。……明らかに『基督教世界』は海老名を、『福音新報』は植村を体現するものであった[24]。

第四節　宮川経輝と小崎弘道

当時、新神学を主張していたのは、すでに述べた金森通倫、横井時雄、海老名弾正だけではなく、大阪の組合教会の牧師である宮川経輝もそうであった。植村は、一九〇二年一月二二日の「キリスト教思想の潮流」において、「宮川氏などもキリストは神ではない、神の代理人だという余り条理の分らぬ説教を昨年の末、公にせられたほどである。余輩は今回の議論で組合教会の趨勢が判然するを見たい」（『植村正久著作集』④―三五二）と述べている。更に植村は、組合教会に関して、「毎週新誌記者の言に拠れば、組合教会は既にキリスト学上の謬見に襲撃せられたりと見ゆ。その有力者の信念、キリスト教の本旨に遠ざかれるもの多きは、蓋し隠れも無き時事となるべし」（同、④―三五六）と批判する。植村は、「罪悪を軽んじ、十字架の真義を忘却せる一種の福音は、霊性の根本を弱めつつあり」と断じ、「実験的にキリスト教の意識を深くし、キリストに関する思想を発揮し、使徒のごとく、ルター、ウェスレーのごとく新鮮にして雄大なる信仰を興さずんば、日本の救われんこと得て望むべからざるなり」（同、④―三五七）と述べている。

組合教会の中で新神学の影響を受けつつも、正統的教義に踏みとどまったのは、植村正久と親しかった小崎弘道である。彼は、彼の自伝の『七十年の回顧』において、組合教会の衰退を嘆きつつ、その原因について以下のように指摘している。

当時の基督教会、特に組合教会に於ける思想が漸次極端なる自由主義神学に陥り、基督教の本質如何を解する者が、少なくなろうとする形勢のあった為である。組合教会が、明治十六、七年より二十二、三年頃まで旭日の東天に達するが如き勢いをもって発展したのは、その牧師・伝道師がいづれも新鮮なる信仰と体験を有し、基督教は真に人類を罪悪より救うの福音たることを確信していた故である。然るにその後に至り、教勢不振の状態を呈したのは、他にも原因があるが、其の一つは牧師や伝道師が基督教の本質を理解することなく、いたづらに新思想・新神学説を歓迎し、信仰の本質を失った為である。……現に金森・横井の二君を初め、安部磯雄、村井知至《ともよし》（一八六一～一九四四）、増野悦興《ましのよしおき》などの諸君は神学説が変わると同時に、信仰生活を離れ、遂に教会より遠ざかった。……新神学に賛成しながらも、尚最初の信仰を維持したのは、海老名、宮川の両君である。しかし、その信仰たるや、……「省略した基督

教」であって、「円満なる基督教」でないことをおそれる。(25)

「省略した基督教」とは、キリストの神性を否定し、神の子としての自覚に基づき、イエスの模範に従って救いを得ようとするものであり、「円満な基督教」とは、イエス・キリストの神性を認めて、神に帰るために、神と人との仲保者であるイエス・キリストの贖いを必要とする信仰である。それはまた正統的な神学と自由主義神学との相違でもある。

小崎は、新神学が個人の信仰や教会に及ぼした悪影響について次のように述べている。

即ち個人としては罪悪観念乏しく、悔改と新生の体験確証を欠き、キリストに依る神の恩寵を認むる所明瞭ならざるため、信仰生活に感恩喜楽平和の念薄く、随て社会奉仕の動力も欠乏する事が多いので、ややもすれば宗教生活が只倫理生活に終わる場合がある。又教会の上に現るる欠点は伝道の精神乏しく、活動の原動力を失うに至るものである。(26)

加藤直士『宮川経輝伝』によると、大阪教会の牧師であった組合系の宮川経輝は、「イエスを神とする三位一体といった理屈は信ぜず、興味も持たず、イエス・キリストを同心一体となるべき人間の模範と考え、彼に従い、心を尽くして、神と人とを愛すべきだと考えていた」(27)。また贖罪論に関しても、海老名と同様に、十字架は贖罪的な効果を持つものではなく、キリストの犠牲の愛に感動し、キリストと一つにされていくことが大事だと考えていた。

熊本バンドの代表者である海老名弾正が一八九五年から一九二〇年まで東京の本郷教会において、また宮川経輝が一八八二年から一九二五年まで、上述の神学思想に基づいて説教したことは、日本のプロテスタント教会の土台を揺り動かすもので、植村や内村にとっては心の痛みであった。また「組合主義」のリーダーの一人でありながら、植村の「福音主義」に同調する小崎にとっても、海老名とは人間的に親しい関係であるが故に、複雑な思いや内心の葛藤があったに違いない。

植村は、海老名や宮川の説教を念頭に置いて、一九二四年の『福音新報』において、次のように批判している。

多くのいわゆるキリスト者は、余り倫理的方面にのみ流れ、文化事業の一端とも見られる程度の福音を宣伝するだけに満足し、感化事業と十字架の救いを混同し、基督教の超自然的要素を蔑視し、甚だしきはこれを否定するまでに脱線し、キリスト信仰の先輩、人間の極めて勝れた一人として仰ぐくらいのことで落ち着き、聖書の価値を軽減しつつ、その奔放の勢いずこまで進むであろうかを量り難たらしむるごとき様式のいわゆるキリスト教が広く流行しつつある。……講壇の調子はすべて歴史的、批評的で、回心を迫るよりもむしろ回心の心理学を講釈し、聖霊により人をして罪ありと覚らしむるよりもむしろ生物進化論の一節として、人間の退歩的状態を解剖的に説明するだけにとどまり、新約聖書のような伝道気分を失ってしまい、ルターやウェスレーの信仰におけるごとき救いの経験を閑却し、禅僧や王陽明らの教ゆるほどの汎神論的神秘主義の体験が宗教の極致であると心得ている。（『植村著作集』④―二五四～二五五、傍線部引用者）

これに対し海老名は、「回顧四十年」において、次のように自らの立場を弁明している。

去りとて、植村・小崎の二氏と心内の実験を同うし、又思想の傾向に於て一致して居った譯ではない。二氏は思想の形式に於て立派な正統主義であるが、我はこの形式を脱却し去つて、専ら内観の生命を重要視せんと欲す。……たとえ天下は挙って我を異端というとも、非クリスチャンというとも、又世間普通の教義に照らして破門するとも、我は忠実なるクリスチャンであると自覚したのである。(28)

第五節　自由主義神学の影響の結果

当時のキリスト教会に対して、金森、横井、海老名が信奉した自由主義神学は、イエス・キリストを神の子として認めず、その十字架の贖罪を否定したことによって、甚大な影響を及ぼし、小崎が語ったように、多くの信者が教会から離れ、教会自体が生きた信仰を失なってしまった。それ以外に、正統的な教義が失われたことによって、キリスト信仰の中に国家主義や社会主義といったイデオロギーが浸透してくるきっかけとなった。この点について、隅谷三喜男（一九一六〜二〇〇三）は、自由主義神学と反動思想と社会主義との関係について、以下のように述べている。

……自由主義神学が反動的な役割を演じたのは、自由主義神学がはいることによって、日本の基督教界は福音的な信条から離れて、復古的なものと結合する契機を握ったからです。福音的な信仰の場合には、信条なり神学なりがはっきりしていますから、そういう日本主義的なものとの結合が非常に困難なわけです。自由主義神学になりますと、その中核が曖昧になるから何でも結びつきうるということになる。そしてこれが次の段階で社会主義的なものと非常に深く結びついていくのです。(29)

それだけではなく、福音信仰があいまいなものになることによって、キリスト教と他宗教との習合が生じてくることになる。この点に関して、久山康（一九一五〜一九九四）は、対談の中で以下のように述べている。

……自由主義神学の勃興とともに、キリスト教と他宗教との習合的傾向が生じたということですね。海老名さんが、エホバの神は日本神道の天御中主神と同じで、日本魂の進歩したのがキリスト教であると唱えて、神道的キリスト教と呼ばれ、巌本善治や戸川安宅のキリスト教は、枯淡で禅味を帯びていたため、仏教的キリスト教と呼ばれ、松村介石は、バラやブラオンに学んでキリスト教徒になったが、もと安井息軒（一七九九～一八七六）の塾に学んで儒教に造詣が深かったため、両者を併せ有しているというので、儒教的キリスト教と呼ばれたということです。[30]

海老名が一九三〇年代に「新日本主義精神」において神道的基督教を提唱することは、あらためて第一八章で述べることにする。

第六節　内村鑑三の植村・海老名に対する評価

I　『聖書之研究』誌における内村の教理問答

植村‐海老名の神学論争に関して、内村は一つの論考も発表しておらず、あたかもこの論争に無関心であったように思われる。しかし、そうではない。キリスト教、そして教会の将来を決定するような重要な争点に対して、彼は彼なりの立場から発言していった。

内村が『聖書之研究』第一号を出版したのは、一九〇〇年九月三〇日であった。その第一頁に、「われ福音を恥とせず」というパウロの言葉が書き記されている。後に述べる植村正久と海老名弾正の神学論争は、一九〇一年九月から一九〇二年七月まで及んでいる。この論争中そしてその後において、彼は、『聖書之研究』に重要な神学上の問題に関して、読者にわかりやすく問答形式を用いて説明をしている。

内村は、一九〇二年四月二〇日付けの『聖書之研究』（二〇号）に「聖書は如何なる意味に於て神の言辞なる耶」において、聖書の歴史的批評である高等批評に明確に反対した。（『内村鑑三全集』⑩―一三九～一四七）更に内村は一九〇五年三月二五日のベル宛書簡において、「私は、聖書の言はことごとく神の霊感になるとの見方こそ、この永遠不滅の書に対する最も理にかなった見方である、と常々考えてきました。ゆえに私は、いつも高等批評には信を置きませんでした」（同、⑥―九五～九六）と書いている。また内村は、一九二二年七月二二日の日記において、「いわゆる高等批評は、近代人の精神をもってする聖書研究である。こんなつまらないものはない。そうして彼らは、彼らの頼む高等批評をもってして聖書を解することはできない」(『内村日記書簡全集』②―二〇三)と述べている。

また彼は、一九〇四年一月二一日発行の『聖書之研究』(第四八号)に「聖書は果たして神の言葉なる乎」を掲載し、「今やいわゆる「高等批評学者」なる者が出まして、聖書の記事を縦横無尽《じゅうおうむじん》に批評し、初めにアブラハムを取り去り、次にモーセを縮小し、今はパウロ、ヨハネまでを半殺しになさんとしつつあるは事実であります。いずれの時代においても聖書の荒乱者なる者があります。そうして今の時代に在ては、この荒乱者は、自ら「高等批評学者」となる者でありります。そうして彼らが荒乱のために採る武器は歴史であります。彼らは歴史的に聖書を覆滅してその覆滅を全うせんとしつつあります」(『内村鑑三全集』⑫―一四)と述べている。

また彼は、「キリスト教の問答　キリストの神性」において、キリストの神性を信じなくても、キリスト信仰は成立するのではないかという質問に対して、キリストの贖いの事実にとってキリストの神性は不可欠であると主張し、「キリストは私の罪の贖主であります。故に彼は、私の救い主、私の神であります」(同、⑪―三一一～三一三)と述べている。

更に内村は、「なぜキリストの神性を認めたのですか」という質問に、「私の全存在」(whole being)によってそれを経験したとして、特に罪の問題を挙げている。

それは、私が罪人であるということを発見したからであります。……自己の罪を恥じ、良心の平安を宇宙に求めて得ず、煩悶の極、たすけを天に向かって求めました時に、十字架上のキリストが心の眼に映り、その結果として罪の重荷は全く、私より取り去られました。……私は罪とは人に対して犯したものではなくして、神に対して犯したものであることを知りまするゆえに、この罪の苦悩を取り去ってくれた者は、必ず神ではなくてはならないことを知ったのです。……罪悪問題とキリストの神性問題とは、その間に極く緻密なる関係を有つものであります。実に罪の何たるかを知らずして、キリストの誰なるかは到底分からないと信じます。(同、⑪―三三三～三三五)

内村に言わせれば、金森通倫、横井時雄、そして海老名弾正は罪との戦いを経験せず、それゆえキリストの贖いの必要性を理解していない人々であった。

また彼は、一九〇四年二月一八日の『聖書之研究』（四九号）において、「三位一躰の教義」を発表し、やはり問答形式で、この問題について解答している。

彼は、「三位一体」とはどういう意味ですか、あなたはそのことを信じますかと聞かれて、「神は一つである。然し単独（unit）ではない、彼は三つのペルソナ（persona）として存在する、しかし三つの異なった神があるのではない、父、子、聖霊、おのおの神であって、そうして神とはこの三位の一致したる者（unity）であると、こういうことでありま す」と述べて、自分は三位一体を否定するユニテリアンではないと主張する。内村にとってイエスの神性と三位一体論は表裏一体の関係にあった。また彼は、キリストの贖いがいかに三位一体と関係しているかについて以下のように述べている。

単独の神は、地を遠く離れて高く、独り天にとまる神であるのみならず、かかる神は、また罪人とは全く関係のない神であります。単独の神は地球にまで及ばない神であります。三位の神を待って始めて救いの神はあるのであります。罪の赦し、贖いなどは、三位一体の神にあらざれば、我らのために成しとぐることのできない事であります。それ故にご覧なさい。三位の神を拒むユニテリアン教徒は、贖罪を拒みます。神が肉体を取りて、人類の中に降り給いしとの事の如きは、かれらが神に対して抱く観念から割り出してみて、決して有り得べき筈のものではありません。十字架上の罪の贖いのごとき貴き教義は、三位の神を信じない者の到底解し得ないことであります。（同、⑫―六八）

なお内村にとってイエスの十字架は、植村と同様刑罰的な代償論であった。内村は、彼の弟子の藤井武（一八八八～一九三〇）が、一九一六年三月発行の『聖書之研究』に「単純なる福音」と題して、「人の救わるるは、イエス・キリストの十字架に顕れたる神の愛を信じるに由る」と書いたことに異議を唱え、四月発行の同誌に「神の忿怒《いかり》と贖罪」を掲載し、「神は愛である。しかして愛なるがゆえに彼は、罪に対して熱烈の忿怒を発し給うのである」（同、㉒―二三七）と藤井を批判し、「キリストは、十字架において、人類を代表して人類の受くべき罪の適当なる結果（刑罰）を己が身に受けたもうたのである」（同、㉒―二三九～二四〇）と強調し、最後に、「余はキリストが我等の罪の代わりに十字架において罰せられたという事を信ずる者の一人である」（同、㉒―二四五）と、藤井に対する反論を明確にしている。

第七節　内村鑑三と植村正久

内村と植村との関係は性格が合わなかったこともあり、実質的にその関係は疎遠であった。ただ内村が『聖書之研究』誌を始めるまでは、植村が主筆を務める『福音新報』に寄稿したり、植村が牧師をしていた一番町教会（後の富士見町教会）で説教する事もあった。内村は、一九二五年一月に植村が死去した時の日記に、「君は明治十二年以来の知人である。しかし気質の異なるゆえに親交に入る能わずして終わった」と書いている。しかし気質の違い以上に、内村が既成の教会を批判して、「無教会主義」を唱道したことが、二人の関係を疎遠にした主要な理由であろう。

これに対して、内村は、熊本バンドの組合教会の指導者とは親しい人間関係を持ち続けた。しかしより巨視的な視点でみるならば、内村は新神学、自由主義的神学に傾斜する横井、金森、海老名たちの熊本バンドよりも、正統な神学を貫き、福音主義に立ち続けた植村に共鳴をしていたのではなかろうか。山路愛山は、この点に関して、「今日、日本にて三十年来一日の如く、所謂正統教会の教理を固執し、之をその学問、見識にて堤防し、世と戦って屈せざるものは、唯だ氏【植村】と内村鑑三あるのみ」と述べている。(31)

内村と植村は、教会と無教会という点では対立はあったものの、こと正統的な信仰という点では、一致していた。内村はベルあて書簡において、植村を「第一人者」と呼び、「彼は、ロンドンやニューヨークの一流の講壇に立たせても遅れをとらぬ程の人物」と評し、「彼の講演については、「いずれも、堅実な、深刻な、同時に学者の講演である」と高く評価している。

『植村正久と其の時代』を編集した佐波亘（一八八一～一九五八）は、『回想の内村鑑三』（鈴木俊郎編、岩波書店）の「思い出」の中で、植村が死んだ時、内村が植村の家に行き、遺骸が安置されている部屋で植村の顔をみて、黙禱した後、英語でグレート、グレートと言って別れを告げたことを伝えている。[32]

内村は上述した日記において、「君【植村】の勢力、才能、学識は十分に認めざるを得ない。君去りて日本の基督教界は一変するであろう」（『内村鑑三日記書簡全集』④―一二九、傍線部引用者）と評している。

この言葉に示されているように、指導者植村を失った日本の基督教界は、日中戦争以降始まった日本のファシズム化の激流に飲み込まれていくことになる。

第八節　内村鑑三と海老名弾正

それでは、内村鑑三は、海老名弾正に対してどのような態度を示していたであろうか。内村と海老名が最初に出会ったのは、一八八三年の第三回基督信徒大親睦会であった。内村の正統的な信仰と海老名の新神学は水と油の関係にあり、後に述べるように、海老名は内村の再臨運動に対しては徹底して反対したが、個人的には内村の死まで親交を保ち続けている。そこが良かれ悪しかれ信仰の相違によって、人間関係を断絶しようとはしなかった内村の内村たるゆえんであった。

海老名は、内村のことを回想して、自分と内村の信仰の違いについて次のように述べている。

内村君は、その悲劇の中に言うべからざる宗教的経験を持っておられたと思う。十字架がキリストのハートでありブラッド【血】である。ただそこに、あすこに、縋りついていくという、それが内村君の心髄であったと思う。私から見ると、そうはいかぬ、同情はするが、ハートは重んずるが、それが身代わりとはとれない。倫理的・哲学的・歴史的に考える。内村君は単純にハートで考える。その辺のところが違っていた。[33]

また内村は、彼や海老名が留岡幸助（一八六四～一九三四）の家庭学校に集まり、議論した時に、海老名にむかって、「おまえら（熊本の連中を意味する）の基督教はナショナリズム（国家主義）だ。植村（横浜の連中をいう）のはエクレシアスチシズム（教会主義）だ、俺（札幌を意味する）などはスピリチュアリズム（精神主義もしくは信仰主義）と言った」という。[34] この内村の言葉に、彼の海老名や植村に対する態度が示されている。

内村は、『聖書之研究』誌を刊行する以前に、植村正久が編集する『福音新報』（九号、一八九七年四月二三日）に「時弊談」を掲載し、一方における植村正久と札幌バンド、他方における海老名弾正に代表される熊本バンドの人々に対して、相異なる評価を下している。そこに内村の本音が示されていた。

> 今日我邦の伝道者及び教会に対して、無遠慮に批評を下さしめば、学者として最も善く基督教を理解せるものは、〇〇君なり。個人的な恩怨は暫くおき、この点においては、最も尊敬する所なり。……熊本県人のキリスト教は研究すべき面白き問題なり。試みに花岡山の血判と、札幌農学校におけるクラーク氏のキリスト教信者の盟約とを比較せば、二者間に大なる差異あるを見るべし。一は政党式を行うがごとく、他は宗教的の誓約を結びたるものなり。熊本県人のキリスト教は政治的なり。しかれども、もし熊本県人なかりしならば、キリスト教が今日の如く世間に聞知せらるることなかりしあらん。彼等は吹聴に妙を得たるものあり。したがってキリスト教が蒙りたる弊害もまた決して甚少《じんしょう》ならざるべし。（『内村鑑三全集』④―四〇六、傍点引用者）

まさに、内村が書いたように、バンドの人々の信仰は、キリスト教会に多大な負の影響を及ぼしたのである。ちなみに〇〇君は、植村正久である。まさに内村鑑三の植村に対する思い入れは深いものがあるが、逆に植村の内村に対する思いは冷淡である。まさにそこに心のバリアーがあった。もし二人の間に交わりと対話があったならば、日本のプロテスタント史は変わっていたかもしれない。

注

(1) 植村と海老名の神学論争に関しては、『植村正久と其の時代』（第五巻、教文館、一九七六年）、二四三～四三八頁を参照。
(2) 植村正久の「福音同盟と大衆伝道」の真意については、雨宮栄一『牧師植村正久』（新教出版社、二〇〇九年）、六六～六七頁を参照のこと。
(3) 渡瀬常吉『海老名弾正先生』（龍吟社、一九三八年）、一二九～一三一頁。
(4) 關岡一成『海老名弾正――その生涯と思想』（教文館、二〇一五年）、一九〇頁。
(5) 海老名弾正『世界と共に目覚めよ』（廣文堂、一九一七年）、四〇一頁。
(6) 同志社大学人文科学研究会編『熊本バンド研究』（みすず書房、一九九七年）、二八一頁。
(7) 關岡一成『吉野作造と海老名弾正――吉野が「海老名門下のクリスチャン」とされる理由』（教文館、二〇二二年）、三四頁。
(8) 同書、一頁。
(9) 安部磯雄については、岡本清一「安部磯雄・山川均――同志社が生んだ社会主義者たち」（和田洋一編『同志社の思想家たち』、同志社大学生協出版部、一九六六年）一四七～一七七頁、また出原政雄「安部磯雄――理想と現実のはざまで」（沖田行司編『新編同志社の思想家たち』（上）（晃洋書房、二〇一八年）、一九九～二一七頁）を参照のこと。なお安部は十五年戦争期、思想的・政治的に変節し、満州事変や日中戦争を支持したが、信仰においても一九三四年には神の存在を否定するようになる（同、二一五頁）。同じように基督教的社会主義者の石川三四郎や木下尚江も晩年、キリスト教から離れている。
(10) 鵜沼裕子『日本キリスト教史』（聖学院大学出版会、一九九七年）、三九頁。海老名の新神学形成に関しては、松岡八郎「吉野作造とキリスト教の影響④」（『東洋法学』三七巻二号、一九九四年一月）を参照。
(11) なお二人の神学論争の経緯と資料に関しては、『植村正久と其の時代』（第五巻）、二四三～四三八頁を参照。
(12) この時の説教は、『我が信教の由来と経過』（一九三七年四月、非売品、七四～七五頁）として自費出版されている。
(13) 關岡一成『人になれ人、人になせ人』（教文館、二〇一九年）、一〇一頁。
(14) 高倉徳太郎『福音的基督教』（新教出版社、二〇一四年）、一三五～一三六頁。
(15) 同書、一三六～一三七頁。
(16) 同書、一三八～一三九頁。
(17) 芦名定道「キリスト教思想研究から見た海老名弾正」（『アジア、キリスト教、多元性』、二〇〇四年）、六頁。
(18) 海老名弾正『基督教本義』（有隣堂、一九〇三年）、一〇八～一〇九頁。また海老名は『基督教十講』（警醒社、一九一五年）において、シュライエルマッハーについて「人の善良なる意思と神の命令が一致して違わざる所に、神人合一が認められるのである。……ここにプロテスタント教の一生面を開ききったのである」（一五五頁）と述べている。

(19) 同書、二一六頁。

(20) 海老名のギリシャ神学、特にロゴス論については、有賀鐵太郎「海老名弾正と希臘神学――歴史神学思性の一研究」（『基督教研究』二一巻四号、一九四五年）、三三三～三五三頁を参照のこと。有賀は「クレメンスやオリゲネスの『希臘的基督教は海老名先生の『日本的基督教』の発展及び形成にとって甚だ重要な意味を有している」（三五〇頁）と述べている。

(21) 佐藤敏夫『植村正久――植村正久とその弟子たち』（新教出版社、一九九九年）、五五頁。

(22) 同書、五八頁。またデニーについては、松浦義夫「ジェームズ・デニーの生涯と神学」（一）（二）（ypir.lib.yamaguchi-u.ac.jp）を参照のこと。またジェームズ・デニー著作集として、第一巻から第四巻までが（一巻「イエスと福音」、二巻「キリストの死」、三巻「神学研究」、四巻「キリスト教の和解論」）が一麦書店から出版されている。なおデニーが継承する神学はノックスによって始まった改革派の神学である。竹森満佐一は、「スコットランド神学がデニーやフォーサイスに、特に顕著に見られるように、贖罪、キリスト論に多くの貢献をしたことは、周知の通りである」（『日本の神学』、一九六二年、一六八頁）と述べている。竹森満佐一の第二二回学術講演「スコットランド神学と日本の教会と神学」を参照。デニーは、ドイツ近代神学や自由主義神学の泰斗、アルブレヒト・リッチュルやアドルフ・フォン・ハルナックと対話・対決をしつつ、正統的な神学を展開していった。

(23) 關岡一成『海老名弾正――その生涯と思想』（教文館、二〇一五年）、二四七～二四八頁。

(24) 同書、三一一～三一二頁。

(25) 小崎弘道『七十年の回顧』（大空社、一九九二年）、三三四～三三五頁。実は、小崎弘道こそ新神学の高等批評を日本にいち早く紹介した人物であった。渡瀬常吉は『海老名弾正先生』において、「小崎弘道氏すら明治二十二年【一八八九年】同志社に於ける夏期学校にての講演「聖書のインスピレーションに就いて」が物議の種子となり、また同氏が米国シカゴに於ける世界宗教問題に読まれたる「日本に於ける基督教」なる論文が、宣教師の間で物議になった」（二二八頁）と述べている。小崎が海老名に同調しなかったのは、フォーサイスの影響がある。この点については彼が、自らの神学的立場を表明した『基督教の本質』（教文館、一九一一年）、一〇～一一頁を参照。

(26) 小崎弘道『七十年の回顧』、二三七頁。

(27) 加藤直士『宮川経輝伝』（大阪教会、一九五二年）、二四七頁。

海老名・植村論争から十数年を経過した一九一五年に宮川経輝は小雑誌『基督と其の使命』を出版したが、南長老派の宣教師や

『福音新報』によってイエスを神でなく人としていると異端視されていた。關岡一成、前掲書、三九三頁。
(28) 海老名弾正『世界と共に目覚めよ』(廣文堂、一九一七年)、四〇二〜四〇三頁。
(29) 『近代日本とキリスト教——明治篇』(創文社、一九六五年)、二一三頁。
(30) 同書、二二三頁。
(31) 雨宮栄一『若き植村正久』(新教出版社、二〇〇七年)、二八〜二九頁。
(32) 鈴木俊郎編『回想の内村鑑三』(岩波書店、一九五六年)、二二四頁。なお同時代人からみた内村鑑三と植村正久との関係について、田村直臣『我が見たる植村正久と内村鑑三』(向山堂書店、一九三二年)を参照。
(33) 關岡一政編『海老名弾正関係資料』(教文館、二〇一九年)、二二四頁。
(34) 同書、二二五頁。

第六章　日清戦争の勃発

第一章から第五章までは、三つのバンドの成立と特徴、不敬事件に対する対応、ならびにキリスト教と国体の衝突、自由主義神学と正統的神学の戦いに焦点を当てて、内村鑑三、植村正久そして熊本バンドの異なった対応を論じ、また熊本バンドの新神学、自由主義神学に対する内村鑑三と植村正久の批判を跡づけた。特に植村‐海老名論争は、当時の日本のキリスト教会の動向を決定するほどの大きな意義を有する論争であった。第六章からは、特に日本の国内政治と対外政策に目を向け、対外的には日清戦争や日露戦争、韓国併合、そして第一次世界大戦に対する三人の相違点を考察し、対内的には藩閥政府批判や足尾鉱毒事件などを取り上げて、内村と植村の共通性と相違点を明確にすることとする。

第一節　日清戦争の経過

日清戦争の原因は、朝鮮半島の勢力圏をめぐる日本と清国との対立である。当時山県有朋（一八三八～一九二二）は、日本の主権線を確固たるものにするための利益線を朝鮮半島に置いていた。朝鮮半島が外国勢力の支配下になれば、日本の主権そのものが脅かされるという認識である。一八九四年韓国に大規模な農民蜂起である東学党の乱（甲午農民戦争）が発生し、朝鮮政府は、六月一日に清国に援軍を要請した。それを見て、日本政府は朝鮮への派兵の際の相互通告を定めた一八八五年の天津条約に基づいて、六月五日に大本営を設置し、仁川に軍隊を派遣し、七月二三日に王宮を占領した。更に七月二五日に日本軍艦は清国軍艦を攻撃し、一八九四年八月一日に日本は清国に対して正式に宣戦布告をしている。この戦争で、日本の連合艦隊は清国の北洋艦隊に対して圧倒的な勝利を納め、陸軍も遼東半島に上陸し、旅順や大連を占領した。

第二節　内村鑑三と日清戦争

Ⅰ　内村の日清戦争に対する態度

内村は、一八九一年に不敬事件において攻撃され、井上哲次郎によって「非国民」扱いされた。彼はその時の心境を、『キリスト信徒の慰め』の「第二章　国人に捨てられし時」において、自分を夫から離縁された妻にたとえて、その孤独と悲哀を以下のように書き記している。

余の位置は、可憐の婦女子がその頼みに頼みし良人《おっと》に貞操《みさお》を立てんがため頻《しき》りに良人をほめあげたるのち、ある差少の誤解より、この最愛の良人に離縁されし時のごとく、天《あめ》の下《した》には身を隠すに家なく、他人に顔を会し得ず、孤独淋しさいわん方なきに至れり。（『内村鑑三全集』②―一八～一九）

こうした苦境にあった内村に、日清戦争という国家的危機が到来する。内村は、この戦争にどのように対処したのだろうか。この戦争は、内村が愛国者であることを示す絶好の機会であった。しかし、彼は不敬事件の汚名を晴らすために盲目的に日清戦争に賛同したのではない。ここではなぜ内村が、日清戦争を支持するに至ったかをみておくことにする。

内村は日清戦争が勃発すると一八九四年七月二七日に徳富蘇峰が主筆をつとめる『国民新聞』に「世界歴史に徴して日支の関係を論ず」を寄稿している。日清戦争を歴史哲学の進歩史観に位置づけた論考である。ここで内村は、「日支両国の関係は新文明を代表する小国が旧文明を代表する大国に対する関係」と述べている。内村は、この戦争を文明対野蛮という二分法で理解し、文明国である日本が野蛮国である清に勝利することが肝要であると主張した。彼は日清戦争を、ギリシャの歴史家ヘロドトスが描いたペルシャ戦争をテーマとする『歴史』に依拠して、ギリシャとペルシャの戦いと同様に、自由と圧制、冀望《きぼう》と回顧、新取と退守、欧州主義と亜細亜主義との対立に見たのである。

余輩は、歴史家として言う、日支の衝突は避くべからずと、而して二者衝突して日本の勝利は人類全体の利益にして世界進歩の必要なりと、日本にして敗《やぶ》れん乎、東洋における個人的発達は防阻《ぼうそ》せられ、自治制度は廃滅《はいめつ》に帰し、美術は失せ、文運は廃し、亜細亜的旧態は永く東洋五億万の生霊《せいれい》を迷夢《めいむ》の内に保持せんとす、日本の勝利は歴史の保証する所、人類進歩の促す所、摂理の約する所、億兆の望む所なり。（同、③—三五）

進歩か野蛮か、自由か圧政かという二項対立によって日清戦争を支持する論調は、内村だけではなく、当時のキリスト教会において一般的に認められる傾向であった。

内村は国内の政治的・宗教的対立を乗り越えて、国のために一丸となって戦うことを訴えて、「今は実に何人が最も多く日本を愛する乎を試むるの時代なり」と熱烈な愛国心に訴えている（同、③—三七）。

更に内村は、八月二三日に英文で「Justification of the Corean war」を徳富蘇峰主筆の『国民之友』に掲載すると同時に、それを自ら翻訳して九月三日号の『国民之友』に「日清戦争の義」として寄稿した。内村は、「吾人は信ず、日清戦争は吾人にとりては実に義戦なりと、其義たる法律的にのみ義たるに非ず、倫理的にまた然り」（同、③—一〇五）と日清戦争の義を主張し、清国の不正と暴虐を批判する。

明治一五年以後支那の我邦に対する行為は如何《いか》なりしや、朝鮮において常に其内治に介入し、我国の之に対する平和的政略を妨害し、対面的に我に凌辱を加えて止まざりし、我は朝鮮を開かんとするに彼は之を閉んと欲し、朝鮮に課するに彼の満州的制度を以てし、永く属邦として之を維持し、支那それ自身が世界の退隠国なる如く朝鮮もその例に倣《なら》い、世界の進歩に逆抗せしめんことを務めたり……（同、③─一〇五〜一〇六）

ちなみに徳富蘇峰が主筆をつとめる『国民之友』も日清戦争推進派であった。

内村が書いた日清戦争に関する第三番目の論稿は、「日清戦争の目的如何」（『国民之友』二一〇号、一八九四年一〇月三日）である。内村がこの論稿を書いた時は、日本は、朝鮮全土を制圧し黄海開戦で清国の北洋艦隊に勝利していた。ここでは日清戦争に対して義戦の論陣を展開してきた内村が過度の日本礼賛に慎重になり、ともすれば過大な要求を掲げる政府や国民に対して、戦争目的を再度想起させている。まず戦争目的は、第一に朝鮮の独立である、第二に、清国を懲らしめることは清国を生かし、清国の独立を担保することにあった。そこには、西欧列強が清国を自らの勢力下に置こうと虎視眈々とねらっていることに対する内村の危機意識が示されている。したがって、日本が西欧列強と共に清国を分割することは許されないとして、清国討伐論を次のように批判している。

余輩は、故に云う、東洋の平和と安全とを支那の廃滅に求むるものは自欺《じき》の最も甚だしきものなりと、支那衰えて欧州の之に乗ぜざるはなし、欧州支那を有して朝鮮の独立は空言のみ、支那の敗壊に吾人の隆興を望むは、恰《あたか》も骨肉の貧に依りて吾人の富を増さんとするが如きものなり、吾人外征の目的若し支那の討滅にあらば栄光反りて悲惨の基たらんことを懼《おそ》れる。（同、③─一四二）

ただ内村は戦後の清国政府が東洋の平和と進歩の勢力になるためには、開明的な新政府を清国につくることを日本が助ける必要性を主張した。

吾人は半島政府より闇愚暴虐野蛮の徒を駆逐せしが如く大陸政府より常に世界の進歩に抗して亜細亜《アジア》的圧政と醜俗と

を永遠にまで維持せんと欲する蒙昧頑愚の徒を排除せざるべからず、然り若し清朝にして到底文明的政治を支那全土に施すを得ずんば吾人は之を斃《たお》し之に代うるに人道と開明とに基づく新政府を以ってするも可なり……（同、③―一四四）

こうした内村の見解は、人道と開明の名の下に、結果的に日本による朝鮮や清国への内政干渉を正当化する論理を内包していた。

総じて、内村の中には西洋列強に対する警戒心が強くなる一方、日本がアジアで果たすべき使命感が前面に登場してくる。内村が「吾人は亜細亜の救主として此の戦場に臨むものなり」（同、③―一四四）という言葉が、そのことを象徴的に表現している。

Ⅱ　日清戦争後の内村の非戦論

一八九五年四月一七日に下関で日清講和条約が締結された。この条約によって、清国の朝鮮に対する宗主権は否定され、日本は遼東半島、台湾、澎湖列島を獲得した。内村は、戦争後、この戦争が正義の戦争ではなく、強奪の戦争、不義の戦争であることを痛感するに至る。内村は、日清戦争が終わった約一か月後の一八九五年五月二二日に米国の友人ベルに宛てた書簡の中で、「支那との戦争は終わりました。……『義戦』は、掠奪戦に近きものと化し、その『正義』を唱えた予言者は、今や恥辱のうちにあります」（『内村鑑三日記書簡全集』⑤―二八五～二八六）と記している。

なぜ義戦論を主張した内村は、日清戦争の勝利によって有頂天になることなく、「恥辱の中にある」と言わざるをえなかったのだろうか。この時は、内村の京都時代で、彼が極貧に喘いでいた時期である。世間は勝ち戦で日本万歳で国民感情が高揚していたのに反して、内村は「義戦論」を説いたことで、灰をかぶって「悔い改め」ざるを得ない状況にあった。彼は、正義を喪失した「愛国主義」の激流に飲み込まれてしまったことを悔い改め、他のキリスト教指導者より、いち早く進歩対文明、自由対圧政という二項対立の歴史観の呪縛から解放されたといえよう。内村の「悔い改め」

は、彼が一八九五年八月一五日に寄稿した『時勢の観察』にも明瞭に示されている。

> 戦勝で支那に恥辱を加えるや、東洋の危殆、如何ほどまで迫るやを省みることなく、全国民挙げて戦勝会にせわしく、……しかして、戦局を結んで戦捷国の位置にたつや、その主眼とせし隣邦の独立は措いて問わざる如く、新領土の開鑿《かいさく》、新市場の拡張は全国民の注意を奪い、偏《ひとえ》に戦勝の利益を十二分に収めんとして汲々たり、義戦もし誠に実に義戦たらば、何故に国家の存在を犠牲に供しても戦わざる、日本国民もし仁義の民たらば、何故に同胞支那人の名誉を重んぜざる、何故に隣邦朝鮮国の誘導に勉めざる、余輩の愁嘆は、わが国民の真面目ならざるにあり、彼等が義を信ぜずして義を唱うるにあり、彼等の隣邦に対する深切は口の先に止まりて心よりせざるにあり……（『内村鑑三全集』③―一三二）

こうして彼は、この戦争が義の戦いではなく、不義の戦い、日本の侵略戦争であることを認識するようになった。また内村は、国内政治において「平民主義」を主張し、藩閥政治や官僚政治を鋭く攻撃していたが、こうした「平民」の視点が戦争を批判する上で重要な役割を果たしている。戦争は国権を拡大するが、民権は蹂躙され、民の生活は破壊される。それは「国権」の名による「民権」の破壊である。彼は、日清戦争をふりかえって、「軍人が戦勝に誇るを憤《いきどお》りて」詠んだ詩「寡婦の除夜」を、一八九六年一二月二八日に植村正久が主筆を務める『福音新報』（一九八号）に掲載している（同、③―二七三～二七四）。これは内村の名古屋英和学校勤務時代の作である。そこには、「我衰えて国栄う」という言葉に表現されているように、一人の平民からみた戦争に対する視点が示されている。

月清し　星白し
霜深し　夜寒し
家貧し　友尠《すくな》し

歳尽て人帰らず

思いは走る西の海
涙は凍る威海湾
南の島に船出せし
恋しき人の迹《あと》ゆかし

人には春の晴衣
軍功の祝酒
我には仮の侘住《わびずまい》
独り手向《たむく》る閼伽《あか》の水

我空《むなし》うして人は充つ
我衰えて国栄う
貞を冥土の夫に託し
節を戦後の国に全うす

月清し、星白し、
霜深し、夜寒し、
家貧し、友尠し、
歳尽きて人帰らず。

土肥昭夫は、この「寡婦の除夜」の詩は、戦争で夫を失った寡婦の孤独と叫びを表現しているだけではなく、「愛する日本に期待していたものを見失って耐えがたい失望にあり、戦勝の喜びに湧く国民の只中で」孤独と空虚さを感じている内村自身の心境を示していると評している[(1)]。その意味において寡婦とは内村自身である。

Ⅲ　内村鑑三と徳富蘇峰

ここで、熊本バンドの一員であった徳富蘇峰（本名猪一郎）と内村鑑三との関係に触れておくこととする。内村鑑三は、徳富蘇峰の助けにより、諸論稿を『国民之友』に寄稿し、生計の足しにしていた。しかし、次第に内村と徳富蘇峰の戦争に対する態度に齟齬が生じてくることになる。『国民新聞』、『国民之友』の主筆であった徳富蘇峰は、一八九五年の三国干渉に憤り、「日本膨張論」を提唱していたので、内村は「時勢の観察」（一八九六年八月一五日）を最後に一九二四年まで『国民之友』への寄稿を断念している。

徳富蘇峰は、一八八〇年に同志社英学校を退学した後に、自由民権運動に身を投じ、一八八二年に熊本で大江義塾を開校した。更に東京に進出し、一八八七年に民友社を設立し、『国民之友』を創刊、また一八九〇年には『国民新聞』を始め、ジャーナリズムにおいて多大な影響を及ぼすに至った。内村は、自分と同様「平民主義」の立場に立ち、明治政府の薩長藩閥政治を批判していた徳富蘇峰が、一八九五年のロシア、ドイツ、フランスによる三国干渉に憤慨し、遼東半島の返還に屈辱を感じたことがきっかけとなって「民権」から「国権」に変節したことを鋭く批判した。徳富蘇峰は、この三国干渉が及ぼした影響を『蘇峰自伝』において、「予の殆《ほとん》ど一生における運命を支配した。……余は精神的に殆ど別人となった[(2)]」と書き記している。蘇峰は、三国干渉の衝撃を、「戦争によりて一夜のうちに人となりし国民は、平和談判のために、一夜に侏儒《しゅじゅ》になれり」（「日本国民の話題日」『国民之友』二六三号）と慨嘆している。蘇峰の転換は、内村から見れば平民主義から国家主義・帝国主義への転向であった。また内村は、蘇峰が、一八九七年に第二次松方内閣が成立するや否や、この内閣の内務省勅任参事官に就任したことを許すことができなかった。徳富の明らかな「変節」である。

この変節について内村は以下のように批判している。

官職を得んとならば、腐敗せる薩長政府の手よりせずして、清浄なる日本国民の手よりすべし、薩長政府より官職を受ける者は、これと共にその腐敗を受け継ぐ者なり。改善は腐敗に手を触れざるより来る。(『内村鑑三全集』④—一二四)

これ以降、内村は、薩長藩閥政治に妥協しようとした徳富蘇峰を批判するようになる。彼は、一八九七年九月二日の『万朝報』に『八面鋒』を寄稿し、徳富蘇峰を激しく批判した。また蘇峰は桂太郎(一八四七〜一九一三)と親しかったので、一九〇一年に第一次桂内閣が成立した時、『国民新聞』は事実上桂内閣のスポークスマンに堕してしまう。蘇峰は、こうした関係もあって、一九一一年桂太郎の推薦で、勅撰の貴族院議員となっている。ちなみに彼は、評論家として名をなしたが、熊本バンドの人々の中で最も早く信仰を捨てた人である。

第三節　植村正久と日清戦争

植村は、戦争が起こってから、『福音新報』に次々に論評を寄稿した。『植村正久著作集』の第二巻「時事評論」の中には、「道徳もまた戦争の一要素」(一八三号、一八九四年九月一一日)、「支那のために祈れ」(一八七号、一〇月一二日)、「平和会」(一九〇号、一一月二日)、「日清戦争を精神問題とせよ」(一九一号、一一月九日)、「支那日本の相異なる点」(一九六号、一二月二四日)、「真理の戦争は二様なり」(二〇二号、一八九五年一月二五日)、「戦争の教訓」(三月一五日)などが掲載されているので、これらの論説の考察を通して、植村の戦争支持の理由、そして内村との共通点と相違点を明らかにすることにする。

植村は、「道徳もまた戦争の一要素」において、「日清の変乱は決して砲煙弾雨のみの戦いにあらず。或る重要な意味において、道徳の戦争なり」（『植村正久著作集』②―一八三）と述べ、清国と朝鮮に対する日本の行動を道徳的に健全にすることを要請している。これは日清戦争を道徳的に正当化するというよりは、戦争遂行に際しても、道徳的な行為から逸脱しないようにとの要請である。

また植村は「支那のために祈れ」では、今回の戦争が「支那老帝国の復活」を目的とするものであり、清国人のために祈ることを訴えている。また「平和会」においては、クエーカー派の非戦論に反対しつつも、彼らが自分たちの主義に忠実であることに感嘆している。また「日清戦争を精神問題とせよ」においては、内村と同様に日清戦争を「文明対野蛮」の二項対立のうちに位置付け、「日清戦争の真正なる動機は、新旧二様の精神的衝突なり。日本が血を流すまでも踏み越みて新文明のために気焔を吐かんとするは、その国是を天地神明に告白せるものなり」（同、②―一八六）と述べている。また彼は日本が「東洋改造」の使命を有することを宣言している。さらに植村は、「戦争の教訓」において、戦争が日常の軽佻浮薄、惰眠のむさぼりから人々を目覚めさせ、邦人に厳粛の念を喚起させ、他の国のために血をながすまで奮発させる効果を果たすことを力説している（同、②―一九一）。また植村は、別の論考で、「すべての安寧は、善きものにあらざるなり。水の停滞するごとき安寧は亡びなり。すべての争いは悪しきものにあらず」（②―一九五）と述べている。たしかに植村は、「戦争より生じる人心の弊甚だしきものあるを忘るること能わず」と述べているが、戦争によって生じる腐敗・堕落に対するリアルな認識においては、内村ほど鋭くはない。逆に戦争が民を惰眠から覚醒させる積極的役割を果たすと論じる点は、戦争を美化することに繋がり、危険である。

ただ植村も内村と同様、清国が健全な国民国家として復権することを願っていた。一九〇〇年に北清事変（義和団事件）が発生し、列強が軍隊を中国に派遣して義和団と連携した清朝政府に勝利をしたが、植村は、義和団事件の推移を見て、「満州政府（清朝政府）維持せらるるか、清国分割せらるるか、はた一つの巨大なる独立国の樹立か」と、今後の中国の動向を予測している。植村にとっては、「純然たる支那人の勢力を振興せしめ国民主義に依りて健全なる一つの独立国を扶植する」（同、②―一九三）ことが大事であった。

第四節　海老名弾正と日清戦争

内村鑑三や植村正久の日清戦争に対する態度と比較して、海老名弾正の日清戦争へのコミットメントは、一層急進的で、侵略主義的であり、日本国内の戦意を高揚することを目的としていた。

日清戦争が勃発したのは、海老名弾正が神戸教会の牧師をしている時である。弟子の渡瀬常吉（一八六七〜一九四四）は、海老名について、「この時、先生は卓然として立ち上がり、此の戦争の正義に根ざすものなるを唱道、其の大義名分を宣揚すべく決意され、やがて東部の友人達とも唱和して立ち上がられた」[3]と述べている。

日清戦争が始まった時、神戸教会の牧師をしていた海老名は、説教壇から「忠誠愛国」を訴えると同時に、宮川経輝、本多庸一、押川方義とともに、全国的な国民精神の高揚活動にコミットしていった。海老名の弟子筋にあたる岩井文男は、『海老名弾正』の中で、以下のように述べている。

開戦とともに、東京の信徒有志は、本多庸一を長として、「清韓事件基督教徒信徒同志会」を結成した。神戸のＹＭＣＡに本部を置き、この戦争が義戦であること、勝利にみちびくために国民精神を鼓舞すること、軍事慰問を積極的に行うことを目的として、各地で演説会を開き慰問使を派遣して活躍した。宮川経輝と本多庸一は戦地まででかけて積極的に働いた。海老名は押川方義らとともに、北海、東北、関東、信越、東海、中国、九州の各地を巡回して講演し、国民の自主独立の精神、忠君愛国の精神を鼓舞した。また神戸教会の婦人会は結束して、イニシアテイブをとり、これを神戸市全体婦人会の結束、実践運動位まで拡大した。[4]（傍線部引用者）

海老名は約一か月間戦争のための愛国心を宣伝する運動にコミットし、また彼が指導する神戸教会婦人会も神戸においてこの運動の先頭に立った。こうした運動に、内村や植村は加わることはなかったが、当時の基督教会、組合教会、メソジスト教会の代表者が教派を超えて、国民精神高揚運動を展開したことを、私たちは忘れてはならない。日本が日清戦争に勝利し、講和が成立したあと一八九五年五月二日に開かれた組合教会の大講演会において、海老名は安部磯雄、原田助《たすく》（一八六三～一九四〇）の後に「中原の鹿を追う」と題する演説を行った。「中原の鹿を追う」とは、中原が天下、鹿が帝王なので、世界の支配権を争うという意味が込められている。しかし、海老名がここで問題にしているのは政治的統一というよりは宗教的統一である。海老名は「支那を制する者が世界を制する」という立場から、キリスト教しか知らない欧米よりは、儒教、仏教、神道、キリスト教を有する日本が、人は「神の子」であるという自覚の下に四大宗教をキリスト教の下に統一し、また日本のキリスト教が世界の宗教を統一すると大風呂敷を広げている。この基本的認識は、海老名においては死ぬまで変わっていない。

さてこの一大見識とは何か。神の子という意識なり。この意識こそ、すなわち耶蘇キリストの意識にして、ローマ天下の宗教を統一せる前代未発の大宗教心なり。仰いで天父となり、俯《ふ》しては同胞兄弟という宗教と道徳とを打って一団となしたる意識なり。此の意識たるや、昔時ロマ帝国を統一したる如く、亦現今の世界を統一する力に非して何ぞや。儒教や仏教や神道や基督教は、我が日本人の心意において、奮戦激闘す。吾人は信ず。早晩之を統一するキリストの意識を感発するや、鏡にかけて見る如きを。……日本国民はよろしく、宗教の一大問題を解し、世界の宗教を率いずして可ならんや。日本国民深くその天職を覚悟せば、中原の鹿は日本国民の有とならん。(5)

海老名は、儒教、仏教、神道、キリスト教という日本における四大宗教を、キリスト教の神の子という一点において統一することに、日清戦争の意義を認めている。これは内村や植村にない視点であり、日露戦争においてよりはっきりと打ち出されることになる。まさしく「神の子」という言葉に、一九〇一年に始まる植村‐海老名の神学論争の伏線が現れているといえよう。金文吉は、「海老名の特徴は、日清戦争が政治や文化的な問題としてばかりではなく、むしろ明確に諸宗教の、宗教史的な事柄と捉えられている点にある。戦争が宗教の問題として正面から論じられている点は、海老名の日露戦争観において、より詳しく展開されることになる[6]」と指摘している。
海老名は日新戦争後『六合雑誌』（一八九七年三月四日）に「日本宗教の趨勢」を寄稿し、唯一神を中心にキリスト教、神道、仏教そして儒教の宗教的統一を主張している。海老名にとってキリスト教の「ゴッド」は、神道の「天津神」、儒教の「天帝」、そして仏教の「仏陀」と名称は異なっていても本質的に同一の存在であった。彼は言う。

耶蘇教のいわゆる神は万人の上に在り、万民を貫き、また万民の中にあるものにして、神儒仏耶の所見大同に小異あるのみ、其帰する所や一なり。（『六合雑誌』、⑮—二〇）

海老名を初め、熊本バンドの指導者たちは、その国家主義的傾向の故に、日清戦争を熱狂的に支持した。作家坂田寛夫（一九二五〜二〇〇五）は、父親が大阪教会の牧師宮川経輝と親しかったこともあり、宮川の戦争への態度について以下のように述べている。

大阪教会の教会牧師わが宮川経輝は、日清両国軍艦豊島沖の砲戦が伝えられるや、忽《たちま》ち日曜日の礼拝献金すべてを軍資金として献納するよう信徒に諮り、宣戦布告後は東京を皮切りに各地で時局講演会を開き、忠君愛国を訴えて聴衆に感銘を与えた。翌年二月に従軍慰問師として従軍、寸暇を惜しんで慰問と激励の演説を重ねた[7]。

以上、私たちは日清戦争に対する内村、植村そして海老名の相異なる態度を考察してきた。総じて、民権と国権との関係から見れば、内村が民権の視点から国権の発動としての日清戦争を批判するようになるのに対して、植村においては、民権と国権は相対立することなく、緊張関係を伴いながらも共存している。海老名にいたっては、国権そのものが強調され、民権に対する配慮は全くみらない。熊本バンドはこの戦争に於て「忠君愛国」を唱え、国家の戦争プロパガンダの一翼を積極的に担っていったのである。

また野蛮対文明という二項対立の歴史観が内村においては日清戦争後崩れていくのに対して、植村と海老名の場合には、歴史的な進歩史観のオプティミズムが継続されていくことになる(8)。

ここで注目すべきは、内村がこうした二項対立を克服する視点に立つことができたのは、彼の「平民」への共感と同様に、時代を超越しつつもなお時代の真っ只中において神の言葉を語る旧約聖書の預言者の立場に自らを置いたことによる。彼は一八九五年六月に『国民之友』に「農夫アモスの言」を寄稿し、当時のイスラエルの腐敗や圧政に対して神の正義を語った預言者アモスの言葉を日清戦争後の日本に適用している。またすでに触れた「時勢の観察」において、腐敗と堕落を批判した預言者イザヤに触れたり、一八九六年九月四日のベル宛書簡においては、「時勢の観察」に言及して、「これは、わが国の腐敗した社会に起った、最近の諸事件に対するエレミヤ流の文字です」(『内村鑑三日記書簡全集』⑤―三一九)と述べている。ここに日本を愛するが故に日本の腐敗や罪を指摘せざるをえない内村の「預言者的ナショナリズム」が示されている。他方、植村や海老名は、預言者的な超越的視点の欠如と「野蛮対文明」という二項対立の呪縛により、次の日露戦争や韓国併合を正当化するに至るのである。

注

(1) 土肥昭夫『内村鑑三』(日本基督教団出版部、一九六二年)、一一〇～一一一頁。
(2) 徳富蘇峰『蘇峰自伝』(中央公論社、一九三五年)、三一〇頁。
(3) 渡瀬常吉『海老名弾正先生』(龍吟社、一九三八年)、一一六頁
(4) 岩井文男『海老名弾正』(日本基督教団出版局、一九七三年)、一一六頁。。本多庸一の日清戦争に対する態度また具体的活動に関しては、氣賀健生『本多庸一――信仰と生涯』(教文館、二〇一二年)、一四五～一五二頁を参照。
(5) 渡瀬常吉、前掲書、一二三頁。
(6) 金文吉『近代日本基督教と朝鮮――海老名弾正の思想と行動』(明石書店、一九九八年)、一〇八頁。
(7) 阪田寛夫『花陵』(文藝春秋、一九七七年)、八六頁。
(8) なお土肥は内村の進化論的歴史観は彼の『興国史談』にあるように、日清戦争後においても継続していると主張している。土肥昭夫、前掲書、一二三～一二六頁。

第七章　藩閥政府批判

前章で、三人の日清戦争に対する態度を考察したので、第七章と第八章では、特に内村と植村の国内政治に対する批判、特に藩閥政府に対する民権擁護の戦いに着目することとする。残念ながら、熊本バンドの国家主義的傾向を共有する海老名弾正に関しては、藩閥政府批判や民権擁護を示す明確な言動を見出すことはできない。したがって、ここでは、海老名にかわって、平民主義から国権主義に変節した徳富蘇峰を内村との関係で再度とりあげることにする。

第一節　プロテスタント指導者と佐幕派

日本における明治期のプロテスタント指導者は、幕臣か佐幕藩の出身で、明治新政府の藩閥政治には強い抵抗感を持っていた。植村は、幕臣、旗本の家に生まれたが、徳川幕府の崩壊により、植村家も窮乏し、一八六八年横浜に移り、そこで宣教師バラやブラウンを通して、信仰に入った。

内村鑑三は父親が高崎藩主松平家に仕える藩士で、一八六一年に江戸小石川富坂にあった藩主松平の邸内にある武士長屋に生まれた。松平家は徳川の親藩であったので、明治政府によって遠ざけられ、内村の父親も失職した没落士族であった。内村は、札幌農学校に進学し、そこでクラーク博士の信仰の感化を受けた第一期生の勧誘により、キリスト信仰を持つようになった。政池仁は、プロテスタント教会の指導者は殆ど没落した武家階級の出身であったと、次のように書き記している。

幕府が倒れて勢力を得たのは、薩摩、長州、土佐の旧藩士たちであった。これらの人々は、政界、陸海軍界の要職につき、他藩の士族たちは皆失業したので、それらの子弟はそのような職に就く望みを持つ事は全くできなかった。内村鑑三のみならず、明治時代の偉大なるキリスト教徒はみな薩長土以外の子弟であった。たとえば後年内村鑑三の無教会主義と対抗した教会主義の植村も旗本の息子であり、今日の同志社の創立者新島襄は、上州（群馬県）安中の藩士の子であった。その他、横井時雄、海老名弾正、押方方義、奥野昌綱、中村敬宇、小崎弘道など、みな薩長以外の旧藩士すなわち失業士族の息子であった。明治時代の偉大なるキリスト教伝道者の中には一人も薩長出はなかった。この世の顕職につく希望のない失業士族の子弟をとって、神はその聖なる器とされたのであった。(1)

第二節　内村鑑三の藩閥政府批判

自由民権運動は、板垣退助（一八三七〜一九一九）たちが「民撰議院設立建白書」を公にした一八七四年に始まり、「国会開設の詔」が出された一八八一年には失速し、大日本帝国憲法が創設された一八八九年ないし国会が開設される一八九〇年には終息している。内村が、政治の問題に関して健筆をふるうのは、『国民之友』における日清戦争に関する論説においてであるが、本格的に藩閥政府に対する批判を展開するのは、『万朝報』時代である。内村は不敬事件以降、学校関係を中心に、転職を繰り返していたが、一八九七年二月一三日に黒岩涙香（一八六二〜一九二〇）の誘いを受けて、『万朝報』の英文欄主筆に就任し、ジャーナリストとして健筆をふるうようになり、後に日本語の論説をも掲載するようになる。(2)また一八九八年六月には『東京独立雑誌』を創刊し、主筆となったが、雑誌内部の対立で一九〇〇年七月に廃刊を余儀なくされている。(3)内村が非戦論を唱えて万朝報社を退社するのが、一九〇三年なので、約六年間ジャーナリスト時代が続いている。ここでは、ジャーナリスト時代の内村に注目し、彼が、「平民主義」の立場に立ち、どのように藩閥政府を批判したか、また「平民主義」から「国家主義」に変節した徳富蘇峰に対する批判についても考察することにする。

I　藩閥政府批判

内村の藩閥政府に対する批判は、彼が一八九七年四月に『万朝報』に掲載した『胆汁数滴』に露骨に示されている。彼は、社会の病原として、薩長政府を攻撃する。

今や、区々の改革を唱うるも要なし。社界の病原は、薩長政府そのものにあり。革新ここに及ばずんば、枝葉の改革は徒労たるのみ。（『内村鑑三全集』④―一二二）

内村は、薩長が徳川幕府を倒したそのやり方を攻撃し、「勤王は彼等の精神なりしか」、「公議正論は彼等の方法なりしか」と、明治政府の成立に遡って批判する。そして彼は、薩長政府は、三〇年の長きに亘って日本国民を自己の権益の拡大のための手段として利用していると批判し、明治維新は、「道義的改革」ではなく、利己的強奪であると断じている。そこに佐幕派としての内村の矜持を見ることは容易である。そして彼は、第二の維新を主張する。というのも薩長政府には未来がないからである。

……薩長政府に希望なきあり、日本国に希望なきに非ず。彼れ観察者は、この無道徳的薩長政府の下にある今日の日本を見て、この愁声を発せしなり。……希望無き日本は、薩長政府の日本なり。（同、④―一二六）

内村は、薩長政府の無能を示す典型的な事件として足尾鉱毒事件を挙げている。金満家古河市兵衛（一八三二～一九〇三）を保護し、財閥と結びついて、被害を受けている民の叫びの声に耳を傾けない藩閥政府の横暴に日本政治の腐敗の原因があるのである。彼は、「薩長政府を廃せよ」、そうすればその後に希望が見えてくると訴える。彼は、正当にも足尾鉱毒事件の背後に財閥と藩閥政府の癒着を見ている。政府は国民の権利や要求を尊重しないので、国民も政府を信ぜず、政府も国民を信じない。

内村は、藩閥政府の軍備拡張費の増大、身分不相応な軍艦製造、軍事力によって強国を築き上げようとする愚かさを批判して止まない。彼は、「吾人は、この時機に際して、藩閥政治を根絶し、これに替えるに国民の意思になる憲法政治を欲せんと欲するものなり」（同、⑤—九〇）と述べている。

内村は、一月一二日の論考〝Germany〞（「ドイツ」）において、薩長政府がドイツを政治の模範に選んだことが愚かで悲しむべき間違いの一つであると指摘している（同、⑤—一三一）。これは、当時のヴィルヘルム二世下のドイツの軍備拡張と膨張政策を念頭に置いている。内村は、太平洋において日本が「新しいドイツを創り出すという考えが最も愚かである」と指摘し、帝国主義の発想をアジアに持ち込み、軍備拡張することの愚かさを指摘したのである。

内村は、一八九七年『万朝報』に〝Satuma Misrule in Formosa〞（「台湾における薩摩政府の失政」）を寄稿し、台湾の高等法院の判事である浜崎の話に依拠して、日本人が台湾の原住民を殺害し、レイプしたり、強奪したりして、いかに過酷な取り扱いをしているかを明らかにし、その責任を藩閥政府に求めている。日本人によって殺された人々の叫びを抑圧することは、真の愛国主義ではないとして、同国人を愛するよりは、正義を愛するようにと主張する（同、⑤—一二九）。

内村は、一二月一一日に、〝The national Expantion〞（「国家的膨張」）を『万朝報』に掲載し、日清戦争以来、日本が軍備や海軍を拡張した結果、国家財政は危機を迎えている現在、休息と緩和が必要であるとし、「軍隊と海軍の拡張を緩和」し、国家財政を削減し、民の負担を軽減する時にこそ、日本人は物質的にも、精神的にも偉大な国民となると主張する（同、⑤—一九〇）。

一八九八年一月四日には、〝Cabinet Making〞（「内閣改造」）を寄稿し、貴族階級の廃止、選挙権の拡大、地方自治体の自治、確固たる行政改革を提案し、国民のための内閣こそが、成功しうると主張する（同、⑤—二一二）。ここに内村の内政に対する基本的な立場をが示されている。

しかし内村の最大の眼目は、福音による人々の心の新生にあった。一月八日の"Note and Comment"(「覚書きと短評」)では、「私たちが必要としている改革は、政治的であるというより、社会的であり、社会的であるというより、道徳的である。変化は、私たちの心の転回をもたらすものでなくてはならない」(同、⑤─二二七)と述べている。この心の転回は、内村にとってキリスト信仰によってのみ生み出されるものであった。内村は後に社会活動から身を引き、聖書研究に集中したとして非難されることになるが、人間の変革がなされなければ、根本的な社会的・政治的問題は解決されないという考えは一貫している。というのも日本人は、上意下達の命令系統に慣れて、自主的に行動しないからである。内村は、『万朝報』を辞職し、一八九八年六月一〇日より『東京独立雑誌』の主筆を務めているが、日本人の東洋的習慣が専制政治を思想的に支えているとして、そうした習慣や考え方の根本的な刷新を主張している。

東洋的倫理によれば、如何なる場合においても、下は上に抗するの権を有せず。政府は上にして人民は下なり。而して衆議院は、人民の代表体として政府を輔翼し得るも、之を指揮するとの権能なしとは、東洋的政治思想に照らして当然の理なり。政府が衆議院を玩弄するは、為政者が未だ東洋的倫理思想の羈絆《きはん》を脱せざるの証なり。日本人の政治思想は、土台的のリボルーションを要す。然らざれば、憲法政治は遠からずして日本より跡を絶つに至るべし。(同、⑥─二二一〜二二三)

国民の声を聴かず、国民を利用することしか考えていない日本の政治家に対して、内村は、理想的な政治家として、国民の声に耳を傾ける英国自由党のウィリアム・グラッドストン(William Gladstone、一八〇九〜一八九八)を称賛している。

Ⅱ　病的な愛国主義批判

内村は、一八九八年一月一一日の"Editional Notes"(「社説覚書き」)で、痛烈な薩長政府批判を展開している。そこには、偽りの愛国心を宣伝して、国民の自由と権利を踏み躙る藩閥政府に対する怒りが表明されている。

先の中国との戦争は、この政府のもとにおけるいかなる大きな企ても国民の権利や自由にとって極めて危険であることを私たちに示した。戦争は、薩摩や長州を豊かにしたが、国民全体を貧乏にした。私たちは、忠誠と愛国主義というむなしい声に騙されないだろう……。（同、⑤―二二九、傍線部引用者）

三月一一日には、"Deseased Patriotism"（「病的愛国心」）を『万朝報』に書き、「騒々しい愛国主義」を批判している。

フランスにおけると同様日本においても、愛国主義が今日におけるほど、同国人によって金切声で叫ばれ、その名においてなされる害悪が大きかった時代はなかった。愛国主義という名の下に、national guest に対して残酷な攻撃が行われ、同じ名において、日本の軍備の突然の増強を叫ぶ声によって、日本は、財政破綻の淵に追いやられている。日本の教育制度は、過度の愛国主義の叫び声の故に腐敗している。ただ一人の真の愛国主義者を生み出すことなくして、愛国主義の叫び声は、ほとんどこの国を溺死させてしまった。（同、⑤―三〇四）

そして内村にとって真に愛国的な人々とは、「隣人にたいして親切で、貧しい人や困窮している人々に共感し、勤勉かつ謙虚な人々」であった。これは「愛国主義」の平民的理解である。

Ⅲ　政党内閣批判

内村は、一八九八年七月一〇日に『東京独立雑誌』において、「流石の日本も、世界進歩の大勢には抗しきれぬと見え、その藩閥政府は仆れ、政党内閣は端緒を開きたり」（同、⑥―四〇）と述べている。しかし、同時に内村は、「政党内閣が藩閥政治に代わりしとて、根本的改革は来らず。伊侯隈伯【伊藤侯、大隈伯】をして幾度内閣を造らしむも、根本的改革の来らざるは勿論の事なり」(同、⑥—三四)と政党内閣への表面的な変化を全く評価していない。政党内閣とは、一八九八年に成立した憲政党を中心とする第一次大隈内閣(隈板内閣)であった。一九〇〇年には立憲政友会をバックとする第四次伊藤内閣が成立している。内村は、一八九八年九月二五日の論説において、国民の声を聴こうとしない政党内閣を批判して、「民衆の最大幸福を主要なる目的とせざる多数政治の、失敗に終わるべきは理の最もみやすきものなり。民に頼る勇なきか、政党内閣は直ちに解散すべきなり」(同、⑥—一一九)と批判している。彼は、民の声(vox populi)を弁別し得る耳と心とを有せざる人は、立憲国の政治家たるの資格なき者なり」(同、⑥—一一九)と断罪する。彼にとって「立憲国の政治家が民意における信仰は、宗教家が神意における信仰の如きもの」(同、⑥—一二〇)でなければならなかった。

総じて、内村の「平民主義」から生まれ藩閥政治批判と内政改革は彼が、『東京独立雑誌』一二号(一八九八年一一月五日)の「余輩の欲する改革」で指摘した七つの改革に集約される。

1　軍備を縮小して教育を拡張する事。
2　華士族平民の制を廃して、総て日本市民と称する事。
3　軍人を除くの外は、位勲の制を全廃する事。
4　府県知事郡長を民選となし、完全なる自治制を地方に施す事。
5　政治的権利より金銭的制限を取り除く事。
6　上院を改造し、平識以下の者をしてその議員たるを得ざらしむる事。
7　藩閥政府の余孽《よげつ》を掃蕩する事。

余孽とは、「残った切り株に生じる芽」であり、藩閥政府の完全な一掃である。(4)

こうした内村の、軍備縮小、華族制度の廃止、住民投票や地方自治の要求、普通選挙権の主張、上院の改造そして藩閥政治の完全な一掃は、当時においては、極めてラディカルな提案であり、大正デモクラシーに流れ込んでいく主張であった。
内村は、自らの平民主義の立場について、「余の従事したる社会改良事業」（『万朝報』、一九〇一年一二月一九〜三〇日）において、「余は日本国を愛し、亦日本人を愛する、余は公卿華族を嫌い、大名華族を嫌い、新華族を嫌う、然し余は純粋なる日本国の平民を愛する」（同、⑨—四七〇）と断じている。

Ⅳ　徳富蘇峰批判

既に述べたように、内村は徳富蘇峰の「平民主義」から「国家主義」への変節を批判していた。一八八七年に発刊された「国民之友」は、中江兆民、島田三郎、内村鑑三、坪内逍遥などが寄稿し、特に明治二〇年代に爆発的に読まれ、創刊号から一万部を突破していた。そうであるがゆえに、内村にとって蘇峰の民権から国権への転換は、「平民主義」に対する裏切り行為であり、赦すことができなかった。

内村は『万朝報』に英文の論説を発表し、そこで藩閥政府の圧政を鋭く批判した。彼は、一八九七年八月三一日に、"Virtual Ruler of Japan"（「日本の実質上の指導者」）を『万朝報』に掲載している。そこで、彼は、松方正義や大隈重信といった名目上の支配者の他に実質的な指導者を四人挙げた上で、第五番目の黒幕として徳富蘇峰を挙げ、彼が八月二六日に内務省の勅任参事官に就任したことを、「平民」への裏切り行為、変節だと批判している（『内村鑑三目録』⑤—八四）。彼は徳富蘇峰にはよほど腹がたったらしく、『万朝報』に「民に対する不敬罪」を寄稿して、蘇峰の変節を批判し続けた。蘇峰は桂太郎とも親しく、『国民新聞』は桂系の機関紙[5]に変質していく。

内村は、「民に対する不敬罪」で、新島と徳富蘇峰を対比して、「故新島襄の大なりしは、彼が官職の誘惑を斥けしが故にあらずや、しかして彼の崇拝家たる徳富氏にして、終にこの誘惑に勝つ能わず、弟子は到底師より大なる能わざる也」（同、⑤—四三）と主張する。また彼は、「民友社平民の友を以て自ら任じ平民主義をとりて天下に呼号するものここに十年、今や一旦にして、その社長は藩閥政府の官吏となり、その新聞紙は藩閥政府の機関となる。これ名は、なほ民友社にして実は民友社にあらず、如かず名を官友社と改めてその実にかなうの更に善きには」（同、⑤—四四）と徳富蘇峰の変節を攻撃している。

また彼は、同じ札幌農学校の後輩で、第二次松方内閣で農商務省の山林局長に志賀重昂（一八六三〜一九二七）が就任したことを批判している。志賀重昂は、内村と同じ札幌農学校出身の後輩で、一八八八年に三宅雪嶺と共に政教社を結成して、機関誌『日本人』を発行し、国粋主義を唱えた人物である。[6]

また内村は、一二月八日に『万朝報』に寄稿した〝The Rodo Sekai〟（The Labour World、「労働世界」）において、『国民新聞』が専制主義を支持し、福沢諭吉の『時事新報』が拝金主義に陥っていることを批判する一方、労働者の側に立つ片山潜（一八五九〜一九三三）の『労働世界』の創刊にエールを送っている（同、⑤—一八四）。片山潜は、一八八六年に組合教会で洗礼を受けており、一八九七年『労働世界』を設立し、社会主義運動を展開していた。なぜか内村は福沢諭吉を嫌い、福沢の個人主義や民権擁護の姿勢を評価していない。

内村は、一八九八年九月一〇日の『東京独立雑誌』において、徳富蘇峰の『国民の友』の廃刊に触れ、「余輩は、徳富蘇峰氏が悲しむべき氏の変節によりて、如何に多くの良友を失いしかを歎せずんばあらず」（同、⑥—一一六）と述べている。『国民の友』は、徳富蘇峰が平民主義から転向したため、講読者数が激減し廃刊に至った。以後蘇峰は『国民新聞』一本で言論活動を展開していくことになる。

V　熊本バンド、同志社批判

内村は三月一二日執筆の〝Doshisha again〟（「再び同志社について」）の論考において、一八九八年、同志社が横井時雄社長の時に徴兵猶予を認めさせるために、同志社綱領の変更を行い、「基督教を以て徳育の基本とす」の一条を削除し、キリスト教の看板を下ろしたことを批判した。当時同志社の社員としてこの決定に参加した者の中には、横井時雄、金森通倫、市原盛宏《いちはらもりひろ》（一八五八〜一九一五）、原田助《たすく》、徳富蘇峰という熊本バンドの人々がいた。内村は、三月一三日には、〝Higo men and Japanese Christianity〟（「肥後人と日本のキリスト教」）を『万朝報』に掲載し、熊本バンドを痛烈に批判した。鈴木範久は、「肥後人すなわち熊本英学校から同志社に学んだキリスト教徒の一団が、吹聴的ラッパを吹くことによってキリスト教を全国に広める効があったが、それはただ異教のまきかえしをくらう基督教であった」（『内村鑑三目録』⑤―一四五）と解説している。更に内村は、たたみかけるように一八九八年三月一五日に"More about Doshisha"（「更に同志社について」）を書き、同志社綱領の変更をした熊本バンドの人々の信仰的堕落を批判している。内村は、新島が信仰を持っているかうたがわしい徳富蘇峰を、信頼しうる弟子に選んだのか不思議であると評し、また総長横井時雄は、同志社の創設者である新島襄の正統的信仰を有していないと批判している。さらに金森通倫はとっくの昔にキリスト教と牧師職を放棄し、米相場と株の有名な投機師となっていると断じ、市原盛宏は、キリスト教の説教と同志社教授の職を捨て、「心はいまもキリスト教を保っているが、皮膚はどっぷりこの世につかっている」と揶揄している（『内村鑑三全集』⑤―三一二～三一三）。総じて彼らが新島襄が持っていたキリスト信仰の大義を裏切ったことは彼らの抱く自由主義的神学から明らかであった。

内村は、熊本バンド批判と対照的に、三月二〇日の"Thoughts and Reflection"（「感想と考察」）において、横浜バンドの基礎を築いたブラウン、ヘボン、フルベッキの信仰と宣教の働きを推奨し、彼らの働きの実として島田三郎、植村正久、押川方義、本多庸一の名をあげている。

内村は、『東京独立雑誌』（一八九八年六月一〇日）の「俗事録」においても、同志社に触れ、「すべて、我この言を聴きて行わざる者を、砂の上に家をたてたる愚かなる人にたとえん、雨降り、大水いで風ふきてその家をうてば終には、倒れてそのたおれ大なり」（同、⑥―一五～一六）と述べている。ここに熊本バンドと同志社に対する内村の評価が余すところなく示されている。すでに述べたように内村は、不敬事件以降の不遇時代に熊本バンドの人々に助けられ、人間的には組合教会の指導者たちとの関係が強かったものの、キリスト信仰の一点においては彼が熊本バンドよりも横浜バンドの人々を評価していることは興味深い。

第三節　植村正久の藩閥政府批判

I　植村正久の自由民権運動

植村は、藩閥政府を批判し、議会開設を求めた点において自由民権運動の支持者であった。自由民権運動は、板垣退助（一八三七〜一九一九）が藩閥政府を批判して、一八七四年一月に「愛国公党」を結成、「民撰議院設立建白書」を提出して国会開設の請願運動を開始した時から始まった。板垣たちは、憲法の制定、国会の開設、地租の軽減、不平等条約の撤廃、言論や集会の自由などの主張を掲げた。一八九〇年に帝国議会が開始されると、自由民権運動は終息する。この一八九〇年が、植村の「日本一致教会」が「日本基督教会」に名称を変更した時であり、翌年、不敬事件が起こり、植村は信教の自由の論陣を張っている。植村は、『教会週報』（後に『教会新報』と改称）を発行し、主に信仰や教会を論じると同時に、『日本評論』において政治や社会問題を論じた。植村は信仰の世界に閉じこもっていたキリスト教的指導者ではなく、社会に対して発言を続け、世論を啓蒙しようと試みたのである。この点において内村と植村には社会の木鐸としての共通の使命感を有していた。

植村は、『日本評論』（一八号、一八九〇年一一月二二日）において、「帝国議会の開設」という論稿を書き、「日本をして民権の国、自由の邦土たらしめること」が肝要であるとして、以下のように述べている。

日本の天職は、この歴史の潮流に従い、公明なる君民同治の政を挙げ、自由の大義を彰《あきら》かにし、アジアの諸邦国に率先して、文明の田野を耕し、東洋の衰勢を挽回するに在り。この潮流に逆らい、保守を事とし、旧に依り古に泥《なず》みて、進歩の路を遮《さえぎ》らんと試みるものは、自由の大敵たるのみならず、国民の歴史を無《なみ》し、その古今の精神に反対し、その天職を蹂躙するものなりと言わずんばあらず。自由民権の発達を謀る、すなわちこれ真正の国民主義なりとす。（『植村正久著作集』②――一六七）

帝国議会の開設に自由民権の実現を期待していた植村は、「今や帝国議会まさに開設せられんとするにあたり、余輩万感交々《こもごも》至ることを禁ずること能わず。国家の前途を想念すれば、現在を囲繞せる雲霧忽ち晴れわたり、日の出る国、自由の歌を謳い、文明の光を発ちて、東海の上に魏然たるを見る」（同、②―一六八）と日本の将来に期待を表明している。

ちなみに一八七〇年代の自由民権運動とキリスト教徒には密接な関連があった。特に一八七四年に設立された立志社の中心人物である板垣退助と片岡健吉（一八四三～一九〇三）がそうである。片岡健吉は植村正久と懇意であり、植村は片岡健吉の信仰を高く評価し、彼が所属していた高知基督教会を支援していた。植村は、一九〇三年の片岡健吉の追悼会において「真正なる自由」と題して説教し、片岡の自由の精神とキリスト信仰を讃えている（『植村正久と其の時代』③―三二～三七）。

自由民権運動は天賦の人権を掲げたが、その思想的基盤を中江兆民のようにJ・J・ルソーの『社会契約論』に求める人もあれば、キリスト教に求める人もあった。後者について隅谷三喜男は植村の一致教会（当時）と民権運動との関係について、以下のように述べている。

しかしこの時期に、一致教会が自由民権論者と接近したことは、注目すべき事柄です。前に申しましたように、民権運動の社会的な地盤の分裂によって、目標の不明確になった自由党上層は、その活動力の裏づけをキリスト教に求めようとしたようにも思われます。板垣は、西洋立憲主義の妙用は主として基督教道徳に由来すると信じ、自分では教会に出席しませんでしたが、人々に信仰の効用を説いて基督教に絶大の好意を示しましたし、十七年の頃には一致教会に依頼して郷里の高知に伝道して貰ったりしました。また、民権論者の中には、憲法発布を眼前にひかえて運用のためには新道徳を採用しなければならぬと考える者もあり、十八、九年の頃、当時の政界に重きをなしていました自由党の片岡健吉、中島信行、斎藤壬生雄及び改進党の島田三郎等が受洗してキリスト教徒になりました(7)。

衆議院の初代議長の中島信行（一八四六～一八九九）と島田三郎は、植村の日本基督教会の所属であったし、衆議院の議長となった片岡健吉も日本基督教会の所属であった[8]。また植村が主筆の『日本評論』の執筆者には板垣退助、植木枝盛、大井憲太郎などの自由民権運動の指導者が名を連ねている。

Ⅱ　信教の自由、政教分離の主張

植村は、大日本帝国憲法の制定以降も、藩閥政府批判を展開すると同時に、信教の自由や政教分離の原則を主張し続けた。植村が、キリスト者、また教会の指導者として絶えず念頭においていたのは、「信教自由の大義を明らかにし、教会自治の権利を主張し、毫もこれを侵害せざれるよう細心注意する」（『植村正久著作集』②―一七四）ことであった。彼は、「自由教会」の理念を提唱し、「ただキリストのみを首領と認め、国家の抑圧、支配以外に立ちて、キリストの法律を解釈し、これを施行する権利を運用する教会」（同、②―一七五）と定義し、国家は、説教、聖礼典の執行、教職の任免権、心霊上の事柄には干渉すべきではないと主張した。植村は内村以上に、天皇の署名のある教育勅語に対する礼拝行為を批判した。

総じて、植村は、大日本帝国憲法下における立憲主義、政教分離、国民の権利の保護や実現に尽力した。この点について雨宮栄一は以下のように述べている。

『天長節』の中で正久が述べているように、『維新の宏業、国民の進歩、憲法の発布、帝国議会の開設、教育の普及』がなされたのである。とりわけ不十分ながら、『政教の分離』の原則が明示されたことは、正久のような切支丹禁制時代を知る者にとっては、憲法の発布を喜ぶ、思いはあったであろう。だからこそ、『政教分離』の原則を固持し、これに反しようとする当局に刃向かうことを辞さなかったのであろう[9]。

本章では海老名弾正の自由民権運動に対する評価には触れなかったが、少なくとも国家主義に傾倒する大正デモクラシー時代前の海老名に人権や民権擁護の姿勢を認めることはできない。ただ彼の弁明の一文を紹介しておくことにする。

私共は自由民権に共鳴しないのではない。何故ならプロテスタントの歴史を読むと、宗教改革は政治革命となって居る。ミルトン、クロムウェル、バンヤン皆そうだ。……唯私共が日本の自由民権の徒と共鳴しなかったのは、彼等に信仰がないからである。彼等は薩長政府に対抗する時には自由民権を主張するが、人民に対してはいまだ真の平等ではない(10)。

注

(1)政池仁『内村鑑三伝』(教文館、一九七七年)、二六頁。また山路愛山は、次のように述べている。

植村正久は、幕人の子に非ずや。彼は幕人が受けたる戦敗者の苦痛を受けたるものなり。本多庸一は津軽人の子に非ずや。維新の時における津軽の地位と其の苦心とを知るものは、誰か彼が得意ならざる境遇の人なるを疑うものあらんや。井深梶之助は会津の子なり。彼は自ら匡破山河在の逆境を経験したるものなり。押川方義は伊予松山の人の子なり。松山も亦佐幕党にして今や失意の境遇にあるものなり……彼等は、浮世の栄華に飽くべき希望を有せざりき。(『近代日本と基督教』、創文社、一九六五年、五六頁)

(2)内村の『万朝報』時代の英文論説の翻訳については、『内村鑑三英文論説翻訳篇上』(亀井俊介訳、岩波書店、一九八四年)と『内村鑑三英文論説翻訳篇下』(道家弘一郎訳、岩波書店、一九八五年)から引用した。

(3)短期間に終わった『東京独立雑誌』の分裂については、政池仁『内村鑑三伝』、二九七~三一〇頁を参照。政池はこの雑誌の特徴について、「この独立雑誌は長くは続かず、内村と雑誌社員との衝突により、社が分裂し雑誌は七二号で廃刊となった。この雑誌は預言を説く事多く、福音を説くこと少なかった。国を愛する事あまりに急であって、個人の魂を顧みること余りに少なかった。国を興すに宗教の必要を説いたが宗教そのものは多く説かなかった」(同書、三〇〇頁)と述べている。

(4)鈴木範久『内村鑑三』(岩波新書、一九八四年)、九二頁。

(5)米原謙『徳富蘇峰』(中公新書、二〇〇三年)、一二八頁。

(6)内村鑑三と志賀重昂との関係については、鈴木範久『内村鑑三とその時代――志賀重昂との比較』(日本基督教団出版局、一九八五年)を参照。

（7）『近代日本と基督教——明治篇』（創文社、一九五六年）、一三四頁。また自由民権論と基督教との関連については、隅谷三喜男「天皇制の確立過程とキリスト教」（『民権論からナショナリズムへ』、御茶の水書房、一九五七年）、二一〇～二二二頁及び土肥昭夫『日本プロテスタント・キリスト教史』（新教出版社、二〇〇四年）、九〇～一三〇頁を参照のこと。
（8）青柳勝久『謙堂・植村正久・物語——日本人の心にキリストを命がけで伝えた伝道者』（渡辺省三訳、キリスト教図書出版社、一九九七年）、一四九頁。
（9）雨宮栄一『牧師植村正久』（新教出版社、二〇〇九年）、二七〇頁。
（10）海老名弾正『基督教概論と未完稿・我が信教の由来と経過』（一九三七年）、六四頁。

第八章　足尾鉱毒事件

第一節　内村鑑三と足尾鉱毒事件

I　鉱毒調査有志会

本章では植村や海老名との比較から離れて、内村がジャーナリスト時代に足尾鉱毒事件にどのようにコミットしたかを検討することにする。福音宣教を使命とする内村にとって政治運動に全面的にコミットしていくことには限界があった。彼は、キリスト信仰を否定する無神論的社会主義者幸徳秋水との違いを認識し、キリスト教と社会主義の訣別を主張するようになる。すでに内村は、一八九七年に『万朝報』に掲載された「胆汁数滴」において、足尾銅山鉱毒事件における藩閥政府と古河財閥の癒着を批判していた。内村は、聖書研究に集中するために一九〇〇年九月に『聖書之研究』誌を発行したが、『万朝報』のジャーナリストとして、いまだ政治的・社会的問題にコミットし続けていた。特に彼が、コミットしたのは足尾鉱山鉱毒事件である。

一八七七年、古河鉱業により足尾銅山が開発されたことにより、排煙、鉱毒ガスなどの有害物質が栃木県と群馬県にまたがる渡良瀬川で発生し、川と沿岸の領域を汚染し、魚の大量死や田圃での稲の立ち枯れといった深刻な被害が発生した。日本最初の一大公害事件である。また政府は渡良瀬川の洪水を防ぐためと称して、渡良瀬遊水地を建設したために、谷中村が消滅した。一八九〇年に、栃木出身で立憲改進党の代議士に当選した田中正造（一八四一〜一九一三）は、足尾鉱山による被害を訴えて足尾鉱山の操業停止を議会に求め、農民の反対運動も激化していった。[1]一八九〇年は鉱毒の被害が大洪水で一挙に顕在化した年である。また一八九六年には、渡良川が洪水となり、鉱毒水が大氾濫し、被害地域が広範囲に及んでいる。また魚類が全く住めなくなり、漁業を生業とする人も廃業を余儀なくされた。

一九〇〇年二月には、被害地の農民が団結し、大挙して東京に請願にむかう折、群馬県邑楽郡左貫村川俣（現在の明和町）において警官隊との大衝突が起こり、百数十人が検挙され、六八名が投獄されるという川俣事件が発生した。

内村は一九〇一年四月二二日に、キリスト教社会主義者の木下尚江（一八六九〜一九三七）と一緒に足尾銅山の鉱毒被害激甚地を視察したり、巌本善治と一緒に、足尾鉱毒事件の調査を行ったりしている。この時内村は、この鉱毒の災害は人為的災害の中でも最も悲惨なものであり、被害民の額に絶望の二字が印されていると書き、足尾銅山鉱毒事件は「大日本帝国の大汚点であり、人類問題であり、このために国家は滅びてしまうのではないか」と慨嘆している（『内村鑑三全集』⑨―一五九）。

この当時、内村は木下尚江、安部磯雄、片山潜といったキリスト教社会主義者と行動を共にしていた。木下尚江は海老名弾正が牧する本郷教会のメンバーであり、安部磯雄は本郷教会と密接な関係を保っていた。

内村は、五月二一日に東京基督教青年会で、鉱毒調査有志会が結成された時、その委員となっている。『内村鑑三目録』（一九〇〇〜一九〇二）には、「同日の会合には、津田仙（一八三七〜一九〇八）、田口卯吉、島田三郎、島地黙雷（一八三八〜一九一一）、巌本善治、松村介石、三宅雪嶺（一八六〇〜一九四五）、矢島楫子《かじこ》（一八三三〜一九二五）ら三〇余名が出席し、津田仙が議長、田中正造の説明があった」とある（『内村鑑三目録』⑥―一三三〜一三四）。津田仙は津田梅子（一八六四〜一九二九）の父親である。まさに足尾銅山鉱毒問題に取り組んでいた指導者の多くがクリスチャンで、著名な人権・社会活動家であった。六月二一日に内村は、渡良瀬川沿岸を巡り、鉱毒被害地を視察している。

当時内村は、無教会を説きつつも、足尾鉱毒事件においては超教派で行動していた。一九〇一年一一月二〇日に本郷のメソジスト派の中央会堂で、鉱毒地救助演説会が開催され、木下尚江、内村鑑三、島田三郎、田村直臣（一八七四〜一九三四）が講演を行った。島田三郎は、一八八六年に植村正久から洗礼を受け、富士見町教会に加わっていた政治家であり、田中正造とも親しい関係にあった[2]。また彼は、衆議院議員として議会で足尾鉱毒事件に際して、古河鉱業や政府を批判し続け、田中の行動を支援し続けた人物である。

なおこの会合に出席した当時東大の学生で、後のマルクス主義経済学者の河上肇（一八七九〜一九四六）は、この時の演説に感激して、以下のように述べている。

私が、最も心を惹かれたのは、木下尚江氏と内村鑑三氏との演説であった、それは私の思想に、大学教授の講義よりも遥に強い影響を及ぼした。デモクラシー、社会主義、基督教、そうしたものに関する私の関心は、全くそこから生まれたように思われる。……私は継続的に『聖書之研究』を講読していたし、バイブルを手にするようになったのは、全く内村先生の感化によるものである[3]

Ⅱ　「理想団」

内村は、「鉱毒調査有志会」とは別に一九〇一年七月二〇日に、黒岩涙香、堺利彦（一八七一〜一九三三）、幸徳秋水と共に社会改革を目指す理想団を、東京基督教青年会館で結成した。これは『万朝報』によって支援された団体である。「鉱毒調査有志会」にはクリスチャンの社会活動家が多いのに対して、この「理想団」の発起人は、内村以外は堺利彦や幸徳秋水といった社会主義者であった。ただ入会者には、安部磯雄、片山潜、木下尚江といったキリスト教社会主義者も名を連ねていた。足尾鉱山の鉱毒事件に反対する運動は一層拡大し、数度にわたって足尾鉱毒演説会が開催され、深刻な社会問題としてクローズアップされていった。この段階では、内村は信仰の有無を問わず、社会主義者と社会正義のために協力している。ただ内村は、『万朝報』で掲載された一九〇一年一〇月一日の「理想団は何であるか」で、理想団について「先ず第一に自身を改良して然る後に社会を改良せんとする団体である」（『内村鑑三全集』⑨―三六六）と述べ、自己変革が大事であることを強調した。この点は幸徳秋水などの社会主義者と決定的に異なる点である。

内村は、一九〇一年一二月一〇日、明治天皇に直訴を計り拘引されるも、釈放された田中正造を宿舎の芝口越中谷に見舞っている。田中は、議会での活動に限界を感じ、一〇月二三日に衆議院議員を辞職後、最後の手段として天皇に直訴を試みた。田中正造は、天皇への直訴状の執筆を、文章力において秀でていた幸徳秋水に依頼している。一九〇四年に田中正造は、政府が渡良瀬川下流に遊水地を設置する計画によって谷中村が存続の危機に瀕した時に、単身谷中村に住み込み、谷中村に残った村民とともに、一九一三年に死去するまで、戦い続けた。

第二節　内村鑑三と幸徳秋水

「理想団」においては、聖書の倫理を説く内村と、社会の変革を説く社会主義者との対立が次第に深まっていく。日露戦争の是非をめぐり非戦論者の内村鑑三、幸徳秋水、堺利彦が『万朝報』を辞めたことがきっかけとなり、自動的に「理想団」も消滅した。そして内村の関心も足尾鉱毒事件から日露戦争反対と非戦論の提唱へとシフトしていくことになる。

内村は、幸徳秋水を念頭において、一九〇一年一〇月五日に、『万朝報』に「無神論的霊魂論」を寄稿し、以下のように幸徳秋水以の唯物論的人間観を批判している。

神もなし、霊魂もなし、これ今日の日本人にとりて偉大の慰籍を供する言ならずや、生まれてここに五十年、あるいは六十年、妻をして泣かせしめること幾度、子をして断腸の思いあらしめしこと幾たび、世を欺きしことあり、自己を欺きしことあり、然も神なきがゆえに良心の詰責《きっせき》あるなし、霊魂なきがゆえに死後に刑罰を受けるの憂なし、無神無霊魂の信仰を抱いて何人も安心して死につくを得べし。今日の日本人を慰める信仰にしてかくのごときは他にあるなし。神なし、霊魂なし、古河市兵衛君も安心して鉱毒を流し得るなり。故に伊藤博文侯も老境に入りて悔悟の必要

を感じざるなり。（『内村鑑三全集』⑨―三八五）

更に内村は、「日本人の注文」（一九〇一年一一月一五日の『万朝報』）において、以下のように幸徳秋水を批判している。

神も欲しくない。霊魂も欲しくない。只社会を改良してほしい。生涯を安くしてほしい。日本国は滅亡に瀕している。神の奴隷となるのはいやだ。さりとて人間であるから全然独立することはできない。……彼らは理想国家を夢見ながら社会の壊頽、国家の滅亡を目撃しつつある。彼らは神を信じない。霊魂を信じない。そうしてその結果として彼らに高邁なる希望と雄大なる歓喜は一つもない。敬友幸徳君、君はどう思う。（同、⑨―三八九～三九〇、傍線部引用者）

これに対する幸徳の答えは、彼が大逆事件で投獄されて完成した『基督抹殺論』において示されている。この点に関しては、第一一章の大逆事件の章で言及することとする。幸徳秋水は師の中江兆民の唯物論を継承していたので、内村鑑三のみならず、一九〇一年に社会民主党を一緒に創立した木下尚江や安部磯雄などのキリスト教社会主義者たちとも思想的には対決せざるをえなかった。

内村と幸徳は、キリスト教と社会主義が矛盾するという見解において、立場は正反対であるが一致していた。内村は角筈聖書研究会に通っていた社会主義者福田英子（一八六五～一九二七）を一九〇七年に除名している。福田は一九〇七年三月一五日に石川三四郎と共同で始めた『世界婦人』（一九〇七年三月一五日）に「内村先生に上《たてまつ》る書」を書き、「キリスト教と社会主義とはあいいれぬというが、心界のみならず物界の貧者弱者を救済しようとする社会主義は、神の摂理の一現象ではないのか、いや、むしろ現状では心霊上の救済にまさって物界の救助をはかることが、神の真意にかなうものではないか」と述べ、社会主義とキリスト教の両立を主張している(4)。

幸徳秋水は、社会主義の運動に一緒に行動していた木下尚江などのキリスト教社会主義者が奉じるキリスト教の精神的基盤に対して批判的であった。木下尚江著『神・人間・自由』には、片山潜、幸徳秋水、木下尚江が横須賀に演説に行く汽車の中で交わした会話が記されている。一部、紹介してみよう。


『木下君、どうぞ神を捨てて呉れ、君が神を捨てて呉れさえすれば、僕は甘んじて君の靴のひもを解く。』

幸徳の声は細いが、錐のように鋭い。

僕は返事に躊躇した。

片山が助太刀に出て呉れた。

『幸徳さん、君が神様に征服されないよう、用心したまへ。』

片山の顔には、半ば嘲笑の波が漂うて居た。

片山の言葉など耳にも入れず、

『必ず君に捨てさせる。必ず捨てさせて見せる。』

こう云って幸徳は、二重瞼の切れ長の目を釣り上げてにらんだ。

同じ基督者でも、僕はルンペン、片山は教会（番町教会）の正当な信者であった。(5)

第三節　内村鑑三と田中正造

また田中正造にとっても、聖書を通して自己変革を説く内村の鉱毒事件へのコミットメントは、あまりにも精神主義的であり、問題の解決を遅らせるものであった。田中は内村に「聖書を捨てよ」と迫った。この点について大竹庸悦は「内村鑑三と田中正造」において、以下のように述べている。

鉱毒問題解決という一点に集中し、その指導的任務と責任を背負ざるをえなかった田中にとって、政治を越えて、あるいはそれを除外しての解決などありえないというのが、彼の確信であった。その彼にとって、宗教への、そして個人の内面への沈潜とその改革の努力と精進などというのは、無為どころか逆に敵対勢力を助ける反動以外の何物でもない、と映ったとしても無理はないのである。内村への期待が大きかっただけに、その絶望の深さははかり知れないものがあったであろう。『聖書を捨てよ』という内村への訴えは、政治から逃亡し、人間としての責任を回避する内村への悲痛な告発と受け取ることが許されよう。(6)

それに対して、内村は、一九〇二年『聖書之研究』一九号（一九〇二年三月二〇日）に「聖書を棄てよという忠告に対して」を掲載し、次のように反論している。

聖書を棄て社会が改良され国家が救えるならば之を棄てもしようが、然し是を人類の過去二千年間の歴史に照らし見て聖書の研究は社会改良の最良法であることを吾等は疑うことはできない。……吾等は確に信じて疑わない、渡良瀬川沿岸に聖書の行渡る時は鉱山問題の解決せらるる時である事を、労働者の中に聖書智識の普及する時が労働問題の解決せらるる時である事を、……聖書を以ってせざる社会改良なる者は皆な表面的の改良である、即ち浅く民の傷を癒して安し安しと云う者である、吾等の所謂社会改良なるものは其様なものではない。（『内村鑑三全集』⑩—九七）

内村にとって足尾鉱毒事件は究極的には人間の罪によって生じたものなので、人間の罪の赦しと新生なくして真の解決は存在しなかったのである。彼は言う。「鉱毒の奥に鉱毒よりも更に激甚なる害毒があるのではありませんか、是れは山から出る毒ではなくして、人の心に湧き出づる罪であります」（同、⑩—一〇七）。

更に内村は、「聖書の研究と社会改良」と題して一九〇二年二月二日に東京神田青年会館で講演し、「私に聖書を棄てよと言う社会改良家があっても私は聖書を棄てません。私は実際最も力ある社会改良に従事して居るのであると自ら信じて居ます。私の社会改良は根本的改良であります。即ち罪悪を其の根より絶つ改良であります。そうして此の事を為す大能力は此のちいさい書の中にあるのであります」（同、⑩—一一〇）と述べている。

田中正造は足尾鉱毒事件との戦いで一生を終えたが、内面的・精神的な変革に無関心であったわけではない。彼は、一九〇一年一二月一〇日の天皇への直訴の後に一九〇二年六月一六日に官吏侮辱罪で入牢したが、この獄中で新約聖書を読み、心機一転の機会となった。聖書を差し入れたのは、内村鑑三である。田中の信仰が確立していくのが、一九〇一年から一九一一年までであり、一九一〇年四月一九日の日記には、「徳義の本は神にあり。人は自身をもって修るを得ず、病の如し、一切を医者に託す。人事一切を神に託す(7)」と記されてある。彼が死んだときの遺品には、新約聖書一巻と日記三冊が遺されていた。

注

（1）田中正造に関しては、林竹二『田中正造の生涯』（講談社現代新書、一九七六年）、雨宮義人『田中正造の人と生涯』（茗渓堂、一九七一年）を参照のこと。

（2）高橋昌郎『島田三郎伝』（まほろば書房、一九八八年）、一五、一二三頁。島田は、ブラウン塾に入って、キリスト教に触れている。同、一二一～一二二頁。しかし、後に島田はユニテリアンになり、一九〇〇年一月植村から除名されている。同、一一一頁。なお島田三郎と内村鑑三や田中正造との関係については、井上撤英『島田三郎と近代日本』（明石書店、一九九一年）、一四一～一六一頁を参照のこと。なお内村は一九二三年一一月一五日の日記において、島田三郎の逝去を聞いて以下のように述べている。

島田君に、ジョン・ブライトやグラッドストンに有ったような信仰的熱心はなかった。君は理論家であって、理想家ではなかった。ゆえに、君の弁舌に火と生命とがなかった。されども、邪を排し曲を直くする点において、君はわが国まれに見る大政治家であった。まことに惜しむべき人である。（『内村鑑三日記書簡全集』②—三七五）

（3）『河上肇全集　続』（七巻、岩波書店、一九八七年）。

（4）鈴木範久『内村鑑三』（岩波新書、一九八四年）、一五二頁。

（5）『木下尚江著作集第十四巻——神　人間　自由』（明治文献、一九七二年）、七～八頁。

（6）大竹庸悦『内村鑑三と田中正造』（流通経済大学出版会、二〇〇二年）、三一～三二頁。また鈴木範久、前掲書、一二七～一二八頁。

なお、内村が東京基督教青年会で開催された「鉱毒問題解決期成同盟会」で講演した時に、島田三郎が一人拍手をしなかったことは、島田も田中正造と同じ意見を持っていたことを示している。（『内村鑑三全集』月報8　第九巻、一〇頁）

（7）雨宮義人、前掲書、二五五頁。田中正造の神への探求に関しては、大竹庸悦、前掲書、一二六～一七七頁を参照のこと。

第九章　日露戦争の勃発

第一節　日露戦争に至る経過

日本が日清戦争に勝利した結果として、遼東半島と台湾、及び膨湖島を清国から割譲させたが、ロシア、ドイツ、フランスの三国干渉により、日本は遼東半島の返還を強いられた。その後ロシアは、南下政策によって、不凍港を求めて旅順と大連の長期租借を求めた結果、遼東半島を二五年間租借した上、長春と旅順間の鉄道敷設権を獲得し、更に韓国にも内政干渉を行い、韓国をめぐるロシアと日本の衝突が激しくなる。日本は、英国と一九〇二年に「日英同盟」を結んで、ロシアの進出を牽制していたこともあり、一九〇四年二月にロシアとの戦争に踏み切った。

戦争前、東京帝国大学教授である戸水寛人、富井政章、小野塚喜平治、高橋作衛、金井延、寺尾亨六人と、学習院教授の中村進午の七人の大学教授が一九〇三年六月に、「満州、朝鮮を失えば日本の防御が危うくなる」という意見書を桂太郎首相と小村寿太郎外務大臣に提出し、それが六月一一日に東京日日新聞や東京朝日新聞に掲載された。

更にジャーナリズムでは、日本主義を唱える高山樗牛（一八七一～一九〇二）が主筆をつとめる『太陽』、大日本膨張論を唱える徳富蘇峰が編集長を務める『国民之友』や『国民新聞』、山路愛山（一八六五～一九一七）が創刊した『独立評論』が日露戦争を支持し、日本の帝国主義を扇動していた。この中で、徳富蘇峰は、熊本バンドの出身であり、山路愛山もメソジストの平岩愃保《よしやす》（一八五六～一九三三、メソジスト教会第二代監督）から洗礼をうけたクリスチャンであった。それでは、キリスト教会は、日露戦争に対してどのような態度をとったのであろうか。以下、日露戦争に対して、内村鑑三、植村正久そして海老名弾正の言説を考察することとする。

第二節　内村鑑三と日露戦争

Ⅰ　内村鑑三の非戦論

内村は、既に見たように、日清戦争以降非戦論に転じていた。彼は一九〇三年六月三日、『万朝報』に「戦争廃止論」を掲載し、「余は、日露非開戦論者であるばかりではない。戦争絶対廃止論者である。戦争は人を殺すことである。そうして、人を殺すことは大罪悪である。そうして大罪悪を犯して、個人も国家も永久に利益を収め得ようはずはない」（『内村鑑三全集』⑪―二九六）と断じた。また内村は、一九〇三年九月二七日に、『万朝報』に「近時雑感（三）」を寄稿し、ロシアに対する勢力均衡論を批判して、国内の精神的堕落を看過する危険性を指摘している。

もしロシアが満洲をとるならば、日本国の存在が危ないと言う者がある。しかしながら、日本国の存在を危うくするものは、ロシアの満州占領に限らない。二十世紀の日にあたって支那風の忠孝道徳を国民に強いるが如き、そのことそれ自体が日本国の存在を危うくするものである。今や、詐欺と収賄とは忠孝道徳と併立して、社会いずれの方面においても行われ、人は仮面をかぶるにあらざれば何事をもなす能わざるに至った、それで国家の存在は、危なくないという者は何処にある乎……余は世の経世家が危険の原因を外に於てのみ見て、内に於て之を沢山に発見せざるのを甚だ怪しむ者である。（同、⑪―四二一～四二三、傍線部引用者）

この文章に見られるように内村は、危機の原因を外に対してのみ見るあまり、盲目的な忠君愛国思想が逆に国民の独立や国家の存立を脅かす危険性を警告した。ここに「預言者」内村鑑三の面目躍如たるものがある。

内村は、日露戦争には反対であったので、戦争賛成の立場をとった『万朝報』に「退社に際し涙香兄に贈りし覚え書き」を掲載して、同じく非戦論者で社会主義者である幸徳秋水（一八七一～一九一一）や堺利彦と一緒に万朝報を退社した。その覚え書きには、「小生は、日露開戦に同意することを以て日本国の滅亡に同意することを確信いたし候」（同、⑪―四三二）とある。

また内村は、『万朝報』に書いた「戦争廃止論」において、日清戦争の結果を振り返りつつ、以下のように述べている。

> 一億の富と一万の生命を消費して、日本国がこの戦争より得しものは何であるか。……その目的たりし朝鮮の独立は、これがために強められずしてかえって弱められ、支那分割の端緒は開かれ、日本国民の分担は非常に増加され、その道徳は非常に堕落し、東洋全体を眼前に視ながら、東洋全体を危殆《きたい》の地位まで持ち来《きた》ったのではないか。この大害毒損耗を目前に視ながら、なおも開戦論を主張するが如きは、正気の沙汰とは思われない。（同、⑪―二九六～二九七）

Ⅱ　非戦論の理由

内村は『聖書之研究』（一九〇四年九月二二日）に「余が非戦論者となりし由来」を掲載し、非戦論者となった四つの理由を挙げている。第一は新約聖書の影響、第二は無抵抗主義の個人的経験、第三に日清戦争から引き出した結論、第四は平和主義を掲げるアメリカの新聞 Springfield Republican（スプリングフィールド・リパブリカン）の影響である。

第三点に関してはすでに述べたので、ここでは、第一の新約聖書の影響について考えることにする。内村は日清戦争においては、聖書の教えを国家や戦争の問題に適用することはしなかった。しかし彼は、一九〇三年に『万朝報』や『聖書之研究』で展開した非戦論において、聖書の戒めを単に個人道徳としてではなく、国家に対しても適用できるものと考えた。彼は、同年九月一七日の『聖書之研究』に、絶対的非戦主義を説いた「平和の福音」を寄稿している。

平和を求める者は幸いである。その人は神の子と唱えられるべければなり。（マタイ福音書五章九節）イエス彼に言いけるは、汝の剣をさやにおさめよ、すべて剣をとる者は剣にて亡ぶべし（同二十六章五二節）……絶対の平和は聖書の明白なる訓戒でありまして、私ども、もし神と良心とに対して忠実ならんと欲すれば、この態度を取るより他に途はありません。……これはなにも個人と個人との間に関してばかりの教訓ではありません。人と人との関係は全てかくあるべきはずのものでありまして、人の集合体なる国民と国民の間に関しても適用すべき神の教訓であります。……戦争は人を殺すことでありまして、『人を殺すものはかぎりなく生命そのうちにあることなし』との使徒ヨハネの言は、火を見るより明らかな真理であります。世界に『義戦』ありという説は、今や平和の主を仰ぐキリスト信者の口に上《のぼ》すべからざるものであります。私自身は、今は絶対的非戦論者であります。（同、⑪—四〇四～四〇五）

当時のキリスト教界では、圧倒的多数が開戦派で、非戦論派は少数派にすぎなかった。非戦論派の中には、クエーカーやメノナイト・ブレザレンを除けば、安部磯雄、木下尚江、片山潜といったキリスト教的社会主義者たちがいた。安部は、「平和が人道ならば、平和のためならば日本一国ぐらい滅んでもよいのではないか」と叫んで、絶対的無抵抗主義を唱道し、ロシアの文豪で非戦論者であるレフ・トルストイ（Lev Nikolayevich Tolstoy、一八二八～一九一〇）とも文通した。また群馬県安中教会の牧師で新島襄の弟子である柏木義円は、組合派の中では例外的に機関紙『上毛教界月報』において、「非戦論。国是論」と題して非戦論を展開した。彼は、安中教会で海老名から洗礼を受けているが、戦争についての考えは海老名とは全く異なっていた。彼は、一九〇三年八月一五日発行の同雑誌五八号において次のように述べている。

今日開戦を主張する者は、軍国的精神を以て我国是の根底と為し、国民の自由と権利と安寧と幸福と内治の改善とを犠牲とし、国民をして平時は軍費を造るの器械たらしめ、戦時は国家の為という名と無理情死するの一種の奴隷たらしむるの覚悟なかる可らざる也。……今日の理由の如き理由の為に戦はるる戦争の為に戦勝を祈るの教会あらば実に教会の名を辱しむるものと謂わざるを得ざるなり。(『上毛教界月報』㊽─四五六~四五七)

この「国民の自由と権利と安寧と幸福と内治の改善とを犠牲にする」という表現の中に柏木義円がよってたつ立場が明らかにしめされており、それは内村鑑三と同じ立場であった。柏木にとってこのような戦争のために教会がコミットし、祈ることは、教会の自殺行為に等しかったのである。

Ⅲ　内村鑑三と社会主義者

既に述べたように、内村は黒岩涙香が主戦論に転じたので、万朝報社を退社することを決意し、一九〇三年一〇月一二日に「退社に際し涙香兄に贈りし覚書」を寄稿した。

小生は日露開戦に同意することを以て日本国の滅亡に同意することと確信いたし候。……ことに万朝報にして開戦に同意する以上は、……その紙上において反対の気味を帯びる論文をかかぐるは、これ小生のなすに忍びざるところにして、また万朝報が世に信用を失うに至るの途と存じ候。ここに至って小生はやむを得ず、多くのつらき情実を忍び、当分の間論壇より退くことに決心致し候間、小生の微意御諒察被下度候。(『内村鑑三全集』⑪─四三二)

幸徳や堺も同じように万朝報社を退社し、平民社を設立して、一一月より『平民新聞』を刊行し、非戦論を展開した。幸徳と堺は、内村とは別に退社の辞を書いたが、そこには彼らの社会主義的・階級的立場からする非戦論が展開されている。

予等二人は、不幸にも対露問題に関して朝報紙と意見を異にするに至れり。予等が平生社会主義の見地よりして、国際の戦争を目するに貴族、軍人等の私闘を以てし、国民の多数は、その為に犠牲に供せらるる者と為すこと、読者諸氏の既に久しく本紙上において見られる所なるべし。

このように彼らは、帝国主義やそれを生み出した資本主義に対する批判を非戦論に結び付けて語った。それではなぜ内村は、幸徳や堺といった社会主義者たちと連帯して、非戦論を展開しなかったのだろうか。戦争反対という一点において、内村は幸徳や堺と連帯できたのではないか。内村は、一九〇一年四月に幸徳の著作の『帝国主義』に次のように序文を載せている。そこで、内村は幸徳秋水を友とさえ呼んでいるのである。

友人幸徳秋水君の『帝国主義』成る。……君は、キリスト信徒ならざるに世のいわゆる愛国心なるものを憎むこと甚だしく、君はかって自由国に遊びしことなきも真面目なる社会主義者なり。余は君の如き士を友として持つことを名誉とし、ここにこの独創的著述を世に紹介するの栄誉に与りしを謝す。（同、⑨――一一八、傍線部引用者）

また内村は、足尾銅山鉱毒事件を契機として「理想団」を結成（一九〇一年）したことや、『万朝報』において社会の矛盾や腐敗に対して抗議したという点において、幸徳たちと行動を共にしていた。しかしすでに述べたようにその後内村は、社会主義者との協力が困難であり、キリスト教と社会主義は水と油で、以て非なるものであることを強調する。それはあたかも当時社会批判という点でキリスト教と社会主義が同じものとみなされ、キリスト教の本質である十字架の救いが、社会批判によって打ち消されてしまう危険性を感じたからであった。

すでに彼は、一九〇三年三月二六日に、『聖書之研究』誌に「キリスト教と社会主義」と題する論考を寄稿し、両者を混同することのないように警告を発していた。

先ず第一に私どもの注目すべきことは、キリスト教と社会主義とは両々よく相似たる所があるの一事であります。……しかしこう言うてキリスト教は社会主義であるということはできません。……第一にキリスト教は、天国の教えでありまして、社会主義はこの世を改良するための主義であります。……第二にキリスト教は必ずしも財産の共有または国有を教えません。……第三にキリスト教と社会主義とはその働きを異にします。キリスト教はある一定の社会制度を定めて人をしてこれを採用せしめんとは致しません。……社会の不公平は、皆人が神を棄て去りしより起こりしものであります。（同、⑪―一九四～一九八）

内村は、後に獄中で『基督教抹殺論』を書く無神論者幸徳秋水とは協働することはできなかった。非戦論に関しても内村の非戦論は極めて道徳主義的であり、幸徳のような階級対立の視点は存在しなかった。内村は、一九一五年一月に「戦争の止む時」と題する評論を『聖書之研究』誌に発表し、社会主義は国家と国家との戦争に代えて、階級間の戦争を新しく持ち込んだと痛烈に社会主義を批判した。

……社会主義は起て言う。社会主義にして広く採用せらるるに至らば、戦争はたちどころにしてやむべしと。しかして果たしてそうであろうか。社会主義は果たして非戦の精神であろうか。余輩は信じることができない。社会主義は、非国家主義である。故にこれに由って国際的戦争を断つことができるかも知れない。しかしながら社会主義は、愛の精神ではない。これは一階級が他の階級に対して抱く敵愾《てきがい》の精神である。社会主義に由て戦争はその区域を変えるまでである。しかしながら戦争そのものは依然としてのこるのである。（同、㉑―一七七）

ところで内村は本質的に唯物論者である幸徳や堺のみならず、安部磯雄や木下尚江といったキリスト教社会主義者に対しても批判的であった。彼らはキリスト教と社会主義の根本的相違を曖昧にし、キリスト教本来の教義から逸脱し、ただ倫理的、人道主義的な福音を説くユニテリアンであったからである。この点に関して武邦武は、「ユニテリアン雑誌の側面から」において、「明治中期に起こった日本の黎明期の社会主義は、そのかなりの部分がユニテリアンの信仰者たちによって担われていた。彼らの一部は、アメリカ十九世紀末の資本主義批判経済学や伝統に抗する自由神学の影響を受けて来た」[1]と述べている。貴重な指摘である。

一九〇一年に幸徳秋水、木下尚江、安部磯雄、片山潜、西川光二郎、河上清が、日本で最初の社会主義政党である社会民主党を結成するが、翌日禁止された。この中で、幸徳秋水を除けば、後の五名はクリスチャンであった。少なくともそのように自称している人々であった。しかし彼らは、正統的な十字架信仰を持ったクリスチャンではなく、聖書の教えを合理的・倫理的に解釈し、それを社会批判に結び付けたのである。例えば木下尚江は、キリスト教社会主義を唱える篠田長二を主人公にした小説『火の柱』（一九〇四年）において、次のように篠田に言わせている。

> 富の集中、富の不平均、是が単一なる物資的問題とは何事です。富資が年々増殖し貧民が歳々増加する、これほど重大なる不道徳の現象がありますか、御覧なさい、今日の生活の原則は、第一に掠盗です、個人は個人を掠盗している。国は国を掠奪している。……所有権の神聖、兵役の義務、是れ皆な掠盗、是れ皆窃盗掠奪の符調にすぎないのです。而も是が為に尤も悩んでいるものは、梅子さん、実に女性でありますよ、社会主義とは何ですか、一言で言えば神の御心です。キリストが道破し給える御心です[2]。（傍線部引用者）

安部磯雄、木下尚江、片山潜といった社会主義者は戦争に関しては海老名に対立していたが、信仰的立場としては、自由主義神学に近い立場にあった。

Ⅳ　日露戦争開戦後の内村鑑三

内村は、原則として非戦論を主張しつつも、開戦後には戦争に反対するような言動はしなかった。一九〇四年二月八日に日本軍は旅順や仁川に対して奇襲攻撃を行い、一〇月にロシアに対する宣戦布告が行われた。

内村は、旅順開戦における日本の勝利の報を聞き、『万朝報』の同僚であった山県五十雄《いそお》（一八六九～一九五九）に宛てた一九〇四年二月一一日の書簡において、以下のように書き記している。

この度の旅順港における海軍の勝利は、君が最近抱かれた平和主義をくつがえしましたか。大丈夫と思います。小生のたくましい想像によれば、この勝利は多年にわたる陸戦を招き、国家の資源を極度に枯渇させてしまいます。とは言え、小生の昔ながらの愛国心は、今日ロシヤ海軍に対する大勝利の報を読むや、すっかり小生を支配してしまいました。そして小生は、隣近所全体に聞こえるほどの大声で、帝国万歳を三唱しました。何と矛盾した人間なのでしょう！（『内村鑑三日記書簡全集』⑥―七八～七九）

また内村は、一〇月一八日の『聖書之研究』誌に「国難に際して読者諸君に告ぐ」を寄稿し、「戦争の悪事なると否とは、今や論争すべき時に非《あら》ず。今は祈禱の時なり、同情、推察、援助、慰藉の時成なり。今の時に方《あたっ》て我らの非戦主義を主張してあわれみの手を苦しめる同胞に藉《か》さざるが如きは、我らの断じて為すべからざることなり」（『内村鑑三全集』⑫―八九）と述べている。また内村は「戦時における非戦主義者の態度」（四月二一日の『聖書之研究』誌）において、「なぜ非戦主義を唱えて、開戦後の今日と雖も開戦時の如くに戦争に反対しないか」という問いに対して、第一に、戦争が勃発した以上は、いかにして平和を回復することを考えることが大事であること、第二に、平和主義者は手をこまねいているのではなく、出征兵士の遺族の慰問をすること、第三に、戦いは相互の誤解から生じるので、その誤解を取り除くようにすることを挙げている。また内村は、花巻の青年である斎藤宗次郎（一八七七～一九六八）の兵役や納税を拒否する手紙に対して、思いとどまるように返答している。(3) また彼は、「非戦主義者の戦死」（一九〇四年一〇月の『聖書之研究』誌）においては、贖罪の死としての戦死を強調している。

戦争も多くの非戦主義者の無残なる戦死を以てのみ終に廃止することのできるものである。……戦争そのものの犠牲になって彼の血を以て人類の罪悪を一部分なりと贖わんためには、彼は悦んで、然り神に感謝して、死に就かんとす。……只汝の命ぜらりし職分を尽くし、汝の死の贖罪の死たらんことを願えよ。（『内村鑑三全集』⑫―四四七～四四八）

日露戦争の終わり頃になると、内村は戦争のもたらす害悪と、日本が亡国の道を進んでいることを強調するようになる。一九〇五年四月に池田福司に宛てた書簡で、「戦争止まず、不愉快千万に存候。然し罪悪の結果如何とも致兼ね候。戦勝どころのことに無之、日々亡国に赴きつつあるのを知らざる同胞の状態、実に見るに忍び不申候」（『内村鑑三日記書簡全集』⑥―九七、傍線部引用者）と述べている。

ところで、開戦派は、日本基督教会の植村正久、日本メソジスト教会の本多庸一、日本組合教会の海老名弾正、小崎弘道といった人々であった。当時の主流派の教会は、例外なく日露戦争を支持していた。以下では、内村との対比において、植村正久と海老名弾正の開戦論を取り挙げることにする。

第三節　植村正久と日露戦争

植村は、新神学に対する対決という点では、内村と同意見であったが、こと戦争に対する態度においては、異なっていた。彼は、一九〇三年一〇月一八日に、東京の一番町教会の「基督教と戦争」と題する説教において、非戦論を批判して、次のように述べている。

余は、今夜敢えて日露の問題を論ぜんと欲する者にあらず。然れども、時節柄戦争に付て吾人が一定の意見を有すること必要なりと信ずるが故に、余は諸氏の前に余の意見を開陳せんとす。世には神経家ありてみだりに戦争を嫌い、戦争を否認する者あり、彼等は、基督山上垂訓を辞柄とし楯として曰く、見よ、基督は悪に敵すること勿れ、人汝の右の類をうたば左の類をもこれに向けよと教え給いしに非ずや、基督は決して戦争を認められることなしと。(『植村正久と其の時代』⑤―八七三)

植村が「神経家」という時、トルストイが念頭に置かれていた。トルストイは、聖書の山上の垂訓のイエスの教えに依拠して、「非戦論」を展開したのである。トルストイの「非戦論」は当時、安部磯雄、木下尚江や石川三四郎といったキリスト教社会主義者に影響を及ぼしていた。内村もトルストイの聖書解釈や信仰観に対しては距離をおきつつも、彼の非戦論に対しては共感した。彼は、一九一〇年一二月一〇日の『聖書之研究』に「トルストイ翁を弔う」において、「翁【トルストイ】の忌み嫌いし者に二箇ありたり、その一は、戦争なりき、その二は教会なりき、彼は戦争を嫌いしが故に戦争を賛《たす》けし教会を嫌いしなり」(『内村鑑三全集』⑱―一七)と述べている。

したがって、植村は「神経家」の中に内村をも念頭においていたのではないだろうか。植村は、国家が自衛のために戦争をすることは、国家に与えられた権利であると主張し、戦争を否定することは国家を否定することになると批判した。平民主義の立場に立つ植村が、いざ戦争になると国家主権を強調するようになる。

若し人にして外国に対して戦争をすることを認めざらんか、其人は終に国家の存在を認めざるなり。……既に国家主権を認め、懲罰を許す以上は、国際間にこれを適用すべからずとするは、大なる自己撞着なりと云わざるべからず。否国家は、自己の天職を行うため其自衛の担保をなすがため、他国と戦いて可なり。余は此く確信するものなり。(『植村正久と其の時代』⑤―八七四)

しかしながら、国家主権を認める植村の戦争肯定は単に自衛のための戦争に限定されておらず、その限界を超えていった。それは文明対野蛮、自由対圧政という二項対立の思考がもたらす必然的な結果であった。

戦いは、単に消極的に受け身のみの場合に限るものにあらずして、自己存在の必要上進んで他を膺懲《ようちょう》するの場合あるなり。抑キリスト教とはかく神経的薄弱のものにあらず。吾人は、矢張り神の為、剣を抜いて立つの必要ある場合あるなり。是によりて世の進歩は保証せられ、平和は来たり、理想は近くなるなり。（同、⑤―八七四、傍線部引用者）

植村は世の進歩をもたらす戦争の一事例として、奴隷解放のための南北戦争を挙げている。植村の好んだ言葉は、「願わくは、不正不義の止まん時戦争の止まんことを」というものであり、彼は不正不義の蔓延する平和よりも、正義のための戦いを優先したのである。彼にとって正義の実現という価値は、平和という価値よりもはるかに重要なものであった。植村にとって内村の非戦論は、正義よりも平和を第一の価値にするものであり、それは神経衰弱の非戦論に他ならない。植村においては、内村が放棄した進歩対野蛮という図式が日清戦争後においても依然として強く働いていた。彼は日清戦争後に次のように述べている。

西洋の列強が東洋に権力を伸張すると日本が蔓り出すとどちらが文明の扶植、人類の進歩に利益を与えますか。どちらが人に長として、小なるを導き、劣者を養いて、保母良友の義務を果たすことができますか。……日本の軍艦巨砲は、アジアの進歩、人類の幸福に向かって何を意味するかという点が最も大切である。（同、④―七八四～七八五）

日本が、「保母良友」として野蛮なアジア諸国を文明や進歩へと導くという植村のこうした考えは、日露戦争前後においても基本的に変わらなかった。つまりロシアは清国と同様に、野蛮で遅れた国であり、文明の名に値しない国であった。

植村は、日露戦争が二月に勃発した後の一九〇四年四月二八日の『福音新報』に「王たち君たちの羞辱」を掲載し、ロシア帝国を露骨に批判し、「ロシアは、漫《みだ》りに侵略を逞《たくま》しゅうした。その勢力の膨張は、罪悪の痕跡をもって充たされている。コーカサスの愛国者の血は、ロシア人の無道を天に訴えて、その悲しむべき声は歴史の上に鮮やかに聞こえて居る」（『植村正久著作集』②―二〇〇～二〇一）とロシアのポーランドやフィンランドへの侵略を批判した上で、ロシア・ツアー体制が、国内においては専制主義によって信仰や言論を弾圧しているので、革命的雰囲気が充満していることを指摘した。そして植村はロシアが遼東半島を取得して以来、満州において犯した罪悪を想起させる。植村はロシアの再生のためには、「ダニエルがその愛するイスラエル人民のために神前に懺悔した如く」（同、②―二〇一）、ロシアのキリスト教徒も今日深く悔い改めるように訴えたのである。

植村はこのようにロシアの封建制や野蛮性、専制政治を批判しつつも、ロシアに勝利した後の日本の偶像崇拝的傾向に危機感を覚えざるをえなかった。その傾向は、後に日本のファシズム時代に大きなうねりとして日本を席巻するようになる。日本がロシアに勝利したことを「天佑」として、日本人が偶像崇拝に走る姿を見て、植村は「戦後の宗教問題」（『福音新報』一九〇五年一一月二日）において、以下のように慨嘆している。

天佑なる語は、戦争のために日本の普通語となれり。しかれども国民は、天佑と祖先礼拝とを混一するを知るのみ。陛下の御旨を奉じて、東郷大将は部下の将卒とともに伊勢参宮をなせり。内務大臣はその訓令において、戦勝を神職がよく神明に奉仕したるに帰せり。余輩は、この間にキリスト者の任務甚だ重きを感じざるを得ず。（同、②―二〇七～二〇八）

こうした植村の慨嘆はすでに日清戦争後に同じような認識に到達していた内村と比較すると遅すぎるといわざるを得ない。それは、内村が絶えず平民主義の立場に立って民の動向に気を配っていたのに対して、植村の場合には対外政策への考慮が優越し、国権が民権を凌駕していったからである。しかし、植村は他方において民衆の直情的な示威行動に対しては、慎重であった。

アメリカの仲介により一九〇五年九月五日に日露の間でポーツマス講和条約が締結されたが、賠償金をロシアからとることが出来なかったことに怒った民衆による日比谷焼打事件が発生した。こうした事態を憂慮して植村は、一九〇五年九月一四日の『福音新報』（五三三号）で民衆の暴走を批判して、「余り戦勝に酔いて彼を侮り、慢に慢心を起こしたる人民がこの上思う存分の条件に依りて露国と和を講じ、償金をさえ取ることを得たならば、この後いかなる危機を招いたであったろうか。或いは戦争を好む弊いよいよ増長して亡国の端を開くこと無きにしも限らぬ」（『植村正久著作集』（同、②—二〇六）と警告している。

総じて、横浜バンドでは、植村正久に限らず、本多庸一や井深梶之助も日露戦争を支持した。当時青山学院院長の本多庸一と明治学院総理の井深梶之助は、政府から「義戦宣伝民間使節」の資格を付与され、日本の戦争の正当性を国内外に対して発信した。また日本基督教青年会同盟は軍隊慰労事業を行い、陸軍大臣から感謝状を与えられている。(4)

第四節　海老名弾正と日露戦争

I　海老名弾正の日露戦争肯定論

日露戦争前後は、海老名弾正と本郷教会の最盛期であった。關岡一成『海老名弾正――その生涯と思想』は、日露戦争勃発における海老名の行動を以下のように記している。

日露戦争勃発と同時に、海老名の本郷教会では、教会員、青年会員、婦人会員が相談して、戦争支援の団体として『同志奉公団』が組織され、募金活動をして戦死者の家族を支援した。また、海老名が各地で日露戦争の意義を訴える講演の支援をするとともに、特別に『人道』という海老名の小著一万部を発行し、兵士に配布したが、その費用などの負担をしている。(5)

ここでは、海老名の戦争擁護論を「人道の見地から見たる日露戦争」（『新人』五巻四号）、「聖書の戦争主義」（『新人』五巻四号、一九〇四年四月一日発行）、「戦争の美」（『新人』五巻八号）を中心に紹介することにする。海老名は、「人道の見地からみたる日露戦争」において、「戦争は、人道発揮の壮烈なる悲劇にして、人道に興する者の勝利を得るは、史上歴々として蔽うべからざる事実なり」（『新人』⑤―八―一）として、奴隷解放のための南北戦争、封建的な身分差別を排除した明治維新の戦争を挙げている。また、先の日清戦争も「人道のための闘い」とみなし、日露戦争も「人道のための闘い」と主張している。日露戦争は、ロシアの侵略主義、賄賂主義、非教育主義、圧政主義に対する戦争であり、文明主義、人道主義の勝利に他ならないのである。この点においては、植村の議論と異なる所はない。

また「聖書の戦争主義」において、海老名は内村鑑三や社会主義者を念頭に置いて、非戦論を攻撃して、以下のように述べている。

今や日本は、軍国多難の時機、一国を挙げて戦争に集中するの時に際し、大胆にも一派の論者は、堂々として非戦主義を唱道しつつあるを見る。是れ奇観なり。蓋し日本開闢以来、戦争中に非戦論を主張するが如きは、未曽有の事に属せり。……然るにこの非戦論中には多くのクリスチャンあり。これ頗《すこぶ》る注目すべき事実にして、基督教は果たして非戦主義を教える者なるや否やは、この際において大に討究すべき好箇の問題なりと信ず。……主戦と非戦何れが果たして戦争の教訓なるか、請う吾人をして虚心平気にこれが研究に従事せしめよ。（同、⑤―四―六）

また海老名は、戦争に関する聖書の立場について、旧約聖書は、ユダヤ民族による「約束の地」の占領、その後の異民族との闘いにみられるように、神の正義の実現のための侵略戦争と自衛の戦争を禁じていないと主張する。問題は新約聖書である。ここで海老名は、地上における国家と、イエスが説く精神的な「神の国」を区別し、前者においては、武器の使用や戦争は認められるが、後者においては、愛による無抵抗主義が精神原理であると主張する。

神国の建設には、果たして干戈《かんか》を要するか。曰く否な、神国は愛の国なり、真理の国なり、之を建設するの道は只だ愛と真理あるのみ、また何ぞ干戈を要せんや。……然るにこの神聖なる国家・民族・家庭を造り、また之を維持せんがためには、干戈は実に一日として欠く可らざる者なり。……国家は到底干戈なくして存在する能わず、故に国民としては飽まで剣を以て立たざるを得ず。是れキリストの明知せるところにして、また戦争を禁ぜざりし所以なり。（同、⑤―四―八～九）

そして、海老名はこの論稿の後半において、戦争においてこそ「犠牲的精神」、「殉教者の精神」が発揮されることの重要性を訴えている。この主張は、彼の次の論考「戦争の美」において一層詳細に展開され、戦争においては、「自分の命を大義のために捨てる最も美しい行為」が行われるとして、戦争のための犠牲を美化している。

軍人が、其の生命を擲《なげう》ち父母妻子を振りすてて戦場に臨み、屍を超え、奮闘している姿は、実にすばらしく、美しいものであり、無死の精神の発露なのである。彼はなによりも愛国心の発露に戦争の美をみているのである。今や我国民は、此の戦争によって、実に麗しい、清い、尊い人格を、白雪を戴いて碧空に聳ゆる富士の姿よりも尚美しい人格を造りださんとしているのである。……諸外国人の均しく驚嘆する如く、今回の戦争においていちじるしく発揮せられたものは、日本人の愛国心である。……君はこれ我が国民の首領として、これがために死するのである。父母はこの忠君愛国心のためにその子を献げ、妻もまたこれがために夫を献げる。これ今回最も著しく発達したところであって、我が国民の人格の醇化を言う所以である。（同、⑤―八―二〇～二一）

海老名の「戦争の美」は、戦争を美的に正当化し、戦争によってもたらされる道徳的退廃や、平民の苦難や貧困に目をつぶり、盲目的な忠君愛国を訴えるものに他ならなかった。これこそ内村が最も嫌った盲目的な「忠君愛国」の思想である。

Ⅱ　海老名弾正と社会主義者

海老名弾正が牧する本郷教会には、当時有為な学生や青年が海老名弾正を慕って集まっていたが、その中で、キリスト教社会主義者であった石川三四郎と木下尚江は、非戦論と社会主義を唱えて、幸徳秋水や堺利彦と行動を共にしていた。また一九〇三年一〇月一一日に本郷教会で受洗していた大杉栄も戦争反対論者であった。安部磯雄も、海老名と親しい間柄で、しばしば本郷教会で講演していたが、彼も非戦論者の側に立った。このように、本郷教会には海老名を中心とする主戦派が存在する一方、石川、木下、安部などの非戦論者や社会主義者がいた。当時本郷教会で記録係的役割をしていた栗原陽太郎は、当時を回想して次のように記している。

> 明治三六年秋頃から日露の風雲が急となり、安部先生（磯雄）、木下尚江、石川三四郎氏などという基督教の闘士が、同時に社会主義の頭目で非戦論を唱道し、内村先生がその方面の闘将であった。海老名先生は、主戦論の主将で、内ケ崎、吉野、小山、三沢という四天王が、海老名先生を擁して実に意気軒高、気焔万丈の有様であった。礼拝後別室で、教会員中の主戦論者と非戦論者が盛んに論議をして、石川君の非戦論位では到底吾々の敵ではないというような形勢であった。大杉栄君なども最年少者としてこの雰囲気に沈黙しておられた事と思われる。(6)

後に大杉栄は海老名弾正の戦争協力に反発して、教会から離れている。

基督教と社会主義はどのような関係にあるべきかについては、海老名弾正にとっても、吉野作造にとっても大きな問題であった。海老名は一九〇五年七月二日の日曜礼拝において「社会主義と基督」と題して講演し、吉野作造も『新人』（六巻九号、一九〇五年九月一日）に「社会主義とキリスト教」を寄稿している。吉野は、私有財産制から生じる貧困や搾取の解決を主張するが、私有財産制度そのものの変革を主張しない。彼は、キリスト者として社会組織の変革以上に罪に支配される人間の変革が重要であることを強調する。そして彼は基督教的社会主義者である木下尚江と石川三四郎、他方に於ける唯物論者幸徳秋水が、まったく異なった土台の上に立っていることを指摘する。幸徳秋水は『社会主義神髄』で無神無霊魂の立場を明らかにしているのに対し、社会主義に熱心な石川と木下は忠実な基督者である。吉野にすれば、双方は水と油のような存在であり、いつかは袂を分かたなければならない運命にあった。吉野は言う。

今日我国の社会主義者中には、一方には木下君石川君如き篤信の基督教徒あると共に、他方には明白に宗教の価値を否認する幸徳君のあるを見れば、吾人は所謂社会主義者と云う中にも、右の如き根本思想の丸で違った二種の者が存すると云うことを認めざるを得ぬ。去るにてもいぶかしきはこのまるで根本思想の違った者が、同じく社会主義なる同一名目の下に運動を共にして居ることである。(7)

以上述べたように、内村が日露戦争の開戦に反対し、非戦論を展開したのに対して、植村や海老名はこの戦争を文明・進歩対野蛮の「正義」の戦争として賛成した。そのことは、当時のキリスト教会全体が、日露戦争に賛成であったことを意味する。植村が、戦争に賛成しつつも、日露戦争勝利後の日本国民の道徳的堕落に警鐘を鳴らしたのに対して、海老名には、日本の帝国主義的膨張を先導する議論が強くみられる。

日本は、ロシアとの戦争に勝利し、一九〇五年九月にアメリカのポーツマスで開かれた講和会議において、韓国における日本の優越権の承認、遼東半島や長州・旅順間の南満州鉄道の租借権、南樺太の日本への割譲をロシアに認めさせた。そして一九〇五年一一月に日韓保護条約（＝第二次日韓協約）において韓国から、安全保障の権限や外交権を奪い、一九一〇年には、韓国併合条約を強制し、日本に併合してしまった。次章では、この韓国併合条約に対する内村鑑三、植村正久そして海老名弾正の対応を検討することにする。

注

（1）武邦保「ユニテリアン雑誌としての側面から」同志社大学人文科学研究所編『『六合雑誌』の研究』所収（教文館、一九八四年）、九七頁。
（2）木下尚江『火の柱』（岩波文庫、一九九三年）、二〇三頁。
（3）内村の斎藤宗次郎に対する答えについては、斎藤宗次郎『花巻非戦論事件における内村鑑三先生の教訓』（牧歌社、一九五七年）、三六頁を参照。また山本泰次郎『内村鑑三とひとりの弟子』（教文館、一九八一年）の「Ⅱ―第11章　花巻非戦論事件」を参照のこと。
（4）役重善洋『近代日本の植民地主義とジェンタイル・シオニズム――内村鑑三・矢内原忠雄・中田重治におけるナショナリズムと世界認識』（インパクト出版会、二〇一八年）、一五四頁。
（5）關岡一成『海老名弾正――その生涯と思想』（教文館、二〇一五年）、二八〇頁。
（6）同書、二九九頁。なお石川三四郎は、一九〇七年の「筆禍事件」で入獄してからキリスト教を棄教している。木下尚江は受洗して一〇年間本郷教会に留まっている。大杉は、イエスを神としない海老名の教えを聞き、科学と宗教が矛盾しないと考えたことで一九〇二年に海老名から洗礼を受けているが、本郷教会には短期間しか留まらず後に唯物論を受け容れ、信仰を棄てている（關岡一成『吉野作造と海老名弾正――吉野が「海老名門下のクリスチャン」とされる理由』、四七頁）。なお吉野作造と本郷教会に移って来た内ケ崎作三郎は、一九一二年にユニテリアン教会に移っている。また本郷教会の有力な会員であった小山東助も同様である。
（7）關岡一成、前掲書、一二六頁。当時の本郷教会の信仰の実態が推測できるようである。

第一〇章　韓国併合

第一節　内村鑑三と韓国併合

内村は、一九一〇年八月二二日に締結された韓国併合条約に批判的であった。彼は、条約締結後に『聖書之研究』（一二三号、九月一〇日発行）に「領土と霊魂」を寄稿し、以下のように述べている。それは韓国民の立場に立って、彼らの憤慨を代弁したものであった。

国を獲たりとて喜ぶ民あり、国を失いたりとて悲しむ民あり、然れども喜ぶ者は一時にして、悲しむ者も一時なり、久しからずして二者同じく主の台前に立たん、而してその身に在りて為せし所に循《よ》りてさばかれん、人、若し全世界を獲《え》るともその霊魂を喪《うしな》わば何の益あらんや、若し我領土膨張して全世界を含有するに至るも我霊魂を失はば我は如何にせん、嗚呼我は、如何にせん。（『内村鑑三全集』⑰―三三二）

内村には、「平民主義」の立場を韓国に拡大し、国家の喪失に対する韓国民の悲嘆や叫びに耳を傾ける共感力があった。その立場にたっての、内村の言葉である。

なお韓国併合に関するメソジスト教会の『護教』（八月二三日）に掲載された「韓国合併後における日本の責任」、『福音新報』に寄稿された「大日本の朝鮮」、そして組合系の雑誌『基督教世界』の「韓国合併と韓人伝道」は、論調に相違あるといえども、基本的に等しく韓国併合を歓迎し、日本の責任を強調すると同時に、韓国民の日本への同化を勧めるものである（『内村鑑三目録』⑧—一六九～一七三）。こうして見れば、内村の論調がいかに当時のキリスト教会の見解と異なった勇気ある発言であったかがわかる。

新堀邦司は、内村の「韓国併合」批判の背景には、朝鮮の独立運動の推進者で、一九〇六年に来日して内村の聖書講義に熱心に出席していた金貞植《キムジョンシク》の存在があることを指摘している。(1) また金貞植の影響により、金教臣《キムギョシン》、宋斗用《ソンドゥヨン》が内村の聖書講義を受けるようになった。彼らは、朝鮮独立論者であった。(2)

第二節　植村正久と韓国併合

植村正久は、内村鑑三とは異なり、一九一〇年の韓国併合を支持した。彼は一九一〇年九月一日の『福音新報』に「大日本の朝鮮」を寄稿し、以下のように述べている。

韓国は遂に帝国の版図に併合せられたり。旭日《きょくじつ》の旗章輝きて、鶏林《けいりん》の朝真実鮮かなれかしとは、吾人の心に祝い粛《つつし》みて神に祈るところなり。（『植村正久著作集』②—二五五）

植村が、日本の韓国統治の権利を神を持ち出して正当化していることは、もともと朝鮮独立が植村の主張の中に希薄であったことの表れである。彼は韓国併合の権利について次のように述べている。

日本は先に東洋の平和を永遠に維持し、帝国の安全を将来に保障するの必要なるを念《おも》い、また常に韓国が禍乱の淵源たるに顧みて韓国をその保護の下に置きしが、この目的を貫徹せんがために、更に進んで、今回の併合を決行するに至れり。ただ帝国自己の存在を安全にし、禍乱を根絶し、東洋の平和を維持するのに必要なるがためのみならず、日本は彼の半島を開発し、その人民を誘掖《ゆうえき》し、東洋の進歩に貢献し、広く人道を世界に興起せしむるべき天職を帯び、この大任を負担するに最もよく適当せる、すなわち既に神より『先祖たちに』朝鮮国を『与えられた』ものなるがゆえに、これを併合する権利有り。（同、②―二五六、傍線部引用者）

更に植村は、日本は韓国に対して「神によって定められし国民的親権者」であり、併合は日本の神権の行使であるとまで言い切っている。そこには、自らの祖国を失った韓国民の悲嘆や叫びは植村からは伝わってこない。植村の藩閥政府や明治政府に対する自由民権の主張は、国境を超えて朝鮮半島にまで広がることはなかった。基本的に内は「民権」、外に対しては「国権」の主張であり、その主張が文明の進歩というイデオロギーによって正当化されているのである。

第三節　海老名弾正と韓国併合

海老名は、一九〇四年七月に「朝鮮民族の運命を観じて日韓合同説を奨説す」を『新人』（五巻七号）に寄稿して、韓国併合の正当性を力説していた。この論稿に特徴的なことは、日本と韓国を同一民族とみなしていることである。彼は、「日韓民族は、同一種の民族である。同一民族の民族が合同するは、世界の常例なり」と述べている。そして彼は韓国併合を、明治維新によって幕藩体制が壊されて、「日本三百の諸藩は合同して今日の一大帝国を形成したり」として、統一国家が形成されたことにたとえている。そして彼は、「朝鮮民族を事大主義の国家に幽閉するは、豈に民族それ自身の本意ならんや。故にこの民族を日本人と同化せしめ、帝国の臣民とするは、すなわちこれを救うの道というべし」（『新人』⑤―七―四）と述べて、韓国併合が韓国の日本への同化によって実現されると説く。

更に海老名は、一九一〇年九月『新人』（一一巻九号）に、「日韓併合を祝す」と題して寄稿し、次のように述べている。

吾人は初に朝鮮の独立を希望し、次に日韓の合併を主張したるが、不日愈々日韓合併の発表をみるに至らんは、吾人の宿望を達したるものにて、謳歌せざらんとするも得んや。吾人は日本人の為にもこの合併を祝するのみならず、又韓人のためにも祝するなり、独り日韓人の為に祝するのみならず、神国発展の為に祝せずんばあらず。（『新人』⑪―九―六九）

また彼は、韓国併合は日本側からの一方的強制ではなく、韓国側からの提案があったからだと主張する。

当時、吾人は、韓国の合併すべき国正しく日本国たるを論じたり、然るに今日となりては、獨り日本よりこれを要求したるのみならず、又韓国側より請求するに至りたるは、時期の到来とはいえ、真に日韓人のために祝せざるを得ざるなり。（同、⑪―九―六九）

海老名は、奴隷根性を抱き、独立国家を形成しえなかった韓国は、韓国併合を通して、死して偉大なる国民に復活しうるのであり、日本もまた韓国併合によって、他国民を併合することによって、偉大なる国民となることができるのであると主張する（『新人』⑪―九―七〇）。

海老名は、朝鮮人を日本の国体に同化させるために、まずもってキリスト教による同化を試みた。その心髄は海老名の言う「神の子」たる意識である。海老名は「日鮮人の根本的融合」を『新人』に寄稿し、以下のように述べている。

基督教は日鮮民族を根本的に融合せしめその血脈に於て同一人種たる事実を実現せしむること断じて難事ではない。血脈より熱烈なるは同一の霊である。是や半島の民族をして神の子たる真面目を自覚せしめるものにて、その潜在力を著しき発揮する所以である。日鮮人の根本的融合は正しくこの霊能に由るより外はないのである。（同、⑮―一〇―八）

こうした海老名弾正の韓国併合論に対して、海老名弾正の信仰的影響を受けた吉野作造は反対であった。本郷教会にあって吉野は、海老名弾正を支え続けたが、植民地問題や朝鮮問題に関しては、立場は異なっていた。また組合教会内部で、韓国併合に反対であった人物には、吉野作造以外に、「上毛教界月報」の主筆柏木義円、そして湯浅治郎（一八五〇～一九三二）がいた。柏木は安中教会で海老名から受洗し、後に安中教会の牧師となった人物であり、湯浅は、新島襄の感化を受けてキリスト者になり、海老名が神学生時代に指導した安中教会の代表的信徒で資産家である。海老名と親しい人々が、海老名の韓国併合論、そして後に述べる朝鮮伝道論に異議を唱えた。

第四節　組合教会と朝鮮伝道

一九一〇年八月に韓国併合条約が調印された後、組合教会総会が一〇月一日から五日まで神戸で開催され、朝鮮伝道が決議され、組合教会理事の一人で、神戸教会の牧師をしていた渡瀬常吉が、朝鮮伝道の主任に選ばれた。彼は、以前は大日本海外教育会の京城学長として八年間朝鮮に滞在していた実績があった[3]。組合教会の朝鮮伝道の問題点は、第一に、朝鮮に住む日本人に対する伝道ではなく、朝鮮人を対象としたこと、第二に福音を宣教するという目的以外に、朝鮮民族を日本に同化させるという政治的目的を持っていたこと、第三に政府の機密費を用いて伝道がなされたことである。そこには朝鮮総督府が外国の宣教師によって設立された教会が反日運動の拠点となっていることを憂慮し、組合教会を利用して日本への同化を推進する事情があった。

海老名は、併合条約の数か月前に第一回の朝鮮訪問をしていたが、一九一一年六月二〇日から七月二三日に第二回目の訪朝、一九一四年六～七月に第三回目の訪朝を行っている。この度重なる朝鮮訪問によって、海老名が朝鮮伝道にいかに熱心であったかがわかる。

この組合教会の朝鮮伝道は、純粋な福音宣教というよりは、韓国民を日本に同化させるという目的もあったので、組合教会の柏木義円、湯浅治郎、吉野作造は反対した。

組合教会の「朝鮮伝道」は、一九一九年三月一日におきた「三・一独立運動」によって挫折するに至る。この事件を契機として、組合教会は一九二一年には朝鮮伝道部を廃止し、朝鮮会衆派教会を成立させ、朝鮮から撤退している。朝鮮伝道の結果は、一九一二年に三五教会、一七五八名の信者、一九一九年には一五〇教会、一万四三八七名、一九二〇年には一四三教会、一万四九五一名であった[4]。

塩野和夫は「日本組合基督教会史」の中で、「朝鮮人伝道は組合教会が日本の国策に全面的に協力し、日本の近代史に教会活動が位置付けられた典型的事例である[5]」と批判している。

なお、組合教会内部で、組合教会の朝鮮伝道に反対した。柏木義円は、『上毛教界月報』において朝鮮伝道が純粋な福音宣教ではなく、朝鮮人を同化させる国策にそったものであることを指摘し、この伝道に対して国家の機密費が使用されていることを批判している[6]。

組合教会の朝鮮伝道について金文吉は、以下のように述べている。

同化政策のため寺内内閣はキリスト教を利用しようと考えた。また総督府の機密費から年額六〇〇〇円を匿名寄付し、日本人の手で朝鮮伝道を行わせるという案を基督教の植村正久にもちかけたが、断られたため、次に海老名弾正にもちかけた。海老名は、これを快諾し、年額六〇〇〇円の寄付は、一九二一年まで継続された[7]。

一九一四年一〇月八日の『基督教世界』（組合教会系の雑誌）においては、朝鮮伝道のための募金に応じた有力者の名前が記されている。

この募金につき有力なる声援を与えたるは、寺内伯、大隈伯及び渋沢男なりき。寺内伯は、在京の石切にて東京有数の事業家招待客に於て我々組合教会の朝鮮伝道に多大の賛成を現わし、有力家の援助すべきことを陳べられたるものにて、確かに大なる声援なりしと認む。また渋沢男は、此招待会において寺内伯の演説に賛成したるのみならず、多くの招待状を認め、又は自ら書面を以て他人を誘導して此募金の為尽力せられたるは、有力なる声援を与えたるものにて、岩崎、三井、古川《ママ》諸氏の義挙に関係あり。(8)

まさに朝鮮総督の武断政治家の寺内総督（在位一九一〇〜一九一六）や、三井財閥、三菱財閥、更には足尾鉱毒事件の加害者である古河財閥が朝鮮伝道の募金に協力しているところに、「天皇制国家の膨張政策と積極的に結びついていた」朝鮮伝道の問題点が示されている。(9)

第五節　三教合同

このように、韓国併合以降、政府がキリスト教会を国体に反するものとして排撃するのではなく、国体の発展や植民地政策のために利用するという傾向が強くみられるようになった。一九一二年二月二五日に原敬内務大臣は、神道から一三名、仏教から五一名、キリスト教から七名を招待して、国民道徳の復興について協力をお願いする、いわゆる「三教合同」の会議が華族会館で行われ、以下のような決議が行われた。

我等は各教義を発揮し、皇運を扶翼し、国民道徳の振興を計らんことを期す。
我等は当局者が宗教を尊重し、政治宗教及び教育に和し、国運の振興に資せられん事を望む。(10)

ちなみに出席したキリスト教指導者は、日本メソジスト教会の本多庸一、組合教会の宮川経輝、バプテスト教会の千葉勇五郎（一八七〇〜一九四六）、聖公会の元田作之進（一八六二〜一九二八）、基督教会の井深梶之助、カトリック教会の本城昌平、正教会の石川喜三郎であった。

こうした政府の方針に対してキリスト教会内部では、キリスト教が仏教や神道と平等に扱われたことを喜び、歓迎する風潮が強かった。キリスト教が明治政府から公式にその存在を認められたことで、キリスト教会では明治政府に協力しようという機運が生じたのである。隅谷三喜男は、「三教合同」に関して、明治政府と敵対関係にあったキリスト教会が政治権力と妥協し、協力していく転換点であったと述べている。(11)

しかし、こうした権力への接近に危機感を抱く人々もいた。内村鑑三や植村正久そして柏木義円がそうである。

内村鑑三は、一九一三年に、次のように三教合同を揶揄している。

日本国に於て孔雀と鶴と鸚鵡との羽が綴合されて新たに麗鳥が世に現はれし乎の観があった。其時に於て我等キリストの福音に縋《すが》る者の如きは狭隘の故を以て笑われた。耶に非ず仏に非ず神道の固陋を破て世界に向て膨張せし者、是れが政治家の手腕に由て日本人に提供せられし新宗教であった。然れども其運命は如何。一年後の今日何人が三教合同を口にする乎。三教合同は一時の遊戯に過ぎなかった。麗鳥と思われしは実は怪鳥であった。鵺族《ぬえぞく》の一種であった。蜉蝣《かげろう》の如きものであった。今日生まれて今日消えて了った。(12)

そして組合教会ではまさに例外的に柏木義円は、『上毛教界月報』(一六〇号)で、「政府の所謂宗教利用」と題し、三教合同を「宗教を単に知術の具とし、之を利用する程世道人心に深害なるはなく、宗教其物を腐敗せしむる」ものと、政治と宗教の癒着を批判したのである。(13)

柏木義円は、天皇国家や国家神道の本質を見抜き、対決した稀有のキリスト者であった。彼は、一九一二年七月一六日の日記において国家神道の実現を目指す国体イデオロギーを批判して、「我国の倫理教育は砂上に建てられて居るにあらずや。人間なる天皇を神の地位に居らしめる其勅語を以て倫理の基礎と為す、これ砂上の家にあらずや。我日本帝国の基礎また砂上にあらずや」と慨嘆している。(14)

三教合同によって、宗教を国体の栄華の手段にしようとしていた当局の目的は、当時仏教、神道、キリスト教を教育勅語の精神を中心に統一することを目指していた井上哲次郎の所感(『六合雑誌』一九一二年六月一日)に余すところなく示されている。それは、キリスト教そのものの変質の危険性である。

過日神仏耶三教徒が会し我が皇運を扶翼する事を協議したのは、我国宗教が応て統一せらるる傾向の第一歩で、彼が教育勅語の圏内に入って来た徴候である。現今各宗教の趨勢を見るに、何れも漸次衰滅の状況にあるが、之は宗教が滅ぶるのではなく、其形骸が変わって行くので精神は永遠に残っていく。(『六合雑誌』377―四九)

三教合同のような政府の懐柔策と宗教利用は、内村が楽観的に言うように、一時的に消えて行ったのではなく、断続的に続き、一九三九年の宗教団体法案の成立により、キリスト教会が完全に国家の総動員体制に繰り込まれることによって実現することとなる。

以上、韓国併合と朝鮮伝道、そして三教合同に対する内村鑑三、植村正久、そして海老名弾正の態度の相違を見て来た。植村と海老名が韓国併合を承認したのに対して、内村鑑三は徹底して反対した。また組合教会の朝鮮伝道に対しては海老名が積極的であったのに対して、内村と植村は、政府の金銭に支えられた朝鮮伝道に反対であった。同様に三教合同に関して、海老名は積極的であったのに対して、内村と植村は反対であった。内村と植村に共通していることは、政治と宗教を分離し、宗教が政治に利用されることに対して絶えず目を醒まして警戒することであった。海老名弾正と熊本バンドの人々には、柏木義円、吉野作造そして湯浅治郎を除けば権力に対する緊張感や距離観が希薄なのである。

注

(1) 新堀邦司『金教臣の信仰と抵抗』(新教出版社、二〇〇四年)、七頁。飯沼次郎は、『天皇制とキリスト者』(日本基督教団出版局、一九九一年)の中で、「金とのつきあいは、内村の朝鮮観を一変せしめ、朝鮮人に対する深い理解をもたらした」(一六七頁)と述べている。

（2）石原兵衛は、金教臣について、「氏は、民族的な苦悩を全身で受け止め、苦難の中の同胞を最後まで愛し、これに真正の独立と救いを与えるため、まず自分の身体を神に捧げて、神の聖書を同胞に与えようと決心したのである」と述べている。新堀邦司、前掲書、二二四頁。金貞植に関しては、『内村鑑三全集』（月報三四、「内村と韓国」）、二〜三頁参照。
（3）關岡一成『海老名弾正――その生涯と思想』（教文館、二〇一五年）、三二四頁。
（4）同志社大学人文科学研究所編『日本プロテスタント諸教派史の研究』（教文館、一九九七年）、一三四頁。
（5）同書、一三六頁。また徐正敏は「植民地化と基督教」の中で、「組合教会の『朝鮮伝道』は、日本の植民地経営に積極的に協力し、日本の基督教の国家に対する適応と日本社会のキリスト教に対する再認識を目的とするプログラムの一つであった」と述べ、「朝鮮伝道論」は、政治家や軍人たちが行った武力侵攻によって生じる動揺をなくし、宗教的強化によって植民地の人々の心を統治しようとする侵略政策に過ぎないと批判している（キリスト教史学会『植民地化・デモクラシー・再臨運動』（教文館、二〇一四年）、五〇頁）。組合教会の朝鮮伝道の問題点については、松尾尊兊「日本組合教会の朝鮮伝道――日本プロテスタントと朝鮮」（『思想』一九六八年七月号、№５２９）を参照。
（6）松尾尊兊、前掲書、一三五頁。また片野真佐子『孤憤のひと柏木義円――天皇制とキリスト教』（新教出版社、一九九三年）、一九八〜二二五頁を参照のこと。
（7）金文吉『近代日本基督教と朝鮮――海老名弾正の思想と行動』（明石書店、一九九八年）、一二八頁。
（8）同書、一四一頁。
（9）同書、一二四頁。
（10）山本秀煌『日本基督教会史』、三九一頁。
（11）『近代日本とキリスト教――明治篇』、三三七頁。
（12）同書、三三七〜三三八頁。三教合同を支持した本多庸一の立場については、氣賀健生『本多庸一――信仰と生涯』二四二〜二四六頁を参照。
（13）キリスト教史学会編『植民地・デモクラシー・再臨運動』（教文館、二〇一四年）、二二一〜二二三頁。また片野真佐子『柏木義円――徹底して弱さの上に立つ』（ミネルヴァ書房、二〇二三年）、一〇九頁、武田清子「内村鑑三と柏木義円」（『内村鑑三研究』二九号）、一五五〜一六二頁を参照のこと。
（14）飯沼二郎・片野真佐子編『柏木義円日記』（行路社、一九九八年）、一二四頁。

第一一章　大逆事件の衝撃

第一節　大逆事件と内村鑑三

Ⅰ　大逆事件とは

一九〇八年六月に「赤旗事件」（無政府共産などと書かれた赤旗を翻し、革命歌を謳った社会主義者に対する弾圧事件）が起こり、西園寺内閣が社会主義者に対する取り締まりが甘いとして、第二次桂内閣が組閣され、社会主義者や無政府主義者に対する監視、弾圧が強化された。そうした状況の中で大逆事件が起きたのである。

内村は、万朝報時代に足尾鉱毒事件で幸徳秋水と行動を共にしていたので、一九一〇年の大逆事件には並々ならぬ関心を懐いていた。一九一〇年五月二五日に、菅野スガ（一八八一～一九一一）、宮下大吉、新村忠雄、古河力作といった社会主義者四名による明治天皇暗殺計画が発覚した。彼らは、「天子も我々と同じく血の出る人間であるということを示し、国民の迷信を破らねばならぬ」という信念を持っていた。政府はこの四名のみならず、この未遂事件に関係のない幸徳秋水をはじめとする社会主義者や無政府主義者を逮捕した。適用された法律は刑法第七三条の大逆罪であり、そこには、「天皇、天皇太后、皇太后、皇后、皇太子又は皇太孫ニ対シ危害ヲ加ヘ又は加ヘントシタル者ハ死刑ニ処ス」とある。逮捕された二四名が一九一一年一月一八日に死刑を宣告されたが、そのうち一二名は天皇の恩赦によって無期懲役に減刑され、残りの一二名の内、一月二四日に、幸徳秋水、大石誠之助（一八六七〜一九一一）はじめ一一人が、また一月二五日に首謀者の菅野スガが処刑された。菅野スガは一九〇七年荒畑寒村（一八八七〜一九八一）と結婚していたが、その後幸徳秋水と同棲関係にあった。減刑された一二名のうち五人は特赦無期刑で獄死し、七人は仮出獄することができた。当時、「赤旗事件」で大杉栄、荒畑寒村、堺利彦、山川均（一八八〇〜一九五八）は獄中にいたので、この事件への関与はなかった。堺利彦は、荼毘に付された死刑囚の遺骨を遺族に渡す役割をしている。

Ⅱ　内村鑑三と幸徳秋水

内村は、幸徳が一九〇一年に『廿世紀之怪物　帝国主義』を書いた時に、『万朝報』（一九〇一年、四月一六日）に「『帝国主義』に序す」を寄稿している。この段階においては、内村は同じ『万朝報』の社員でもあるということもあり、幸徳に対して親近感を抱いていた。

友人幸徳秋水君の『帝国主義』成る、君が少壮の身を以って、今日の文壇に一旗幟を揚るは人の能く知る処なり、君は基督信者ならざるに世の所謂愛国心なるものを憎むこと甚しく、君は嘗て自由国に遊びしことなきも真面目なる社会主義者なり。余は君の如き士を友として有つを名誉とし、ここに此独創的著述を世に紹介するの栄誉に与りしを謝す。（『内村鑑三全集』⑨―一一八）

幸徳秋水の『帝国主義』は、内村鑑三の帝国主義批判に影響を及ぼしていた。内村は、モーセの十戒第六条の「汝殺すなかれ」の注解において、資本主義批判を展開している。

現時世界の視聴を集めつつあるものは労働問題である。余輩はもちろんこの問題に関するしろうとである。しかしながらここに一時の明確なるものがある。今日に致るまで資本家又は工業主にして罪なき男女工の生命を奪いしもの幾許ぞ。……たとえば紡績工場又は刃物製造工場のごとき、綿もしくは砥石の粉末四方に飛散して、さかんに職工の肺臓中に侵入し、数年の後多く之を倒すに至る。かくのごとくにして幾多の青年男女の生命が、企業家のために犠牲に供せられつつあるかを知らない。あるいは先年のわが国における鉱毒事件ごとき、またその一例である。渡良瀬川沿岸の地一帯は、鉱毒の侵す所となりて、その害を飲食物に及ぼし、ために幾万の民を痩せしめ、嬰児は母乳を吸うにあたわずしてその死亡率激増したのである。一人の資本家が自家のふところを肥やさんと欲して数万の民を殺しつつある。多くの工場主が尊き生命を犠牲にしてその工場の繁栄を計りつつある。これあに明白なる殺人罪ではないか。だれか知らん、最後審判の日、主の前に引かれてこの重き罪に問わるるもの今日のりっぱなる紳士ならざらんことを。(『内村鑑三聖書注解全集』②—一四二〜一四三)

内村は、幸徳秋水の『廿世紀の怪物 帝国主義』を読んでいたこともあり、日露戦争が勃発した後の一九〇四年八月三一日にベル宛て書簡において、「われわれは帝国主義を心の底からきらいます。そして日々、その終わらんことと、それに伴う戦争もまた終わらんことを祈っています」(『内村鑑三日記書簡全集』⑥—八七)と書き記している。

Ⅲ　内村鑑三と徳富蘆花

幸徳死刑の八日後の二月一日、熊本バンド出身で、徳富蘇峰の弟である徳富蘆花(一八六八〜一九二七)は、新渡戸稲造が校長をしていた第一高等学校で「謀反論」と題して講演し、大逆事件に対する当局の弾圧を批判し、「謀反を恐れてはならない」と強調した。徳富蘆花は、当時『不如帰』(一九〇一年)、『思い出の記』(一九〇二年)などで、青年たちに多大な影響を及ぼしていた。

蘆花は、一九一一年一月二一日に、時の首相桂太郎の側近で兄の徳富蘇峰に一二名の助命を願う手紙を書いている。また一月二五日の朝蘆花は、「天皇陛下に願ひ奉る」という直訴状を書き、それを東京朝日新聞主筆の池辺三山に送っている(1)。しかしまさにこの日に、幸徳秋水以下一二名が処刑されたのである。

徳富蘆花は「謀反論」の中で、一二人のいのちを奪った政府を次のように批判する。無政府主義よりも、政府の強権的抑圧が問題であるという指摘である。

彼らは、有為の志士である。自由平等の新天新地を夢見、身を捧げて人類のために尽さんとする志士である。その行為はたとえ狂に近いとも、その志は憐れむべきではないか。彼らはもと社会主義者たちであった。富の分配の不平等に社会の欠陥を見て、生産機関の公有を主張した社会主義が何が恐い？　世界のどこにでもある。しかるに狭量神経質の政府は、ひどく気にさえ出して、ことに社会主義者が日露戦争に非戦論を唱うるとにわかに圧迫を強くし、足尾銅山から赤旗事件となって、官憲と社会主義者はとうとう犬猿の間となってしまった。諸君、最上の帽子は頭にのっていることを忘するる様な帽子である。最上の政府は存在を忘れらるる様な政府である。帽子は上にいるつもりであまり頭を押つけてはいけぬ、我らの政府は重いか軽いか分からぬが、幸徳君らの頭にひどく重く感ぜられて、とうとう彼らは無政府主義者になってしもうた。(2)

帽子とは、政治権力であり、それが抑圧的であれば反動として無政府主義を生み出すという批判である。蘆花は、「謀反論」の中で、「天皇陛下を慕っている」と天皇に対する親愛の念を表明しているので、処刑に対する批判も、天皇ではなく、山縣有朋や桂太郎といった政治家に向けられた。

しかしながら当局者はよく記憶せなければならぬ。強制的の一致は自由を殺す。自由を殺すはすなわち生命を殺すのである。今度の事件でも彼らは始終皇室のため国家のためと思ったであろう。しかしながらその結果は皇室に禍し、無政府主義者を殺し得ずしてかえって夥しい騒擾の種子を蒔いた(3)

内村は蘆花のこの演説を新聞で読み、蘆花に「バンザイ」という電報を送っている（『内村鑑三目録』⑧―二〇〇）。

これは、内村が蘆花の演説に共鳴していたことの証左であろう。蘆花が日露戦争後に、非戦論に転向したことも、内村にシンパシーを与えていた。ただ蘆花のこの演説は一高の校長だった新渡戸稲造の進退問題にまで発展した。天下の第一高等学校で、反逆を勧めるような演説を許したという監督責任を問われたのである。第一高等学校生河合栄治郎（一八九一～一九四四）や矢内原忠雄（一八九三～一九六一）もこの演説を感銘を持って聞いていた。

内村鑑三と徳富蘆花との関係は、古くて新しい。一九二四年徳富蘆花は『朝日新聞』に「私と平和」を書き、その中で内村鑑三の名前をあげ、「凛々しい信仰で遠くから私に力づけて下さった内村鑑三先生」と呼び、内村はこれを読んで、「此世で受けた最大の名誉」と喜んでいる（『内村鑑三目録』⑪―三五七）。

内村鑑三は大逆事件で幸徳秋水を弁護した今村力三郎（一八六六～一九五四）を尊敬していた。今村は、足尾鉱毒事件での弁護もしており、田中正造を介して幸徳秋水を知るようになった。内村は一九二五年八月一三日に軽井沢の星野温泉で今村力三郎夫妻と会談した。星野嘉助はその後、内村が語ったこととして、次のように書いている。

先生は、この間来た今村力三郎という人は伊那の出身で、よく勉強し弁護士になった人で、官選弁護士といって、誰でもいやがるのを引き受けて、幸徳秋水を懸命に弁護した立派な人だよ、今の時代に大逆事件と取組んで、堂々と弁護するということは、とても勇気がなければ出来ないことだよ……と言われました。(4)

内村は、一九一一年二月一七日にメキシコにいる布施常松に宛てた書簡の中で、「当国未だに社会主義者の取締、最も厳密に有之候。諸君の御地に於て広き自由の天知に逍遥せらるるを遥かに御羨み申上候」（『内村鑑三日記書簡全集』⑥―二八五）と、社会主義者に対する当時の厳しい取り締まりの状況を報告している。

Ⅳ　虎ノ門事件

大逆事件から一二年後、一九二三年一二月二七日、難波大助（一八九九～一九二四）による摂政宮（皇太子裕仁親王）

狙撃事件が発生する。この事件は内村に衝撃を与えた。彼は、一九二三年の日記において、「この日、恐ろしい事件が東京に起こった。これで今年は第三回である。第一が有島事件、第二が大震火災、第三が今日のこの事件である。日本国のために熱心に祈らざるをえない」（同、②―一九一）と述べている。

内村には一八九一年の「不敬事件」において、不忠な輩として、国家や日本国民によって罵倒され、迫害された経験があり、この「虎ノ門事件」には彼の過去の思いが吐露されている。一二月二九日の内村の日記には、以下のように記されている。

今や大不敬事件が発生して今昔の感に堪えない。余も今より三十四年前に、日本全国民より不敬漢として取り扱われた者である。そうして今や本当の不敬漢が、キリスト信者の中よりあらずして、普通の日本人の中より顕れて、キリスト教は乱臣、賊子の宗教であるとの誤想ここに一掃されたのである。まことに日本国を危うくするものは決してキリスト教ではない。三十年前のいわゆる『忠君愛国者』らは、ここにその前非を悔いなければならない。（同、②―三九二）

内村は、大逆事件で示した共感を、虎ノ門事件に対しては示していない。ただ鈴木範久は「三四年前「不敬漢」扱いを受けた内村には胸の轟きが止まぬほどの衝撃を与えている」（『内村鑑三目録』⑪―三〇六）と述べている。ちなみに徳富蘆花は、一九二四年一〇月四日に難波大助に対しても死刑の免除を願っている。彼は死刑廃止論者であった。

柏木義円は『上毛教界月報』において、「内村鑑三先生と徳富蘆花君」を寄稿し、徳富蘆花が一高で「謀反論」を講演したこと、また孝徳の助命のために「天皇に願い奉る」や「桂侯爵に上る」という手紙を送ったこと、また難波大助の助命の嘆願書を書いたことを、「いのちを賭けた勇気ある行為」として称賛している。（『上毛教界月報』㊳―五）

第二節　大逆事件と植村正久

植村正久は、大逆事件で死刑に処せられた大石誠之助の葬儀を、彼が牧会する富士見町教会で行っているが、これは大きな決断であった。大石誠之助は、処刑を執行された一二名のうちの一人であった。(5) 大石は、一八八四年に同志社英学校で学び始め、その後大阪西教会で、大阪女学院の創設者である宣教師のA・D・ヘール（一八四四〜一九二三）から洗礼を受けた。彼は、医者となったが、堺利彦、幸徳秋水の『平民新聞』を愛読し、日露戦争では、非戦論を展開した。彼は証拠不十分であるにもかかわらず、幸徳秋水との事件の共謀を疑われ、一九一〇年六月に起訴され、一九一〇年一月二四日処刑された。植村は大石とは一面識もなかったが、一月二八日に葬儀を執り行った。当時大逆罪で処刑された者の葬儀は許されなかったが、植村は当局の意向に逆らって、「大石誠之助氏遺族慰安会」という名のもとに葬儀を行った。一二名の処刑された人々の中で、葬儀がおこなわれたのは、大石だけである。幸徳秋水の死骸を受けとったのは、堺利彦、石川三四郎、大杉栄たちであり、茶毘に附せられ、故郷の高知中村の正福寺に埋葬された。

植村が葬儀を行った理由の一つとして、富士見町教会で植村正久の信仰の指導を受けた鵜沢總明《うざわふさあき》（一八七二〜一九五五）が、大石誠之助の弁護をしていたことがある。

石川正俊は、植村正久と鵜沢總明との関係について、「總明が植村の番町教会【後の富士町教会】の転入したのは明治三一年であるが、以後大正四年、彼が死去するまで、植村はつねに總明の心の師であった。死後もなおおおきな感化を与えているというべきであろう(6)」と述べている。

鵜沢は、東大独法を卒業し、人権擁護派の弁護士として活動すると同時に、一九〇八年から一九一四年まで衆議院議員を務め、一九二八年から一九三七年まで貴族院議員として活動し、極東国際軍事裁判においては日本側の弁護団長をつとめた人物である。彼は、一九一〇年大逆事件をはじめ三つの大逆事件の弁護を行なっている。(7)

また植村の妻の季野《すえの》は紀州・南部村出身で、兄が大石の長兄の余平の影響でクリスチャンになったという経緯があった。

雨宮栄一は、この時の植村について、「この世の権力を恐れることなく、『大逆事件』で死刑に処せられ、世間から非難轟轟のうちに孤立無援にいる者たちへ、心を寄せる牧師・植村正久」と述べている(8)。葬儀では、植村は、トマス・アケンピスの『基督の模倣』を大石に勧めた所、自分は今修道院に居るようなものだから、この書で益を得たという返事があったことを紹介し、イエスと共に十字架にかけられた盗賊へのイエスの祝福を語り、国法で処刑された時のイエスの七つのことばによって遺族が慰められることを望むと語った(『福音新報』、一九一一年二月二日)。植村のメッセージの後に、ルカの福音書二三章の「汝今日我と共に楽園に在るべし」が読まれている。なお大石の妻栄は後に信仰を持って洗礼を受け、植村の牧する富士見町教会の伝道師になっている(9)。

なおこの葬儀には、多数の警察官が戸外に控えており、会が終わるや、一人の警察官が植村に面会を求めたという。植村は大石誠之助の葬儀を挙行することを通して、反権力の立場を示したといえる。同時に植村には、末弟の甲子次郎が謀殺罪で一八八八年に死刑に処せられた過去があった。植村は、大石誠之郎の処刑に対して他人事とは思えなかったのではないだろうか。

鵜沢總明が刑事訴追された被告に対して支援したことは、これだけではない。一九一二年に独立運動を計画した一〇五名の朝鮮人が逮捕され、その内五名が六年間の懲役、一名が五年間の懲役にせられた。この裁判で被告を弁護したのが、鵜沢總明である。一〇五名の検挙者が出たが、有罪判決を受けたのが六名であったのは、鵜沢の見事な弁護によるものであった(10)。

第三節　大逆事件の影響——石川啄木と森鴎外

大逆事件の影響はすさまじいものがあった。すでに述べた徳富蘆花の「謀反論」は当時の青年たちに多大な影響を及ぼした。また石川啄木(一八八六〜一九一二)は、一九一〇年六月の日記で「六月—幸徳秋水等陰謀事件発覚し、予の思想に一大変革ありたり。これよりボツボツ社会主義に関する書籍雑誌を聚《あつ》む(11)」と述べ、大逆事件を契機として、社会主義を目指すことを宣言している。そして彼は、大逆事件以降に発表した評論『時代閉塞の現状』において「強権」（絶対主義的な天皇制）に対する戦いを宣言するのである。啄木は、『明星』からの友人で、「大逆事件」の特別弁護人を務めた平出修（一八七八〜一九一四）の自宅で大逆事件の訴訟記録を閲覧している。

大逆事件に衝撃を受けたもう一人の人物を紹介しよう。森鴎外である。鴎外（一八六二〜一九二二）は、和歌の研究会の「常盤会」で山県有朋と懇意であり、一九〇七年に陸軍軍医総監、陸軍省医務局長という陸運軍医の最高の地位にあった。また鴎外は、自宅で開く和歌の歌会の「観潮楼歌会」で石川啄木や北原白秋、そして大逆事件の特別弁護人を務めるようになる平出修とも懇意であった。鴎外は、社会主義や無政府主義思想に詳しいこともあり、山県有朋から危険思想に対する対処を求められ、一九一二年に「かのように」の短編を発表している。この短編で、鴎外の分身として五条子爵の息子秀麿が登場する。秀麿は、絶対的な価値は存在しないという立場に依拠しつつも、社会が無秩序にならないためには、伝統的な慣習があたかも絶対的な真理である「かのように」振舞うしかないと考えた。これは、ドイツの哲学者ハンス・ファイヒンガー（Hans Vaihinger、一八五二〜一九三三）の「かのようにの哲学」（Die Philosophie des Als Ob）の影響によるものである。日本の国体は、「天孫降臨」や「万世一系の天皇」という古代の記紀神話（古事記と日本書紀）に立脚している。秀麿は、それが歴史的事実ではなく神話であることを知りつつも、あたかも事実であるかのように振舞う。鴎外は、この点について以下のように述べている。

秀麿が為には、神話が歴史ではないと云うことを言明することは、良心の命じる所である。それを言明しても、果物が堅実な核を蔵しているように、神話の包んでいる重要な物は、保護して行かれると思っている。彼を承認して置いて、此れを維持して行くのが、学者の務だと云うばかりでなく、人間の務めだと思っている。(12)

これに対して父親の子爵は、秀麿と異なり、神話が歴史でないと言明することは、「人生の重大なものの一角が崩れ始めて、船底の穴から水の這入るように物質的思想が這入って来てきて、船を水没させずにはおかない」と危機感を露わにする。秀麿と父親の子爵との間には、深い深淵が横たわっていた。ちなみにこの短編に登場する父親の子爵は山県有朋を模したものだと言われている。山県にとって社会主義者や無政府主義者のようにあからさまに国体を否定しなくとも、神話的バックボーンを否定することは、国家の崩壊をもたらすものに他ならなかった。

鴎外は、政府の言論弾圧に対しては、文豪の立場から批判的であり、短編『食堂』（一九一〇年一二月）における無政府主義に関する議論の中で、主人公木村に「只僕は言論の自由を大事なことだと思っていますから、発売禁止の余り手広く行われるのを嘆かはしく思う丈です[13]」と言わせている。まさに鴎外は国家権威と人権の間を揺れ動いていたといえよう。

なお石川啄木は、平出弁護士を仲介して森鴎外を訪ね、社会主義や無政府主義の講義を聞いている。

第四節　幸徳秋水の『基督抹殺論』

幸徳は大逆事件で投獄されている時に長年執筆に携わってきた『基督抹殺論』を脱稿した。この書で幸徳は、自由主義神学者たちやユニテリアンたちが高等批評を駆使して聖書の権威を失墜させ、イエスの神性を否定した成果を一層ラディカルに徹底させ、イエスの歴史的実在そのものを否定した。彼の書物には、イエスの神性を否定したシュトラウス（David Friedrich Strauß、一八〇八～一八七四）の『イエスの生涯』やルナンの『イエス伝』、聖書の高等批判を展開するチュービンゲン学派の総帥クリスティアン・バウアーの正典批判、そしてイエスの歴史的実在を否定したヘーゲル左派の神学者ブルーノ・バウアー（Bruno Bauer、一八〇九～一八八二）の研究などが生かされている。『基督抹殺論』の終わりは、以下のように宣言されている。

基督教徒が基督を以て史的人物となし、其伝記を以って史的事実となすは、迷妄なり。虚偽なり。迷妄は進歩をさまたげ、虚偽は世道を害す。断じてこれを許す可らず。すなわち彼が仮面を奪い、扮粧を剝ぎて、その真相実体を暴露し、これを世界歴史の上より抹殺し去ることを宣言す。[14]

内村鑑三は、一九一一年二月一日に堺利彦から『基督抹殺論』を受け取っている。この書物は、「敬友幸徳君、君はどう思う」という内村の問いかけに対する答えとも理解することができる。『基督抹殺論』を受け取った時の内村の思いはどのようなものであったであろうか。おそらく言葉にはならない深い憤りと幸徳に対する複雑な思いがあったのではないだろうか。内村は、一九一七年三月一〇日の『聖書之研究』に「故加藤博士と基督教」を掲載し、エドワード・モースや加藤弘之がキリスト教を攻撃したがキリスト教は生き残ったことに触れた後、幸徳秋水のキリスト教攻撃について以下のように述べている。

また近くは幸徳秋水は彼の此世の名残として『基督抹殺論』を著して、而して後に絞首刑に昇った。而して彼の著書のすべての出版を禁ぜし日本政府は『基督抹殺論』の出版だけは之を許した。而して『抹殺論』の世に出づるや世はこぞりて之を歓迎した。版を重ねること幾回、出版書肆はすくなからざる利益を収め、秋水は思わざる名誉を博した。しかしながら彼は基督を殺しえなかった。『抹殺論』の発行は止まって聖書の播布は止まらなかった。キリストはなお生きて居て多くの死せる日本人を活かしつつある。（『内村鑑三全集』㉒―二三二）

幸徳の『基督抹殺論』に対するキリスト教会側からの反応は、幸徳秋水が大逆罪で処刑されたこともあり、抑制的である。柏木が主筆をつとめる『上毛教界月報』は、「幸徳秋水の非宗教観」と題して、中江兆民と幸徳秋水の最後を、「中江兆民は死に臨んで『一年有半』を著して無神無霊魂を唱え、其門弟たる幸徳秋水亦死前「基督抹殺論」を遺して其非宗教論を叫んだ。……若し彼をして神を織らしめたならば、あのようなる暴挙は企てなかったであろうに、実に惜しいことであった。彼を誤ったものは実に全く無神無霊魂の観念であった。」（『上毛教界月報』⑱―四～五）と述べている。

私たちは、幸徳の『基督抹殺論』が、内村鑑三に対する決別の書であると理解することができる。同時に、それは、天皇そのものに向けられていたのではないか、つまり「天皇抹殺論」ではないかと主張する人がいる。例えば荒畑寒村は、『寒村自伝』（上巻）の中で、次のように述べている。

ああ、秋水、彼が『基督抹殺論』によって否定しようとしたのは、単に精神界における迷信的権威に留まったろうか。或いはまた、彼の真意は、俗界における政治上の伝統的権威に、理性に基づく批判の刃を向けて、天皇の神聖を否定抹殺しようとしたのではないだろうか。(15)

しかしその説得的な証拠は存在しない。大逆事件以降、社会主義者や無政府主義者に対する弾圧、言論・出版の自由に対する干渉は強化されていった。しかし、大正デモクラシーの時代的風潮の中で、津田左右吉は『神代史の新しい研究』（一九一三年）や『古事記及び日本書記の新研究』（一九一九年）において、記紀の史実性を否定し、それを政治神話と批判した。また、美濃部達吉は『憲法講話』（一九一二年）を刊行し、「言を国体に籍りてひたすらに専制的の思想を鼓舞し、国民の権利を抑えて其の絶対の服従を要求する」神権主義的な国体論を批判し、「天皇機関説」を提唱した。そして彼らの学説が通説として受け入れられる時代的な環境があった。しかし、一九三〇年代以降になると、神権主義的な国体論が勢いを盛り返し、「国体明徴」の名のもとに、津田左右吉や美濃部達吉の著者は発禁処分とされてしまうのである。

私たちは、内村鑑三、植村正久、海老名弾正の比較考察という主題から離れてしまったので、元に戻して、次章においては、再臨運動と大正デモクラシーに対する内村、植村、海老名の見解の相違について考察することにする。

注

（1）田中伸尚『大逆事件——死と生の群像』（岩波現代文庫、二〇一八年）、一五三～一五四頁。

（2）徳富健次郎『謀反論』（中野好夫編、岩波文庫、二〇一〇年）、一四～一五頁。
（3）同書、二二頁。
（4）『内村鑑三全集』（19巻、月報18、一九八二年三月）、四頁。なお専修大学今村法律研究室『大逆事件と今村力三郎』（専修大学出版局、二〇一二年）を参照のこと。今村力三郎は、大逆事件の裁判が、政府の意に迎合した司法官の捏造事件で、厳刑酷罰をもって皇室に忠なるものとする固陋なる裁判官の判決と批判した。
（5）大石誠之助に関しては、絲屋壽雄『大石誠之助――大逆事件の犠牲者』（一九七一年、濤書房）、森長英三郎『禄亭　大石誠之助』（岩波書店、一九七七年）を参照のこと。
（6）石川正俊『鵜沢総明――その生涯とたたかい』（伝記叢書270、大空社、一九九七年）、四五頁。
（7）鵜沢の大逆事件での大石誠之助の弁護については、石川正俊、前掲書、七五～八一頁を参照。富士見町教会の会員で刑務所伝道を行っていたカナダの女性宣教師のキャロライン・マクドナルドの伝記を書いたブラングは、植村の決断について、次のように述べている。「大石の縁者の願いで、植村は富士見町教会で彼の追悼会を行ったが、この勇気ある行動は、植村の愛国心について疑問を抱かせることになり、クリスチャンの間に相当の軋轢を生じた。日頃は保守的で民族主義的なところのあった植村だが、国家が極刑に処した男を、教会の交わりから締め出すことはしなかった」（M・プラング『東京の白い天使』（鳥海百合子訳、教文館、一九九八年）、一一四頁）。
（8）雨宮栄一『牧師植村正久』（新教出版社、二〇〇九年）、二五五頁。
（9）植村の葬儀での説教については、『植村正久と其の時代』（五巻、一〇一四～一〇一八頁）を参照のこと。
（10）石川正俊、前掲書、一一二～一一三頁。青芳勝久『謙堂・植村正久・物語――日本人の心にキリストを命がけで伝えた伝道者』（キリスト教図書出版社、一九九七年）、二四三頁。
（11）碓田のぼる『石川啄木と大逆事件』（新日本新書、一九九〇年）、八二頁。
（12）『鴎外選集』第四巻、（岩波書店、一九七九年）、一〇五～一〇六頁。
（13）『鴎外選集』第三巻、一八八頁。
（14）幸徳秋水『基督抹殺論』（岩波文庫、二〇二〇年）、一二三頁。
（15）『寒村自伝上巻』（岩波文庫、一九七六年）、三二七頁。幸徳秋水の『基督抹殺論』が天皇抹殺論であるという説に関しては、『基督抹殺論』に収載されている林茂と隅谷三喜男の解題（一八二～一八八頁）を参照のこと。なお荒畑寒村は一九〇二年に横浜海岸教会でバラから洗礼を受けている。

第一二章　内村鑑三の再臨運動とその批判

一九一一年の大逆事件で社会主義者に対する弾圧が行われたが、天皇絶対主義や国家神道に基づく国体イデオロギーの締め付けにほころびが生じ、時代は大正デモクラシーの流れに沿って進んでいた。一九一二年末には「閥族打破・憲政擁護」を要求した第一次護憲運動が発生した。また政治思想の分野においては、すでに述べたように、美濃部達吉の天皇機関説や津田左右吉の古事記や日本書紀の歴史的批判に加えて、吉野作造は『憲政の本義を説いて其有終の美済すの途を論ず』（一九一六年）が刊行された。また一九一八年には米騒動が発生し、憲政史上初めての原敬（一八五六～一九二一）を首班とする政党内閣が誕生した。

内村鑑三が再臨運動を展開した一九一八年と一九一九年は、まさに大正デモクラシーの時代であり、自由と平等が唱えられ、デモクラシーや国際平和の進展が期待されていた時代であった。したがって内村がこの時期にキリストが再び来られるという再臨（παρουσια, パルーシア）を唱えたことは、内に対してデモクラシー、外における国際平和、そしてその手段としての国際連盟に懐疑的であったことを示している。ただ内村は必ずしもデモクラシーや国際平和の理想そのものに批判的であったわけではない。そうではなく、人間の下からの努力によってこの地上に国際平和やデモクラシーを実現できるという社会進化論に対して批判的なのである。

これに対して、海老名弾正は、内村の再臨論を鋭く批判し、再臨論が世界の平和を達成する努力を阻害する元凶となっていると攻撃した。また植村正久は表立って再臨論を批判しなかったものの、本音は批判的であり。大正デモクラシーや国際連盟による平和を期待し、自らコミットしていった。したがって、内村の再臨論や運動に対する海老名や植村の批判は、単に宗教的な批判であるのみならず、大正デモクラシーに対する彼らの政治的立場とも関連していた。

また純神学的な意味合いからすれば、内村の再臨論に対する態度は彼の聖書論と密接に関係していた。したがって、内村がキリストの再臨について語る時は、いつも聖書が誤りのない神の言葉であることを主張したのに対して、再臨反対論者はそうした内村の聖書観を否定したのである。聖書の霊感を否定する海老名弾正はもちろんのこと、聖書霊感を信じる植村の聖書観とも、内村の聖書観は異なっていた。そのことが、海老名や植村が、聖書におけるキリストの再臨の重要性を見失った原因である。

以下では、まず内村の再臨論の形成と特徴、そして彼の再臨運動について紹介し、次に内村の再臨論や再臨運動に対する海老名と植村の批判を検討する。

第一節　内村の再臨信仰の形成

最初に、内村の再臨信仰がどのように成立したかについて四点挙げて、説明することとする。

I　ルツ子の死

矢内原忠雄は、一九一二年一月に内村の愛嬢ルツ子がなくなった時の告別式で、内村が悲壮ではあるが、力強き声で「これはルツ子の告別式ではない、結婚式である」と語ったこと、また雑司ヶ谷の墓地に埋葬する時に、内村が一握りの土をつかんだ手を高く差し伸べ、腹の底をしぼった声で『ルツ子さん万歳』と高く叫んだ声を聴き、厳粛な思いに満たされたことを伝えている（『矢内原忠雄全集』㉖—一四二）。

矢内原によれば、内村はルツ子の死を通して、天国の希望と身体復活の希望を与えられた（同、⑭—一九八）。そして、信者の復活は、キリスト再臨の時に生じるので、ルツ子の死は内村が再臨思想に目覚める機会となったといえる。

次の内村の「我らは四人である」という詩は、その事を如実に示している[1]。

「我等は四人である」
我等は四人であった
而して今尚四人である。
戸籍帳簿に一人の名は消え、
四角の食台の一方は空しく、
四部合奏の一部は欠けて、
賛美の調子は乱されしと雖も
而かも我等は今尚四人である。

我等は今尚四人である、
地の帳簿に一人の名は消えて、
天の記録に一人の名は殖えた、
三度の食事に空席はできたが、
残る三人は、より親しくなった。
彼女は今は我等の衷（うち）に居る、
一人は三人を縛る愛の絆となった。

然し我等は何時までも斯くあるのではない、
我等は後に又前の如く四人になるのである。

神のらっぱの鳴り響く時、
寝れる者が皆な起き上がる時、
主が再び此地にきたり給う時、
新しきエルサレムが天より降りる時、
我等は再び四人に成るのである。（『内村鑑三全集』⑲―四六〜四七、傍線部引用者）

ラッパが鳴り響く時とは、イエス・キリストの再臨の合図であり、その時に信者の復活が起こり、栄光のからだに変えられる。そして主が来られるときに、「新しいエルサレム」、つまり新しい天と地が出現するのである。ちなみに四人とは、内村鑑三、妻シズ、長男祐之、そしてルツ子である。

Ⅱ　第一次世界大戦へのアメリカの参戦

日露戦争前後の内村の非戦論には、いまだ進歩史観や楽観論が存在し、非戦論の広がりや平和的な外交政策によって、いつかは平和な社会が到来するといった期待感があった。しかしこうした彼の期待感は、一九一四年（大正三年）七月の第一次世界大戦の勃発と、一九一七年四月のアメリカの参戦によって、無残にも吹き飛ばされてしまった。後に残ったのは挫折感と苦悩だけである。

彼は、一九一八年一月一六日の『聖書之研究』（二一一号）に掲載した「聖書研究者の立場より見たる基督の再臨」において、「今や平和の実現を期待すべき所は地上何処にも見当たらないのである。斯くの如くにして余の学問と時勢の成行とは余をして絶望の深遠に陥らしめた、余はここに行き詰ったのである」（同、㉔―六〇、傍線部引用者）と述べている。

こうした国際状況下で彼は、再臨信仰に目覚めることとなる。

アメリカの参戦は海老名弾正には、デモクラシーが勝利する期待感を与えたが、内村にとっては、逆に世界平和の最後の砦が失われたことを意味した。

内村は、『聖書之研究』（一九四号、一九一六年九月一〇日）に「欧州戦争と基督教」を寄稿し、今回の戦争によって、ダーウィン、スペンサーそしてヘッケルの説く社会進化論が根底より覆されたものの、「破壊は万物の最後ではない、大破滅に続いて大建設がある」（同、㉒―四〇五）として、「信者の大希望たるキリストの再臨」を説いている。

更に内村は、一九一七年四月一一日のベル宛書簡において、「アメリカもまた参戦して、この暗い地球上には、もはや一点の白いところもなくなってしまいました。……しかし主は来たまいつつあります。アメリカではなく、キリストご自身が再び来たもうて、この悪しき世界を救い給うからです」（『内村鑑三日記書簡全集』⑦―一四〇）と述べている。

また内村は、第一次大戦勃発三か月後の一九一四年一〇月に『聖書之研究』誌に、「戦争と伝道」と題する一文を載せていた。その中に私たちは、平和に対する彼の熱意に裏打ちされた、彼の再臨信仰を見ることができる。

戦争は、この世にありては、避け難き悪事であります。これ人がいくら努力してもやめることのできないことであります。……戦争は依然として行われます。のみならず、世が進むにしたがって益々さかんに行われるように見えます。さらば戦争は止まないかというに、必ず止みます。主イエス・キリストが栄光を以て天より顕れ給う時にやみます。（『内村鑑三全集』㉑―一一〇）

内村は、より詳細にみずからが再臨信仰に至った経緯について、一九二七年の三月五日、『ジャパン・クリスチャン・インテリジェンサー』（The Japan Christian Intelligencer）において、以下のように述べている。なおこの雑誌は、内村が一九二六年三月から一九二八年二月まで毎月一回二年にわたり発行した英文月刊誌であった。

一九一一年の夏、ウィルソン大統領が同盟国に対して宣戦を布告することが最終的に明確になったとき、人間の力で地上に永遠の平和を樹立しようという希望はついえ去ってしまいました。ウィルソン大統領の指導の下にアメリカ合衆国だけは、世界大戦というこの世界的な狂喜から超然としており、世界平和の基礎の上に新たに歴史を再出発させるだろうと思っていました。ところが、世界にたった一つのこされていた、平和をもたらすはずの国が戦争に突入したことを知ったとき、わたしの人類に寄せる希望は完全に消え去ってしまいました。大地の基盤が足もとから失われていくような感じを受けました。わたしがキリスト教の信仰を保つ道は、キリストの再臨に関する聖書の教えに示されているように、最後には神が歴史の中に介入してくることを信じる以外は何も残されていませんでした。堕落したアメリカ国民の世論を代表するウィルソン大統領が、このようにしてわたしを、キリストの再臨という荘厳華美な教義への確固たる信仰に導く器となったのです。(2)

内村にとってニューヨークの国連広場の壁に刻まれている言葉、「彼らはその剣を鋤に、その槍を鎌に打ち直す。国は国に向かって剣を上げず、もう戦うことを学ばない」（イザヤ書二章四節）は、イエス・キリストの再臨によってはじめて実現可能であった。

Ⅲ　ベルの影響

内村は、再臨信者のベルが送ってきた『日曜学校時報』（Sunday School Times）やA・J・ゴルドン（Adoniram Judson Gordon, 1836-1895）著『視よ、主は来たり給う』（Ecce Venit: Behold He Cometh）を読み、再臨信仰に覚醒された。彼は言う。

最近の世界戦争が動機となりて余の信仰に大いなる動揺を始めし頃、再び彼ベル氏より再臨に就いて論じたるフィラデルフィアの『日曜学校時報』を送ってきた、而して之を読んで狂喜した。余の人生問題、宗教問題、世界問題は再臨の信仰に由りて悉く解決することのできる事を知ったのである。ここに於て余は書籍中の塵に埋もれし古きゴルドンの著書を取り出して再読し、いよいよ再臨信仰を強めるに至った。（『内村鑑三全集』㉔—四四五）

フィラデルフィアの『日曜学校時報』は、一八五九年から一九六六年まで「アメリカ日曜学校聯盟」（American Sunday-School Union）によって発行された週刊誌である。[3] 彼は、この雑誌の編集者トランブル氏の記事「キリストの再臨は果たして実際的問題なる乎」（Is the truth of our Lord's return a practical matter for today?）に触れ、ゴルドンの書物を読み始めた。

A・J・ゴルドンは、バプテスト教会の説教者であり、ゴルドン大学とゴルドン・コーンウェル神学部の創始者でもあった。

内村がベルを通して知ったもう一人の再臨信者は、W・E・ブラックストン（William E. Blackstone、一八四一〜一九三五）であり、『耶蘇は来る』（*Jesus Is Coming*）の著者である。彼は、アメリカの大衆伝道者ドワイト・ムーディー（Dwight Lyman Moody、一八三五〜一八九九）の影響を受けた人物である。内村は、「基督再臨問題研究に就て」において、「基督再臨問題を研究せんと欲する者に取り必要欠くべからざるものはブラックストン著、中田重治訳『耶蘇は来る』である……其大体に於て再臨の聖書的根拠を闡明《せんめい》して誤らざるは何人も承認する所である」と述べている（『内村鑑三全集』㉔―六〇四）。

内村の再臨信仰の形成に影響を及ぼしたゴルドンとブラックストンに触れ、ムーディーの影響力にも言及したので、ここでムーディーの再臨信仰について触れておくこととする。ムーディーは、英国のブレザレン運動の創始者であるジョン・ネルソン・ダービー（John Nelson Darby、一八〇〇〜一八八二）のディスペンショナリズム（dispensionalism）の影響を受けていた。ディスペンショナリズムとは人類の救済に対する神の取り扱いの異なった歴史の区分を意味する。それは、イスラエルは不信仰の故に神から捨てられたので、教会がイスラエルに代わって「新しいイスラエル」として選ばれたという置換神学ないし契約神学に対抗して、イスラエルに対する神の選びは変わらず、イエスの再臨時にイスラエルは悔い改めて、イスラエルを中心とする神の王国が実現すると主張した。このダービーのディスペンショナリズムは、大惨事覚醒運動におけるムーディーの宣教活動によって、米国の保守的な福音主義の中心的教義となっていた。[4]

またムーディーの影響を受けたサイラス・I・スコフィールド（Cyrus Ingerson Scofield、一八四三〜一九二一）は、一九〇九年に『スコフィールド引照付聖書』（the Scofield Reference Bible）を出版し、それがまたたくまに広がり、ディスペンセーションの終末論が、支配的な終末論になっていった。特に第一次大戦の勃発は、それに拍車をかけた。内村は、一九一八年九月六日の日記において初めてスコフィールド編『対照聖書』を読み、「実に有益な書である。今日までこれを手にせざりを悔いた。この書に教えられて、終日、「ユダヤ人の王なるイエス」について思うた」（『内村鑑三日記書簡全集』①—八）と述べている。

内村と再臨運動を共にした中田重治（一八七〇〜一九三九）と組合教会の木村清松（一八七四〜一九五八）は、二人共、ムーディー聖書学院で学び、中田は、ブラックストーンの書物を一九一七年に日本語に翻訳している。[5] この書物は、一九二七年までに日本語を含む三六カ語に翻訳され、一九三五年までに百万部以上を売り上げるベストセラーとなった。ところで再臨運動を共にした木村は組合教会に属していたが、再臨運動において独自に行動した。木村は米国から帰国した一九〇二年頃に内村に再臨信仰について語ると、内村は「それは如何にも米国人らしい考えだね。主が再び地上に来るというのかね」と相手にしなかったそうであるが、再臨運動を共にするにあたってそのことを謝罪している。

Ⅳ　聖書預言の成就

最後に、内村がキリストの再臨を確信するきっかけとなったのが、聖書預言の成就であった。それは内村の「聖書の預言とパレスチナの恢復」（『聖書之研究』、一九一八年七月一〇日）に示されている。この点を強調したのが富岡幸一郎である。富岡はこの点について、次のように述べている。

内村鑑三はこの出来事【ユダヤ人のパレスチナ帰還】が人類史におけるそれこそ未曽有の事件であることを、はっきりと認識していた。彼は、父祖の地へ千九百年の歳月をこえて帰還するユダヤ人に、聖書の預言を見ていたのである。当時の日本人としては、これはきわめて例外的なことであったろう。このイスラエルとの歴史的連関の中に、自

覚的に身を置いた時、『聖書研究者』としての内村は、決定的に『基督の再来』のビジョンを獲得した。(6)

内村は、終わりの日にユダヤ人が散らされていた全世界からイスラエルの地に帰還するという聖書預言を信じていた。ユダヤ人のパレスチナ帰還が、一九世紀末のシオニズム、そして「バルフォア宣言」(一九一七年一一月二日にイギリスの外務大臣アーサー・バルフォアがロスチャイルドに対して、パレスチナにおけるユダヤ人の「民族的郷土」(national home)を約束したことによって、実現に近づいたことを確信した。内村は「バルフォア宣言」を指して、「この一大事実の故に一九一七年は実に世界歴史上永久に記念すべき一年となった」(『内村鑑三全集』㉔―三一六)と述べている。それとの関連で内村は、キリスト再臨の預言も必ず成就すると信じた。彼は、一九一八年五月五日に神田三崎町バプテスト教会で「基督再臨の証明者としてのユダヤ人」というテーマで講演した。彼は、イザヤ書の預言を引きながら、「知る、聖書はイスラエルの決して亡びる事なく、遂に神がかつてアブラハムに賜いたるパレスチナの地に復帰し、再びエルサレムに都せん、而して救者【救い主】そこに臨み親しく彼らを統べ治めると預言す」(同、㉔―二二〇)と述べている。

彼はまた「エルサレム大学の設置」(『聖書之研究』二一八号、一九一八年九月一〇日)においても、「アブラハムの子孫なるイスラエルは、今は世界に散在するといえども、再びパレスチナの地に帰りて栄光の王国を建設し、キリスト自らこれを統治し、彼等を以て万国を治め給うのである」(同、㉔―三二五)と聖書預言の信憑性を指摘している。

更に内村は、「イエスの終末観」(『聖書之研究』二七五号)において、終末と基督の再臨の預言に触れているが、その際にディスペンセーション(dispensation)主義の立場に立っていることを明言している。彼は、「神の定め給いし『時代』(dispensations)を、分かちて聖書を読む時は、従来吾らを苦しめたる多くの難問題を解決することができる」(同、㉔―五三七)として、「教会時代」の後に、戦争、飢饉、疫病、大地震などの七年間の「患難時代」があり、その後にキリストが再臨して、古い世界が神の審判によって滅ぼされ、神の国が地上に打ち立てられると主張する。

イエス・キリストの再臨時にイスラエルの霊的覚醒が行われて、イスラエルを中心とする神の国が成立すると考える内村にとって、イスラエルの動向は、再臨の時を知る上で、重要な標識であった。実際内村は、ユダヤ人の帰還の出来事を通して、再臨が近いことを感じていたのである。

第二節　聖書全体において再臨が占める位置

ところで再臨は内村のキリスト信仰の中でどのような位置を占めているのであろうか。内村が再臨運動を始める一九一八年の『聖書之研究』では、再臨に関する彼の論考が多く掲載されている。まさに再臨の特集号といっても過言ではない。その中から、幾つかの論稿を取り挙げてこの問題にアプローチすることにする。

Ⅰ　内村における信仰の三段階

すでに述べたように、第一次大戦の勃発、そしてアメリカの参戦に直面して、内村の楽観的、進歩史的歴史観は破綻し、彼は再臨信仰に目覚めていった。その変化は、すでに述べた個人的・国際的な事件のインパクトと同様に、彼の聖書との取り組みの中で内面的に生じていったものである。内村は、一九一八年一二月の『聖書之研究』に「基督再臨を信じるより来たりし余の思想上の変化」を掲載し、彼の思想上の三度の変化について語っている。

第一は、彼が唯一なる神を信じた時、第二は、十字架上のキリストの贖いを信じた時、第三が世の終わりがあり、その時キリストが再び来て、最後の審判を下し、新天新地が始まるという再臨信仰を受け容れた時であった。それ以来彼の再臨信仰は、彼の信仰の中心にあって、彼の伝道の原動力であると同時に、彼の歴史観を根本的に規定したのである。彼が一九三〇年に亡くなる二日まえに遺した「人類の幸福と日本国の興隆と宇宙の完成を祈る」という言葉は、内村の再臨信仰の真剣さを如実に示すものである。

Ⅱ　聖書理解における再臨信仰の重要性

内村が、聖書解釈の視点から、再臨信仰の意義を問うたのが、「聖書研究者の立場より見たる基督の再来」（『聖書之研究』二一一号、一九一八年二月一〇日）である。彼は、聖書全体を理解する上での再臨信仰の重要性を以下のように述べている。

このキリストの再臨こそ、新約聖書の至る所に高唱する最大真理である。馬太伝（マタイ伝）より黙示録に至るまで、試みにこの真理を教える辞句に附印せん乎、毎葉その数行を見ざるはない、聖書の中心的真理は即ちこれである。是を知って聖書は極めて首尾貫徹せる書となり、その興味は激増し、その解釈は最も容易となるのである。是を知って聖書研究の生命は無限に延びるのである。（『内村鑑三全集』㉔―六〇）

そして彼は、「キリストの再臨を信ぜずしてその【聖書】のうるわしき語は、ことごとく無意味に帰するのである。これに反して再臨の光に由て照らされん乎、言々句々皆躍動し聖書中また矛盾を存せざるに至るであろう」（同、㉔―六一）と述べている。

更に彼は、「基督再臨を信ずるより来りし余の思想上の変化」（『聖書之研究』、一九一八年一二月一〇日）において、「キリストの再臨は其の一方面は万物復興である。また宇宙の改造である。又聖徒の復活である。また正義の勝利である。また最終の裁判である。また神政の実現である」（同、⑳―三八五）と述べている。

また彼は『聖書之研究』最終号に、「再臨再唱の必要」（『聖書之研究』三五七号、一九三〇年四月二三日）を掲載し、「再臨は、聖書の基礎的教義である。再臨を否んで聖書は解らない。……再臨なくして十字架は意味をなさない。それ故に我等クリスチャンは、再臨の立場に立ちて、聖書を通覧する必要がある」（同、㉜―三二八）と記している。再臨無くして聖書は理解できず、再臨なくしてイエス・キリストの贖罪の完成は理解できないと説く内村にとって、再臨は贖罪の延長線上に理解すべきものであった。

内村は『ロマ書の研究』においてロマ書八章の聖書釈義を行う際、「救いの完成」として再臨問題を位置づけている。ローマ書八章には、クリスチャンのうめきと被造物のうめきが記されている。

私たちは知っています。被造物のすべては、今にいたるまで、ともにうめき、ともに産みの苦しみをしています。それだけでなく、御霊の初穂をいただいている私たち自身も、子にしていただくこと、すなわち私たちのからだが贖われることを待ち望みながら、心のなかでうめいています。（ローマ人への手紙八章二二～二三節）

被造物が「うめいているのは」、万物の復興、宇宙の完成に至る産みの苦しみであった。またクリスチャンがうめいているのは、魂の救いは受けたが、復活して栄光のからだに変えられるためであった。そして人間の救いの完成と万物の復興は、キリストの再臨によって実現する。人間の救いの完成のみならず被造物の完成に着目する所に、天然や自然をこよなく愛した自然科学者内村の醍醐味がある。(7) 天然や自然も堕落し腐敗した状態から解放されることが必要であった。内村は次のように述べている。

ああ神の力は無限である。宇宙万物の運命はいまだ縮まらない。ある時来たらば、宇宙の改造は人類の完成とともに起こるのである。神の造りたまいし宇宙万物の力が潜んでいる。……神はある時、その無限の力をもって吾人を復活せしめ、同時に天然を復活せしめ、かくして宇宙万物を創造したまいし最初の目的を完成したもうに相違ない。神はキリストにありて、我らの深き罪をゆるして、われらを義とし、われらを聖め、すでに大いなる恩恵を雨のごとくにわれらに注いだ。この恩恵はわれらの完全なる救いにまで至らずば満ち足らない。今まで受けた恩恵より推して、さらに大いなるこの恩恵を賜うことをわれらは信じる。そしてわれらは天然の敗壊を深く悲しむがゆえに、天然もまた復興せんことを望む。しかして神はその所造たる天然の荒廃を必ず癒したもうのである。かくて人と天然と共に救われて、万物ことごとく完成し、ただ平和と歓喜のみが全天全地に満つるのである。

この大希望なくして、福音は福音ではない。この大実現なくして、神は神ではない。もし福音がこれ以下のものならば、福音は福音ではない。もし神がこれ以下のものならば、神は神ではない。人と天然と共に救われる事、これ実に福音的救済である。ここに人類の希望がかかっているのである。(8)

また内村は、大日本私立衛生会館において行った『ヨブ記講演』(一九二〇年四月～一二月)において、ヨブ記の一九章二五～二七節の言葉にキリスト再臨の中心的メッセージを見出した。それを内村が使用している文語訳聖書で紹介する。

われ知る我を贖う者は活く、後の日に必ず地の上に立たん、わがこの皮この身の朽ちはてん後われ肉を離れて神を見ん、我みずから彼を見奉らん、わが目かれを見んに識らぬ者の如くならじ、わが心これを望みて焦《こが》る

内村はこの聖句を解説して、第一に贖う者は神であるキリストであること、第二に贖う者が地上に現れる、つまりキリストの再臨ということ、第三に「我みずから彼を見奉らん」とあるように、ある時において人が神を見る眼を与えられて明らかに神を直視するということ、つまり信者の復活及び復活後にキリストを見ることと述べ、「絶望の極この三思想心に起こる時—否この三啓示心に臨むとき—絶望の人は一変して希望の人、歓喜の人となるのである」(9)と再臨がもたらす希望と歓喜に言及している。

内村は再臨運動後、大手町の大日本私立衛生会講堂でダニエル書、ヨブ記、ロマ書などの一連の聖書講義を行ったが、そこに内村の贖罪と再臨思想は聖書の文脈を踏まえつつ、中心的メッセージとして語られている。

福音(グッド・ニュース)は、十字架における贖罪のみならず、肉体のよみがえりや万物の完成をもたらす再臨を含むものであった。とするならば再臨なき福音は真に福音といえるだろうか。植村のようにキリストの再臨を排除した福音主義は、真に福音主義的といえるだろうか。

ところで、内村が聖書の中に再臨の重要性を発見したのは、聖書のことばすべてが神の言葉であるという聖書観を持って居たからである。聖書の中に神の言葉があり、ないものもあるという認識では、聖書そのものに信頼を置くことはできないだろう。次にこの問題を考えて見ることにする。

Ⅲ　聖書全部神言論

上述したように内村は、再臨が理解できて聖書全体が理解できたと述べている。

聖書の研究は余の一生の事業である、四十一年前ウィリアム・S・クラーク氏より贈られし英語の聖書を手にして今日に致るまで余の努力の全部は此唯一の書の為に献げられたのである。余は既に幾冊の聖書を読み破りしかを知らない、然しながら余の聖書に対する態度は基督再臨を信じるに由て全然一変したのである。（『内村鑑三全集』㉔―四二八）

逆に言えば内村は、聖書がすべて神の言葉であるという立場に立つことによって、再臨信仰の重要性に目覚めたといえる。彼は『聖書之研究』（二二〇号、一九一八年一一月一〇日）に寄稿した「聖書全部神言論」において、聖書をすべて神の霊感の書として受け入れる場合においてのみ、再臨信仰は成立すると主張する。

基督再臨問題は、更に一の大問題を喚び起こした。聖書問題即ちこれである。再臨反対論者は言う。『聖書が再臨を教える事はこれを認むる、然しながら聖書は一言一句これを信ずべきではない、聖書の中に多くのあやまりがある。聖書の天啓たるは、その性質において論語の天啓たると異ならない、二者は程度の差にすぎない、……我等は、聖霊に由て再臨の迷妄たるを知るのである。』と、これ我が国における有力な神学者もしくは教役者の主張である。」（同、㉔―三六七、傍線部引用者）

こう述べて、内村は、各キリスト教派が集う基督信徒合同問題の議論において、キリスト再臨を信じる者と聖書無謬を信じる者を、将来の日本の合同教会の加入から排除する議案が提出されたことを憤りを込めて伝えている。神学者や教役者は、聖書の中に神の言葉があることを認めるが、聖書がすべて神の言葉であることを認めようとしない。内村は、そうした議論に以下のように反論している。

然しながら、聖書若し無謬に非ずと信ぜば何故に聖書有謬を主張せざる、聖書の中に神の言あるに過ぎざるならば、明白に聖書有謬説を称えよ、而して汝の聖書を取り、その中汝の誤謬と信じる所のものを試に赤鉛筆を以て抹消せよ、然らば贖罪はユダヤ思想なるが故を以て抹消せらるるであろう。復活は虚偽なるが故を以て、再臨は非科学的なるが故を以て、抹消せらるるであろう、かくて吾人プロテスタント信者の生命と恃む貴き真理はことごとく聖書中より駆逐せらるるであろう。而して後に残るものは何である乎、……（同、㉔―三六三）

極めて重要な指摘である。聖書の中に頻繁に登場してくる再臨を斥けるとするならば、再臨を聖書のことばとして信じていないことになる。内村は「聖書と基督の再臨」（一九一九年一月十日の『聖書之研究』二二二号）や「地上再会の希望」（同号）において彼の聖書解釈の原則を示している。

第一点は、すでに述べたように聖書はすべて神の言葉であるという逐語霊感説の立場である。これは聖書の思想だけが霊感されているという「思想霊感」ではなく、書かれた言葉自体が霊感されているという「言語霊感」である。聖書の第二テモテの手紙三章一六節にあるように「聖書はすべて神の霊感によるもの」である。ただそれは口述筆記のように「機械霊感説」ではなく、福音記者の多様性や個性を尊重するものであり、また聖書の歴史的・言語学的な研究の必要性を認めるものであった。内村は、イエスの旧約聖書の使用法を根拠に、「彼【イエス・キリスト】は、常に斯の如く聖書の一点一画を信じたのである。聖書全部神言の主張は決して余輩を以て始まったのではない。其最初の提唱者は実にイエス・キリスト彼れご自身であり給うたのである」（同、㉔―四三〇）と述べている。[10]

第二点は、原則的に聖書のことばを文字通りに字義的に解釈することである。彼は、「聖書は神の力を伝うるの言葉である。我等は唯文字通りに之を解釈すべきのみ、之れ聖書の真正な読み方である。之れ聖書に対して信者の取るべき当然なる態度である」(同、㉔―四三五～四三六)と述べている。例えば、イエスの再臨を霊的に解釈して、肉体をもったイエスの来臨を認めないことは、この原則に違反するものである。この間違いは、海老名弾正のみならず、植村正久にも見られる。この点に関して内村は、「キリストは再びきたり給うと、文字通り其事を信じて之を解するに何の困難は無いのである。之を時代的思想といえばこそ解釈の困難が起こるのである。再臨は文字通り再臨である。第二回の降臨である。連続的霊的臨在ではない(同、㉔―三八六)と批判している。

第三点は、自らの思想や神学を聖書の中に読み込むのではなく、聖書の言葉によって私たちが導かれることである。内村は、「聖書を我が中に入れんと欲せずして、我聖書の中に入るの態度である」(同、㉔―四三一)と述べている。

Ⅳ　贖罪と再臨

内村においては、聖書無誤謬説と再臨信仰が密接に結びついていたと同様に、贖罪信仰と再臨信仰は密接不可分であった。なぜなら自分の罪を贖ってくれたキリストに対する信仰は、おのずとキリストが再臨され、顔と顔とを合わせて相まみえる信仰をもたらすからである。また贖罪信仰は魂の贖いのみならず身体の贖い、つまりキリスト再臨時に栄光の朽ちない身体に復活する事を含んでいる。パウロ自身が、「私たちのからだが贖われることを待ち望みながら、心の中でうめいていています」(ローマ人への手紙八章二三節)と述べている。したがって、キリストの贖罪を否定する者は、同時にキリストの再臨をも否定する者である。彼は、「罪の強き自覚と之に伴う十字架の救済を実験せずしてキリストの再臨は解らない、ここにおいてか、余輩は十字架上の贖罪を実験せざる彼らと再臨問題を以て争うの全然無知なるを知るのである」(同、㉔―三一三)と宣べ、贖罪よりも人間の行いを強調するユニテリアン、組合教会そしてメソジスト教会は再臨を理解できないと批判している。

内村は再臨運動内部においても贖罪を経験しないで再臨のみに熱狂する「再臨教信者」が生まれることを恐れた。彼はすでにのべた「再臨再唱の必要」（一九三〇年四月）において、「キリストの再臨を説いて多くの悲しむべき再臨狂に接した」と述べている。そのことが、一年半で再臨運動を辞めた理由の一つであった。再臨のみを強調することによって、聖書のバランスが崩れ、贖罪なき再臨信者が生まれることは、内村の再臨信仰からの逸脱であった。内村は、「余輩は再臨を高唱して贖罪を忘却したのではない。否な否な決してそうではない。贖罪の必然の結果を説かんがために再臨を高唱するのである。キリストの贖罪は聖霊の内住に始まって身体の救いに終わるべきである」（同、㉔―三八六）と述べている。しかし同時に十字架の救いを強調しても再臨を説かない牧師や教会は救いの部分的理解にしか到達できてはいない。[10]内村は過去の自分を振り返って「再臨信仰以前の聖書は余にとりては半解の書たるに過ぎなかった」（同、㉔―三八六）と反省している。

第三節　再臨運動

内村は、一九一八年一月六日の第一日曜から、東洋宣教会ホーリネス教会の中田重治と組合教会の木村清松と共に東京神田の東京基督教青年会館でキリストの再臨講演会を開始した。東洋宣教会ホーリネス教会（以下、ホーリネス教会とする）は、一九〇五年に中田重治とカウフマン夫妻が設立した東洋宣教会から、一九一七年一〇月に中田重治を監督とする群れが分離独立してできた教会である。

再臨運動は最初は、教会の枠組みを超えた超教派の運動であった。といっても主に無教会とホーリネス教会、そして再臨を信じる個々の信者の連携であり、教会の主流である日本基督教会、組合教会、メソジスト教会は、批判的か冷淡であった。中田重治が属するホーリネス教会の特徴は、新生、聖化《きよめ》、神癒、再臨といういわゆる「四重の福音」であり、内村と同様聖書無謬説を主張した。ただ内村は、「四重の福音」の特に神癒には批判的であり、聖化についての解釈も、主に人間の努力に力点を置いていると批判的であった。またホーリネス教会は、機関誌『聖潔之友』で、キリストの再臨を強調していたが、牧師制度をとらない無教会に対して必ずしも親近感を抱いていなかった。一月から始まった中田たちのホーリネス教会との合同の再臨運動も八月までで、九月からは内村独自の再臨運動が展開される。その理由について鈴木範久は、内村は「もともと再臨を新生、聖化、神癒とならぶ『四重の福音』としているホーリネスとは、ある違和感があった。それを次第に大きく感じるようになっていく」(『内村鑑三目録』⑩―七五)と述べている。ただ、内村と中田の個人的関係は親密で、ホーリネス教会は、柏木の内村の自宅と隣接しており、一九一六年の火災発生においては、内村家に燃え移らないように、中田重治自ら消火にあたったといわれている。再臨運動が終わった後も内村と中田は個人的に親交を持ち続けた。

再臨講演会の第一回目の内村の講演は、一九一八年一月六日の「聖書研究者の立場より見たる基督の再臨」であった。二回目は、二月一〇日で「マタイ伝に現れたる基督の再来」と題して講演した。彼は、「聖書研究者の立場より見たる基督の再臨」においてキリストの再臨とは、信者の復活や携挙、そして神の国の建設であり、単に聖霊が注がれることではないことを強調した。というのも、再臨は聖霊が注がれるリヴァイバルという誤った考えがあったからである。

キリストの再臨とは、キリスト御自身の再臨である。是は聖霊の臨在と称する事とは、全然別のことである。またこれと同時に死せる信者の復活があり、生ける信者の「携挙」があり(テサロニケ前書四章一七節)、天国の事実的建設が行わる、即ち再臨がありて天国が現れるのであって、人類の自然的進化、又は社会の改良、又は政治家の運動に由て神の国は地上に現わるるのではない。余は今はこれらの事を疑わずして信ずるを得て神に感謝する、即ち余は今は所謂 Pre-millennialist(先ず再臨ありて然る後に神の国の出現ありと信じる者)の一人であって Post-millenniaists(再臨は神の国の完成の後にありと信じる者)の一人ではない。(同、㉔―四九)

通常 pre-millenialism は「千年期前再臨説」と訳されるが、内村の場合千年王国を認めていないので、キリストの再臨と共に、「神の国」は実現すると考える。内村は、人類の努力や歴史の進歩による「神の国」の到来を否定し、腐敗と堕落、混乱が頂点に達する時に、キリストが来て、世界を審判し、「神の国」を樹立すると主張する。

一九一八年一一月八日から一〇日までキリスト再臨東京大会が東京基督教青年大会で開催された。内村は一一月八日の日記において、「来会者、昼は五〇〇名、夜は六〇〇名。地方よりの来会者も多かった。感冒大流行のこの際、これだけの会衆を得しことは、大成功と称せざるをえない」（『内村鑑三日記書簡全集』①―三〇）と述べている。この時期、スペイン風邪が猛威をふるっていた。内村は、一二月二二日の日記において、「北は北海道より南は岡山まで、高壇に立つこと五十八回、二万余人に福音を説いた」（同、①―四九）と述べている。更に一九一九年一月一七日から一九日まで、大阪中之島公会堂で二〇〇〇名以上の人を集めた「再臨研究大阪大会」が開催された。

再臨運動には、個人の資格で宣教師も加わっていた。一九一八年一一月八～一〇日の「基督再臨研究東京大会」について、内村は、以下のように述べている。


オルトマン博士、カーティス氏、ピアソン夫人（一八六二～一九三七）、ワイドナー女史（一八七五～一九三九）など、私と同じ講壇に立った人は皆、浸礼派【バプテスト】の宣教師です。バンコム氏は長老派、ボイド女史も同様、スペンサー女史はメソジスト派、等、等ですが、しかし組合派の宣教師はただの一人もこの運動に加わっていません。

（同、⑦―一九〇）


内村の宣教師嫌いは有名であるが、彼の再臨運動には多くの宣教師が再臨運動に参加した。特に北海道で農村伝道を展開したアイダ・ゲップ・ピアソン（Ida Goepp Pierson、一八六二～一九三七）、ムーディー聖書学院の出身者で、美濃ミッションを設立し、後に大垣で徹底して神社崇拝と戦い迫害される宣教師のセディ・リ・ワイドナー（Sadie Lea Weidner、一八七五～一九三九）女史がそうである。

東京のキリスト再臨研究大会は、一九一八年一一月下旬に開催が計画されていた再臨を待ち望むニューヨーク預言会議に「祝意と愛を呈す」の祝電を送っている。内村はこの預言会議を主催していたアルノ・C・ゲベリン（一八六一～

一九四五）が発行する雑誌『私たちの希望』（Our Hope）を講読していた。[11] 彼は、一九一九年二月七日のベル宛て書簡において、「私はニューヨークのゲベリン氏編集の『アワー・ホープ』を好み、講読しています。これは私の雑誌に実によくにています。『ああ純なるキリスト教のもたらすまことよ！』」（同、⑦―一九九）と書き記している。

第四節　再臨反対運動

大正時代は超教派運動が展開された時期であり、その中心的働きを担ったのは、一九一二年に結成された超教派の「日本基督教会同盟」である。この組織は一八八五年に設立された「福音同盟会」を発展的に解消したものであり、加盟教会は、日本基督教会、日本組合教会、メソジスト教会など八教派で、会長に本多庸一、副会長に小崎弘道と井深梶之助が選ばれていた。この組織は、一九一五年から三年間にわたって超教派の全国協働伝道を展開し、多大な成果を収めていた。三年間の参加者の合計は七七万七〇〇〇人以上、総集会数は四七八六、求道・決心者は二万七〇〇〇人、一九一〇年には五五八の教会数が一九一五年には一〇三六、一九二〇年には一五〇五と三倍近く増加した。[12] この全国協働伝道の委員長は井深梶之助、部長は植村正久と宮川経輝であった。

この伝道は、まさに内村の再臨運動が始まる前の出来事である。内村たちの再臨運動に対しては、反対運動が組織された。再臨問題は、キリスト教会を二分する問題に発展していった。一九一八年六月九日に組合教会、聖公会、メソジスト教会の代表者が海老名弾正が牧会する本郷教会に集まって、キリスト再臨反対運動を展開した。よりにもよって自由主義神学を奉じる本郷教会が反対の中心地である。今やキリスト教会の対立構造が変化し、正統的神学と自由主義的神学との対立軸ではなく、再臨信仰を持って居るか否かの対立軸であり、無教会とホーリネス以外の教会が後者に結集したのである。まさにキリスト教会における対立軸の大きな変化である。この影響を受けて、木村清松が運動から脱落した。[13] 内村は木村の脱落を以下のように批判している。

去るというならば、やむをえない。しかしながら余のはなはだ解し得ないことは、「再臨は木村清松の説く教えの心髄骨子に候」と明白に言う木村君が、キリスト再臨の教えは亡国的なり、非聖書的なり、と言いて誹謗する組合の先輩方と、運動を共にせらるることである。自分の説く教えの心髄骨子を、非聖書的なり、非キリスト教的なりと、そしる人らと運動を共にして、福音師の地位が保てるものであろうか。（同、①―一三）

内村は、既成の教会が再臨信仰に否定的になればなるほど、それとは反比例的に無教会のよって立つ根拠を再臨信仰に求めた。彼は、一九一八年二月一〇日の『聖書之研究』の「再臨号」において以下のように述べている。

キリスト再臨の信仰は、余の無教会主義を徹底せしむ、この世に勢力を得し教会はすべてキリストの再臨を排斥す。ローマ天主教会を始めとして、英国聖公会、メソジスト教会、バプテスト教会、組合教会、長老日基教会、ことごとくこの信仰を蔑視する。しかしてその理由は明白である。再臨の信仰は現世的教会の根底を断ち切るからである。信仰の起こるや、再臨の信仰がさかんであった。信仰の衰えるやこの信仰もまた衰える、ウェスレー自身は再臨の高唱者であった。然るに今のメソジスト教会は、この信仰をあざけり笑うのである。キリストの再臨を信じて我等は、根本的に教会と異なるに至る。（『内村鑑三全集』㉔―七一）

内村の眼は日本国内のみに向けられただけではなく、絶えず米国の教会の再臨問題の対応にも向けられていた。彼は、一九一八年九月三日の日記において、米国組合教会機関誌の『コングリゲイショナリスト』のキリスト再臨反対論を読み、「ユニオン神学校のブラウン博士、エール神学校のC・R・ブラウン博士、同ウォールカー博士、いずれも反対の気焔を吐いている。よって知る、組合教会は全体に再臨反対なるを」（同、①―七）と述べている。

再臨運動は、異端の運動であると教会から批判され、一九一九年五月二七日に、日曜日ごとに講演会をしていた東京基督教青年会から、突然講演中止の通告を受けた。東京基督教青年会（ＹＭＣＡ）の理事で、組合教会の小崎弘道やメソジスト教会の平岩愃保は、キリスト教青年会の会堂が無教会や再臨運動のために使用されることに反対であった。これに対して内村は小崎に対して、「組合教会内に行われる非福音的信仰がその衰退の大なる原因」であると述べ、「余は信ず。組合教会を瓦解する者は、余の無教会主義に非ずして教会その物の異端と腐敗なることを」（同、④―三八五）と反論している。また内村は、一九一九年六月二〇日のベル宛て書簡において以下のように述べている。

最近も東京の牧師は、一団となって立ち上がり、キリスト教青年会講堂に開く私の聖書研究会を弾圧することに成功しました。彼等は、私の正統的信仰については何の言うべきものをもたず、ただ教会に関する私の見解を猛烈に嫌っているのです。組合とメソジストの教師たちは、特に私に反対しています。しかし私は別の会堂を手に入れ、少しは狭くなりましたが、キリスト教青年会講堂を追われて以来、満員続きの集会を開いています。（同、⑦―二一〇）

再臨反対派はユニテリアン、メソジスト教会、組合教会で、賛成派は無教会とホーリネス、そしてプリマス・ブレザレン（同心会）である。最大勢力である日本基督教会は、沈黙を守っていた。内村は、一九一九年九月八日の吉本宛書簡において、「来る二十六日には吉野博士、内ケ崎作三郎氏、其他組合、ユニテリアン等の聯合再臨反対大演説会開かるる由に有之候」（同、⑦―二二五～二二六）と書き記している。

内村の再臨運動は、キリスト教青年会の会堂が使えなくなったこともあり、約一年半続いて終息した。運動そのものは、短期間で終わったが、内村の再臨信仰は、一九三〇年の死に至るまで、燃え続けて消えることがなく、特に無教会の信者に継承されていった。内村は、一九二一年から一九二二年にかけて大手町の衛生会館において「ロマ書」を講演したが、そこでも彼の再臨信仰は生き生きと脈打っている。彼は、名著『ロマ書の研究』（一九二四年）の第五五講「約説―終末と道徳（一三章一一～一三節）」の講解において、以下のように再臨の重要性を訴えている。

クリスチャンの希望は、キリストの再臨とそれに伴う救いの完成の希望である。無限進化の希望ではない。……キリスト希望の再臨なくして新約聖書は書かれなかったということができる。[14]

また彼は、再臨信仰反対に触れ、「多数のキリスト教会とさらに多数のキリスト信者は激烈にキリスト再臨の信仰に反対する。ロマ書のこの箇所のごときは、彼らによって、いわば霊的に解釈せらるるにあらざれば、すでに無用に帰したる古代の迷信として取り扱われる。今でもキリスト再臨の信仰を（その他のすべての奇跡とともに）除きたるキリスト教がこの世の流行物である[15]」と述べている。

内村が理想とする初代教会はキリスト・イエスの再臨を待つ再臨信仰の希望に満たされていた。彼は次のように述べている。

人は初代教会の元気旺盛を語る。それには明白な理由があった。それは再臨の希望に満ち溢れた教会であった。初代の基督信者は唯無意味に燃えたのではない。彼等が世に勝ったのは再臨の希望に養われたる信仰に由って勝ったのである。今日といえども同じである。此希望に養われずして文化と共に滅び行く此俗世界に勝つことはできない。再臨再唱の必要はここにある。（『内村鑑三全集』㉜—三二九）

よく知られているように、彼が死の五日前の病床から発した言葉は、「人類の幸福と、日本国の隆盛と、宇宙の完成を祈る」であった。内村は、キリストの再臨を待ち望んで召されていったのである。内村の再臨信仰は、この世界の出来事に背を向けてしまうことではなく、来るべき「神の国」の終末論的信仰に生きることによって、間接的にこの世界を潔め、変えていく原動力でもあった。

われらは、潔き勇ましいおこないをもって主の再臨を速めるべきである。……真理を唱え不義を排して、主の再臨を待つべきである。われらは、神とともに働く者である。そうして彼が平和をもって上より望みたもうに対して、われらは平和の準備をなして、下より彼を迎えまつるのである。（同、⑭―三〇三）

第五節　海老名弾正の再臨論批判

内村は、再臨反対運動を展開する海老名について、ベル宛ての一九一八年四月一七日の書簡において、「私は引き続きこの国において、主の再臨の幸いなる希望の闘士たることを続けています。……それから、嘲る人々は、この教義と私とを嘲るに忙しくしています。海老名弾正師指導の下にある日本の組合教会は、最大の嘲笑者です。願わくは、主、彼らをゆるしたまわんことを！」（『内村鑑三日記書簡全集』⑦―一七〇～一七一）。

海老名は、内村の再臨運動に対抗して『基督教世界』に「基督再臨信仰に対する見解」（一七九八～一八〇〇号、一九一八年三月二八日～四月一一日）を寄稿した。『基督教世界』は、組合派の色彩の濃い雑誌である。この論稿は、本郷教会でなされた海老名の説教を筆記したものである。海老名の再臨批判には、以下の四つの特徴があった。

第一点は、再臨を説く人々は、「聖書無謬説」に立っており、聖書をそのまま神の言葉と信じているという批判である。これは、聖書を歴史的な記録として批判的に読む海老名の聖書観に基づく批判である。

第二点は、キリスト再臨の思想は、ユダヤ思想から派生した妄想であり、異端の信仰で、クリスチャンが捨てるべき妄説であるという批判である。これは、ユダヤ教的なものを聖書からできるだけ排除しようとする海老名の反ユダヤ神学の帰結であり、そこにはメシアニズムも含まれる。この点は、ドイツの自由主義神学者アドルフ・ハルナックの影響によるものである。

第三点は、海老名がキリストの肉体的な再臨を精神的に解釈していることである。彼は特にヨハネ伝に着目して、「ヘブル的な肉体の復活ではなく、ギリシャ的な精神の復活」を優先することを主張する。

ヨハネ伝には、キリストの再来を否定していないが、しかしこの問題は精神的に解すべきものであって、即ち神の霊が我が心に溢れて、清くなり、高くなり、我等が平安を得るに至るは、これキリストの霊が我に来るに由るのであるとしている。ヨハネ伝記者はこの意味に於いてキリストは精神的に吾等に来たり給うのであって、キリストの心と我が心と一致することにより、その現在を自覚すると云う方面を明らかにしてきた。(『基督教新聞』⑴⑺⑼⑼—三、傍線部引用者)

第四点は、すでに述べたように、海老名は再臨の終末論的な見解を排して、歴史の進歩史観に立脚し、現在が神の国の形成の途上にあるとし、「神の国の事業は、月に歳に成し遂げられつつあると見ると云うも決して不穏当でないのである」(同、⑴⑻⑼⑼—四)と主張する。しかしその「神の国」とは精神的な王国である。『基督教世界』は、海老名が説教したこの会合について「基督の肉的再来などという迷妄に対して、健全なる思想信念を鼓吹すべく、本郷教会有志の発起により て再臨問題講演会は去る九日夜、開催されたのである」と伝えている。この時の参加者は、東京都の各派教会の有志五〇〇名ほどであった。

更に海老名は、『新人』(一九巻四号、一九一八年四月一日)に「基督再来論」を寄稿し、キリスト再臨説はイエス自身の教えではなく、弟子たちが作り上げたものであり、「ユダヤ教よりの輸入物にして、クリスチャンは宜しくキリストの心を以って之を排斥しさるべきである」(『新人』⑲—四—八八)と再臨論を批判している。そして彼は、「キリスト再来論は遂に異端となり邪説となった。黙示録の如きは偽書である、聖書に加えるべきものにあらずと論断する教師も起こったのである」(同、⑲—四—八五)と断言する。海老名は、キリストの再臨を霊的、精神的に解釈し、キリストの身体的な再臨を否定するのである。

更に海老名は『新人』(一九巻七号、一九一八年七月一日)に「宗教思想の推移と再臨思想の問題」を寄稿し、キリスト再臨の思想は悲観的すぎると批判する。

人生の罪悪を見て、斯く罪に沈める人間にては到底世界は良くならぬ、到底、理想の世界は出現しない、この有形の世界も社会人類も一旦壊滅せねばならぬ。而してキリストが再臨し給うて初めて新天地が現出するであると云う。兎に角彼らは絶対的に悲観的である。そこに一大欠陥がある。（同、⑲―七―六六）

こう述べて、海老名は「吾らは、神の力を信じると同時に人の力を信じ、神の力によって汚れたる人心を清め、社会を清め、この世界を神の国とするまで天父と共に働かねばならぬ。世を審判するにあらずして、世を救うために来れるイエス・キリストの目的を完成するために努力せねばならぬ。キリストは終末の日に来たり給うのでない、キリストは常に来たりつつある」（同、⑲―七―六七、傍線部引用者）と人間の努力による神の国建設の必要性を訴えるのである。そして海老名は世界の審判と、新天新地を説く再臨待望は、妄想であり、迷信であり、異端邪道であると強く非難する。ここに異端が正統を名のり、正統が異端とされる逆説が生じる。

自由主義神学の枠組みにおける海老名の再臨論批判の特徴が最も明確に示されているのが、「宣傳すべきキリストの福音」（『新人』一九巻七号、一九一八年七月一日）である。この論稿のポイントを三点だけあげておく。

第一点は、基督の再臨を否定し、再臨によって生じるとされる義人の肉体の復活、神の審判、列国の滅亡、千年王国を「幼稚なる思想」で、「基督教の中心真理にあらずして全くユダヤ思想の遺物である」（同、⑲―七―一四）と一蹴していることである。同時に海老名は、来世の天国も否定している。とするならば海老名にとって、死を超えた希望や永遠は一体どこに存在するのだろうか。彼の聖書理解は徹底した現世主義である。

第二点は、海老名にとって、原罪思想、罪悪が死の原因であること、聖書預言の信憑性、聖書無誤謬説は、すべて「純福音」を覆い隠すものであり、抹殺すべきものであった。海老名にとっての「純福音」とは、福音書におけるイエスの教えとパウロの書簡とを切り離し、福音を前者に押し込め、道徳主義的に理解することであった。そして海老名にとって、聖書がなくても神の赤子としての体験が優先されるのである。彼は、一九三七年の死の前に書いた『我が信仰の由来と経緯』において以下のように述べている。

……バイブルは尊いもので、ユダヤ人を選び、予言者を選び、そこから基督を始め使徒を選び給うた神が、インスピレーションで書かせたのであるから、一句一句これを信じて、疑う可らざるものであると云うけれども、赤子の経験から云うと、直接に神を選び、神が直接に語るのである。……神が語り給うのはバイブルの時代を以て過ぎたもので無い。(16)

第三点の海老名の聖書解釈の特徴は、科学や理性によって理解できないこと、ないし矛盾していると思われるものを一切捨て去り、聖書を父なる神と子との人格的な一体性である「神人合一の意識」からのみ解釈するものであった。そこには、罪の問題が無視され、イエスの十字架と復活の意義も否定されることになる。植村との論争の中心点が、彼の「新人合一」の体験であったことはすでに第四章で見た通りである。

内村鑑三は、一九一八年九月一〇日の『聖書之研究』において、「組合教会の再臨観」を寄稿し、以下のように海老名弾正を名指しで批判している。

海老名弾正君は日本に於ける組合教会の指導者である。君が基督再臨の信仰を批判するの言に曰く、これ亡国的、非合理的、非科学的、非基督教的教義なりと……、実に海老名君のこの信仰に対するこの大胆なる非難の言は、驚愕《けいがく》の念を以て基督教、基督教会全体に受け入れらるるであろう。(『内村鑑三全集』㉔―三二一)

また内村は、海老名弾正に代表される再臨批判は正統的な福音神学に対する批判の延長線上にあると見た。彼は、「基督再臨の兆」(『聖書之研究』二四二、二四三号所収)で、以下のように述べている。

実に、彼等の再臨説攻撃は多くは福音的基督教の攻撃である。彼らは、キリスト再臨を否認せんがためには、福音主義が依って立つ根本義を否認するのである、キリストの神性、罪の贖いとその赦し、キリストの復活とその昇天、彼等は明白にこれらの根本教義を否認して、彼らの称する基督教なるものを築かんとするのである。かくして再臨のことに就いてのみ彼らと余輩とは信仰を異にするのではない。神とキリストと罪と贖いと赦しと復活と永生と来世と、福音の中枢的真理に就いて信仰を異にするのである。（同、㉕―五四〇）

組合派やユニテリアンに関する限り、内村のこの批判は正鵠を射たものである。組合派の中で、唯一内村鑑三の再臨論を支持したのが柏木義円であった。柏木は、一九一八年八月一二日に『上毛教界月報』に「基督再臨に就いて」を寄稿し、肉体をとったキリストの再臨を説くと同時に、旧約における「僕たるメシア」と「王たるメシア」を区別し、再臨は、「王たるメシア」の到来であり、「僕たるメシア」の救いの完成であると主張する。

王の再臨とは此の王たるメシアの出現を云うのである。救拯《きゅうじょう》の完成を言うのである。……僕たるメシアありて王たるメシアなきは救拯の半上落下である。吾人は基督の再臨を信じて之を待望するものである。（『上毛教界月報』㉓⑦―三～四）

それでは、福音の正統派的立場に立って、海老名の自由主義神学を批判し、福音主義の信仰を提唱してきた植村は、内村の再臨論や運動に対してどのような立場に立ったのであろうか。実はここが大きな問題である。

第六節　植村正久の再臨論批判

海老名弾正の自由主義神学に対して正統的な教義を守り、教会形成や神学教育に力を注ぎ、日本基督教史のメインストリームを形成してきた植村正久は、内村の再臨信仰に対してどのような態度をとったのか。

『近代日本とキリスト教―大正・明治篇』に収められている座談会で、聖書学者の山谷省吾《やまやせいご》（一八八九～一九八二）が、

「再臨運動がキリスト教会において話題の中心となり、それに対してどういう態度をとるかが、全般的に重要な問題になりました」と述べた後、隅谷三喜男が「キリスト教会の主流」、たとえば日本基督教会などはこの問題にふれなかったのですね」という質問を発した時に、山谷は、「中立的というか無頓着だったのですね」と答えている。(17)また植村正久の薫陶を受け、信濃町教会で高倉徳太郎に師事した小塩力《こしおつとむ》(一九〇三〜一九五八)は、当時の日本キリスト教会では合理的な批評主義的聖書研究が主流で、再臨論を軽視し、終末論に対する理解がなかったと述べている。

その中で、高倉徳太郎は何人かの教役者とともに、内村鑑三の講演を聞きにいって、大きな問題を突き付けられたが、師の植村正久の所に持って行っても解決しないと直感、後に内村の再臨運動の狙いは正しかったと回想している。(18)植村正久の再臨運動に対する立ち位置を知るためには、当時植村が聖書解釈学において再臨をどのように位置づけていたかを知る必要がある。私見によれば、贖罪に関して海老名と論争した植村は、再臨に関しては海老名に近い認識を持って居たのではないだろうか。

つまり彼は再臨論を否定しないが、その再臨は、すでに来ているものであり、またこれから来るものでもあった。ただ「これから来る」という場合に身体的な再臨ではなく、精神的・霊的な現れが理解されている。

植村は、一九一〇年六月に「主の再臨」と題して説教をおこなっている。そこで植村は、黙示録一一章一五節「この世の王国は、わたしたちの主と、そのキリストのものとなった。主は世々限りなく支配される」と歌うヘンデルの「メサイア」のハレルヤ・コーラスに言及して、「我等は夜を衛る者の暁を待つが如くに、耶蘇再び来たって親しくその光栄を仰ぐ時の来らんことを待ち遠しく思うのである」(『植村正久全集』②—五四九)とキリストの再臨への期待を表明している。しかし、続けて彼は、再臨を今後起こることに限定することを批判するのである。

然し耶蘇の再臨を唯遥か後に来る事とのみ考えるのは甚だ間違ったことである。大体において事の纏まる終局としての再臨を思うと同時に、昨日も今日もまた明日も、間断なく我らに来たりたもう耶蘇を思わねばならぬ。(同、②—

五四九）

植村にとっての「再臨の事実」とは、ステパノが殉教するときイエスが神の右にたっているのをパウロが見た時、またダマスコ途上においてパウロが復活のイエスに出会った時、そしてパトモス島に流されたヨハネがキリストが来られることが近いことを知った時、これらすべてが、「キリスト再臨の事実」であった。

ここから理解できることは、植村がキリストの再臨を一回限りの出来事として理解していないことである。またそれと関係して、栄光の身体をもって再臨されるキリストを否定し、霊的にしか解釈していないことである。キリストに霊的に目覚め、リヴァイヴァルが生み出されることこそ、植村にとってキリストの再臨なのである。

内村が再臨運動を始めた一九一八年においても、植村は六月に「基督の再臨」と題して講演をしているが、基本的な考えは変わっていない。植村は、マタイの福音書二六章六四節「あなたがたは、今から後に、人の子が力ある方の右の座に着き、そして天の雲とともに来るのをみることになります」を解説して、「再臨はある一時期において、唯一回あると言うのでは無い、重ね重ねあるという意味である」（『植村正久全集』③—一四八）と述べている。また彼は、黙示録二〇章の再臨の光景を文字通り解釈することは間違いで、それは迷信であると断言する。植村は「キリストは来られつつあるに相違ない」と述べ、「今は基督の再臨の迫っている時勢」であるので、「目を覚まして祈ることを要す」と言っている。植村は、再臨が近いことを語ることによって、信者が目を覚まして、キリストを迎えることを説くが、その再臨とは、肉体を持ったキリストの再臨とは異なるのである。

植村は、一九一八年一二月に『福音新報』において再度再臨に触れている。彼は言う。

> 基督の再臨の今日提唱せられたるは時勢に促進せられたるものである。神の御霊の人の心を刺激せられしものと解せらるべきことである。紛々たる再臨説のうちにもたしかに動かすべからざる一条の真理がある。[19]（『植村正久と其の時代』⑤—九一〇）

しかし彼にとって、すでに述べたように、再臨はすでにあったと同時に、また繰り返されるものであった。それは、内村の云う一回限りのキリストの栄光の身体の再臨とは決定的に異なり、海老名の再臨観に近いものである。次の植村の言葉は、そのことを裏づけている。

詮ずる所欧州の戦乱はキリストの光臨《きたら》れたのである。世界文明の利弊や、社会組織の正邪を親しく見そなわせられし結果として、その宣告を下されし審判である。戦争の終熄、平和の克服、諸国民の間に向上心漸く発揮して、非を悔い、過を改め、根本的に革新するの機熟し福音の道大いに興らんとするに至れるは、まさしく基督再臨の事実なりと謂うことを躊躇せぬ。基督たしかにきたる。已にきたられた。常にきたりつつある。世界の希望ただこの一事に繋りて居る。基督は人類唯一の救いである。その再臨が歴史の完成である。（同、⑤―九一一、傍線部引用者）

詰まる所、一方において再臨を一度限りの肉体を伴うキリストの再臨と考える内村と、他方において再臨を繰り返して生じる霊的な復活と捉える海老名や植村との間には、超え難い溝が存在した。それは、内村が再臨の預言を文字通り理解するのに対して、海老名や植村がそれを霊的ないし比喩的に解釈するからである。同時に内村が聖書はすべて神の言葉であると聖書無謬説を主張するのに対して、海老名はもちろんのこと、植村もそのことを否定するからである。植村は、聖書を文字通り信じる人々を「根本主義者《ファンダメンタリスト》」として批判する。その中には、当然再臨運動を展開した内村鑑三やホーリネス教会の中田重治に対する批判も含まれていた（『植村正久著作集』④―二五四）。更に、植村は「素人神学」（『福音新報』一二九八号、一九二〇年五月）において、素人神学を奨励しつつも、職業的な牧師制度を否定する無教会やプリマス・ブレザレンを引き合いに出して、「無教会主義やプリマス・ブレザレンのごとき偏屈な片意地ものの起こるのも職業伝道の弊害に対する」反動である」（④―二四六）と酷評している。植村は自らの福音主義神学の立場から、逐語霊感説に立つホーリネス教会、無教会そしてプリマス・ブレザレンに対しては否定的で、神学的に未熟であると考えていた。それに対して内村は、「基督再来を信ぜし十大偉人」（一九一八年四月一〇日の『聖書之研究』）においてオリバー・クロムウエル、ジョン・ミルトン、アイザック・ニュートン、マイケル・フェデラー、ヤーコプ・ベーメ、チンチェンドルフ、アウグスト・フランケ、ジョージ・ミュラーなどを列挙し、ジョージ・ミュラーについて、「世界最大の孤児の友であって、我国の石井十次氏を起たしめしも此人であった。ミュラーはプリマス派の熱信家であった。而してプリマス派の中心は、其キリスト再来の信仰に於て在るのである、彼れミュラーの信仰により此の信仰を除いて信仰なる者はなかったのである」（『内村鑑三全集』㉔―一二六）と述べている。プリマス・ブレザンレンのクリスチャンたちは内村鑑三の再臨運動に参加したし、内村とプリマス・ブレザレンとの個人的関係も存在した。なかんずく内村が信頼していたベルはプリマス・ブレザレンの信者であった可能性が高い[20]。また内村鑑三の弟子の黒崎幸吉（一八八六～一九七〇）や矢内原忠雄は新居浜の家庭集会でプリマス・ブレザレンの伝道者である松本勇治から洗礼を受けており、矢内原忠雄の再婚の相手の堀恵子はプリマス・ブレザレンの有力な信徒である堀米吉の娘であった。

根本主義（ファンダメンタリズム）という言葉は今日でも、植村が批判するように保守的で神学の知識がなく頑迷な輩というふうにイメージされるが、もともとはそうではなかった。根本主義者とは、第一に聖書の霊感と無謬性、第二にキリストと神性、第三に処女降誕と奇跡、第四に人間の罪のための刑罰死、第五に肉体的復活と人格的再臨という聖書の根本《ファンダメンタルス》を信じる人々のことを指している。植村になかったのは、第一の聖書霊感説の中の「聖書はすべて神のことば」と第五の「肉体的復活と人格的再臨」であった[21]。

内村は、一九〇一年における植村と海老名のキリスト論をめぐる論争において植村の正統的な解釈を支持したが、こと一九一八年から一九一九年にかけての再臨運動においては、内村と植村の教理的立場の違いが歴然としてくる。

植村の神学的立場は、一方における自由主義神学、他方に於いて、聖書はすべて神のことばと考える内村などの根本主義者との中間的立場にあった。植村は、再臨運動が一段落した五年後の一九二四年の『福音新報』（一五〇六号、一九二四年七月三日）に「キリスト教思想の争い」を寄稿したが、そこでは、自由主義神学に対する反動として起こった「根本主義」批判が展開されている。植村によれば、根本主義は、「自由主義神学なるものの弊に懲り、その余りに極端に走る」ものであった。植村はこの「根本主義者」という名称の中に、シカゴの聖書学院を入れているので、これは中田重治や木村清松が学んだ「ムーディー聖書学院」のことであり、「背向きの学説に支配され、余りに危険な思想に籠城するものども」と批判している。そのムーディーなどの根本主義の日本版が中田重治が率いる「ホーリネス教会」であった。いわば内村の再臨運動をになった人々は、植村にとっては、「根本主義者」であった。また山室軍平（一八七二〜一九四〇）率いる「救世軍」の活動もこの部類に属する。植村にとって「根本主義」の運動は、神学がなく、後ろ向きで、低趣味のように思われ、生理的に合わなかったようである。植村は、贖罪信仰を生涯堅持し続けたが、近代神学の歴史的・批判的研究を一部受け容れて、逐語霊感説に反対する立場に立っている。彼は、「宣言もしくは信条」（『福音新報』一五一一号、一九二四年七月三一日）において彼の聖書観を明らかにしている。

聖書は片言隻語《へんげんせきご》神の霊示に口授されたような為方《しかた》で記されたものではない。霊魂の真理につき天来の光を受け、その啓示によれる道を明らかにすべく口を開き、もしくは筆を執るの刺激啓発を受けた者が、自己の才能、嗜好、趣味、分際、経歴、環境によりて思想し、商量し、感応し、発明し、体験し、己が自由の活動として、書き綴ったものが今の聖書である。……しかし聖書には、あらゆる点において、何らの誤謬説漏なしと主張することは甚だ困難である。……聖書を重んじそのうちに語る聖霊を信仰及び行為の主権者と仰ぐことはキリスト者として然るべきことで、偏理説横流の時代においてはこの態度を維持し且つ主張する宣言も必要であるが、他の極端に流れて聖書に記載されたことならば片言隻語ことごとくそのまま真実であると言うにいたっては角を矯めて牛を殺すものなのである。（『植村正久著作集』⑥——一三三〜一三四）

つまり植村は聖書が神の霊感を受けた書であることを認めつつも、逐語霊感、つまり聖書のすべてが神の言葉であることを認めていないのである。それは、内村の「聖書全部神言論」に対する批判でもあった。それでは何が神の言葉であり、何がそうではないか、その基準とは一体何か。植村は、聖書の文献批評が、自由主義神学のように奇跡を否定したり、イエスが神の子であることを否定したりするのではなく、逆に聖書の真理を明らかにするとして歓迎する。彼は一八九一年『日本評論』に掲載した「日本現今の基督教並に将来の基督教」において以下のように述べている。

けだし天啓の事実は載せて聖書に詳らかなり。所謂聖書とはいかなるものぞ。その言語文章を解釈するの手続きは、これをいかにすれば可なりや。……これら問題を研究するの学を名付けて聖書の批評《ビブリカル・クリティシズム》という。この学近年に至り、長年の進歩をなしぬ。その結果は天啓の本旨をして念々明らかなるを得せしめ、キリスト教の根底をしていよいよ堅固ならしめ、キリスト教を弁証するものとして、いよいよその事業を容易ならしめたり。これ実に正当なる聖書の批評より生出する良好の結果なり。余輩は真理のために、これを歓迎せずんばあらざるなり。（同、④―二八八～二九九）

とはいえ、植村は自由主義神学の高等批評をイエス・キリストの神性や復活という聖書の基本的信条を否定するものとして批判するので、どこまで聖書の歴史批評を認め、どこまで聖書の霊感を認めるかについては定かではない。その基準が不明確な場合、「文献批評」の名の下に批評家の主観が入り込み、海老名のような自由主義神学を生み出すことになりかねない。木下裕也は『植村正久の神学理解』において、「植村はキリストの神性を正統なしかたで主張するものの、聖書の権威に関してはあまり力説しない」と述べ、彼の聖書論は融通がきくことを指摘している。[22]

もともと植村は明治学院神学部で教鞭をとり、弁証論や牧会学を教授していたが、一九〇三年同学院のフルトンが植村が用いていたテキストであるW・N・クラークの『キリスト教神学概論』の使用に反対したので、同学院を辞任し、外国ミッションから独立した東京神学社を設立した。フルトンは明治学院の保守的な宣教師でアメリカ南長老教会に属していた。アメリカの長老教会は南北戦争を契機として、南と北に分離し、南長老教会は保守的であった。オールストロームは、『アメリカ神学思想史入門』において、北バプテスト教会の神学者クラークの『キリスト教神学概論』において、以下のように述べている。

そのような体系的労作の結実、『キリスト教概論』は、疑いもなくクラークの最も記念すべき業績である。明晰にして熱烈に書かれ、歴史批評を十分に認め、進化論の広い背景で考えられたこの本は、実質的にはアメリカ自由主義の教義学になったのである。それは一八九八年に初版が出され一九一四年までに二〇版を重ねた[23]。

後の一九〇七年に保守的な南長老教会の宣教師たちは、明治学院神学部と袂を分かち、神戸に「神戸神学校」を設立している。

植村がクラークの『キリスト教概論』の自由主義神学を信奉していたとはいえないものの、根本主義に対して不信感を持っていたことは理解しうる。しかしそのことと、聖書の中心的教義であり、使徒信条において、イエス・キリストの誕生、十字架、復活、昇天、高挙と共に明確に記されている再臨を否定することとはどういう関係にあるのだろうか。植村は、海老名弾正に代表される自由主義神学に対しては、贖罪信仰が脅かされるとして、神学的に戦った。と同時に植村は再臨運動に対しては、根本主義者の運動と解していたので、その重要性を看過したのである。そしてこの間違いは、後に弟子たちによっても継承されていく。再臨という最も重要な信仰を認めないことによって、植村の神学は救いの完成を見失い、再臨における希望を語ることができないばかりか、再臨信仰を危険視するに至る。

ただ私たちは、内村と植村の聖書観の違いを強調しすぎることは間違いであろう。内村も植村も聖書霊感説を信じ、聖書は神の言葉であると信じていたのであり、そのことが聖書よりも自己の宗教的意識や体験を優越させる海老名弾正の聖書観と決定的に異なっているからである。

基督教青年会館を追放された内村鑑三は、すでに述べたように大手町の衛生会館において、一九一九年から一九二三年において聖書講演会を続行した。その内村の聖書講義と時代との対決において、久山康は座談会において次のように述べている。

内村さんは三十年代には理想団に加盟して、足尾銅山の鉱毒事件に攻撃を加えたり、日露戦争には非戦論を唱道したりしていますが、それが、大正期に入ると『聖書の研究』に依って一層聖書に沈潜するとともに、聖書そのものを通して直接に現実を糾弾するようになりますね。……いまお話のあった「羅馬書の研究」が十年から十一年にかけて行われているわけです。聖書の再臨信仰を通し、十誡を通し、ロマ書を通して、精神的に崩壊していく日本と全面的に対決しているわけで、大正八年から十二年まで日曜毎に行われた大手町の衛生会館での内村さんの聖書講解講演が、毎回五百、六百という人を惹きつけたのも当然だと思いますね。(24)

内村は実際の社会運動から離れて、聖書に沈潜した。それを政治・社会意識からの後退と批判的に評価する見方もある。(25) しかし久山が云うように、それは、「聖書そのものを通して直接に現実を糾弾する」手法であり、内村は彼の生涯を貫いて、権力者や民衆の堕落・腐敗を攻撃する旧約の預言者としての役割を果たし続けたのである。そして内村は、キリストの再臨を語ることによって、闇の中に輝く光を示し続けた。

注

(1) 鈴木範久『内村鑑三とその時代――志賀重昂との比較』（日本基督教団出版局、一九八五年）は、「一人娘のこの世からの喪失が、それ【再臨信仰】を用意したことは疑えない」（二一八頁）と述べて、ルツ子の死と再臨信仰を関連づけている。

(2) 道家弘一郎編『内村鑑三英文論説翻訳篇』（岩波書店、一九八五年）、三八八～三八九頁。

(3) なお内村は、後になると「Sundau School Times」の購入を、その記事が信頼に値しないと断っている（『内村鑑三日記書簡全集』⑧―五九）。なお内村の再臨運動、特に中田と木村の関係については、小山哲司「内村の再臨運動から学ぶ」（二〇一九年一二月二五日の記録、http://mitomukyokai.jimdofree.com）を参照。

(4) 役重前洋『近代日本の植民地主義とジェンタイル・シオニズム――内村鑑三・矢内原忠雄・中田重治におけるナショナリズムと世界認識』（インパクト出版会、二〇二八年）、八六頁。

(5) W・E・ブラックストン『耶蘇は来る』（中田重治訳、東洋宣教会ホーリネス教会出版部、一九一七年）本書は、キリストの再臨を「携挙」と「顕現」、「空中再臨」と「地上再臨」に分け、その中間に「艱難時代」を設定する。

この区別について中村敏は次のように説明する。

携挙《ラプチャー》とは、テサロニケ人への第一の手紙第四章一七節にあるように、キリストが信者と会うために空中で降りて来て、聖徒たちを携え挙げ、そこで会う「空中再臨」である。したがって信徒の最高の望みは、キリストが再び来られるときに携挙されることであり、……次に『顕現』とは地上再臨といわれ、キリストの空中再臨後に地上ではしばらくの間艱難時代があり、その後キリストは携え挙げられた聖徒たちと共に地上に『顕現』する。この顕現によっていよいよ千年王国が始まるのである。このようにブラックストーンは、キリストの再臨は空中再臨（携挙）と地上再臨（顕現）の二段階から成ると解釈する。（中村敏『中田重治とその時代』、いのちのことば社、二〇一九年、二三七～二三八頁）
ただし内村はこの二つのことが再臨によって同時に起こると理解していて、二つを区別していない。

（6）富岡幸一郎『非戦論』（NTT出版、二〇〇四年）、七〇頁。

（7）鵜沼裕子は「内村鑑三――天然観を中心に」（『近代日本のキリスト教思想家たち』）において、「再臨における救済の固有の意義は、それが人類のみならず、被造物全体に及ぶものであるところに見出した」（九四頁）と述べている。

（8）内村鑑三『ロマ書の研究』（角川書店、一九七〇年）、三七七頁。

（9）内村鑑三『ヨブ記講演』（岩波文庫、二〇一六年）、一四〇～一四一頁。

（10）黒川知文は、「内村は徹底した聖書無謬論者であった。聖書はすべて誤りのない神の言葉であることを信じる者であった。このような徹底した聖書信仰に立ち、啓示としての聖書の言葉からイエスの再臨を主張したのである」と述べている。黒川知文『内村鑑三と再臨運動――救い、終末論、ユダヤ人観』（新教出版社、二〇一二年）、一五一頁。

（11）役重前洋、前掲書、一七五頁。

（12）黒川知文、前掲書、一〇二頁。

（13）木村清松については、岩村清四郎『基督に虜はれし清松』（キリスト新聞社、一九九二年）を参照。ただし本書には木村清松の再臨運動についての言及はない。

（14）内村鑑三『ロマ書の研究』（角川文庫、一九七〇年）、五六二頁。

（15）同書、五六一頁。

（16）海老名弾正「基督教概論未完稿、我が信教の由来と経過」（一九三七年）、七三～七四頁。

（17）『近代日本とキリスト教――大正・昭和篇』（創文社、一九六一年）、一九頁。

（18）同書、二六頁。高倉徳太郎は、一九二三年四月の礼拝説教において、「来りたもう主を待つ」というテーマで語り、再臨信仰を表明している。『日本の説教8　高倉徳太郎』（日本キリスト教団出版局、二〇〇三年）、二二六～二三四頁。

（19）これは、『福音新報』一九一八年一二月の一二二五号「今年のクリスマス」を転載したものである。

(20) 内村鑑三とプリマス・ブレザレン（キリスト同心会）との関係については、藤田豊「無教会とキリスト同心会――内村鑑三、黒崎幸吉、矢内原忠雄」（『内村鑑三研究』㊱――三一～三八）、またベルとプリマス・ブレザレンとの関係については、同書、三八頁を参照のこと。

(21) J・I・バッカー『福音的キリスト教と聖書』（岡田稔訳、一九六三年）、三六～三七頁。バッカーによると、ファンダメンタリズムの定義においては、「聖書の無誤謬性のような伝統的正統信仰とか、プロテスタント・キリスト教のファンダメンタルスとして信条を字義通り受け入れることを、近代主義に対して主張すること」というコンサイス・オックスフォード辞典の定義が、用語本来の意味としている。同書、三七頁。

(22) 木下裕也『植村正久の神学理解――『真理一斑』から「系統神学」へ』（一麦出版社、二〇一三年）、二五八頁。

(23) 雨宮栄一『牧師植村正久』（新教出版社、二〇〇九年）、一二三頁。

(24) 『近代日本とキリスト教――大正・昭和篇』（創文社、一九六一年）、二六～二七頁。

(25) 家永三郎「日本思想史上の内村鑑三」（鈴木俊郎編『回想の内村鑑三』、岩波書店、一九六九年）、一一九～一二〇頁。

第一三章　大正デモクラシーに対する対応

第一節　内村鑑三と大正デモクラシー

I　内村鑑三のデモクラシー批判

第一次大戦前後は、大正デモクラシーが盛んな時期であった。内村は、超教派の「日本基督教会同盟」が発した一九一九年二月一二日の宣言書には、「デモクラシー」の文字はあっても、「キリスト」の文字がないことを批判している。同名の宣言書には次のように記されているが、まさに時代の雰囲気を表現する文章である。

連合国先達者等によりて声明せられたる国際的正義公平の大主張こそ、この大勝利を博せしめたる大原因にして、要するに我が基督教徒従来の主義主張に外ならざればなり。而して連合軍の勝利即ち正義公平を基礎とするデモクラシーの勝利と云うべきものにて、この戦争が人類歴史に於て、特に倫理的宗教的意義を有する由縁のものとしてこれに因るなり。今や新局面吾人の前に開展せられたり。デモクラシーの思想は、洪水の如く、澎湃として全知に満ち、人類は一新せられ、社会は根柢より改造せられんとす。（『内村鑑三目録』⑩—一五三）

内村は、このようにデモクラシーを歓迎する教会の主流派に対して、「今のキリスト教会たるものは、世を導く者にあらずして、世に導かれるものである」とその時代追随的・妥協的性格を指摘し、「世が忠君愛国を唱える時は、その声に和して忠君愛国を唱え、世がデモクラシーを唱うる時は、また、これに応じてデモクラシーを唱う」（『内村鑑三日記書簡全集』①―七二）と批判している。

また内村は、一九一九年四月二八日の日記で、キリスト教会を批判して、「○新聞紙はますます国際連盟、デモクラシーの失敗を伝う。失敗は当然である。これが人類救済の福音であると唱えしキリスト教の教師らは、今より後どうするのか。……いずれにしろ今や大なる審判はキリスト教国とキリスト教会との上に臨みつつある」（同、①―一〇三）と述べている。

Ⅱ 内村鑑三の国際連盟批判

内村は、一九一八年一一月七日の日記において、「今回の大戦争の終結を以て戦争はすたらない。その反対にこの大戦争によって、さらに大なる戦争は醸《かも》されつつある。聖書の教うところがやはり真実である、戦争は人間の努力によってはやまない」（同、①―三〇）と記し、平和は次の戦争のための一時的な休戦にすぎないというカントの『永遠平和について』と同じ認識を示している。

第一次世界大戦後は、民主主義の進展によって平和が可能であるという世の中の潮流に逆らって、内村は、「世界の平和は民主主義の勝利によって来たらない。キリスト再臨ありて、人類を統治したもう時に来たる」（同、①―一二五）とあらためて自説を展開している。

第一次世界大戦後は、国際連盟の設立によって国際平和が現実的なものになるという期待が漲っていた。内村は、一九一九年一月一五日の日記において、「国際連盟か、キリスト再臨か、世界の平和は二者いずれかによってきたるか、この問題によって、キリスト教界は今や二大流派に分かれて居る」（同、①―五八）と記している。もちろん内村の立場は後者であるが、海老名弾正を筆頭とする組合派の人々は前者であった。これは、内村の再臨運動が、内は民主主義、外は国際連盟の流れに逆行するものであったことを示している。

内村は、「聖書と現世」(『聖書之研究』二二四号、一九一九年三月一〇日)において、人間が罪に支配されている限りにおいて平和はこないと主張し、「悪の中心は人の心に在る。心を改めざる限り悪は除かれない。偽る心を有てる人類の上に如何に巧妙なる外交術を施すも平和と幸福とは来ないのである」(『内村鑑三全集』㉔—四八九)と主張している。したがって内村にとって、ウイルソン、ロイド・ジョージ、クレマンソーの努力にもかかわらず、罪を除きさることなくして「恒久的平和」の実現は困難で、国際連盟の平和の構築は疑わしいものであった。制度を作ったとしても、人の心が変わらなければ、砂上の楼閣である。「人類の間に平和の破れしは、人類と創造主との間に平和が敗れたから」なので、まず一人一人が悔い改めて、神に帰ることが平和の土台であった。

更に内村は「連盟と暗黒」(『聖書之研究』二二六号、一九一九年五月一〇日)において、デモクラシーと国際連盟に対する幻想を批判し、キリストの再臨に期待を寄せている。

デモクラシー何者ぞ、民の為に民に由て行われる政治である。而して人類の平和は政治が神の定め給いし王の王、主の主に由て神のために行われる時に来る。……真正の平和が戦争に由て来らざるは聖書の明に示すところである。……民本主義の普及に由て世界改造、人類平和を計るが如き、迷妄これより大なるはなし、而して事実は聖書の明示を証明して余りあるのである。(同、㉔—五五四)

第二節　海老名弾正における世界平和と民主主義

すでに見たように海老名弾正は日清戦争、日露戦争を熱狂的に支持し、説教壇からも忠君愛国を語った。その海老名が第一次大戦勃発後は変身し、国家主義に変えて国際主義を、国家の権威に変えて、民衆の権利や生活の保障を語るようになり、これは、その後の海老名の人生の一貫した政治的姿勢となった。

海老名は、第一次世界大戦を独裁対民主主義の闘いとみなして、英米の勝利を民主主義の勝利として喜んだ。彼は、『新人』において、「列国共通の民主主義」を寄稿し、以下のように述べている。

吾々は、連合軍の勝利を喜ぶ、心の奥底からこれを悦ぶのである。何となれば公明正大なる人道主義の勝利なるが故である。……この戦争は軍国主義と非軍国主義との闘いである。帝国主義と非帝国主義との戦いである。独裁主義と民主主義との戦いである。連合軍は、当初からこの軍国主義、帝国主義、独裁主義を敵として戦ったのである。（『新人』⑲―一二―一三）

海老名は、第一次世界大戦がもたらしたものがデモクラシーであるとして、これを熱烈に支持する。当時民主主義の日本の代表的イデオローグは、海老名の信仰上の弟子で、本郷教会に通い、「民本主義」を提唱していた吉野作造であった。彼の有名な「憲政の本義を説いて其有終の美を済すの途を論ず」は一九一六年に『中央公論』に掲載されている。

海老名は、デモクラシーの一環として労働者の権利の獲得、普選運動を支持した。特に後者に関して海老名は、「世界改造期における吾人の使命」（『新人』二一巻四号）において世界の先進国に伍していくためにも、一刻も早い普選選挙の実施と軍備撤廃の必要性を訴えている。

I　民主主義と国体

民主主義の進展に対しては当然、保守派の側からは、民主主義ないし民本主義は日本の国体を脅かす危険思想であるという批判がなされた。こうした批判に対して、海老名は『新人』の「時局に就いて国民の覚醒を促す」（一九巻八号、一九一八年八月一日）において、「列国は万国民主主義の基礎として世界平和を確立せんと奮闘しつつあるのではないか。日本には日本独特の国体ありとするも、この民主主義を敵としては到底世界において孤立するより外はないのである」

るものとして理解するようになった。（同、⑲―八―六）と述べている。このように海老名は、国体を日本の栄華として賞賛するのではなく、世界から孤立す

この点において「民主主義」に代えて「民本主義」を普及させた吉野作造も同じ認識を示していた。彼は『新人』（一九巻三号、一九一八年七月一日）に、「如何にして国体の万全を期すべき」を寄稿して、「我日本の国体は、万国に冠絶する誠に立派なもので、これを以って世を支配すべく、決して支配されるべきものでない」と主張する国家主義者、国粋主義者を批判すると同時に、国体が記紀神話のような非科学的・神話的な伝説に基づくものであってはならないとしている。これは、津田左右吉が『神代史の新しい研究』（一九一三年）において、記紀の史実性を否定し、それを政治神話としたことと軌を一にしていた。吉野は、結論として「国体の万全を保護するの途は、所謂危険思想の徒なる排斥ではない。非科学的民族伝統の盲目的鼓吹ではない。また言論の圧迫でもなければ、所謂国民精神の統一ではない」と述べ、「人民が極めて透徹なる合理的確信の上に君権を中心として国家の経営に全力を尽くすことである」（同、⑲―三―一二）と結論づけている。

Ⅱ　国際連盟

内村鑑三の再臨運動を厳しく批判し、国際連盟を通して世界平和の達成を求めたのが海老名弾正であった。海老名は、日清・日露戦争を熱狂的に支持し、ナショナリストとしての相貌を示していたが、第一次世界大戦を契機として、国際協調主義者に変貌していく。一九一八年三月に「世界恒久の平和は如何にしてくるか」を『新人』（一九巻三号）に書き、アメリカ大統領W・ウィルソンが提唱している国際連盟に期待を寄せた。彼にとってそれこそが、キリスト教の考えに近かったのである。

元来国家と云う考えの起こるのが、人間社会における一大進歩である。何となれば古代は国内において兄弟相閲《せめ》ぎ、同族相戦ったからである。所がそれが更に友邦隣邦と云う思想にまで進んできた。然るに更に一歩を進めて近代にお

いては四海兄弟、万国一家と云う思想にまで飛躍してきた。而して、此の思想は、基督教の趣旨に近づいて来たものと云わねばならぬ。

更に彼は、「新時代の曙光を望みて」（『新人』二〇巻三号）において、キリスト教の「世界同胞主義」（brotherhood of mankind）こそが世界の概念が普及するに際して大きな影響を与えたと述べている（同、⑳—三—一三）。

海老名弾正は、一九一九年一月一八日から六月二八日にわたりパリで開催されたベルサイユ講和会議を見学するために、二月五日に渡欧している。海老名夫妻は、組合教会の信徒で弁護士である松木正覚の金銭的援助を受けて、一九年二月五日に日本を出発し、会議中はロンドンに滞在し、講和会議が英国に及ぼした反響を調査している。また彼は、五月にパリ講和会議の首席全権委員の西園寺公望（一八四九～一九四〇）と会談し、講和会議の後、米国に行き、一九二〇年一月二五日に帰国している。この時の経験によって彼の国家主義から世界同胞主義への転回は一層強められ、外においては国際協調、内においてはデモクラシーの使徒として登場することとなる。吉野作造は、「海老名先生を送る」を『新人』に寄稿しているが、そこで吉野は講和会議の視察に出かけるのが、政治家、新聞記者、実業家、労働者代表といった政治・経済関係の人々に限定されており、精神的事業に関係している人が一人もいないことを嘆いている。

今や世界は改造せられんとしつつある。改造運動を率いる根柢の精神が基督教であり、又新世界は基督教の世界なるべきは云うまでもない。而て此精神に共鳴するもの我国に於て甚少いのは吾々の最も遺憾とする処である。此時に当たり、吾海老名先生が日本に於て世界の大勢に共鳴する少数の識者を代表して渡仏せらるるのは、啻《ただ》に日本一国のみの幸と云うことは出来ない。先生の責任も亦た大なりと云はざるを得ない。（同、⑳—二—六）

ベルサイユ講和会議の日本側の正式代表団は西園寺公望や牧野伸顕（一八六一～一九四九）などリベラリストであっ

た。海老名は、「国際連盟」を武装的平和と比較して、キリスト教的精神に近いものと考えた。彼は、「欧米視察より帰りて」を『新人』に寄稿し、次のように述べている。

武装的平和とリーグ・オブ・ネーションズは全く異なっている。武装して戦う覚悟をしなければならんのは、クリスチャンの苦しむところである。堪えられない所である。仕方がないからそうするので、心から願ってそうして居るのでは無論ない。併し嫌だからと云って直ぐやめることはできない。辛棒せねばならんが、苦痛は苦痛である。クリスチャンには武装的平和は苦しい。堪えられない所である。国際連盟は基督の精神に近い。（『新人』㉑―三―五六）

海老名にとって国際連盟は、国家の連盟というよりは、国民の連盟でなければならなかった。その意味では加盟する国がデモクラシーの国であることが大事であった。彼は一九二〇年四月に寄稿した「世界改造期における吾人の使命」（『新人』二一巻第四号）において、次のように述べている。

此の国際連盟であるが、私は其の国際という『際』の意味がわからない。向こう言葉でいうと国民の連盟（League of Nations）ということになる。唯だ政府の代表者が出て而して調印したで済むものではない、国民が連盟するのである。国民が連盟することに於いて、普通選挙も無ければ労働者の覚醒も無くして、どうして国民の連盟が出来ようか。（同、㉑―四―三八）

したがって、まだこの時点では実現していない普通選挙権、婦人参政権、労働者の権利の拡大、賃金や労働時間の改善、高等教育を受けるための奨学金制度、女子教育の必要性、そのための軍事費削減や軍備縮小なども課題であった。国際連盟は、海老名にとって、戦争を阻止し、「平和」を達成すると同時に、デモクラシーを促進する目的を持つべきであった。

しかし、国際連盟は一九二〇年一月一〇日に発足したが、上院がベルサイユ条約の批准を否決したため米国は国際連盟に加入しなかった。海老名はアメリカのリーダーシップを期待していただけに、これにはいたく失望した。

Ⅲ　民主主義とキリスト教

海老名は、同志社大学総長の招聘を受け、一九二〇年四月一日に同志社総長兼同志社教会牧師に就任した。新島から数えて第八番目の総長で、一九二八年一一月まで就任し、約八年八か月の間、総長を務めた。時代は大正デモクラシーの時代であり、海老名も大学総長として、教育・言論活動を展開した。その目的は、大正デモクラシーの倫理的基盤である「人格主義」を根づかせることであった。關岡一成は、『海老名弾正——その生涯と思想』において、以下のように述べている。

就任式での式辞は、海老名の先年の欧米での体験が色濃く反映したものであった。日本の教育者は、『人格主義』『デモクラシー』『インターナショナリズム』『男女平等主義』の四大主義に基づいて新天新地を開拓すべき新時代となったと述べ、『今後願わくば、同志社より、日本を世界に指導していく所の人物を作り出したい』と抱負を述べた(1)。

海老名は、『新人』(一九巻八号、一九一八年八月一日)において、「基督の福音と民本主義」と題して、福音と民本主義の関係を論じている。海老名は、「人は、新しく生まれなければ、神の国を見ることはできません」(ヨハネの福音書三章三節)というニコデモに対するイエスの言葉を引用しつつ、新生して、神の子とされたものの自由と独立と、他者に対する犠牲的精神を強調している。海老名にとって神の子としての自覚が、民本主義の精神的土台であった。ここに彼の民主主義論が彼の神学と接合することになる。

民本主義に必要なるものは、個人が自主にして、奴隷たらざる所にある。個々人が王たらねばならぬところである。

民本主義の政治は、一人一人が自主的見識を持たねば真に円満にその政治を遂行することはできない。……また利己主義の行われる所にも民本主義は行われない。民本主義は己を捨て全体のために圖《はか》る奉公の精神が必要である。これすなわち基督教における十字架の精神である。民本主義は全体の利益のために自らを捨てる覚悟を要する。而してこれ実に神の国の精神である。他のために己を與うるの精神なくば、神の国も民本主義も決してその面目を発揚することはできない。神の国の福音と民本主義と相通じる要素は他にいくらもあるがこの点が最も大事なところである。

(『新人』⑲—八—一二)

海老名は、「基督の福音と民本主義」以外にも、『基督教とデモクラシイ』(二一巻六号、一九二〇年)において、キリスト教と民主主義の関係を論じている。海老名はこの論稿において初代教会の中に真のデモクラシーの実現を見ている。

彼等は互いに兄弟であり、姉妹であり、故にこの処に出来る処の共同生活は真個のデモクラシイである。——彼等は、一人一人違うけれどこれを統一し調和さす処の生命がある。これをパウロはいつも書いている。彼らは一つの Organism である。……こういう様に、神に依って結ばれたる団体には、互いの個性を害せずしての調和がある。かかるものは未だこの世界には実験しては居らぬ。けれども初代のクリスチャンが実現したのである。ギリシャ人とユダヤ人、富豪と貧者、征服者と被征服者、男と女と、而して何等不都合を生じない。かかる社会は彼等の基督教会の外にないのである。(2)

海老名は、政治的デモクラシーの前提として宗教的デモクラシーが必要であり、キリスト教こそ精神的・人格的人間を生み出すことができると考えた。彼は、宗教的デモクラシーが政治的デモクラシーを生み出し、またそれが産業的デモクラシーをもたらすと考えた。ルター(一四八六〜一五四六)、カルヴァン(一五〇九〜一五六四)の宗教改革の伝統が実を結び、宗教的デモクラシーに結実したのである。

海老名の民主主義の将来についての楽観主義は、民主主義に対する悲観的な意見に対する海老名の批判に如実に示されている。彼は、一九二〇年三月一日発行の『基督教世界』に「新時代改造の根本義」を寄稿し、次のように述べている。

最近に、欧米漫遊を終わって帰国した。日本の或る大政治家の言葉として、私はこう言う意味の批評を書いた。『デモクラシーは一時の流行であって、是が、一段落を告げれば、また元の国家主義、軍国主義が復活するだろう』と。私は敢えて言い度《たく》ない。『官僚臭のこびりついて居る人は、幾度欧米を視察して来てもやっぱり元の木阿弥である』と。デモクラシーは、決して一時の流行の現われではなく、遡って、歴史を探求して見れば、牢固として抜く事の出来ない深い根柢を持っている。試みに思え完全不完全の差別こそあれ、英国も米国も同じく主義としてはこの民本主義の上に立っているのではないか。（『基督教世界』⑱⑨⑧―一八）

しかし、日本の歴史は、一九三一年の満州事変を契機として、大正デモクラシーから国家主義・軍国主義の方向に大きく舵をきるようになる。海老名自身は、この日本主義の流れに対してどのような態度をとったのか、この点については、後に触れることとする。

Ⅳ　海老名弾正と吉野作造

当時の大正デモクラシーの旗手である吉野作造は、宗教的には海老名弾正の影響を受けていた。吉野が本郷教会に入会したのは、一九〇四年である。彼は本郷教会で活躍し、『新人』に頻繁に寄稿している。吉野作造は、一九一三年に欧米留学から帰国し、一九一六年に『中央公論』に、「憲政の本義を説いて其の有終の美を済すの途を論ず」を発表した。彼は、民主主義が人民主権を意味し、天皇主権と相反すると理解されることを考慮して、「民本主義」という言葉を用いている。

彼は、海老名弾正と同様に、民主主義の精神的基盤をキリスト教的「人格主義」に求めて、「デモクラシーと基督教」（『新人』二〇巻三号、一九一九年三月一日）において、以下のように述べている。

デモクラシーの本質が人格主義であると云えば、吾々は、直ちにデモクラシーと基督教の密接なる関係を連想せざるをえない。デモクラシーの依って立つところの理論的根拠は、何かと云えば人格主義である。……而して人格主義が其の信仰の内容として一層著しく活躍して居るものは吾が基督教ではないか。吾々はすべての人類を神の子としてすべての人類に一個の神聖を認め、固く基督に結んで居る。これ程確実な人格主義の信念がまたと世にあろうか。故に、基督教の信仰はそれ自身、社会の各方面に現れて直ちにデモクラシーとならざるを得ないわけである。（『新人』⑳―三―七）

吉野にとって、「基督教精神の発達を伴わざるデモクラシーの進歩は云わば砂上の楼閣を画くもの」に外ならなかった。この認識において、海老名と吉野は一致していたのである。

第三節　植村正久における世界平和と民主主義

植村も基本的に海老名と同様に、第一次世界大戦後における民主主義と国際連盟の設立を歓迎した。植村は、第一次大戦の終結後にクリスマスを迎えることを、歴史の転換点と理解し、『福音新報』（一二二五号、一九一八年一二月一九日）で以下のように述べている。

一九一八年のクリスマスは、戦の熄みたる祝いの意味をも兼ね、人類の歴史が最初のクリスマスに於ける如く新たなる紀元に入り、文明の線路此所に一転して、軍国の偶像を仆《たお》し、君主専制豪族跋扈の桎梏を撤廃し、民を本とし、自由を重んじ、人格を尊み、正義を旨とし、基督の創めて提唱し漸く建設せられつつある神の国の理想旭の如く輝き出る世道の新約時代今ぞ来れるかの如くに覚ゆる。（『福音新報』⑫㉕―九〇九）

更に植村は、一九一九年七月の『福音新報』において「世界の平和」と題して、「日本も……世界改造の機運に従い、デモクラシーの夥伴《かはん》となりて、平和克復の美化を獲得するに至ったのである。この点から考えてみても今回の平和は、真に天佑にすぎない」と期待しつつも、「既に国民の一角にはデモクラシーを呪い、固陋なる国民主義を唱道し、神風連のそれのごとき気風を鼓吹するものもあるごとく見える」（『植村正久著作集』②―二二六）と述べて、反デモクラシーの流れに、警戒感を示している。しかし彼は、「平和の嘉き音信が突如として鳴り響き、皆とともに愁眉《しゅうび》を開き、歴史の新たに展開せんずる祥端《しょうずい》著しく、世界はここに再び活路に就くを得るに至り」と将来の世界に期待感を表明している。政治学者京極純一（一九二四～二〇一四）は、第一次世界大戦後の状況に関する診断においても、「戦争から改革と進歩へ」という植村の基本的歴史観は継続していると評している。[3] 植村は、またヴェルサイユ条約を高く評価し、「国際連盟は、確かに平和の有力な保障である。世界進歩の大いなる一段階である。ヴェルサイユ条約において調印せられたる平和条約は人類史上一新紀元を開くものに相違ない。国民自決などの声の揚がる間には人格を重んじる気風も漸く旺んになりつつある」と述べ、国際連盟の成立を「神の国」への実現のプロセスとして理解している。彼は「国際連盟とキリスト教」（『福音新報』一二二五号、一九二〇年一一月一八日）において、「国際連盟は、大戦の産児である。将来の戦禍を避け、国際の協力をもって人類の進歩を図り、キリスト者から言えば神の国の実現に寄与すべき一端として形づくられたものである。その目的が既にキリスト教的である。永遠世界の見地に立ち、人類一致合同の大義を遵奏し、人格を尊重するの態度に拠り……」（『植村正久著作集』②―二二八～二二九）と述べている。

こうした民主主義や世界平和への植村の積極的評価は、キリストの再臨に世界平和の望みを置き、大正デモクラシーや国際連盟に距離を置く内村鑑三とは全く異なっており、海老名に近かった。

しかし植村は、次第に内村が指摘するキリストなき民本主義の危険性を認識するようになり、『福音新報』（一二七九号、一九二〇年一月一日）において、民本主義の持続的発展のためには、国民的更生が急務であると指摘している。

民本主義は、全世界の雰囲気である。強大なる時代精神である。されど神なく、望みなく、眼前の利益にのみ屈託し、責任よりも頭数を重しとし、正邪よりも投票の多寡に最も深く苦心する民本主義は、偉大なる経綸を行う事能わず……日本はキリストなくして、世界的民本主義の長風に駕して、新たなる文明の行程に上がらんとしつつあり。騎虎の勢いついにいかなる終結に達するものであるか。ゆえに誠に『実に汝らに告げん。人もしあらたに生まれずんば、神の国を見ることあたわず。』国民的更生が現代の要求である。（同、⑤—三八四）

また植村は、将来排他的な国体論が強調されることによって、信教の自由や民主主義が抑圧・破壊されていく危険性を認識し、一九二一年四月二一日の『福音新報』に「神道は宗教ではないか」を寄稿し、「日本のキリスト者は神道および神社の問題につき、議論に事実に、戦闘力を発揮して、時代錯誤の甚だしきこれら弊事を清掃することを務めねばならぬ」（同、①—一九七）と述べている。まさに植村正久死後における民本主義からファシズムへの日本の転換、そしてそれに伴う神社参拝の危険性を予測しているような発言である。

しかし総じて、大正デモクラシー時代の植村正久は、基本的に進歩主義的歴史観に立っており、神の国が地上において発展していくというオプティズムを抱いていたと言えよう。植村には内村のような終末論的な歴史観は見当たらない。基本的にキリスト教的ヒューマニズムの流れに棹さしている。彼には、文化や歴史を終末論的な視点から根底的にとらえなおそうとする神学的土台は形成されていなかった。植村は、個人が置かれた罪の現実に対しては深い洞察を持っていたが、総体としての文化や歴史に対する見方は終始オプティミスティックであり、歴史は神の摂理により予定調和的に進歩の方向に展開すると考えていた。別の観点から言えば、彼は、新しい時代思潮をキリスト教的終末論の立場から徹底的に掘り下げる方法を自覚するに至らなかった。[4] それは彼がキリスト教の再臨を否定した結果であった。

第四節　内村の民主主義批判に対する評価

すでに見たように、内村が国際連盟や民主主義を批判したのに対して、海老名や植村は、国際連盟、世界平和、民主主義を支持し歓迎した。海老名や植村は、日本の排他的・また神権的な国体論が頭をもたげてくることを憂慮しながら、つまり日本的文脈を見据えつつ、大正デモクラシーを前進させようとしたと考えられる。それに対して、内村の民主主義批判は、日本のデモクラシーの進展に水をさすような議論ではないかという批判が展開された。最大の敵は排他的な国家主義者、神権的な国体論そして軍国主義なので、内村の民主主義批判は利敵行為であるという批判である。

近藤勝彦は『デモクラシーの神学思想――自由の伝統とプロテスタンティズム』の中で、内村のデモクラシー批判、米国批判、国際連盟批判に関係して、批判すべき相手を批判せず、批判すべきでない相手を批判する、「状況の誤認」「敵対の錯誤」「文脈の欠如」を指摘している(5)。

しかし、内村の批判は民主主義や国際連盟によって世界に平和が来て、あたかも「神の国」のようなものが生じるという楽観的な進歩史観に対する、再臨思想からの原理的批判であって、それを日本的文脈を無視しているというのは議論の位相を異にするものである。

内村は、民衆の生活や権利を貴ぶ「平民主義」に依拠して、藩閥政府を一貫して批判してきた。また彼は社会主義の唯物論には批判的であったけれども、足尾鉱毒事件においては社会主義者と協働した。また彼は普選運動にも好意的であり、普通選挙最初の投票日である一九二八年二月二〇日に以下のように述べている。

普通選挙の最初の投票日である。一時は棄権と決心したが、翻って思うた、これ故嶋田三郎君、同河野広中氏、尾崎行雄君等の政界の清士が努力奮闘して国民のために得た権利である。これを理想的に用うるあたわざればとて、使用せざるは、これらの諸氏に対して申し訳なき次第であると。（『内村鑑三日記書簡全集』④―一四六）

排他的な国体論に対する内村の危機意識と警戒心は、彼自身が不敬事件の被害者であり、キリスト教と国体をめぐって井上哲次郎と論争した経験から、海老名や植村以上に強力であった。また植村や海老名は、日露戦争そして韓国併合を正当化したのに対して、内村は朝鮮の独立を主張し、日本国民の権利や自由のみならず朝鮮人の権利や自由をも尊重した。それは内村の無教会の集会に多くの朝鮮半島出身者が出席し、正確な情報を内村に伝えていたからである。

更に、内村は幸徳秋水の著書『帝国主義』に序文を書いたこともあって、植民地獲得の争奪戦を繰り広げる帝国主義諸国によって形成される国際連盟の脆弱性を社会学的にも認識していたのではないだろうか。

近藤は、一九三〇年に内村が死んだことは、「内村には幸いであったかもしれない」[6]と述べているが、内村の国体批判、非戦論、自由をめぐる戦いは、弟子の矢内原忠雄によって植民政策批判とリンクしつつ、継承され、発展させられることとなる。それに対して植村が一九二五年に死んだ後の日本基督教会は、満州事変以降の日本のファシズムに抵抗する指導者を輩出することができず、激動の歴史に翻弄されていくことになる。

一九〇一年から一九〇二年まで続いた海老名弾正と植村正久の神学論争においては、自由主義神学の側に海老名弾正がいて、正統派神学の側に植村正久と内村鑑三がいた。しかしそれから一五年以上経過したキリスト教会においては、内村鑑三と海老名弾正が再臨をめぐって論争し、植村正久は表向きは中立を保っていた。しかし、内村の無教会主義を嫌っていた植村は、再臨運動に対しては本音では組合教会に同情的であり、終末論には与することはなかった。

また民主主義の時代の流れを内村が批判的に見ていたのに対して、海老名はこうした潮流に積極的にコミットし、また植村も反動が生じることを警戒しつつも、民主主義の流れを好意的に評価した。まさに内村は、民主主義というバスに乗り遅れて、当時の政治的潮流から孤立しているように思われた。しかし、日本が満州事変以降、総動員体制に移行し、国体明徴が叫ばれると、内村が予言したように、歴史の退行現象が生じて来ることとなる。内村がその退行現象を預言することができたのも、野蛮対文明、軍国主義対民主主義という二項対立で歴史を見ないで、超越的な神の視点に立って、歴史を見ていたからである。

注

（1）關岡一成『海老名弾正――その生涯と思想』（教文館、二〇一五年）、三五五頁。
（2）關岡一成『吉野作造と海老名弾正――吉野が「海老名門下のクリスチャン」とされる理由』（教文館、二〇二二年）、一七二～一七三頁。
（3）京極純一『植村正久――その人と影響』（新教出版社、一九八四年）、八七頁。
（4）大内三郎『植村正久――生涯と思想』（日本基督教団出版局、二〇〇二年）、一四八頁。
（5）近藤勝彦『デモクラシーの神学思想――自由の伝統とプロテスタンティズム』（教文館、二〇〇〇年）、四五七頁。
（6）同書、四四〇頁。

第一四章　内村の無教会主義対植村の教会主義

内村鑑三と植村正久の根本的相違点はすでに述べた再臨問題だけではなく、教会と無教会の問題があった。この点は、再臨問題以上に、二人にとって譲れない問題であった。この問題があったがゆえに、植村と内村は決別せざるをえなかったのである。本章では最初に時代を遡って、内村の無教会論の内実について述べ、後に植村の教会論の特徴に触れることにする。二人の教会観は水と油であるのか、それとも、相違点は大きいものの一致点がないのか、植村は内村の無教会の主張の真意に耳を傾けることはできなかったのかという問題についても考察することにする。この問題は日本のプロテスタント史における重要な争点である。

第一節　内村の無教会論の形成

Ⅰ　内村の無教会論の三段階

関根正雄は、『内村鑑三』（清水書院、一九八八年）において、内村の伝道活動を五期に区分している(1)。

•第一期　角筈時代（一八九九年七月～一九〇七年年一一月）

この時期は、内村がキリスト教独立伝道者として立ち、一九〇〇年に『聖書之研究』を始め、角筈の自宅で聖書講義を行う時に当たり、一九〇五年に親睦団体として全国に「教友会」が組織されている。

•第二期　柏木時代（前期）（一九〇七年一一月～一九一七年一二月）
一九一三年今井館で聖書講堂が増築され、『聖書之研究』の読者に聖書講義が行われる。
•第三期　神田青年会館時代（再臨提唱の時期、一九一八年一月～一九一九年五月）
この時に「教友会」、「エマオ会」、「白雨会」が発展的に解消して「柏木兄弟団」が結成されている。この兄弟団が内村の再臨運動を担っていった。
•第四期　大手町私立衛生会館時代（一九一九年六月～一九二三年九月）
この時期に内村は、モーセ十戒、ダニエル書、ヨブ記、ロマ書を講演しているが、圧巻は六〇回に及んだロマ書講演である。彼は、『ロマ書の研究』の序に「余に一生の志望があった。それは日本全国に向かってキリストの十字架の福音を説かんことであった」と書き記している。ロマ書講演を始める前に、一九二〇年二六日の日記に「終日、キリストの十字架について考えた。来年はまた元始《はじめ》に帰り、特に十字架について語りまた書くことに決めた。余のキリスト教はもともと十字架である」（『内村鑑三日記書簡全集』①―三三六）と書いている。再臨から十字架の贖いへの方向転換、ないし重点の移動である。なお一九二三年の関東大震災の時に、大手町私立衛生会館が焼失している。
•第五期　柏木時代（後期）（一九二三年九月～一九三〇年三月）
内村が、今井館に戻り、聖書講義を継続した時代。
この内村の伝道活動の五つの区分を参考に、内村の無教会論の主張を三つの時期にわけて考えることにする。
第一期は、内村が公に無教会を提唱し始める角笞時代であり、一九〇〇年に『聖書之研究』を始めた時である。第二期は、内村の教会攻撃が最も激しくなる神田青年会館時代で、内村が再臨運動を展開した時期である。組合教会や日本基督教会は再臨運動に否定的であったため、教会との対立が激しくなった時期に当たる。第三期は、こうした対決が下火に向かい、教会に対する配慮と交わりが生まれる一方、無教会主義をめぐる弟子たちとの対立が深まる柏木時代後期である。
以上三つの時期に分けて、内村の無教会主義の特徴を跡づけることにする。

Ⅱ　無教会の原型――札幌独立教会

内村鑑三の無教会論の走りは、札幌独立教会の建設に求められる。内村が札幌農学校で学んでいた頃、札幌にはイギリス聖公会の伝道所とアメリカのメソジスト教会があった。内村たちはメソジスト教会のハリス宣教師からバプテスマを受けたが、以降独自にいかなる教派にも属さない札幌独立教会を建設した。札幌独立教会の特徴は、反教派主義、反聖職者主義、平信徒中心主義、反儀式主義であり、それは後の内村の無教会主義のモデルをなしていた。この点について政池仁は、『内村鑑三伝』において、以下のように述べている。

クラークという全くの平信徒が、学生たちに信仰を伝えて去り、その学生たちが下級生にそれを伝え、こうしてできた全くの平信徒ばかりで、ここに札幌基督教会は完全に独立した。そして、「教会に祭司は不要である」という無教会主義の第一歩がここに始まった。[2]

内村は、不敬事件の前日の一八九一年一月八日に宮部金吾宛ての書簡において、札幌教会に迷惑をかけないように退会を申し出ているが、そこで彼は、札幌教会は、子羊の血によって救われたことを知るキリスト教聖徒の集まりと述べている（同、⑤―二二二）。

内村自身、博学な聖書知識を持ち、熱心に伝道したが、按手礼を受けて牧師になることはなく、生涯平信徒で通した。

Ⅲ　内村の無教会論――第一期

政池仁によれば、内村が、無教会主義を実質的に主張したのは、『宗教座談』（一九〇〇年）においてである。[3]ここで内村は、教会が社交の場となり、罪悪の救済力に欠けている点に、教会の問題点を指摘した。

私が、今日我が国にある基督教会なるものに出入りせざるの理由は、私が寄席や劇場に一切出入致さないのと同一の理由でございます。即ち今の教会なるものは、道徳的に私を害するものと信ずるからであります。……私が当今のキリスト教会なるものを嫌う主なる理由は、それが罪悪の救済力に欠乏しているからでございます。即ち教会たるものの天職を忘れて交際上の一種、あるいは慈善クラブの一種か、然らざれば教法国の一種となっているからでありす。（『内村鑑三全集』⑧―一二〇～一二一）

内村にとって、教会が社交の場となり、「罪悪の救済力に欠乏している」のは、キリストの十字架と復活という福音が語られていないからであった。内村は、「私には私の出席すべき教会はありません。私は実にこの世においては無教会信者の一人で御座います」（同、⑧―一一九）と述べている。内村にとって教会は第一義的に「心霊上の罪人を救う場所」であった。内村は教会そのものを批判したのではなく、教会に福音がなく、救済力に欠乏していることを憂えたのである。

彼は、一九〇一年三月に「無教会」というパンフレットを発行した。そこには以下のように記されている。

「無教会」は、教会のない者の教会であります。すなわち家のない者の合宿所と云うべきものであります。すなわち心霊上の養育院とか孤児院のようなものであります。「無教会」の無の字は「ナイ」と読むべきものでありまして、「無にする」とか「無視する」とか云う意味ではありません…。（同、⑥―七一）

ここでは無教会は、教会を無視するとか、無にするという対決的なものではなく、教会に満足できず離れてくる魂の養育院ないし孤児院であるという位置づけである。内村は、決して教会は不必要で、個人が一人で神と交わっていればいいと考えたわけではない、既成の教会から霊的渇きをもって離れてくる人たちを受け容れ、霊的に養うのが無教会であった。このように内村の無教会主義は、教会を無視するという対決的なものではなく、教会に真理を見出し得ない人々の避難所であった。

彼は、一九〇五年七月五日に、ベル宛て書簡において、無教会論の真の目的とする所について、以下のように述べている。

二十年間にわたる経験は、人の霊魂は教会と、信条と、儀式と、宣教師がなくとも救われ得ることを、私にかたく信じさせてくれました。聖書と聖霊とがすべてをなしたまいます。私は、最高の尊厳は、平信徒に与えられていると信じます。（『内村鑑三日記書簡全集』⑥—一〇三）

ここで内村は、洗礼や聖餐式といった儀式に対する批判、そして聖職者や宣教師の教会に対して平信徒の教会を主張している。ここでの内村の無教会主義は、反聖職者主義、平信徒主義である。

関根正夫は、無教会が教派化する危険性を内村は極力回避しようとしたとし、決して無教会は反教会ではなかったと以下のように述べている。

内村は無教会主義を唱道したとはいえ、決して教派的な活動に堕することなく、教派を超えて、真正の教会の実現に努力した。また各所の教会で講演し、説教し、日本の教会の独立のために力を貸したのである。(4)

内村はこの第一期においては、完全に他の教会との交わりを断ったわけではなく、一九〇五年五月に長崎の池田福司に宛てた書簡においては、「植村正久、小崎弘道の両氏と共働して聖書改訳に従事致し候」（『日記書簡全集』⑥—九九）と述べている。ただ内村は、『聖書之研究』を発行する以前は、組合系の『六合雑誌』や植村正久主筆の『福音新報』にしばしば執筆していたが、『聖書之研究』発刊以降は、他の基督教雑誌に寄稿することはほとんどなくなった。また聖書改訳の共同作業も途中で放棄している。

Ⅳ　内村の無教会論――第二期

すでに述べたように内村の教会批判が過激になるのは、再臨運動を始める一九一八年からである。ここではすでに述べたようにメインストリームの教会に対する批判、そしてその反動として教会側からの内村に対する批判もエスカレートする。この点において内村は以下のように述べている。

キリスト再臨の信仰は、余の無教会主義を徹底せしむ、この世に勢力を得し教会はすべてキリストの再臨を排斥す。ローマ天主教会を初めとして、英国聖公会、メソジスト教会、バプテスト教会、組合教会、長老日基教会、ことごとくこの信仰を蔑視する。……キリストの再臨を信じて我等は、根本的に教会と異なるに至る。（『内村鑑三全集』㉔―七二）

内村は、こうした教会に対する対決姿勢が引き金となり、再臨講演会で使用していた神田の基督教青年会館を組合教会の小崎弘道たちによって追い出されている。

Ⅴ　内村の無教会論――第三期

第三期は、一九二三年九月一日に関東大震災が発生し、教会・無教会を超えた復興の課題が浮上し、内村も植村もなぜ大震災が東京に起こったかを、信仰の視点から問題にせざるをえなかった。また一九二四年五月のアメリカの排日移民法案に反対して、六月一三日に小崎が牧する赤坂の霊南坂教会で開かれた「キリスト教徒対米問題協議会」において、内村は小崎弘道、植村正久と共に排日移民法案に対する反対演説をし、共同戦線を張っている。このように内村の無教会主義に関する基本的な態度は変化しないまでも、教会に対する激しい批判は緩和されていく。内村は、一九二四年六月三〇日の日記において、霊南坂教会におけるキリスト教信徒対米協議会の会合に参加した折、「久しく疎遠の間柄においてありし教会の諸氏が、この際余を歓迎し、彼と行動を共にすることを許せし、彼らのキリスト教的態度に敬服せざるをえない」(『内村鑑三日記書簡全集』③—六二)と教会との関係改善を喜んでいる。キリスト教の伝道や礼拝以外の政治的領域における限定された共同行動ではあるが、内村はキリスト教界における自らの位置を再認識し、キリスト教全体の将来の視点から組合教会や基督教会に対する重荷や責任を果たそうとした。

特に植村が一九二五年一月八日に召天した後はそうであった。内村は、一九二五年六月には、青山会館で開かれた日本基督教会主催の都下学生連合礼拝で、日本神学社校長の高倉徳太郎と共に講演している。

第二節　内村の無教会論の特徴

それでは内村の無教会主義の特徴は一体何であろうか。内村の弟子の矢内原忠雄は、「宣教百年と無教会運動」において無教会主義の八つの特徴をあげている[5]。

第一は、外国ミッションから独立していることである。しかしこれは、内村だけではなく、植村正久や海老名弾正にも共通して言えることであった。

第二は、制度的・組織的な教会を造らなかったことである。

第三は、人は信じるだけで救われると強調し、洗礼や聖餐式のサクラメントを行わなかったことである。

第四は、神学校を卒業した聖職者中心の教会ではなく、平信徒を中心とする集まりを目指した。

第五は、聖書を重んじ、聖書講義や聖書研究によって、各々の信者が聖書によって直接神から真理を学ぶことを強調した。

第六は、無教会には信仰箇条はないが、キリストの十字架による罪のあがないと復活、そしてキリストの再臨による肉体の復活と神の国の完成を信じることが根本的信仰であった。

第七は、政治的・社会的な問題に関しては、無教会は神のことばを語る預言者的立場に依拠して、政治の腐敗や社会的不正、非戦論を展開した。内村が預言者イザヤの書を愛読したことはよく知られている。

第八は、イエス・キリストの純粋な福音を欧米の文化や文明を借りて伝えるのではなく、一般民衆の心に根差すように語ったことである。

こうした矢内原の指摘を参考にして、以下無教会の五つの特質について検討することとする。

I　純福音を語る

福音とは一体何か？　福音（εὐαγγέλιον、エヴァンゲリオン）とは、エウ（良い）とアンゲリオン（知らせ）からなっており、good news、良き知らせを意味している。そして福音は、イエス・キリストの受肉、十字架、復活そして再臨を含んでいる。したがって、内村にとって、この重要な教理を説かない教会は、教会とは言えず、福音を見失っている教会であった。

内村は、『聖書之研究』（一九二八年三月）に掲載した「教会問題に就いて」という論稿において、「今のメソジスト教会には昔の福音的信仰を見ることはできない。私の知る旧いメソジスト教会は常に組合教会の反対に立って福音救霊を主張したものであったが、今は然らずしてメソジスト教会は組合教会に能く似寄りたる教会となった」（『内村鑑三全集』㉛―一二五）と述べている。内村にとって、一九一八～一九一九年の再臨運動に批判的であった組合教会とメソジスト教会は福音なき教会であった。

実は内村鑑三は札幌農学校時代にメソジストの宣教師ハリスから一八七八年に洗礼をうけていた。そしてその後メソジスト教会から離れて、新渡戸稲造や宮部金吾と一緒に札幌独立教会を建設した。しかし内村によれば、この時のメソジスト教会は十分に福音的であった。内村は、メソジストの宣教師ハリスのみならず、本多庸一、山路愛山、そして高木壬太郎《みずたろう》（一八六四～一九二一）と親しかった。彼は一九二一年一月二八日の日記において、「青山学院院長、高木壬太郎君の逝去を聞いて悲しんだ。本多庸一君に次いで山路愛山君を失いし日本メソジスト教会の損失、実に大なるというべし。同情に堪えない」（『内村鑑三日記書簡全集』②―一二）と、メソジスト教会の将来に憂慮の念を示している。

内村は組合教会に関しては、最初から自由主義神学の影響を受け、十字架と復活の福音が語られていないと考えていた。それは、熊本バンドの成立のスタートに遡るのである。内村の再臨運動を徹底して批判したのも、熊本バンド出身の海老名弾正であった。

内村は、一九二一年二月一五日の日記において、教義と道徳との関係について触れ、「静かなる読書と黙想の時を持って楽しかった。キリストの先在と受肉と死と復活と昇天と再臨とについて、教えられまた考えた。キリスト教の中心はやはり教義であって、道徳ではない。堅い教義によらずして、強い道徳はない。キリストの受肉、復活、再臨とが無くして、キリスト教道徳はその根底よりこわれてしまう。これなくして、信者の社会奉仕も世界改造もあったものではない」（『内村鑑三日記書簡全集』②―一九）と述べている。

Ⅱ　聖書無誤謬論

内村鑑三は、聖書の無誤謬性を否定し、聖書の高等批評を行う新神学を終始一貫して批判してきた。それ故、高等批評を受け入れる教会からは保守的な根本主義者であると批判された。しかし、神の霊感を受けた聖書が、人間の理性によって否定されたり、切り刻まれたりすれば、信仰そのものが解体されてしまう。この点内村は、一九二一年八月一〇日の日記において、以下のように述べている。

今や世界のキリスト教会は、明白なる二派に分かれつつある。聖書をそのまま神の真理と信じるものと、聖書の中に大真理を見るも、これを『丸呑みにせず』と称する者の二派に分かれる。そうして余も、……前者に属するものである。その点において、われらは教会信者の多数と信仰を異にするものである。われらは聖書信者である。社会奉仕主義者にあらず、世界改造論者にあらず、キリストの受肉と贖罪と、復活と、昇天と再臨を信じる旧式の信者である。（同、②―八二）

内村は、一貫して聖書霊感説を主張し続けたが、特に彼が「聖書全部神言」論を展開したのが、一九一八〜一九一九年に至る再臨運動の時期であった。彼は、一九一八年九月二〇日の日記において、当時の教会合同運動について以下のように批判している。

聞く、日本におけるキリスト教会の合同は、キリスト再臨ならびに聖書無謬説を信じる者を除外してなされんとしつつありと。まことに結構なことである。かくて余のごときは、もちろん除外せらるるのであって、幸福この上なしである。俗化する今日の教会と合同するは、神と絶縁するにひとしくある。(同、②—一二)

この内村の教会合同批判は、後の植村の教会合同論を考えると、きわめて重要である。基本的な信条の共通性なくして合同を目指しても、たとえ組織力は強化されても、教会の霊的な真理は踏み躙られるという批判である。内村は、一九一八年一〇月二日の日記において、「独立と贖罪と再臨と聖書全部神言説、これらを主張し得ることは何らの恩恵ぞ」(同、①—一七)と述べている。

Ⅲ　教会の世俗化否定

彼が一番嫌ったのは、教会が世俗化して、聖霊の導きを認めず、この世の流れに妥協し、同化していくことであった。それは、教会の霊的死である。

教会は、常にこの世と主義方針を共にします。この世が戦争を唱えます時には、熱心に戦争を唱えます。この世の輿論は、常に教会の輿論であります。教会はこの世の政治家、実業家、学者等の名をかりてその事業を成さんと致します。しかして私は、イエスの弟子として教会と歩調を共にすることはできません。私は自ら欲するも教会に入りてキリストにおける私の信仰を維持することはできません。私はこの事あるを甚だ悲しみます。然し、止むを得ません。

私にとっては良心の声は教会の命よりも重くあります。（『内村鑑三全集』⑲—九二）

内村は、「今や教会には何でもある」（『聖書の研究』一四二号、一九一二年五月一〇）において、「今や教会には何でもある、音楽もある、交際もある、慈善事業もある、社会改良もある、戦争後の平和論もある、然し唯一ないものがある。それはキリストの福音である。今日の基督教は、基督教ではない。文明教である」（同、⑲—一二一）と述べている。

教会は、社会に対する影響力を行使するために、様々な方法で信者を獲得しようとこの世の手段に頼ろうとする。本来の福音宣教という大目的を見失い、教会を音楽で満たし、豪華な教会堂を建設し、慈善事業を活発に行い、差別撤廃や人権擁護の運動を展開する。それ自体が悪いことではないが、そのことが教会の第一目的となる時に、教会はこの世の組織に変質してしまう。

内村は、慈善事業や社会改革を中心とした教会のありかたを否定した。聖書には、「人はパンだけで生きるのではなく、神の口から出る一つ一つのことばで生きる」（マタイ四：四）とあるので、パンの問題を否定したわけではないが、神の言葉を語ることを優先したのである。(6)

Ⅳ　聖礼典の否定

内村はキリスト教の二大儀式である洗礼と聖餐式に対して否定的であったと言われる。正確に言えば、救いの条件としての洗礼と聖餐式を否定したのである。洗礼と聖餐式は聖職者が執行するので、聖職者なくして、あるいは教会なくして救いはないことになるが、内村は教会の外にも救いはあると主張した。彼は、洗礼・聖餐問題に関して、一九〇一年二月号の『聖書之研究』に「洗礼晩餐廃止論」を寄稿した。

……余は、洗礼晩餐の両式を以って救霊上の必要とは信じる能わず。……然れども余は此の両式を蔑視する者にあらず、否な反って余は之れに対して非常の尊敬を表すものなり、洗礼は基督御自身がバプテスマのヨハネより授かり給いし式として、晩餐は基督受難の記念として余は其の非常に美はしき式なるを知る。……然れども若し人ありて水の洗礼を受けず、教会の晩餐会に列なるにあらざれば余は救われざるべしと云う者あれば、余は余の聖書に従って余の精神的自由を唱え、かくのごとき説に服従せざらんとす。われらは、信仰に由て救わる、行為（儀式的）に由て救わるるにあらず。之れに与かるは可し、与らざるも可し、要は十字架に釘けられし神の子の罪贖を信じるにあり、其他の事は細事のみ。（同、⑨―五三）

また彼は一九二二年九月二七日の日記において、以下のように述べている。

人が救われんがためにはバプテスマと聖餐とを受くるの必要があるというがごときは、それこそ旧い説であって、新しい聖書研究は明白にこれを否定するのである。新神学によって毀たれるものは教会であって、福音ではない。（『内村鑑三日記書簡全集』②―二二七）

上述したように内村は、洗礼や聖餐式が救いの条件として主張される時には反対したが、そうでない場合には許容した。たしかに、内村は、無教会においてバプテスマと聖餐式をほとんど行わなかったが、全面否定したわけではない。彼は一九二二年二月五日の日記において、「余は、バプテスマをもって救霊上必要条件とは認めない。しかしながら有益と認める場合においてはこれを行うに躊躇しない」（同、②―一四八）と述べ、長女ルツ子を含め、過去四回バプテスマを施したと述べている。また内村は、一九一二年に娘ルツ子と夫人と一緒に聖餐式を行っている。

この点に関して山本泰次郎は、『内村鑑三の根本問題』において、「内村の無教会主義は、洗礼、聖餐等の礼典を無視し、或いは否定する無洗礼主義、無聖餐主義ではなかったということです」[7]と述べている。とはいえ、洗礼や聖餐式に対する内村の積極的な評価は見当たらず、やはり聖礼典を批判的に位置付けていることは変わりがない。内村にとって洗礼・聖餐問題は「細事」であったが、無教会の本質が洗礼・聖餐式の否定とみなされるようになったのは、不幸であった。

V　霊的な人格共同体としての教会

内村は、一九〇七年三月一〇日の『聖書之研究』（八五号）に「無教会主義の前進」という論稿を発表し、彼の積極的な教会観を呈示している。彼は組織的・儀式的・聖職者中心主義の教会には反対であったが、霊的な教会には賛成であった。

無教会は、進んで、有教会となるべきである。然し在来の教会に還るべきではない。教会ならざる教会となるべきである、即ち教会を要せざる者の霊的団体となるべきである。……無教会主義はその一面においては結晶せる教会の破壊である。他の一面においては、生ける教会の建設である。而うして無教会が結晶してまたいわゆる教会となる時には、無教会主義を以て之を壊つべきである。……無教会主義であれば決して放埒に流れてはならない。我等は外形の儀式は之を軽んずるも福音の精要には固く縋《すが》るべきである。（『内村鑑三全集』⑭—四八九～四九〇、傍線部引用者）

また内村は、一九〇六年四月一〇日『新希望』（七四号）の「福音とは何ぞ」における小見出し「新教会」において以下のように述べている。ここに既成の教会とは対照的な彼の理想的な教会像がある。それは聖職者中心の制度的教会を排除した霊的な教会であり、平信徒中心の教会であった。

監督なし、牧師なし、伝道師なし、洗礼なし、聖餐式なし、按手礼なし、楽器と教壇とを備えたる教会なし、神あり、キリストあり、聖霊あり、神と人とを愛する心あり、その教会堂、上に蒼穹を張り、下に青草を布きたる天然なり、その礼拝式は、日々の労働なり、その音楽は聖霊に感じたる時の感謝の祈禱なり、その憲法は聖書なり、その監督はキリストなり、而してその会員は霊と真とを以て神を拝する世界万国の兄弟姉妹なり、我等は永久にこの教会に忠実なる会員たらんと欲す。（同、⑭―六六）

内村の無教会主義は制度的教会を否定し、独りで神と交わることを奨励する個人主義のきわめつけであると批判する人々もいる。内村の説明では、そのように誤解される表現も多い。しかし彼は聖書に示されている真のエクレシアを再興することを望んで居た。彼は、キリストに連なる霊的いのちの共同体を再興しようとしたのであり、制度的・組織的教会はその障害になると考えたのである。彼は、ルターやカルヴァンが中途で挫折した宗教改革を徹底させ、真のエクレシアを形成しようと試みた。彼は、「私は、ルーテルやカルヴァンがカトリック教会に反対した精神を以って今日のプロテスタント教会に反対するものである。私は、プロテスタント教会が未だ全く脱却しえぬカトリック主義より、全然脱却せんと欲する者である」（同、㉛―一三五）と宗教改革の徹底を主張している。

また内村は、「宗教改革仕直しの必要」において、あるべき教会の姿として、「制度ならずして親交であり、組織又は団体に非ずして、霊魂の自由なる交際であらねばならぬ。実際的に言えば、それは神の子イエス・キリストならぬ何人をも監督または牧師と呼ばざる、教会を要せざる基督教であらねばならぬ」（同、㉛―一三三）と述べている。

内村のエクレシア観は十全に展開されるにはいたらなかったが、彼が制度的教会を排斥したものの、霊的エクレシアにおけるクリスチャンの交わりを強調したことは、看過すべきではない。したがって、内村は、まず誤った既成の制度的な教会を脱構築した後に、聖書に依拠した理想的な霊の共同体を設立することを望んだといえよう。

Ⅵ　内村鑑三と塚本虎二

内村の無教会主義は、弟子たちには無教会主義そのものが真理とみなされ、いわば教派化されていく危険性が存在した。そのことを最も典型的に示しているのが、塚本虎二（一八八五～一九七三）である。

塚本虎二は、第一高等学校に入学し、内村鑑三の『基督教問答』を読み、感動し、『聖書之研究』を読み始め、内村の聖書研究会の柏会に入会し、一九一九年に農商務省を辞めて後、独立伝道者となっている。

実は塚本虎二は、内村の弟子の中では、最も教会との結びつきが強い弟子であった。塚本虎二の「無教会になるまで」によれば、一九二一年に塚本が結婚した女性は、日本基督教富士見町教会の牧師植村正久の弟子であり、またその母親は富士見町教会の長老をしていた。この結婚を契機として塚本と富士見町教会との関係は強くなり、内村鑑三は、「塚本は一体おれの弟子か植村の弟子か」と言っていたという。(8) 塚本が、徹底した無教会主義者となるのは、一九二八年頃である。塚本はこの点において、以下のように述べている。

教会に対する私の態度はいよいよはっきりしてきた。『聖書之研究』誌上の論文は、無教会的、反教会的となり、昭和三年頃には、その極に達した。毎号毎号教会攻撃の論文が続いた。ことに教会問題でカトリックを怒らせ、司祭岩下壮一君が立って私の議論を反駁した。こと面倒と見て私は逃げてしまったけれども、岩下君はその機関誌で毎号のように私の無教会主義を攻撃した。……また内村先生は、狂える獅子のように私が教会にかみつくのを黙って見ておられたが、昭和三年【一九二八年】に『無教会主義とは何ぞや』という論文を書いた時には、さすがにみかねたらしく、たくさん付箋をつけて、あまりひどいから書き直すようにとのことであった。私は涙を流して争ったが、遂に譲って、烈しい文句をすこしく穏やかに書き直した。(9)

上述したように、塚本虎二は、一九二八年、『聖書之研究』（三三八〜三四〇号）に「無教会主義とは何ぞや」（上）（中）（下）を寄稿した。

これに対して内村は、問題の箇所に付箋とコメントをつけている。その一部だけ紹介する。

Either-or とするまでの問題ではないと思います。今は三十年前とはだいぶちがいます。今や、教会と死を賭して争うべきではなく、彼らの友となりて導いてやるときであると思います。……私と『聖研』とは今日まで無教会主義を第二問題として扱って来たのであります。第一問題としてではありません。之を第一問題として扱う以上は、私共の陣容を変えずばならず、随分の大問題であります。（『内村鑑三目録』⑫―二六三）

内村にとって、無教会は教会を批判し戦うのではなくて、友となって導く時代に入っていた。彼は一九二八年九月三〇日、弟子の黒崎幸吉宛ての書簡においても、同じ認識を示している。

無教会論が今に至って復興してきて、少しく困りました。今は二十年前とは異なり、教会を責めるのは少しく大人気ないと思います。今日我等に敵する者はありません。今より後は彼等を建ててやりたいと思います。（『内村鑑三日記書簡全集』⑧―二六三～二六四）

内村の教会に対する姿勢の転換、教会に対する好意的態度は、『聖書之研究』（一九二八年一〇月一〇日）に寄稿した「積極的無教会主義」にも、見ることができる。

私はすべての人が私の如くに無教会信者であらねばならぬとは信じない。私の無教会主義が私を救うのであるとは思はない。私は教会問題は基督教の根本問題であるとは信じない。私は人に私の無教会信者であることを容《ゆる》して貰いたいように、私は人がその欲する教会にいることを容す。……のみならず私は教会を助くるに躊躇しない。勿論その教会が私の無教会主義を尊重してくれることを要求する。……私は教会の信仰と私のそれとの間に存する共通の信仰に就て語る。（『内村鑑三全集』㉛―二八三～二八四）

内村にとって第一義的に重要なのは福音であって、無教会主義は福音が全うされていくための手段であった。教会が本来の福音的な教会になればなるほど、協力できたのである。内村は遺稿となった「私は無教会主義を…」の中で、

「私は今日流行の無教会主義者にあらずと。……私は教会問題には無頓着なる程度の無教会主義者である」（同、㉜―三四八）と述べ、「教会は腐っても、聖霊は未だ全く其内より去り給はない。そして私は其内に留まり給う聖霊の故に教会を尊敬せざるを得ないのである」（同、㉜―三四八）と教会への積極的な思いを表明している。

これに対して、内村の弟子たちにとっては、まさに無教会主義があたかも真理であるかのように絶対化され、教派化していくことになる。(10)

塚本は、一九三〇年『聖書知識』を創刊したが、表紙の大上段にEXTRA ECCLESIAM SALUS（教会の外に救いあり）と記されている。これは、ラテン教父のキプリアヌスの言葉EXTRA ECCLESIAM NULLASALUS（教会の外に救いなし）に対立する標語である。

第三節　植村の教会論

植村正久は、海老名弾正との神学的論争を通じて正統的な福音神学を確立すると同時に、制度的教会の確立と教会合同を積極的に進めていった。植村が一九二五年に永眠した時の肩書は、富士見町教会初代牧師、大会伝道局理事長、東京神学社校長、『福音新報』主筆であり、まさに日本基督教会、さらには日本のプロテスタント教会のキー・パーソンであった。

Ⅰ　植村の教会論の特徴

内村が批判した制度的教会の中心人物は、植村正久である。それでは、植村は、どのような教会論を展開したのであろうか。また彼は無教会に対してどのような評価を持っていたのであろうか。以下、植村が目指した教会の特徴を六点紹介することにする。

内村は、一九〇〇年に『聖書之研究』を発刊する前は、植村の『福音新報』にしばしば寄稿した。もともと二人はお互いに相容れない性格であったが、内村が無教会主義を主張し出すと、教会主義を主張する植村との関係は一層悪化した。この点に関して政池は、「植村は組織的教会を作ることに熱心であり、内村は愛のエクレシアを作ることに熱心であった。内村と植村とは正統的信仰という点においては、一致していたが、教会問題においては対蹠的であり[11]……」と述べている。植村が、愛のエクレシアを形成することをしなかったかは論議の余地があるが、組織的な制度的教会の重視はその通りである。

一　自由教会

植村が目指した教会とは、「自由教会」である。自由教会とは、特に国家との関係において、国家権力の干渉や侵害から自由な教会を目指した。当然そこからは国家権力と結びつく国教会の否定が帰結し、信教の自由や教会の自治の要求が生まれてくる。彼は、「信教自由の大義を明らかにし、教会自治の権利を主張し、毫もこれを侵害せられざるよう細心注意するは、キリスト教徒にとりて安全の道なるのみならず、国家の進歩、人心発達のためにも甚だ必要なることなるべしと信ず」（『植村正久著作集』⑥―二一二）と国家から自由な教会の意義を論じている。

不敬事件の対応にもみられるように、植村正久率いる日本基督教会は、組合教会、更には当事者の内村鑑三よりも、当局に対する批判は強かった。植村の反権力の姿勢は内村以上に徹底していた。植村は「自由教会」について、「ただキリストのみを首領と認め、国家の抑圧、支配以外に立ちて、キリストの法律を解釈し、これを執行する権利を運用する教会すなわちこれなり」（同、⑥―二二三）と定義している。

植村は、一八八九年に政府によって議会に付託された宗教法案の問題点を「宗教法案に付きて」（『福音新報』二三七号、一九〇〇年一月一〇日）において以下のように列挙している。

第一に植村は、「勅令をもって教師の資格を定ぶべし」の条項を教会自治への侵害と批判する。植村は無学な者でもあっても、ジョン・バンヤン（一六二八〜一六八八）やドワイト・ムーディーのように牧師になる人もあって然るべきだと主張する。

第二に集会を行うことを事前に行政庁に届け出することを定めた八条を批判する。第三に彼は、法案の三七条で、「宣教に従事するものをして政治上の意見を発表し、その他政治上の運動をなさしめず」という規定を批判する。この点に関して植村は、旧約の預言者の事例を取り上げて、以下のように述べている。

それキリスト教の宣教は、旧約時代の予言者のごときものなり。しこうして国の事に付きて神の聖旨を宣言するは、予言の一大要旨なり。今日の基督教伝道者また然り。時ありて国家の運命、政界の趨勢動作に付き、神の聖旨を説きて、世を啓導し、人を警戒するところなかるべからず。真正の伝道者ならばこれを言わずして政治上の意見を発表するところなくんば、時としては天に対して曠職《こうしょく》の罪免れ難きものあらんとす。米国の南北戦争に際し、ブッシュネル、チャニング、ビーチャー等が教師としていかなることをなせしかを考えなば、キリスト教宣教師をして政治上に口を噤《つぐ》ましむるの損害、国家のために多大なるを知り易かるべし。社会改良も時としてはこれを政治上の問題とせざれば、仏造りて魂を入れざる類となりおわるべし。（同、⑥—二八）

まさに植村の見解は、国家に対する預言者の批判的役割を重視した内村と共通した点があった。預言者は政治的事柄においても神の義と正しさを主張する。植村も『社会評論』において政治的な発言を好んで行っている。しかし同時に植村にとって、預言者的役割を果すためにも制度的教会は必要であった。組織化された制度的教会があって、福音宣教の進展や国家に対する批判が可能であった。内村にとって預言者の批判的機能を担うのはあくまでも個人であったが、植村にとっては制度化され、合同した教会の結集力であり、それがあって初めて「教会闘争」が可能であった。

二　自主・独立の教会

植村はまた、外国の宣教団体に対して、日本の教会が財政的にも、教会形成においても自主独立であるべきことを強調した。したがって、自由教会の自由とは国家に対すると同様に、外国の宣教団体に対する自由を意味していた。内村もまた外国の宣教師に依存して伝道することを批判した。この点において彼らは、基本的に一致しており、共に愛国主義者であった。

一九〇五年の日本基督教会の第一九回大会においては、ミッションによって援助を受け、独立自給していない教会を伝道教会と呼び、今後は独立自給できていない教会を教会とみなさないことを決定している。植村は、「独立問題に対する諸教派の態度」(『福音新報』一二二号、一八九七年八月二〇日)において、「監督教会、メソジスト教会等のごときは、皆外国の伝道会社と徹頭徹尾十分に結託し、否これに附随して事をなさんとするものなり」(同、⑥―一九)と批判する一方、組合教会においては、「教会のうちに自給しつつあるものと、外国伝道者より補助を受けるものとを厳重に区別し」、前者においても総会における投票を認めることが進んでいることを評価している(同、⑥―一七)。そのことが、純然たる日本の独立教会を建設する道であった。組合教会の母体であった熊本バンドは、元来愛国主義的で、外国の宣教団体であるアメリカン・ボードとは距離を置いていたので、植村にとって組合教会との合同は可能であった。

植村は一八九七年に教会の財政的基盤という観点から「キリスト教会の三潮流」においてキリスト教会を三つに区別している。第一の潮流は、政治家や実業家と結び、彼等の支援や寄付を受けて伝道を行う「俗界依存派」である。第二の潮流は、外国の教友と結び、その力を借りて事をともになさんと欲する「外国依存派」、第三の潮流は、日本の基督教徒の伝道を中心とする「自主独立派」である。この最後の潮流は、「キリストの十字架」の外は知るまじとの決心堅く、……一直線に正真のキリスト教を宣べ伝えることを主張する(同、②―九一)。当然植村は、「自主独立派」の立場から「外国依存派」を「宗教上の寄生虫」として批判し、また政治家と実業家と結託した「俗界依存派」を攻撃した。例えば植村は、熊本バンドの小崎弘道が中心となり、政治家や実業家の援助のもとに行われた「世界日曜学校大会」を以下のように批判する。

一九二〇年大隈重信や渋沢栄一の援助の下に、世界日曜学校大会が開催された折、わがキリストを措きて、世の智術、趣味、威力、金権、門地等に阿附し、これを迎合し、これと結託してその道を伝え、その計画を実現せしめんと図る者もある如くに見受けらる。……世界日曜学校大会が Patron, Association（大隈、渋沢、その他の人々の組織せる愛顧して引き立つる連中の団体を意味す）なるものを有するもキリスト者の精神状態における何者かを暗示するものではあるまいか。（『植村正久全集』③―二八七）

「外国依存派」や「俗界依存派」を斥け、「自主独立派」でキリストの十字架のみを宣べ伝える点では、植村も内村も同じであった。内村は一九二〇年一〇月一四日の日記で、大隈重信や渋沢栄一（一八四〇～一九三一）の後援によって開催された世界日曜学校に反対し、以下のように批判している。

かかる反対は、わが国においてキリスト教の純潔を維持するために必要である。不信者の後援によりてキリスト教的大会を開きしことについて、キリスト信者中、一人の非難の声を揚ぐる者なしとありては、世界と後世とに対し、大正時代の日本キリスト教の恥辱である。（『内村鑑三日記書簡全集』①―三〇九）

植村や内村は、「俗界依存」を批判し、信仰の純粋性を貫く点において、くしくも一致している。これと対照的なのが新島襄であった。植村も内村も、新島襄の福音的信仰を尊敬しつつも、彼が同志社英学校を建設するために、外国ミッションの資金援助や政治家・実業家の資金集めに奔走することに批判的であった。植村は、「事業上の必要は、彼【新島襄】を駆って、非キリスト教勢力を抱合し、これを利用せんと汲々たらしめた。彼は世間の政治家や財産家も利用し、外国の宗派とその勢力を自家薬籠中のものとなし、己の理想を実行せんと試みた」（『植村正久全集』⑦―五三二）と痛烈に批判している。

植村は、また日本の教会の財政的独立のみならず、教会の牧会的・統治体制の独立をも目指した。更に彼は、伝道者の養成や教会が依って立つ神学が、外国の教会や宣教師団から独立することを主張し、その為に明治学院神学部講師を辞任し、一九〇四年「東京神学社」（後の東京神学大学）を創設したのである。彼は、東京神学社創設の趣意書において、「日本は、外国の援助から独立し、キリストと聖霊のみに頼って自力でやっていこうと決心するキリスト教を必要としている」と述べている。(12)

三　教会と社会活動

植村は、政治権力に対して預言者的な警告の役割を演じると同時に、社会事業の働きを否定しなかった。彼の牧する富士見町教会には、日本YMCAの創設者で刑務所伝道で有名なカナダの宣教師キャロライン・マクドナルド（一八七四〜一九三一）が長老として在籍していたし、自由学園を始めた羽仁もと子（一八七三〜一九五七）・吉一夫妻も富士見町教会に通い、植村も、「自由学園」のキリスト教教育を助けていた。また植村は、山室軍平率いる救世軍の慈善活動をも支援している。

彼は、「キリスト者と社会事業」（『福音新報』一三八五号、一九二二年一月二〇日）という死の一年前の論文において、キリスト者が社会事業に無関心であるという批判に対して反論している。

社会事業とは、世界の平和、軍備の撤廃もしくは縮小、労資の関係、窮民の賑恤《しんじゅつ》【生活支援】、犯罪者の救済、その他矯風廓清などであるとし、こうしたことを等閑視することは、「キリストの道にはずれる。天下の憂いを憂え、国の難局や社会の疾患を心に懸けて、その処置に力を致すがキリスト者の責任であろう」（『植村正久著作集』①―三八七）と述べている。とはいえ、植村は、教会が社会事業を全面的に行う事には反対であった。

彼は教会の礼拝や説教は主に純宗教的であるべきで、社会問題に占領されるべきではないこと、教会の第一義的な使命は、神の言葉を宣べ伝えることにあることを強調した。彼は、「もしもパウロが、これらの人々のように奴隷問題や政治の事、さては婦人問題などにあまり多く力を入れたならばどういう結果になったであろうか」と述べている。

しかし彼は、「日本のキリスト者ほど社会の問題に関心し、努力して居るものは、国民の中、他にはあるまい」（同、①―三八八）と述べ、キリスト者が社会事業に無関心であるという批判に反論している。植村には、社会事業に対する燃えるが如き熱情があったが、教会と説教者は第一義的に礼拝とみことばの宣教にあるという彼の確信は変わらなかった。

四　教派の否定と教会合同――国民教会の形成

上述したように内村と植村との間には、意外と教会観において一致することも多い。ただ、教会の制度化、超教派的な教会の合同による国民教会の形成という一点においては、内村と植村は、水と油のような存在であった。

教会合同の試みは、一八七〇年代から試みられ、植村も積極的な合同推進者であった。一八七二年に設立された日本基督教会は、その条例において「我輩の公会は宗派に属せず」と宣言していた。教派を超えた教会合同は、時流に乗っていくように思われ、最初に一八七七年に改革派と長老派の諸公会が合同し、日本基督一致教会が成立した。更に基督一致教会と組合教会の合同が一八八六年頃から試みられたが、一八八九年に会衆主義に固執する新島襄の反対によって挫折した。[13] この後一致教会は、日本基督教会と改称する。

この合同の試みは、合同の委員として一致側は、井深、押川、植村、吉岡、インブリー、組合教会側は、横井、宮川、金森、グリーンが賛同し、一八八七年に開催された両教会の総会で全会一致で可決されたが、一九八八年の大阪における総会では、特に組合教会側に異議が生じ、この試みは挫折した。この反対の急先鋒は新島襄とデイビスであった。

新島は、長老主義によって会衆主義教会の自由や自治が脅かされるという主張を展開している。彼は、一八八七年一一月二二日宛ての徳富猪一郎（蘇峰）宛ての書簡において、以下のように述べている。

最近作成された教会合同草案は、全く長老教会の組織になっており、わが組合教会も自由主義的・会衆自由主義はますます希薄になって、まるで見えなくなっているようです。私は反対論を提出せざるをえません。[14]

横井時雄、金森通倫、小崎弘道、宮川経輝、海老名弾正といった熊本バンドのほとんどの指導者が賛成している中で、新島は頑強に反対した。植村正久と小崎弘道は、この新島襄の態度には、赦しがたいものを感じた。植村は、新島の反対が合同運動を挫折させたとして、彼を宗派主義者、外国の宣教師団体との結びつきを優先する人物として批判している。(15)

新島襄を敬愛していた同志社出身の小崎弘道でさえ、「新島、デビス諸氏の合同に反対したる行動に甚だ公明正大を欠く点があったのは私共の大いに惜しむところである。……合同運動の失敗に帰した事が我国の教勢に大頓挫を来した一大原因であるのは疑う可らざる事である」(16)と述べている。

大正時代においては、一九一二年に結成された超教派の組織「日本基督教同盟」を中心に合同が模索された。加盟教会は、日本基督教会、組合教会、メソジスト教会など八教派で、会長に本多庸一、副会長に小崎弘道が就任し、ＹＭＣＡ、日本日曜学校協会、日本基督教婦人矯風会なども参加した。「日本基督教同盟」は、教会や団体の連絡協力機関として機能し、一九一三年から一九一六年まで超教派の全国協同伝道を行った。(17)ここで中心的働きをしたのは、日本基督教会の植村正久や井深梶之助、メソジスト教会の本多庸一、組合教会の小崎弘道、宮川経輝であった。この日本基督教同盟は一九二三年には「日本基督教連盟」に発展的に解消され、この組織が一九四一年の日本基督教団の成立の土台をなしていく。

植村も合同の基礎としての信条の一致を重視しており、「真正の合同は精神上近く、主義も同じく打って一丸となすに最も好都合の間に企てられるべきものであり」(『植村正久著作集』⑥―五三)、ユニテリアン(三位一体やイエスの神性を否定する教派)までウィングを広げて、合同を企てることは砂上の楼閣であると指摘していた。植村が合同で念頭に置いていたのは、日本基督教会、組合教会そしてメソジスト教会であったが、組合教会に絶大なる影響力を有する海老名弾正と神学論争をして、組合教会の自由主義的神学の性格を見抜いていた植村にとっては、組合教会との合同は、危険ではなかったか、合同することによって、教義の正統性が見失われ、教会の純粋性が侵害されることにならないか疑問が残る。しかしこの点において植村は楽観的であった。植村は、特に組合教会出身で当時霊南坂教会を牧していた小崎弘道とも親しい関係にあったので、こうした組合派の有力な指導者との関係も合同の推進力であった。

植村は自ら牧する富士見町教会の牧師であったと同時に、日本基督教会において、一八九六〜一九〇〇、一九〇七〜一九一四、一九一六〜一九二五年まで約二五年間「伝道局長」を務めた。この伝道局は一八九四年に成立した。伝道局の伝道局長は、神学校の卒業生をどこの任地に遣わすかの権限をもっており、植村は彼が校長をしていた東京神学社の卒業生を明治学院の神学部の卒業生よりも優先して、条件のよい所に推薦したという。[18]また伝道局が日本基督教会の伝道方針や計画を決定するので、各地域教会は、その方針に従うことになる。その意味において、植村の教会観はきわめて中央集権的である。植村の自由な国民教会の形成は、国家や外国の宣教師団体からは自由であるといえるが、各地域教会の自由度は制限されていたのではないだろうか。

すでに述べたように「国民教会」の成立は、ナショナリズム的傾向を持っていた。この点について、佐藤敏夫は次のように述べている。

「国民教会」という言葉を打ち出したことについては、宣教師の支配からの自由ということと結びついて、「日本の国民による、日本国民の教会」の建設は植村の悲願であったからであると言ってもよい。……したがって伝道と言っても、単に個人への伝道ではなく、国民への伝道であり、そしてすでに言ったように、伝道が単に個人への伝道ではなく、教会を建てること、あるいは教会を造ることでもあるとすれば、伝道とは各国民にその国民にふさわしい教会を建てることである。[19]

植村の教えを受けた神学者熊野義孝は、『日本キリスト教神学思想史』において植村の国民教会形成の意義について、「国家権力に依存せずして国民教会の形成を図り、しかもそれが教派超越的な公同的形態をそなえ、同時にできるだけ自由な体制を持つ活発な伝道的集団であることを望んで居る。そのためには、信者の団結と牧師伝道者の神学的勉励が当然の養成となる」と述べている。[20]

五　霊的共同体としての教会

植村の教会観には、相矛盾する側面があった。植村は目に見える制度的教会の形成に急なあまり、目に見えない霊的共同体としての教会に無関心であったわけではない。彼はこの二つの間で揺れ動いていたのが実態である。植村にとっても、教会が教会であるためには、霊的な教会、つまりキリストが臨在し、聖霊によって導かれる教会は、大前提であった。「目に見える教会」は、「目に見えない教会」の理念によって支えられている必要があった。

植村にとって、教会の第一の目的は「礼拝」にあった。植村は、「上帝の前に額ずきて礼拝を捧ぐ、人類の尊栄これに過ぐるものなし。……吾人は、キリストの道より、造花の内に顕れたる神の栄光を仰ぎ、受肉降生と十字架の死とに顕彰せられしその愛に感じて真実無妄なる礼拝を献ぐることを得べし」(『植村正久著作集』⑥—二四一〜二四二）と述べている。

また、教会は、信徒たちの交わりの場である。彼は、信徒の共同体である教会をキリストのからだにたとえたパウロの教えを念頭に置いて、「キリスト教徒の交わり」(『福音新報』一九四号、一八九九年三月一七日）で以下のように述べている。

使徒パウロは、これ【教会】をもってキリストを首とする肢体の関係に譬え、イエスはまた我は葡萄樹汝らはその枝なりと宣給えり。真に彼らは皆一つ霊に在ってバプテスマを受け、一つの身体となり、一つの霊を飲みたるものにして、誰か弱りて我弱らざんや、誰か躓きてわが心熱せざらんや。彼の喜びは我の喜びたり、我の悲しみは彼の悲しみにてあるなり。極端なる個人本位主義は、旧世紀の思想のみ。(同、⑥—二五一）

こうした霊的共同体は、形をとり、制度として建てられていくと植村は考えた。また植村は、教会における信条を重要視した。彼は教派主義を嫌ったが、キリストの神性、受肉、十字架の贖いと復活の意義を強調した。ただ彼は、それぞれの教会が有している教派固有の信条、例えば、改革派教会の「ウエストミンスター信仰告白」、「ハイデルベルク門答」、「ドルト教憲」などは、教会合同のさまたげになるとして、簡易信条を主張した。

植村は、一九〇六年に『福音新報』(五八九号、一九〇六年一〇月一日)に「時代の要求と教会の要求」を掲載し、歴史における教会の役割について以下のように述べている。

余輩は、教会が社会の一方に覇権を唱え、その中には固い信仰が充ち、健全な道徳が備わって居るため、浮薄な社会がただ勢いに推されて形ばかりのキリスト教に流れていくのを或いは遮り、或いは堰き止め、かくて邪魔になるであろうと信じる。是非こういう地位勢力に致さなければならぬのである。教会はどこまでも骨格である、柱である。(同、①―三八六)

それでは世に流されず、逆に世の流れに警告し、引き戻すことのできる教会とは一体何であろうか、この点につき、植村は以下のように述べている。

今日の教会は、先ず教会についての理想をしっかりさせ、高いものとさせなくてはならぬ。教会は神の国である。神の充つる所、神の心の遺憾なく行わるる所、イエス・キリストの居ます所、その精神の活動する所。この理想に照らして教会は生きて行き立っても行くべきものである。(同、①―三八六、傍線部引用者)

地上における「神の国」である教会が世の流れに巻き込まれず、世の光となるためには、教会にキリストが臨在し、聖霊に導かれ、キリストのいのちに生かされた信者の集まりである必要があった。教会がこの世的な価値観によって支配され、この世的に影響力がある人々が支配し、キリストが教会の外に追い出される時に、もはや教会は教会ではなくなるのである。政治家や大学教授、有名人が多数集っていた植村の牧する富士見町教会にはこうした危険性は大であった。黙示録三章に記されてあるラオデキアの教会のように、自分は豊かになったと自己満足している教会は、イエス・

キリストを教会から追放している教会である。

植村にとって教会が真に霊的な教会であるためには、イエス・キリストを信じる信仰のみならず、イエス・キリストのいのちによって歩む必要があった。それは「私はキリストと共に十字架につけられました。もはや私が生きているのではなく、キリストが私のうちに生きているのです」（ガラテヤ人への手紙二章一九〜二〇節）というパウロの言葉に示されている。この点に関して植村は、次のように言っている。

福音主義の信仰を把持するもの、ややもすれば外のキリストを重んじて内のキリストを軽んじ、その我らの霊魂のなかに生命となりて活動せらるる方面を閑却し、いわゆるキリストに対する神秘的結合を忘るるに至る。これがためにキリストとその事業に関する教説に重きを置きて、活けるキリスト自体と没交渉たらんとする恐れがある。しかしこれはローマ書はじめの四章を読みて、次の三章、殊に第六章一節より十四節を没却したる結果である。……福音主義信仰の宣伝者たるパウロこそ、その正統の思想を代表した人であるなれ。（同、④—四八九〜四九〇）

しかし、このように聖書的な霊的教会観を保持しつつも、植村自身の教会形成には問題があった。つまり、国民教会設立のために教会合同を急ぐあまり、霊的教会の理想から次第次第に離れ、また信条や信仰の一致を軽んじることになった。植村は、日本をキリスト教化するために、国民的な制度化された教会を創設し、それを梃に地上に「神の国」を建設していくことを考え、ひたすら邁進した。そこに植村の社会進化論的発想と人間の自律的活動に依拠する近代主義の陥穽があった。

一時植村正久に師事し、後にルーテル教会に移籍した佐藤繁彦（一八八七〜一九三五）は、「日本の基督教会の将来」において、植村について以下のように述べている、

氏【植村正久】は、あくまで教会主義の人であった。氏の神学にリッチュルの影響が著しかったことは、氏の弟子

として学んだ余の親しく感知していたことである。氏はまたカルヴァン主義を教会生活において実現しようとした。（『内村鑑三目録』⑫―四〇一）

アルブレヒト・リッチュル（Albrecht Benjamin Ritschl、一八二二～一八八九）は、近代の文化の理念を「神の国」思想によみこんだので、この地上は「進歩」することに由って「神の国」を形成できると考えていた。そこには内村の再臨信仰に見られる終末論はみじんも認められない。

六　教会と伝道

日本を「神の国」にというヴィジョンを持つ植村にとって、教会はまた伝道の拠点でもあった。彼は聖霊に導かれたエクレシア形成を重視すると同時に、福音を宣べ伝え、教会のないところに、伝道所そして教会を形成していくことに力を注いだ。植村は、富士見町教会を拠点とし、東京やその近郊に伝道し、約二〇を超える教会を設立していった。また植村は一年に二、三か月富士見町教会の牧会や東京神学社での講義から解放され、日本全土、また満州や朝鮮に伝道旅行に赴いた。

彼は、キリストの十字架の犠牲によって罪赦された喜びを、できるだけ多くの人に伝えようとした。彼は、一九〇七年に開かれた「世界キリスト者学生会議」において語った説教の最後に、以下のように語っている。

キリストの十字架とその深い意味をわれわれが把握することができるように！　キリストの贖罪のあふれるばかりの恩寵をわれわれが飲むことのできるように！　その恩寵をもっと十分に実現し、もっと熱烈にそれを喜び、その恩寵の経験によっていっそう高い奉仕へとわれわれが奮起せしめられるように！　そのような精神に捉えられて、われわれは次のように言うことができるであろう。『主なるイエスよ。あなたのためにわたくしは生き、あなたのためにわたしは苦しみ、あなたのために私は死にます。生きるにも、死ぬるにも、私はあなたのものです。』[21]

また彼は、伝道に献身するように勧めた友人に次のように語った。

あなた自身が産みの苦しみを経験しなければ、あなたに赤ん坊が生まれることがどんなに仕合わせなのかわかるものでないよ、人間の魂を勝ち取るために犠牲をささげなさい。そうすれば、そうしたことをあなたは後の日に、決して後悔しないでしょう。(22)

日本人にキリストの十字架の贖いの福音を伝えようとする熱心さにおいて、植村は内村に勝るとも劣らない使命感を有していたのである。

Ⅱ　植村の無教会批判

植村は、上述の教会観に立って、内村の無教会運動に徹底して敵対した。彼は、「いわゆる無教会主義などと名づくる輩は、……霊界の乱臣賊子、獅子身中の虫、精神上の病的分子」と攻撃した。更に植村は、無教会に関して、「教会の設立を難じ、自ら一身を快とすることのみ汲々して、団体に対する責任を重んぜず、独り退いて神と交わり霊性の修養を務めて、キリストの意を得たりとなすが如きは、大いなる非事《ひがごと》なりと謂わざるべからず。これ己が智もってキリストに優るものありとなすに等し」(『植村正久全集』⑥―一〇五)と述べ、「信者は孤立すべきものに非ず。孤立して栄えんこと思いも寄らず。……他より受けず、また他にも与うることを拒絶す。かくの如く傲慢なる精神は、キリスト教の主義に背戻すこと甚だし」と批判している(同、⑥―一〇六)。

更に植村は、内村のピューリタニズムを批判し、「この世界とこれに住する吾が身および他人の地位、性質程度のいかんをも察せず、妄りに理想にのみ走りて教会のうちに玉石のともに混淆するを忌み嫌い、漫然清教徒を気取りもしくは非教会の孤立主義を執らんとするものも、同じく火急躁進の熱疫に侵されたりと謂わざるべからず」(同、①―一七)

と述べている。また無教会の洗礼、晩餐否定論に関しては、以下のように批判している。

世には洗礼も聖晩餐も教会も要らぬと言うものもある。しかもこれは、非常な間違いである。宗教には具体的なものが必要である、殊にキリスト教は個人主義ではないから、多くの物が集まって親しくパンを裂くというようなことがなくてはならぬ。（同、②―五〇九）

また彼は、洗礼や聖餐を救いにとって必要であるとは考えないが、「神の恩寵を人の霊魂《たましい》に運び入るる媒介物である」（『植村正久著作集』④―四八九）と述べている。

また無教会が霊的な教会を強調するあまり制度化された教会を批判することに対して、植村は「形式的の教会」（『福音新報』六〇〇四号、一九一七年一月二四日）において以下のように反論している。

世には、無教会など言える主義を唱えて、形式的に組織せる教会を非難するものもある。彼らはキリストにおいて一つなる霊的の教会は認むべきであるが、形式のは取るに足らず、況や個々分立して宗派を成せるものにおいてをやというようである。これは一寸道理あり気に聞こゆるけれど、大いなる間違いである。人類にも目に見えざる霊魂の有ると同時に、これを表わすところの目に見ゆる形骸《からだ》が着いている。……キリスト教は肉体を重んじる。神の座に座し給うキリストすら復活《よみがえ》られた体を有って居らるると見做すのである。（『植村正久著作集』⑥―二六五）

こうした植村の反論には一面正当な指摘もあるが、植村が内村の無教会主義の主張を全否定し、批判に終始していることは、プロテスタント史の歩みを考慮にいれると不幸なことである。というのも霊的・不可視的な教会のあり方においては、両者の間には共通性が認められるからである。

霊的な教会の理念を制度的、可視的な教会建設においてもできうる限り生かしていこうという植村の方針は、彼の努力にもかかわらず、足元の富士見町教会の現実において挫折を余儀なくされるのである。

第四節　植村後の問題

I　富士見町教会の分裂

政治学者の京極純一は、『植村正久――その人と思想』において、植村以降の日本基督教会の問題点について次のように述べている。

植村正久は、一九二五年一月に世を去った。その後三〇年間の間、日本社会は、無責任と無原理の支配するままに、破滅の道を辿った。……また彼の死の二年後富士見町教会において、また十六年後日本基督教会において、すなわち彼自身にとって実践的に最も重要であった二つの場において、「伝道者」としての植村正久の志向の挫折も否定の余地なく、顕在化した。そして、この二つの周知の事件自体が日本プロスタンティズム第二期の次第に深まり行く頽落を示す指標であった(23)。

この二つの事件とは、植村死後の富士見町教会の分裂であり、もう一つは、一九四一年に半強制的な国家主導の教会合同に教会が呼応して日本基督教団が成立したことである。この二つの問題は、底流においては、密接な関係を有していた。

雨宮栄一は、『牧師植村正久』において、植村正久亡き後の富士見町教会と日本の教会の状況について以下のように述べている。

富士見町教会は正久亡き後、様々な試練を経なければならなかった。周知のように、牧師招聘を巡って、富士見町教会は二つに分かれる。高倉に指導を仰ぎたいと考えた人たちは、大挙して富士見町教会を去り、当時高倉が牧会していた戸山教会に移籍した。また日本の教会も、昭和という極めて困難な暗い谷間の時代に入り、やがてあの忌まわしい十五年戦争に巻き込まれるに至る。あれほど教会に対する国家の介入を嫌った正久が生きていたら、どのような対応を示しただろうか。今となっては想像できないが、少なくとも、正久なき後の、当時の日本基督教会の指導者が見せたような愚かな態度はとらなかったであろう。(24)

植村が一九二五年一月に召天した時には当時副牧師をしていた南廉平牧師が後継者になったが、南も翌年死去したことにより、後任牧師として大連教会牧師をしていた三好務が選ばれたことにより高倉徳太郎を推していた信徒たち一〇六名が退会し、高倉が牧する戸山教会(後信濃町教会)に移るという事件が起きた。

富士見町教会の分裂は、富士見町教会内部のみならず、日本基督教会内部、ひいては、プロテスタント教会全体に対して大きな衝撃を与えた。植村亡き後の『福音新報』の主筆は、植村の娘婿でもあり、『植村正久と其の時代』の監修者である佐波亘である。一九二七年五月の『福音新報』の「富士見町教会会員の決裂」の記事に、決裂の結果が「いわゆる無教会主義者らに凱歌を上げしめるような事態に立ち至る」(『福音新報』三三巻一七号)ことのないように願うと佐波が書いたことに対して、内村は、一〇日の日記において、次のように述べている。

これは杞憂であると思う。無教会主義者とてクリスチャンである以上、他人の困難にあるのを見て、凱歌をあぐるような事はなし得ない。……われらは震災以来、富士見町教会に引き続いて臨みし不幸に対して凱歌を上ぐる者があるならば、それは自分の如き無教会信者ではなくて、同教会と教派を共にする人たちの内にあるのではないかと思う。それはいずれにしても、主義は主義として、信者は相互の困難に際して、各自の主義に敬意を表しながら相互を助けたきものである。(『内村鑑三日記書簡全集』④—四九)

その前の内村の一九二七年五月九日の日記では、「ある旧い兄弟より富士見町教会の分裂の報を聞き、非常に驚き、悲しんだ。なんとかこれを阻止することはできなかったであろうか。教会論は別にして、故植村正久君に対し同情に堪えない」(同、④―四九)と述べていた。

この思いは真実な内村の思いであり、この時点で内村は教会対無教会という対立構造ではなく、日本の教会の将来の視点からこの分裂問題を見ていたと思われる。

信濃町教会で高倉徳太郎に師事した小塩力は、『高倉徳太郎伝』において、このような分裂騒ぎが起こる以前に植村が富士見町教会の霊的状況を慨嘆し、あらたな開拓伝道を目指そうとしていたことを次のように証言している。

まず第一に、このような騒擾が起こり得べき可能性の、富士見町教会内にかもされていた事実である。これを最も敏感に見抜いていたのは、植村正久その人であった。一個の人間の年齢的制限、永年にわたって形づくってきた交わりの中に拭いがたくあらわれてきた人間中心の精神、したがって植村に全幅の信頼をかけているように見える場合でも、植村がよって生きている福音の真理に聞こうとしなくなっている状態、教会形態の維持が何よりの先決問題と考えられ、牧師は悪しき意味での奉仕者、長老が実質的の主人、この世の知恵と地位が最後にものをいうかの如き不信……信仰団体のこのような動脈硬化が、すでに富士見町教会に瀰漫《びまん》していたといってはいけないであろうか。植村ほどの深い信仰と、人物の偉大さと、驚くべき人間知と、これら一切を貫くキリストに対する忠節、にもかかわらず、彼はその晩年に富士見町教会に対して深い絶望を覚えたといいうる。[25]（傍線部引用者）

一言で言えば、世俗的な関心や名声が支配し、キリストの臨在と聖霊の働きが見失われている「霊的な危機」状態であった。そのことが結果的に、富士見町教会の分裂、更には一九四一年の半強制的な日本基督教団の成立と国体イデオロギーへの屈服に繋がっていったのである。

Ⅱ　植村正久と高倉徳太郎

一九二三年に結成された「日本基督教連盟」は、一九二九年に「神の国」運動という超教派の全国的な大衆伝道を決定し、一九三〇～一九三三年に組織的な伝道活動を展開した。その時の指導者が『死線を超えて』で有名な賀川豊彦（一八八八～一九六〇）であり、神の国運動委員長は日本基督教会の富田満（一八八三～一九六一）であった。一九二九年一一月六日には日比谷公園内、東京市公会堂で「神の国運動宣言信徒大会」が開催され、小崎弘道、井深梶之助、海老名弾正、富田満、賀川豊彦たちが登壇している。

しかしこの運動に批判的であったのが、植村の弟子で、戸山教会を牧する高倉徳太郎であった。高倉は、一九二四年に「戸山教会」を始め、一九二七年に分裂した富士見町教会からの転入者一〇六名を受け容れ、一九三〇年九月に会堂建築と同時に信濃町教会と改称した。高倉は、植村正久の後を継いで「明治学院神学部」と「東京神学社」を合同した「日本神学校」の事実上のリーダーであった。また一九三〇年七月に高倉徳太郎を中心に教会改革を目指して「福音同志会」が結成された。福音同志会の月刊誌『福音と現代』の創刊号（一九三一年四月）では、今日必要とされているのは「福音的信仰」であり、「福音的信仰」に基づいて教会を改革する必要性が述べられている。[26]

高倉徳太郎は、植村正久が自らの後継者として期待していた若き世代のリーダーであったが、神学においてまた教会論において植村に対しては一線を画していた。

高倉はすでに一九二〇年には、植村との神学、教会論の違いについて悩んでいた。彼は、一九二〇年の三月二二日の日記に植村との信仰上の距離について、以下のように述べている。

午前中平凡、植村師を訪れ、神学者の事に関し種々語ることを得たり。思想上に関して、疑問を質すことありき、されど新旧思想の相違にや――合するを得ざるありき。（高倉全集⑩――一二〇、傍線部引用者）

また一九二五年植村正久の死を聞いた後に書いた一九二五年一月一一日の日記には「とにかく天與の greatness を有

せし人かな。余は生前先生に対して平なる心を以て接し得ざりしことを悔ゆ。然し性格の点というのみに非ざるべし」（⑩―二二四）と書き、更に一月一二日の日記には、「予がいろいろな心得違いのために心と心を合わざりしは如何にも残念―悔ゆ―凡てに於て感謝して先生を思わざる可からず」（同、⑩―二二四）と述懐している。

雨宮栄一は『暗い谷間の賀川豊彦』において、高倉の教会改革のヴィジョンについて、次のように述べている。引用が長くなるが重要な個所なので、紹介したい。

高倉は当時の日本基督教会の良き指導者であったし、また神学的なオピニオン・リーダーであった。それにこの昭和五年というと、当時の日本基督教会に飽き足らない思いを抱いていた志ざしある青年牧師たちが、高倉を中心として、「福音同志会」なる集団を結成した年でもある。高倉を初めとして、この人たちはいままでの日本基督教会に対してかなり批判的であったのである。その最たる理由は、当時の日本基督教会を束ねていた「実践的なパイエティズム【敬虔主義】」であった。要するに伝道のためなら、信仰の内実を問うよりも、幅広い信仰理解を許容してゆこうという姿勢であったのである。そこにはごく大まかに言って一応「福音主義」と呼称する立場の内実は、さまざま神学的立場の複合体であったことは否定できない。[27]

また佐藤敏夫は『高倉徳太郎とその時代』において、カルヴィニズムを徹底し、植村以上に人間の罪と神の主権・恩寵を説く高倉徳太郎の神学の特徴を以下のように述べている。

それは、すでに述べたように、神秘主義的、汎神論的、あるいはロマン主義的敬虔を極力排除するものであった。したがって、それは神との神秘的一致によって神に酔うとか、宗教的法悦境に達することによって忘我に遊ぶといったものでは全くなく、あくまでも預言者的カルヴァン的なものであった。それは神の言葉に重点を置く者であり、神中心的ということを強調するものであり、神のきびしい審きと無限の赦しとの険しい弁証法に生きるものであり、神の召命に対する応答の生活に徹しようとするものであった。それが彼の言う福音的キリスト教に他ならなかった。[28]

『信濃町七十五年史』は、「高倉牧師の新しい伝道と教会形成への志の中には、固定化とマンネリズムに陥っているかに見えた富士見町教会と植村牧師ひいては日本基督教会そのものを批判的に乗り越えようとする意識が働いていたことは確かである」と書き記している。[29]

雨宮は、『信濃町七十五年史』を読み解きながら、高倉徳太郎たちが、基督教会や超教派の「神の国」運動に批判的であった理由を二つ挙げている。[30]一つは、先述したように信仰箇条を最小限にして伝道する「実践的なパイエティズム」批判であった。高倉は教会においては質よりも量が優先されると、キリストの十字架の贖罪的真理や聖霊の導きによる交わりが見失われる危険性を憂えた。第二点は、高倉徳太郎が、「神の国運動」における「神の国」の概念に関して、「神の国運動」の進歩主義的な「神の国」概念に対して、その終末論的・恩寵的性格を強調した事である。彼にとっては教会において質的に「神の国」＝神の支配が実現されているかが重要であった。高倉は信濃町教会の献堂式の説教（一九三〇年一一月一二日）である「神の国と教会」において、以下のように強調する。

要するに教会の問題は、量にあるのではなく、質にあるのである。信濃町教会の献堂を祝う友よりの手紙の一節に「信濃町教会の将来が「大きな教会」となるよりは、「真実の教会」としての成長を切に祈ります」とあった。わが志にふれたる辞として感謝した。教会はいくら量において増したといっても質において失敗ならば、始めからやり直すべきものと信じる。現代の祖国において神の求めたもう教会は、分量においてではなく、信仰の素質において純なる教会であると思う。キリストの十字架の贖罪的真理に立って、内なる交わりがなされ、妥協なき福音においてのみ伝道が励まるる教会に神の国は託されている。[31]（傍線部引用者）

また神の国と教会との関係について、神の国の内在的な発展という概念を批判して次のように述べている。

聖書における神の国は神の聖支配であり、それは静的な、観念的なものではなくて、どこまでも動的な、現実的なものである。そして神の国が実現せらるるところ、そのうちに礼拝の態度と、神中心の生活とが生かされてくる。ここに神の国の文化一般に対する意義と使命がある。しかし罪と肉に囚われている人類のうちには、このままでは決して神の聖支配は実現せられない。神の国は内在的な、進化論的なものではなく、超越的な、贖罪的なものとして与えられるものである。神の国は人間の努力によって来らず、ただ神の恩恵として、最大の賜物として罪人にさずけられる。主の聖霊の働くところ、そこに永生は生き、神の国は動いている。しかも神の国の全き実現はこれを世の終わり、キリスト再臨の日まで待たなくてはならぬ。[32]（傍線部引用者）

まさに内村鑑三の「神の国」の説明を聞いているようである。この「神の国」概念において、高倉は植村から離れ、内村に接近していく。彼は、植村とは異なり、内村鑑三と同じ再臨信仰を抱いていた。彼は「来たり給う主を待つ」（一九三三年四月）という説教の中で、「主の来たりたもうは必然であり、また忽然としてである。その日、その時を知らざる我らは、毎日毎日、各瞬間瞬間来たり給うことを信じて、目を覚まして待つべきである」[33]と述べている。十字架の贖罪信仰と再臨信仰を抱いて、霊的で純粋な教会を求める点において、高倉は、内村鑑三に限りなく接近しているといっても過言ではない。

植村正久がなくなってから約二か月後の三月六日、高倉が最も信頼していた中渋谷教会の牧師である森明（一八八八～一九二五、森有礼の息子でフランス文学者森有正の実父）が他界した。葬儀は六月六日に行われたが、高倉は、内村鑑三の話を聞いて、「内村氏の話も可なり。Dogmatic なれども、ところどころ天才のひらめきを覚ゆるなり。如何ぞや。考えるところあるべきなり」（⑩—二二五）と書いている。

植村亡き後の富士見町教会は、しばしば賀川豊彦を招いて、伝道集会を行った。高倉にとって、「当時の日本基督教会が中心になって、神の国運動を起こし、百万人伝道を主張する体質こそが、問題だったのである」[34]。

要するに、高倉が目指したものは今まで植村が展開してきた教会合同と、大規模な大衆伝道路線の否定であり、霊的な神の教会を建て上げようとする試みであった。また近代主義的な歴史のオプティズムに対する終末論的な神の介入を主張した。それは、植村神学に対するプロテストであった。植村正久の研究者の大内三郎は、「文化そのものを終末論的な視座から徹底的に問い直したのが、高倉徳太郎であり、……植村の場合には総体としての文化や歴史に対する見方は終始オプティミスティックであり、歴史はキリストの憐みによって予定調和的に進歩の方向に展開する」と述べている[35]。

Ⅲ　高倉徳太郎と福音的キリスト教

すでに述べたように、植村正久は「福音主義神学」の立場にたって、海老名弾正と対決し、贖罪信仰と三位一体論を弁証した。高倉徳太郎の「福音的キリスト教」は、植村の福音主義の立場を継承し、それをより純粋化するものであった。

高倉徳太郎は一九二七年に『福音的キリスト教』を刊行した。この中に彼の贖罪観のすべてが集約されているといっても過言ではない。彼は、福音の純粋性の回復を目指した。そうした観点から、高倉は、近代神学の大先達である自由主義神学者シュライエルマッハーを聖書の権威を否定するとして批判した。

近代神学者の大先達と言われるシュライエルマッハーの主張したキリスト教のごときも、決して聖書の宗教を純粋に伝えていない。彼の説いたキリスト教は、聖書の宗教以外に、かなり当時のロマンティシズムや、汎神論的神秘主義的な要素が取り入れられている。これは彼の神観がいかに聖書の神観と遠かったものであるかをみればすぐにわかることである。言い方が粗大に失する恐れがあるが、それから第二十世紀となり、欧州大戦後今日に至っている[36]。

それは人間の感情を刺激する主観主義的な宗教に他ならなかった。高倉は、罪の問題に鈍感となった神学について、「現代のプロテスタンティズムの信仰の最も欠けたるものの一つは、罪悪の正しい認識と、罪よりの救いのよろこびである」と述べている。[37] 彼が信頼した神学者は「バルト以前のバルト」と呼ばれる改革派のピーター・フォーサイスであった。彼はフォーサイスについて、「私がよく引き合いに出すのであるが、近代において英米を通じて、聖書的な福音的なキリスト教の核心を確くつかんでいた神学者はフォーサイスである。この点において、彼は近世の英米の神学界において孤立的な偉大なる地位を占めているとと私は信じるものである」[38]と述べている。

高倉の教会改革運動は、一九三五年の高倉徳太郎の自殺によってストップし、また彼が中心になって結成した「福音同志会」も分裂し、教会改革の原動力になりえなかった。また一九四一年の教会合同の流れの中で、国体の一翼をになう日本基督教団が形成され、日本の教会は冬の時代に突入することになる。[39]

しかし私たちは、先をいそぎすきたようである。内村鑑三と植村正久の教会観の相違について始めた本章は、植村正久と高倉徳太郎の比較、そして植村没後の富士見町教会の分裂にまで来てしまったので、時代を戻して、一五章と一六章において一九二三年の関東大震災と一九二四年の排日移民法に対する内村鑑三と植村正久の論評について言及することとする。

注

(1) 関根正雄編著『内村鑑三』(清水書院、一九六七年)、一〇〇頁。

(2) 政池仁『内村鑑三伝』再増補・改訂新版(教文館、一九七七年)、六七頁。内村の無教会主義と札幌独立教会との関係については、土肥昭夫『内村鑑三』、三一～三六頁を参照のこと。

(3) 同書、三二七頁。なお内村が無教会という言葉を最初に使ったのは『基督信徒の慰め』(一八九三年)においてであった。

(4) 関根正雄、前掲書、一〇八頁。

(5) 矢内原忠雄『内村鑑三と共に』新装版(東京大学出版会、二〇一一年)、四七六～四七八頁。なお内村の無教会観については、宮田光雄の「無教会運動の歴史と神学」(『日本キリスト教思想史研究』創文社、二〇一三年)を参照のこと。

(6) なお内村は、教会の慈善活動には否定的であったが、フランス領赤道アフリカのランバレネで医療活動をしていたアルベルト・シュヴァイツァー(一八七五～一九六五)に幾度か献金を送って、シュヴァイツァーから感謝状を受けている。また内村は熊本でハンセン病患者のために回春病院を建てた英国の宣教師ハンナ・リデル(一八五五～一九三二)の働きを支援した。

（7）山本泰次郎「内村鑑三の根本問題」（教文館、一九六八年）、九五頁。

（8）塚本虎二『去思と望億』（聖書知識社、一九七九年）、四四一頁。

（9）同書、四五一頁。富士見町教会の分裂に関しては、『富士見町教会百年——文集・年表』（富士見町教会、一九八七年）に収載されている清水護「教会の分裂問題について」（七五〜九〇頁）を参照のこと。そこに富士見町教会における植村正久牧師の後継者として高倉徳太郎を支持し、結果的に富士見町教会から分離した人びとの声明書（訣別の辞）が記されている。「福音的信仰を体得して深い神学を背景とし、常々進撃的奮闘を続け、預言者的熱誠を以って獅子吼すると同時に、一人一人の魂のために細やかな注意と熱い愛を惜しまない高倉先生こそ富士見町教会の後任牧師として最も適任であると考え、福音的信仰に依って志を同じうする兄弟姉妹の集団を別に形成し、以って各自の信仰生活を徹底せしめて行くより外に道がなくなりました」（八〇頁）

（10）内村以降の無教会論の展開については、無教会論研究会編『無教会論の軌跡』（キリスト教図書出版、一九八九年）を参照。

（11）政池仁『内村鑑三』（教文館、一九七七年）、三五九頁。

（12）青芳勝久『謙堂・植村正久・物語——日本人の心にキリストを命がけでつたえた伝道者』（渡辺省三訳、キリスト教図書出版社、一九九七年）、二二六頁。

（13）この合同運動の経緯に関しては、土肥昭夫『日本プロテスタント教会の成立と展開』（日本基督教団出版局、一九七五年）、五六〜九六頁参照。土肥は、合同運動の挫折の原因を、新島襄の反対もあるが、「合同運動の中で教会の一致と合同に関する的確な神学的基盤は確立されていなかった」（九二頁）と説明している。

（14）『現代語で読む新島襄』（丸善、二〇〇七年）、二六四頁。

（15）『植村正久と其の時代』③——六三六。

（16）小崎弘道『七十年の回顧』（大空社、一九九二年）、八二〜八三頁。

（17）鵜沼裕子『日本基督教史』（聖学院大学出版会、一九九七年）、四七頁。

（18）佐藤敏夫『植村正久——植村正久とその弟子たち』（新教出版社、一九九九年）、一一七頁。「花嫁事件」で植村によって日本基督教会から追放された田村直臣は、『我が見たる植村正久と内村鑑三』（向田堂書店、一九三二年）において、植村正久の戦いの三つの武器として、『福音新報』で筆での戦い、東京神学者での牧師養成、伝道局の支配を挙げている（一五頁）。

（19）同書、七三頁。

（20）熊野義孝『日本基督教神学思想史』（新教出版社、一九六八年）、二三六頁。

（21）青芳勝久、前掲書、二三六頁。

(22) 同書、二三九頁。
(23) 京極純一『植村正久――その人と思想』(新教出版社、一九八四年)、一六五頁。
(24) 雨宮栄一『牧師植村正久』(新教出版社、二〇〇九年)、三五一～三五二頁。
(25) 小塩力『高倉徳太郎傳』(新教出版社、一九五四年)、二二四～二二五頁。
(26) 土肥昭夫、前掲書、一八六頁。
(27) 雨宮栄一『暗い谷間の賀川豊彦』(新教出版社、二〇〇六年)、一四六頁。なお高倉徳太郎の生涯については、雨宮栄一『評伝高倉徳太郎(上)(下)』(新教出版社、二〇一〇、二〇一一年)を参照。
(28) 佐藤敏夫『高倉徳太郎とその時代』(新教出版社、一九八三年)、二四一頁。
(29)『信濃町教会七十五年史』(日本基督教団信濃町教会、一九九九年)、五頁。
(30) 雨宮栄一、前掲書、一四五～一五三頁。
(31) 高倉徳太郎『日本の説教8　高倉徳太郎』(日本キリスト教団出版局、二〇〇三年)、一四九～一五〇頁。
(32) 同書、一四七頁。
(33) 同書、二三三～二三四頁。
(34) 雨宮栄一、前掲書、一四七頁。
(35) 大内三郎『植村正久――生涯と思想』(日本キリスト教団出版局、二〇〇二年)、一四八頁。
(36) 高倉徳太郎『福音的キリスト教』(新教出版社、二〇一四年)、一三～一四頁。
(37) 同書、一六頁。
(38) 同書、一九五頁。
(39) 飯沼は高倉徳太郎の「福音主義的キリスト教」に関して、「みずからのエゴイズムの身を問題とする高倉にとって社会も天皇制も全く視野に入ってこない」(飯沼二郎『天皇制とキリスト者』日本基督教団出版局、一九九一年、一五六頁)と批判しているが、これは高倉の教会改革や宗教法案に対する取り組みを考えれば一面的な評価であろう。

第一五章　関東大震災の発生

第一節　内村鑑三の対応

一九二三年九月一日、関東大震災が発生した。死者と行方不明者を合わせて推定一〇万五〇〇〇人に上る大惨事であった。内村鑑三はその日、弟子の石原兵永（一八九五〜一九八四）と共に軽井沢に居て、東京に帰る途中であった。九月一日の内村の日記には、以下のように記されている。

正午、少し前に強震を感じた。浅間山噴火の前兆にあらずやと思うて驚いた。しかるに少しもその様子なく、あるいは東京方面の激震にあらずやと思い、心配した。夜半に至り、予想通りになることを知らされて驚いた。東京の空はるかに火災の揚るを見た。東京にある妻子、家族の身の上を思い、心配に堪えなかった。夜中、幾たびとなく祈った。そして祈った後に大なる平安を感じ、黎明まで安眠した。（『内村鑑三日記書簡全集』②―三四九）

東京に帰ると自宅は無事であったが、内村が聖書講義をしていた大手町の大日本私立衛生会館が焼失していた。以降内村の聖書講演は、今井館付属柏木聖書講堂で再開されることになる。

内村は、こうした激動の時代状況の中で、矛盾するように思える二つのことを語った。一つは、「希望」である。大震災のただ中において、彼はキリストにある希望を語った。彼は、九月一二日の日記で以下のように述べている。

東京は滅びても、日本は滅びても、しかり。全世界は滅びても、滅びないものがただ一つある。それはキリストの十字架である。そして、これにたよりて、われも国家も人類も再び興るのである。われら信者は、覆滅の惨状を見て、人と共に嘆くことなく、主の十字架を仰ぎみて、永久不滅の希望を起こすべきである。（同、②―三五二～三五三）

また彼は九月五日に、玄関の入り口に、以下のような張り紙を出している。

今は、悲惨を語るべき時ではありません。希望を語るべき時であります。夜はすでに過ぎて、光が臨んでいるのであります。皆様、光に向かってお進みなさい。殺さんのための打撃ではありません。救わんための、名医の施した手術であります。感謝してこれを受けて、健康にお進みなさい。（同、②―一五〇）

しかし同時に内村は天譴論を語っている。九月二一日の日記には次のように記されている。

罹災者の事を思えば耐えられぬ苦痛である。……天災とはいうもの、其多分は人災である。低き快楽と虚栄とを追い求めて三百万の民が東京湾頭隅田川河口の一地点に集合した事が此の災禍の因をなしたのである。……虚栄の街たる都会の無き所に、如何なる天災と雖も過大の損害を生ずることは出来ない。其意味において今回の天災は確かに天譴である。（同、②―三五五）

内村は、一九二三年一〇月一〇日に『主婦の友』（七巻一〇号）に「天災と天罰及び天恵」を寄稿した。この中で内村は、「天災は読んで字の通り天災であります。即ち天然の出来事であります。之に何の不思議もありません。地震は地質学の原理に従い、十分に説明する事の出来る事であります。地震に正義と道徳もありません」と地震が自然科学的な現象であることを主張すると同時に、「無道徳の天然の出来事は之に遭う人に由て、恩恵にもなり、また刑罰にもなるのであります」と述べて、東京の堕落した状況を見れば、「今回の出来事が適当なる天罰として、彼等によって感じられる」と述べて、九月一三日の『万朝報』から渋沢栄一の演説の文章を引用している。

今回の震災は未曽有の天災たると同時に天譴である。維新以来東京は政治経済其他全国の中心となって我が国は発達してきたが、近来政治界は犬猫の争闘場と化し、経済界亦商道地に委し、風教の退廃は有島事件の如きを賛美するに至ったから此大災は、決して偶然ではない。（『内村鑑三全集』㉘―一八）

ここに記されている「有島事件」とは、一九二三年六月に有島武郎（一八七八～一九二三）が『婦人公論』の記者で夫がいる波多野秋子と軽井沢の別荘で心中自殺をした事件である。内村は、この心中事件について人心が有島の行為に同情的であり、道徳的退廃が目を覆うばかりであるとして、一九二三年七月一〇日の日記に「有島氏が今度なした事を善しと思う余の友人は、この際、断然、余と絶交して欲しい」（『内村鑑三日記書簡全集』②―三三一）と有島の心中に同情的な社会的風潮を厳しく批判している。内村にとって、天譴論は有島問題と密接に関係していたのである。

こうした内村の天譴論に対しては、批判が強かった。被災者や死者に鞭打つという批判である。しかし、ユダヤの民に対する天譴としてバビロン捕囚を語ったイザヤやエレミヤといった預言者と同じように、内村も民の罪を指摘せざるを得なかった。同時に、内村にとって関東大震災は、天罰であると同時に、すでに述べたように天恵であると感じられ、新たな日本の出発の時であった。

然るに此天災が臨みました。私共は、其犠牲と成りし無辜幾万の為に泣きます。然れども彼らは、国民全体の罪を贖はん為に死んだのであります。……大地震に由りて日本の天地は、一掃されました。……然し、挽回した者は国民の良心であります。之に由りて古き道徳が復たび重んぜらるるに祈りました。新日本の建設はここに始まらんとしています。私は帝都の荒廃を目撃しながら涙の内に日本国万歳を唱えます。（『内村鑑三全集』㉘―一九）

内村にとって、関東大震災を天譴と天恵の双方からとらえる見方は、内村の再臨論の延長線上にあった。関東大震災は、世の終わりの徴候であった。キリストの再臨は一方において、世に対する神の審判の時を示すと同時に、新たな神の国の到来を告知する希望の原理であった。内村は徹底した破壊から、新たな日本の再生を願ったのである。彼は、一九二三年一〇月一〇日に『聖書之研究』に掲載した「末日の模型――新日本建設の絶好の機会」において、以下のように述べている。

私供をこのたび見舞いしカタストロフィーは世界を最後に見舞うべきカタストローフィーの模型である。今回の災害に於て私供は一日の中に大東京が燃え毀れて、焦土と化した惨劇を目撃した。然るに彼の日には全世界が燃えくずれて、体質尽くやけとけんとの事である。此の事があって、彼の事は無いと言い得ない。……滅亡は度々人類に臨む。然し、滅亡のための滅亡ではない。潔めのための滅亡である。救いのための滅亡である。世の終末と聞けば恐ろしくあるが終末ではない。新天地の開始である。最後に此世に臨む大破壊、大激変は此目的を以て臨むのである。それと同じく今回の此災害も亦この目的を以て臨むのである。之に由て東京と日本が亡びるのではない。より善き、より義しきより潔き東京と日本とが現れんとして居るのである。（同、㉘―三〇～三一）

第二節　植村正久の対応

関東大震災による直接的な被害は、植村にとっては内村より甚大であった。彼は、当時朝鮮における五十年記念伝道を終え帰途旅行中であった。富士見町教会を始め日本基督教会の一四の教会が焼失し、また東京神学社も倒壊した。また植村と一緒に朝鮮に行った両国教会牧師小林誠の妻と五人の子どもたちが一挙に亡くなるという悲劇に見舞われた。彼は、いち早く会堂の再建に着手し、一一月にバラックの仮会堂を建てている。また日本基督教会の震災救護会を立ち上げ、救援活動を始めた。植村にとっては、まさしく一からの出発であった。

植村は、『婦人の友』の一九二三年一〇月号に、「神の業の顕れんためなり」を寄稿した、その冒頭で彼は、「先日の地震及び火事は世にも稀なる災害で、東京横浜をはじめ惨鼻の出来事が充満し、聞くも仰天、見ればなおさら文字のごとく魂消《たまげ》ざるを得ない」（『植村正久著作集』⑥―三八九）と述べ、なぜこのような大震災がおこったかという難題が国民に投げかけられているという。この問題にどう取り組むかが、「日本民族の将来を決定する分水嶺」である。それでは、植村自身はこの問題にどのように答えているのだろうか。彼は、大震災が神の業が顕れる機会となると積極的に受け止めている。特に植村は、ヨハネの福音書九章に出てくる生まれながらの盲人をイエスの弟子たちが見て、イエスに「彼が盲目に生まれついたのは、誰が罪を犯したからですか。この人ですか。その両親ですか」（ヨハネの福音書九章二節）と質問した時、イエスが「この人が罪を犯したのでもなく、両親でもありません。神の業がこの人に顕れるためです」と答えたことを、大震災に適用している。そして植村は、「彼らは涙の谷を過ぎる時も、そこを泉の湧く所とします。初めの雨もまたそこを祝福でおおいます」という詩篇八四篇六節を引用し、大震災を機会に、人間は謙遜、忍耐、慈愛を学び、永遠を思い、心を神に向ける時と断じている。

また植村は、『福音新報』（一九二三年一〇月一一日、一四七一号）において、巻頭言を書いているが、それを紹介する。植村はそこでイエスの十字架刑の時に起きた大地震を経験して、イエスの死刑執行人の百人隊長が「イエスは神の子」

と絶叫したこと、また墓を見に来たマリヤたちに天使たちが復活されたと語った事を取り上げ、関東大震災以降の人々や社会の新たな「復活」に期待している。

地震《ふる》い、磐さけ……百卒長及び之と共に耶蘇を守り居たるものども地震と其のありし事を見て、いたく恐れ『実に彼は神の子となりき』と言えり。（マタイの福音書二七章五一、五四節）

主耶蘇の十字架に懸けられたときの地震はこのような印象と感覚を与えた。或いは畏れ、或いは耶蘇につきて了解を深められたのである。此のほどの大震も斯くあらしめたい。現在の世界から乳離れさせられて、其の心も漸く斯くあらしめたい。尚さら多くの基督者は覚醒を促されて、社会としても、個人としても新たなる生命に進みつつある筈である。決して帝都の改造、港湾の復興のみを以って終わるべきものでなかろう。

さて安息日をおわりて一週の初の日ほの明きころマグダラのマリアと他のマリヤと墓を見んとて来りしに、視よ、大いなる地震あり、……御使答えて言う『汝ら恐れるな、耶蘇を尋ぬるか、ここに在《いま》さず、その言える如く甦へりたまえり』（マタイの福音書二八章一、二、五、六節）

墓を見るべく期待したのであるに、何ぞ測らん、主は既に復活せられた。多くの教会は災にありて、ただ墓を遺すであろうと気遣われるかも知れぬが、既に復活の気分が著しく動いて居る。信仰に依らば必ず耶蘇の場合の如くなるのであろう。国民のすべてが斯くありたい。（『植村正久と其の時代』⑤―一〇三二～一〇三三）

他方、植村は内村が主張した天罰、天譴論を否定しているわけではない。彼は、「成金国民、奢侈淫縦に流れつつあった社会」に対する神の警告であり、「地震も火事も苦い良薬で、国民の真生命を発揮する外科治療となる」（⑦―三九三）と述べている。その意味において、関東大震災に対する内村と植村の理解のしかたには、内村が天譴論を主張し、植村は天恵論を唱えるというように雨宮栄一が言うほどには違いがあるわけではない。(1)

第三節　内村鑑三と植村正久

関東大震災は、今まで対立していた内村と植村・小崎を近づけた事件であった、鈴木は、『内村鑑三目録』において、「震災直後小崎、植村、内村の三人は、バラックの警醒社楼上其他に会合し日本伝道の根本方針再樹立に関して、一切ならず凝議した」（『内村鑑三目録』⑪―三八二）と述べている。一九二九年一一月一五日の内村の日記には、「小崎弘道君が訪問してくれた。ほとんど半百年の旧知である。自分より五年の年長者であって、キリスト教会の大長老、大黒柱である。一時間以上にわたりいろいろの事を談じた。キリストと日本とについて談じる間に、君と自分との間に何のわだかまりもない。青年時代の旧交を温め、相互の祝福を希うて別れた」（『内村鑑三日記書簡全集』④―三六六～三六七）と記されている。一九一八～一九一九年の内村の再臨運動においては、内村と主流派の教会との関係は悪化していたが、関東大震災を契機として双方の関係は少なくとも個人的な関係においては改善されていく。

ところで、震災の混乱の中で、朝鮮人による暴動・放火の流言が広がり、約六〇〇〇名の朝鮮人の虐殺、大杉栄や伊藤野枝をはじめとする無政府主義者や社会主義者が弾圧されるという痛ましい事件が起こった。また一九二三年一二月に摂政の皇太子を狙撃するという虎ノ門事件が起きたこともあり、政府は一九二五年に普通選挙法と抱き合わせで治安維持法を成立させ、社会主義や共産主義の取り締まりを強化した。

ちなみに、内村鑑三と植村正久は、このような甘粕大尉による大杉栄の虐殺事件、また朝鮮人虐殺事件を知っていたのであろうか。管見する限り、この点についての確かな証拠や証言を発見することはできていない[2]。

ただ安中教会の柏木義円は、朝鮮人虐殺の情報をキャッチし、『上毛教界月報』（一九二三年一一月二〇日、三〇〇号）において、「流言蜚語の出所に戦慄し、自警団の奥に潜む軍人精神におののき、殺人を殺人とも思わぬ愚行に戦慄し、被災地から離れた地域でも相次いだ殺戮に目を剥いた」といち早く批判している[3]。また吉野作造は『中央公論』（一九二四年一月）に「朝鮮人虐殺事件に就て」を寄稿し、「今度の震火災で多くの財と多くの親しき者とを失った気の毒な人は数限りもないが、併し気の毒な程度に於ては、民衆激情の犠牲になった無辜の鮮人の亡霊に及ぶものではあるまい。今度の災厄に於ける罹災民の筆頭に来る者は之等の鮮人でなければならない」[4]と主張している。

注

（1）雨宮栄一『牧師植村正久』（新教出版社、二〇〇九年）、三一四〜三二〇頁。雨宮は、「正久は、内村を初めとする当時の多くの人が断定したように、「震災を単純に『天罰』とはしていない」（三一七頁）と記しているが、内村もそうであった。

（2）鈴木範久は、この件について、「内務省による厳重なる記事の差し止めや検閲のため、軍隊による朝鮮人の殺傷は一般人の目には知らされなかった」（『内村鑑三目録』⑪—二八四）と述べる一方、「虐殺の情報は耳にしていたと思われ、内村に明らかな言明がないことも事実である」（同、⑪—二九〇）と述べている。内村は、柏木の自宅に隣接した今井館聖書講堂を、震災支援のために来た仙台第二師団第二九連隊の第三中隊第二小隊に営所として提供していた。また当時内村が地域の夜警に参加していた。この件について鈴木範久は、「内村のつとめた夜警が朝鮮人を目的にした行動で、虐殺に従った自警団の一員であったかのように唱える見方には大きな疑問がある」（同、⑪—二九〇）と弁明している。

（3）柏木義円の朝鮮人虐殺に対する批判に関しては、片野真佐子『柏木義円』（ミネルヴァ書房、二〇一二年）、一六九〜一七〇頁を参照のこと。

（4）『吉野作造集』（近代日本思想体系17、筑摩書房、一九七六年）、三一三頁。

第一六章　排日移民法批判

第一節　内村鑑三と排日移民法

I　排日移民法に対する内村の激怒

一九二四年五月一五日に、内村は初めて衆議院議員選挙において一票を投じたが、この選挙で護憲三派（憲政会、政友会、革新倶楽部）の連立内閣が、憲政会総裁の加藤高明を首相として成立した。加藤高明は、翌年、治安維持法とセットであるが、普通選挙法を成立させ、男性の投票権から納税額の規定を撤廃した。まさにこの時は、大正デモクラシーが頂点に達すると同時に、衰退していく分かれ目の時代である。

この時期、内村の心を占めていたのは、内政問題ではなく、日米関係である。彼は、米国で成立した「排日移民法案」（米国ではジョンソン・リード法）に反発し、反対運動を展開した。内村のナショナリストとしての相貌が前面に登場した事件である。

当時カリフォルニア地方を中心に、日本人、中国人などの東洋系移民が急増していたため、外国人移民を入国させない「排日移民法」が五月二六日に成立した。

五月二三日の内村からの山県五十雄宛書簡では、「実は此頃日米問題で毎日腹を立てています。今度はどうやら黙っては居られないと思います。如何に罪の世とは申すものの、国の亡ぶるのを見て黙って居る訳には行きません。……また Patriotic【愛国病】が起こってきたのかもしれません」と述べている（『内村鑑三日記書簡全集』⑧―一三二）。この問題で彼は反米的となり、今井聖書館講堂前に「米国人の不義不審を憤ります。但し此聖書講堂は米国人とは全然何の関係もありません」と張り紙をしている。

内村の「排日移民法案」に対する反対運動は、一つには、『国民の友』、『東京日日新聞』、そして『聖書之研究』に批判的な記事を書き続けること、二つ目は、植村正久や小崎弘道などキリスト教会の指導者と連携して「対米問題協議会」を組織することによって具体的に展開された。植村や小崎などの日本基督教会と組合教会と内村鑑三との関係は、内村の再臨運動によって悪化していたが、一九二三年の関東大震災、一九二四年の「排日移民法」に対する共同歩調で、教会外の分野においてではあるが、復活することになる。

ちなみに内村が、排日移民法案に反対して書いた論説は、「米国人より金銭を受くるの害」（『国民新聞』）、「米国人の排斥を喜ぶ」（『東京日日新聞』）、「米国に勝つの途」（『国民新聞』）、「grave Consecquences」（『国民新聞』）、「Exclusive again」、「再び米国の排斥において」、「米国人の排斥を歓迎す」（『聖書之研究』）、「米国風を一掃せよ」（『国民新聞』）、「米国人の排撃憤慨」（『国民新聞』）、「対米書簡（1）（2）（3）（4）」（『万朝報』）など枚挙にいとまがない。そこではナショナリストとしての内村の心情が余す所なく吐露されている。内村は排日移民法をきっかけとして、『聖書之研究』誌以外、『国民新聞』や『万朝報』などの日刊紙に寄稿して再度政治的な発言を積極的に行っている。彼は、キリスト教の世界に自らの活動を限定することはできなかった。

Ⅱ　対米問題評議会

一九二四年六月四日、内村は今井館で「対米問題研究会」を開催した。ここで、内村は、五月二六日に米国で成立した排日移民法が、「国際間の友誼条約の破壊」であり、「国と国との神聖な約束が、他の一方の同意なく、一国の利益のために破棄されたこと」の信義違反を批判している。

六月五日に内村は、小崎弘道や賀川豊彦と会合を持ち、植村正久を含めて、霊南坂教会で相談会を開催することを話し合っている。六月七日の『東京日日新聞』には、「キリスト教の団体も米国の排日に憤起、内村、小崎、植村の三氏が手を握り、純日本的キリスト教を再建」と報じられている。六月一三日、内村の主導の下に、霊南坂教会において「対米問題協議会」が開催され、二〇〇余名が出席し、内村鑑三（無教会）、植村正久（基督教会）、小崎弘道（組合教会）、松野菊太郎（一八六八〜一九五二、基督教会）、福永文之助（警醒社社長）が発起人となり、「対米問題協議会委員会」が組織された。六月二七日に開催された「対米問題協議会」の第二回会合は、排日移民法が人種差別法であることを明らかにし、人類の平等を国際間に実現するために努力をすること、そしてキリスト教会並びにキリスト教諸団体の米国宣教師からの自給自足を促進することを決議した。

決議の最後の点に関して、内村自身は、七月一日の日記で以下のように述べている。

国辱記念日である。市内は排米熱に燃えて居る。事件はますます重大になりつつある。憂慮に堪えない。今回の米国の不正行為によって大打撃を受けたものは、いかに見ても日本のキリスト教会である。余らの反対を待つまでもなく、米国宣教師、ならびにその補助を受くる教会は、日本においては伝道しえなくなったと言うもさしつかえない。宣教師はしきりに彼ら排斥の罪を余一人に帰せんとするも、彼らはすでに日本全国に信用を失ったのである。気の毒である。しかし、やむを得ない。（同、③—六三）

こうした内村の米国宣教師に対する態度は、あまりにもナショナリスト的な反応であり、問題があると云わざるをえない。内村の二つのJのうち、Japan が Jesus を無視して、一人歩きしているような印象を受ける。彼の宣教師嫌いがエスカレートし、内村は、日本の教会が米国の教会と関係を断つことを「対米問題協議会」で提案したが、さすがにこの意見は受け入れられなかった。

他方内村は、六月三〇日の日記においては、疎遠であった教会指導者との関係修復について、「久しく疎遠の間柄においてありし教会の諸氏が、この際余を歓迎し、彼等と行動を共にすることを許せし、彼らのキリスト教的態度に敬服せざるをえない。平常は平常、非常は非常である。今日のごとき非常の場合において、われらは平常の差異を忘れて結束して事に当たるは、まことにふさわしきことである」（同、③―六二）と述べている。

他方内村は、宣教師との関係において、「英字新聞に、米国宣教師が自分を悪評、偽評するを読んで非常に気持悪く思うた。……日本国のために米国人に悪評せらるるのであると思えば大いなる名誉である。四十年間、彼ら宣教師にきらわれ来たりし自分は、今となりて彼らの好評を博するの甲斐もなければ必要もない。最後の審判の日まで、彼らをして余を誤解せしめよ。彼らに嫌われることは、予の大いなる喜びまた名誉である」（同、③―六二）と述べている。

なお日本国内の宣教師に対する取り扱いに関しては、霊南坂教会の小崎弘道は、『七十年の回顧』において、日本の宣教師たちも排日移民法に反対であり、また米国の基督教団体や教会同盟も反対で、日本の基督教連盟の反対運動と連携していることを明らかにしている。そして、日本国内で反対運動が激化していく中、米国大使館に入って割腹する者や米国宣教師に日本退去の書を送る者も出て反米運動が盛んになる中、日本基督教連盟は、排日移民法に反対しつつも、一九二四年六月一七日の宣言書において、以下のように述べている。

本連盟は、日米両国の歴史的友好関係を完全に回復するため米国にある基督者と連携し基督教の根本精神に則り世界の輿論に訴え、此面倒なる人種問題を満足に解決せん事を期す。宣教師の我国に来朝したのはキリストの福音を宣伝するためで他意あるのではない、故に一部には仮令宣教師排斥の流説あるも之に頓着せず安心して任地に止り一意伝道の任務を完うせられん事を望む(1)。

内村が排日移民法の問題を契機として、植村正久、小崎弘道との関係を復活させたことは、大きな意味を持った。七月八日の日記では、The Christian Science Monitor 紙が、「小崎、植村、内村の三人がキリスト教の独立を唱道している」ことを伝えていると記されてある。一〇月一〇日、再度「対米問題協議会委員会」が霊南坂教会で開催され、内村、小崎、植村が出席し、運動を継続することが決定された。また内村は、一九二九年一二月二七日の田村直臣宛ての書簡において、「先日小崎【弘道】の五十年記念に演説してやりました。海老名、松村、綱島等の老人連に久振りにて会いました」（同、⑧―三二一）と書いている。この時にはすでに植村は、天に召されていた。

また内村の晩年では、海老名弾正との関係も復活している。一九二九年六月七日の日記には、「今日は綱島佳吉君が訪ねてくれた。先日はまた海老名弾正君夫婦が見舞うてくれた。信者の愛というよりも「武士に対する武士の礼」と言いたい」と書き、「日本武士の魂を失わざる信者で、自己が救われんよりもまず国を救わんと欲して信仰に入りし人たち」で特別に尊いと評し、「彼らと会うて、涙で胸が一杯になるを覚ゆ」と感激している（同、④―三一二）。

内村鑑三が老いていく中で、弟子たちとの関係に対立が生じて来る反面、逆に若い時に旧交を温めた人々への思いが強くなっているのが手に取るようにわかる。しかし、これはあくまでも彼の個人的・人間的な心情であって、内村が海老名の自由主義神学や植村や小崎の制度的教会論に理解を示したことを意味するものではない。個人的な関係の復活にもかかわらず、無教会と教会の溝は埋まることはなかった。

Ⅲ　徳富蘇峰との関係の回復

この問題を契機として、内村鑑三は、徳富蘇峰との関係も修復するに至る。(2) 一九二四年五月二九日に、内村は徳富蘇峰に書簡を送り、「対米問題に対するご意見は、全然同感であります。小生は三〇年前の昔に帰り、再び国民新聞を講読するに至りし事を喜びます」（『内村鑑三日記書簡全集』⑧―一三三）と述べている。これに対して、『国民新聞』は、蘇峰の文章を付け加えて、内村の書簡の一部を掲載した。

内村氏は熱心なるバイブル研究者たると同時に、愛国者也。米国の不法行為、豈に、君を怒らしむるなきを得んや。君の来書は、寥寥たる短句と雖も、頗る意義あり力あり。敢えて本欄に掲ぐ。

内村は、一九二四年五月三一日の日記において、蘇峰との和解を以下のように書き記している。

近ごろ最も愉快なる事は、対米問題につき意見の一致せるより、『国民新聞』の徳富蘇峰君と旧き交際を復活するに至った事である。今日同君より遣《おく》られし使者の訪問あり、ここに三十年前の昔に帰り、日本国のために尽くさんとの契約が成り、大なる喜びであった。（同、③―五三）

すでに述べたように、内村は一八九四年に蘇峰の助力により『国民新聞』に寄稿して、ジャーナリストの歩みを始めたが、蘇峰が一八九七年に松隈内閣の勅任参事官に就任し、「平民主義」を裏切り、国家主義に転向したことを理由に関係を断っていた。しかし排日移民法に対する批判で両者の意見が一致し、関係改善が行われた。しかしこの関係改善は、ナショナリズムという一点での見解の一致であり、徳富蘇峰が平民主義に転換したことのゆえではなかった。この点について弟の蘆花は、一九二四年八月一五日に内村に出した書簡において、一抹の不安を吐露している。そこで蘆花は、「何というても心配にたえぬのは国民新聞です。彼の頭に日米戦争があります。彼の積怒重憤、尤と思うだけ私には重荷です」と書き記している。この文章を読んで内村は、八月一六日の書簡で、「其主張等を深く探るいとまもなく、只昔し懐かしきに思い切って投稿致したのであります。御互に日本の滅亡を傍観することは出来ません」と弁解している（同、⑧―一四六）。ナショナリズムゆえの徳富蘇峰への内村の接近であり、問題があると言わざるをえない。

内村は、一九二九年一二月一二日に小崎弘道の牧会する霊南坂教会創立五〇周年記念祝賀会において徳富蘇峰と再会し、「拙者を天下の文壇に紹介したるは徳富君である。今更ら感謝の情に禁へぬ」（『内村鑑三日録』⑫―三四八）と語っている。この時の集会には他にも、海老名弾正が参加していた。

Ⅳ　内村鑑三と徳富蘆花

内村はすでに述べたように大逆事件に関する徳富蘆花の「謀反論」の演説にエールを送っていたが、六月二九日の日記において、「徳富蘆花君の対米問題解決の意見を読んで非常にうれしかった。さすがは日本第一の文士である。詩人であり、クリスチャンであり、平和主義の愛国者である。かかる人の、今日わが国に在るを神に感謝す」（『内村鑑三日記書簡全集』③―六二）と記している。徳富蘆花も排日移民法に関しては、内村と同意見であった、内村は、七月九日の日記では、同日の『朝日新聞』に、徳富蘆花が「平和と私」の一文を寄稿し、その中で「非戦論」に至った感謝すべき三人として、蘆花の妻、内村鑑三、そして賀川豊彦の名をあげているが、これに対して内村は「余がこの世で受けた最大の名誉である」（同、③―六五）とし、「日本第一の文士がついにこの主義【非戦論】を公表したことに感激している」（同、③―六六）と述べている。

第二節　植村正久と排日移民法

植村は、排日移民法案に対して、『福音新報』（一五〇二～一五〇五号、一九二四年六月二六～七月二四日）において、「日米の間に起これる案件」を寄稿した。彼の論調は内村ほどの過激さはなく、バランスのとれたものになっている。彼は、排日移民法案の原因として、日本人の安い労働力や日本人が米国に同化しにくい国民性を持っていることをあげているが、根本は人種差別問題にあるとして、「排日の根本的動機は、人種的差別ではあるまいか。もしそうであるならば、排日問題は、容易ならざる精神問題、宗教問題となるのである」（『植村正久著作集』②―二八二）と述べている。そして植村は、米国における黒人や黄色人種に対する差別の実態を指摘しつつ、米国は、「人種問題を緩和せずして、むしろ一層激甚ならしめ、世界の危害を促進せしめたという責任を自ら負わねばならぬ」と指摘し、「排日政策は世界人道に対する大いなる犯罪である」（同、②―二八六）と断言している。

そして植村は、米国の排日移民法に対しては、過激な言論を排して、国民の自制心を喚起することが大事だとして、「排日の打撃は去年の大震大火と同じように、国民覚醒の機会であることを記憶せねばならない」（同、②―二六八）と主張する。同時に彼は、排日移民法に直面して、米国を批判するのみならず、その刃を日本に向け、「日本国民は、今回の排日政策により、再び反省を促され、改革を迫られ、すべての方面において自らを新たにすべく刺激されている」(同、②―二八八)と訴える。それは、ペリーの来航による日本の開国に匹敵できるような「第二の開国」の挑戦であった。とくに日本が、台湾、朝鮮、中国等にいかなることをしてきたかを反省し、誤った、排他的な愛国心を反省することが急務であった。植村は、排日移民法を批判しつつも、その批判を日本人の人種的偏見にも向け、日本の帝国主義を特徴づけている台湾、朝鮮、そして中国に対する人種的偏見の打破を訴えている。

また植村は、排日移民法を契機として、彼が今まで進めて来たように、日本の教会が今まで以上に外国の宣教団体から財政的、人的に独立する「独立教会」の徹底化を主張している。彼は、この点において、「日米問題に関する余の立場につきて」(『福音新報』一五〇九号、一九二四年七月二四日)において、日本基督教会と組合教会が独立教会を実現してきたことの成果を喜んでいる。

日本基督教会は、単独で伝道局を経営してから今年は満三十年に相当し、自給独立の方面において、その成功随分見るべきものこれあり、今後更に躍進すべき機会を与えられたる次第に御座候。教会の自給独立については、日本基督教会も、組合教会も相似通った経路を経て今日に至り……。(同、②―二九九)

上述したように、内村と植村は、米国の排日移民法に対する戦いにおいて協力するようになったが、関係は完全に修復するには至らなかった。鈴木は、『内村鑑三目録』において、内村の心境について、内村は、「日本教化促進の為に、無教会主義の孤立状態から蝉脱《せんだつ》して、小崎、植村の教会人と合同し、一丸となって奮闘しようと云うことの諒解が出来、近く帝大の山上御殿に同志を集めて、其の新方針を発表する段取りとなった」(『内村鑑三目録』⑪―三八二)と述べている。

植村と内村の双方を良く知っている松野菊太郎は、植村に「内村さんが無教会主義を棄てると同じように、必要ならば先生は日基を、また小崎先生は組合を脱会しても、皆で協力して日本を救おうとおっしゃるのですね」と言ったところ、植村の方は、「いや違う。ただ内村を孤立の境遇から救うだけのことだ。あれは初めから主義などのある男では無い」と述べたそうである（同、⑪—三八二）。日本のキリスト教会を代表する二人の指導者は、最後まで一致することはできなかった。

ちなみに海老名弾正は「排日移民法」が制定された一九二四年は同志社大学の総長をしていたが、この問題に関して内村の急進的なナショナリズムと対照的に冷静に議論している。彼は一九二四年八月に「日米問題の諸相」を『基督教世界』に連載し、日露戦争以降の日本の帝国主義的拡張に米国政府が危機感を抱いていることを指摘すると同時に、「神の子」という立場に依拠して人種的・国民的偏見を克服すべきと主張している。とりわけ日本国内の宣教師を排斥することは絶対にあってはならないと論じている。（『基督教世界』㉑㉘—四～五）

注

（1）小崎弘道『七十年の回顧』（大空社、一九九二年）、三五一頁。

（2）排日移民法に対する徳富蘇峰の対応に関しては、米原謙『徳富蘇峰——日本ナショナリズムの軌跡』（中公新書、二〇〇三年）、二一二～二一六頁を参照のこと。

第一七章　宗教法案に対する対応

国家は、一貫して教会を国家の保護下、監視下におくために宗教法案を議会に上程し続けた。その歴史は古く、一八九九年に帝国議会に法案が提出されたことに遡る。そして、それ以降、一九二七年、一九二九年と繰り返し提出され廃案になっていたが、一九三〇年代になると国の宗教団体に対する統制は強化され、一九三九年に「宗教団体法」として提出され成立している。そして、この「宗教団体法」の成立を契機として「日本基督教団」が結成されることになる。ここでは、内村鑑三や矢内原忠雄、植村正久とその後継者たちがこの問題に対してどのように対応したかを論じることにする。

国家権力による信教の自由や政教分離に対する抑圧や侵害は、政府の宗教法案、ないし宗教団体法案の度重なる要求によって切迫したものとなり、教会は試練に晒される。またそれと関連して、神社参拝がキリスト者として許されるかという切実な問題が生じた。それは唯一の神以外の神を礼拝する偶像崇拝なのか、それともキリスト教信仰と両立する国民的儀礼であるのかという避けて通れない選択が切実のものとなったのである。まさに一八九一年に起こった内村鑑三の不敬事件の再来である。こうした問題に対する内村鑑三や矢内原忠雄、植村正久やそのの後継者である日本基督教会の指導者の態度を追跡することにする。

第一節　内村鑑三と宗教法案

Ⅰ　内村の時代認識

植村は一九二五年に死んだ。内村が死んだのは一九三〇年であったが、すでに日本は政治的・経済的危機の寸前にあった。

内村は一九二七年四月一六日の日記に、「台湾銀行救済策で政界も財界も大変である。この世の富は風前の灯である」（『内村鑑三日記書簡全集』④—四一）と述べ、四月一五日の日記には、「新聞紙は恐ろしくて読むに堪えない。シナのみでない。日本もいつ、くずれるか、わからない」（同、④—四一）と危機感をあらわにしている。一九二七年の昭和恐慌で、台湾銀行は多額の不良債権を抱えていたので、政府はモラトリアムを実施していた。

内村は、この時期中国問題に多大な関心を示している。中国では、一九二八年四月二九日、日本は居留民保護を目的として、第二次山東出兵を行い、五月三日に済南事件が勃発している。山東出兵は一九二七年から一九二九年まで三度にわたって行われた。

一九二八年六月四日に中華民国奉天市郊外で、関東軍による張作霖爆殺事件が発生した。この時の首相は田中義一である。内村は一九二八年一一月二一日の日記において、日本の将来について以下のように憂慮の念を表明している。

日本にとり、目下の重大問題は、対支問題である。もしこの問題が満足に解決し得なければ、日本に由々しき一事件が起こるであろう。米国における共和党の大勝利と、シナにおける南京政府の出現とは、日本の安全を脅かすこと非常である。日本国民はこのことに気づいていないらしい。そしてこの難局に当たりて日本を指導し得る政治家は今のところ見当たらない。（同、④—三四三）

鋭い時局認識であり、彼の政治的嗅覚が衰えていない事の証左である。内村は、一九三一年の満州事変を見ることなく、召天した。内村の軍国主義に対する戦いは、植民政策を専門とする弟子の東大教授矢内原忠雄に引き継がれることになる。

Ⅱ　宗教法案に対する対応

内村は、一九二七年二月二八日の日記において、宗教法案について、政教分離の原則に訴え、「宗教が政治に干渉する害が大なるだけ、それだけ、政治が宗教に干渉するの害は大きくあります」と述べ、「憲法がすでに自由を与えた宗教に、幾分なりとも政治の制裁を加えんとするは」時代錯誤であると主張している。またこの法案を作成した人びと、政治家や官僚は、「神の事、霊魂の事、来世の事」について無知な人々であることを指摘している（『内村鑑三日記書簡全集』④―二四）。三月一一日の日記には、「宗教法案消滅の徴候見えて、うれしかった」（同、④―二八）とある。更に三月一八日の日記には、当時宗教法案に反対している人々がどういう人々かが記されている。

午後六時半より青山会館において宗教法案反対キリスト教大会が開かれ、自分も反対者の一人として出席し、一場の演説をなすべく余儀なくせられた。聴衆は一千人もあったろう。中田ホーリネス教会監督司会し、演説者は救世軍の山室軍平氏と自分とのほかは、主として日本基督教会の人々であった。（同、④―三〇）

この中で、ホーリネス教会、そして救世軍は戦時下において迫害を受けた団体である。日本基督教会の主要な人々は、故植村正久の意志を受け継いで、宗教法案には反対であった。ここで無教会の内村鑑三、ホーリネス教会の中田重治、救世軍の山室軍平、そして日本基督教会の指導者が一堂に会し、反対演説を行っていることは重要である。なぜ日本メソジスト教会、日本聖公会が宗教法案に賛成だったのか、それは、国家からの自由よりも教会の組織の自己保存を優先したこと、また従来から国家との関係が密であった事、そしてようやくキリスト教が仏教と神道と同じ立場で宗教団体として認められることに対する喜びが大きかったといえる。
内村のこの時の演説は、「完全なる自由」と題して四月号の『聖書之研究』に掲載されたが、その後に「付記」として、宗教法案に賛成した教会のことが述べられている。日本の教会は宗教法案について割れていたのである。

今回の宗教法案が不成立に終わった事は不思議と云わざるを得ない。我等信者の眼より見れば此はたしかに神の御業である。此の法案に反対した者は基督信者計りではなかった。仏教信者の内にも大分に有った。……此事に加えて最も不思議なるは基督信者中に之に賛成する者の有ったことである。日本メソヂスト教会、日本聖公会の内に多くの賛成者を見たとの事である。勿論悪意より出たる賛成ではないと思うが、然し、自由よりも教会を愛する心が彼等をして此態度を取らしめたのではあるまい乎。(『内村鑑三全集』㉚―三三九～三四〇)

しかし内村の宗教法案に対する態度は実は一貫しているとはいいがたい。一九二九年の「宗教団体法案」について内村は一九二七年の場合とは異なり、目立った反対運動はしていない。それどころか、全く関係ないとつきはなしている。戦いを放棄しているかのようである。一九二九年一月二〇日の日記で以下のように述べている。

たぶん宗教法案通過後は、自分は聖書を説くの資格を失うのであろう。自分はその時は喜んで法律に従うつもりである。いずれにしろ、自分は宗教を信ずるのであって、「宗教」を説くのではないから、「宗教」を取り締まるための宗教法の下に立つべき者でない。エリシヤ・ムルフォードが言えるごとくに「キリスト教は宗教にあらず」であって、仏教や神道と同視せらるるようなキリスト教は偽りのキリスト教と称すべきである。「宗教法案、われに何の関係あるなし」と言いてよいのである。(『内村鑑三日記書簡全集』④―二六三)

キリスト教は宗教ではないと言っても、政府の宗教統制下にたたないとは言えない。また「宗教を信じるのであって、宗教を説くのではない」とはキリスト信仰を積極的に伝えてきた内村の言葉とも思われない。おそらく内村は、無教会は組織された教会組織を持たないので、宗教法案は、無教会には関係ないと考えていたのではないだろうか。彼は一九二九年一月二二日の日記に以下のように述べている。

宗教法案通過反対運動に参加せざることに決心した。それは自らに教会なく、自分らの信仰は宗教と称すべきものでないからである。宗教法によって聖書研究会が禁ぜられても、やむをえない。また宗教でないことを認められて宗教法の外に立つことができれば、さらに幸福である。いずれにしろ、この際、教会ならびに教会のキリスト教より判然差別さるれば幸福この上なしである。（同、④—二六三）

今まで、一九二三年の関東大震災以来、無教会の真理を保持しつつも、教会との連携を重視していた内村にしては、教会に対するこの態度は、一九一八～一九一九年の再臨運動時代に退行したとの印象を与えかねない。また「宗教でないことを認められて宗教法の外に立つ」ことはそれだけ国家権力の迫害に晒されやすいという危機意識が内村には見られない。一体何があったというのだろうか。彼は、この宗教法案が廃案になったことに対して、一九二九年三月二五日の日記に次のように記している。

第五六帝国議会終わる。宗教団体法案はその他多くの重要法案と共に審議未了のままに葬らる。自分らにはいずれも直接何の関係なき事ながら、さりとて、まことに呆気ない次第である。（④—二八六）

ここで内村が「自分らにはいずれも直接何の関係なき事」と言っているのは、すでに述べたように帝国議会に提出されている宗教団体法案の団体の定義が内村聖書研究会には該当せず、たとえこの法案が成立したとしても何の影響も受けないという思いがあったからである。内村の一九二九年三月二六日の日記に「自分たちのキリスト教は宗教にあらず、自分たちの集会は教会にあらず、ゆえに自分たちは宗教法の制裁を受くべきものにあらずと信じる」と記されてある（同、④—二七五）。

内村の死が一年後に迫っていることや、弟子の塚本虎二との対立で苦しんでいたこともあり、もはや政治にコミットして反対運動を展開する気力も失われていたのではないだろうか。権力に対する戦いの後退である。無教会という狭い領域に閉じ込もったことによって、権力に対する戦いを放棄した観がある。しかし、第二次大戦下における迫害において無教会は激しい迫害に晒されることになる。

それでは植村や彼の後継者たちは宗教法案に対してどのような態度を取ったのであろうか。

第二節　植村正久後の日本基督教会と宗教法案

Ⅰ　宗教法案に対する対応

すでに述べたように、植村は一九〇〇年『福音新報』（二三六号）に、「宗教法案について」を寄稿し、国家の干渉に対して、信教の自由と教会の自治を守るために、宗教法案を批判した。この法案は、一八九九年一二月九日に第一四回帝国議会に提出されたものである。彼は言う。

わが国人は、今日権利自由の観念甚だ浅く、人権の問題を軽んずるの風あり。宗教法案に付きても、利害の問題、便宜上の関係に専ら心を用いて、権利自由等の事柄を軽々に看過するものの如し。……ゆえに信教自由の大義を明らかにし、教会自治の権利を主張し、毫もこれを侵害せられざるよう細心注意するは、キリスト教徒に取りて安全の道なるのみならず、国家の進歩、人心発達のためにも甚だ必要なることなるべしと信ず。（『植村正久著作集』②—一七三～一七四）

植村は、「教会は、民法上の関係において、国家の管轄に服し、その命令に従うべきこともちろんなれど、心霊上の事柄、礼拝、聖礼典、教職の任免、会議の招集、開閉等に付きては、毫も国家の干渉を容るべきにあらず」と述べ、自由教会の有り方を「ただキリストのみを首領と認め、国家の抑圧、支配以外に立ちて、キリストの法律を解釈し、これを執行する権利を運用する教会すなわちこれなり」（同、②―一七四～一七五）と主張している。

植村亡き後、政府は、繰り返して、宗教法案を議会に提出した。一九二七年と一九二九年に宗教法案において基督教会は植村の意志を継承して、反対を貫いた。しかし一九三六年の法案では修正を求めるだけになり、遂に一九三九年の宗教団体法案では、賛同する意見も現れ、最終的に日本基督教会は宗教団体法案受け入れに舵を切り、宗教団体法に依拠した教団規則を作成するようになる。(1)

日本基督教会は、一九二七年の宗教法案に対しては、宗教に対する管理統制の意図が、文部大臣の宗教指定、教師資格の制限、規則や代表者の認可、認可取り消しの恣意的な裁量などにおいて明らかであるとして、反対の論陣を張った。日本基督教会の他に、日本基督教連盟、組合教会、ホーリネスが反対し、鵜崎庚午郎が監督を務めるメソジスト教会は賛成した。日本基督教会は、法案が信教の自由を侵害し、宗教に対する国家の時代錯誤的干渉主義の顕れとして、廃棄を主張した。その理由は、一八九九年に出された宗教団体法案に対する植村の態度と同様であった。

一九二七年と比べれば、一九二九年の宗教団体法案に対する反対は日本基督教会とバプテスト西部教会だけとなり、組合教会は脱落している。日本基督教会は佐波亘や福音同志会のメンバーであった今泉源吉（一八九一～一九六九）のリーダシップの下で、反対運動を展開し、結局この法案は廃案となった。

しかし一九三九年一月に政府より貴族院に提出された「宗教団体法」になると、キリスト教会は沈黙するか歓迎をし、日本基督教会もまた以前のように反対はしなかった。この法案について、土肥昭夫は、以下のように述べている。

この法案は、三九年一月に政府より貴族院に提出され、三月に両院を通過し、翌年四月より実施ということになった。その提案の趣旨は、戦時下の国民精神作興に宗教を動員するためであり、現行法規を整備統一して、宗教団体を保護監督するためであるという。しかしその内容をみれば、宗教団体は国家権力の支配と統制の下におかれ、教団成立の認可と取り消し、その活動の点検、教団代表者たる統理者の権限強化とその就任の認可、教師の業務停止や資格取り消しといった権限はすべて文部大臣に集中している。また国家の宗教団体に対する保護といっても、国家の戦時政策を保護し、推進するイデオロギー団体であるかぎり、保護されるのであって、宗教自身の持つ固有の意味や貢献を認めるから保護するというわけではなかった。(2)

宗教団体法に関しては、日本基督教会の中では、反対意見もあったが、日本基督教会大会議長で、政府の宗教制度調査員会の一人である富田満の強いリーダーシップによって、法案に賛成した。(3) 富田はこの法案によって、神社参拝は宗教ではないとすることにより、宗教的な信仰に抵触することなく、国民的儀礼として神社崇拝ができ、それによって教会が迫害を受けずに済むと考えたのである。こうして、日本基督教会は以前は、神社の非宗教化に反対の決議をし、政府が神社崇拝をするのは憲法違反と言っていたにもかかわらず、神社は宗教ではないとする政府の路線に転向してしまった。

岡部一興は、『山本秀煌とその時代』において、「こうして日本のキリスト教は、この宗教団体法によって文部大臣の監督下に置かれ、教団統合に参加し、教団統理を選任させられ、教団を政府の要請によって動かすことのできる宗教団体に作り変えられていったのである。……信仰の自由と政教分離を掲げて戦って来た各教派中最大の教派であった日本基督教会が、苦渋の選択をして統理というものを引き受け、国家権力に服従する道を選んだのも皮肉な歴史的事実である(4)」と述べている。

Ⅱ　富田満という人物

ところで一九三九年の宗教団体法賛成と神社参拝へと道に指導力を発揮した富田満とはどのような人物なのだろうか(5)。富田は、一九二〇年に日本基督教会芝教会の牧師となり、一九二九年「神の国運動」の中央委員長に就任し、賀川豊彦と一緒に一九三〇年から三年間「神の国運動」を展開し、一九三四年に日本基督教連盟総会議長に就任している。日本基督教連盟は関東大震災直後の一九二三年一一月に結成された。その前身は、一八八四年の基督教福音同盟会、一九一二年の日本基督教会同盟である。すでに本書では、植村正久‐海老名弾正の神学論争との関係で一九〇二年に海老名弾正が福音同盟から除名されたこと、また再臨運動時代の内村鑑三が基督教会同盟の合同に批判的であったことに触れた。基督教会同盟は日本基督教会、日本組合教会、メソジスト教会を中心とする超教派の八教派で構成され、会長に本多庸一、副会長に小崎弘道と井深梶之助が就任していた。一九二三年にYWCA、日曜学校協会、日本基督教婦人矯風会も加わり、日本基督教連盟へと発展した。こうした機関は絶えず教会合同を試みてきた歴史がある。またそのために一九一四年から三年間にわたって基督教会同盟で全国協働伝道が展開され、更に一九三〇年から一九三三年において は基督教連盟によって「神の国運動」が展開された。

この「神の国運動」は、賀川豊彦と富田満によって展開されていったが、二人は共に、神戸神学校出身であった。この神の国の運動に対して、植村正久から洗礼を受け、東京神学社で熊野義孝と一緒に学んだ日本基督教会の常葉隆興《ときわたかおき》（一八九七〜一九七七）は『福音新報』（一九三一年六月四日）において「神の国運動に対する疑義」と題して、以下のように「神の国」運動を批判している。

賀川氏の御話は、相当力のあるものでした。それは聞く人をして、現在の社会欠陥にまで目覚めしめ、人間的の正義人道を喚起するために可成り力がありました。併しこの講演は、人をして神の前に己を反省せしめ、自己の罪を認識せしめるという点に於て、なんら力のないものでありました。この講演を聞く中に、それが著しく、禁酒運動や矯風会運動等の社会改良運動と類似のものであることを知らされました。講演中、神の名が出ても、それはアブラハムの神、イサクの神、ヤコブの神、イエス・キリストの父なる神ではなくして、宇宙生命の神であり、瞑想の神であり、思索の神でありました。即ち聖書の神にあらずして、哲学者の神であり、賀川氏の瞑想し由来する観念の神であります。この神は死せる神であり我らを救い得ざる神であります。(6)

富田は、教会合同のエキュメニカル運動の支持者でもあった。彼は、教会合同のヴィジョンを植村から受け継いでいたが、国家権力に対して信仰の自由、政教分離を守ろうとする植村の権力批判の姿勢は見出すことは出来ない。彼は、日本基督教会内部では植村正久との関係においては傍流であったが、一九三九年の時点で、日本基督教会大会議長、日本基督教会連盟総会議長、政府の宗教制度調査会のメンバーという要職にあり、日本基督教会においてリーダーシップを発揮しやすい立場にあった(7)。

一九三九年の宗教団体法を支持した富田を待っていたのは、教会合同による日本基督教団の成立であった。金田は、「神の国運動」の母体となったキリスト教連盟は、「当局の命じる戦争政策に唯々諾々と従ってゆき、やがて国家権力による宗団法の成立の下、教団形成の基盤となっていったのである」と批判している(8)。

注

(1) 土肥昭夫『日本プロテスタント教会の成立と発展』(日本基督教団出版局、一九七五年)、一四八頁。
(2) 同書、一五六頁。
(3) 反対は、原(『福音新報』一九三八年八月四日)や山本秀煌(『福音新報』一九三八年八月一六日)であった。富田の見解は、『福音新報』(一九三八年八月一一日)に示されている。宗教団体法に関する日本基督教会の対応に関しては、金田隆一『昭和日本基督教会史』(新教出版社、一九九六年)、三〇七〜三二四頁参照のこと。
(4) 岡部一興『山本秀煌とその時代——伝道者から教会史家へ』(教文館、二〇一二年)、二五五頁。
(5) 金田隆一、前掲書、三〇四〜三〇五頁。
(6) 同書、一二三〜一二四頁。
(7) 富田満については、「富田満と教団の戦争責任」(『福音と世界』、一九七六年九月号)、二九〜三七頁を参照。
(8) 金田隆一、前掲書、一二四頁。

第一八章　日本的基督教

第一節　海老名弾正と日本的基督教

日本は大正デモクラシーから、一九三一年の満州事変を契機として軍国主義とファシズムの道を突き進むようになる。しかし植村は一九二五年に、内村鑑三も一九三〇年に死去し、日本のファシズムを経験することはなかった。海老名だけが一九三七年五月二二日に死去するまで、生き続けたのである。しかし彼とても政府の国民精神総動員運動や総動員体制（一九三八年に国家総動員法が成立）を本格化させることになる日中戦争を経験することはなかった。

日本がファシズムや日中戦争に向かうこうした暗い時代にあっても海老名は、内にあってはデモクラシー、外に在っては国際連盟を中心とする世界秩序を守り通すことができたのであろうか。それとも彼は変節を繰り返したのであろうか。彼は、日露戦争前後においては、日本精神や民族主義的キリスト教を主張し、第一次世界大戦後は民主主義やコスモポリタニズムを主張していたが、三〇年代において「日本的基督教」を説きつつ、国体イデオロギーと妥協し、接近していく。これは、満州事変以来、政府や民間で「日本精神」が声高く叫ばれたことと関係していた。

組合教会の牧師の小崎弘道は、満州事変後に主張された「日本的基督教」の動向について次のように述べている。

日清戦争後は、日本主義の基督教が頻りに唱えられたが、日露戦争後には更らに民族主義の基督教が唱道せられ、之に共鳴するものが多かった。……今回の満州事変に関連し、日本精神の復興した事は遥かに日清、日露両役以上であると為さなければならぬ、而して此の影響の結果とも見るべきは民族的基督教を唱うる者の続出しつつあることである。(1)

海老名は、一九三三年に、「日本精神の本質と基督教」と題する講演をし、一九三六年五月には朝鮮・京城において「新日本精神」と題して講演をするなど精力的に「日本的基督教」の問題に取り組んでいった。

海老名弾正は、一九二八年一一月、御宛近くの有終館で火災を起こした責任を取り、同志社総長を辞任し、一九二九年四月に上京し、一九三〇年二月に本郷教会の名誉牧師となっている。彼は東京移転後、執筆活動、基督教連盟の活動、そしてギリシャ語原典での聖書研究を行っている。一九三六年富士見町教会の献堂式に出席する途中、トラックと衝突し自動車事故にあい、一時人事不省におちいった。そのことも一因となり、一九三七年五月八二歳で召天している。海老名は、名誉牧師といっても単なる形式的な称号の役割に甘んじることなく、本郷教会における説教などを通して教会形成や社会的な発言に間接的に関与し続けた。

『弓町本郷教会百年史』は、この点について以下のように記している。

一九三一(昭和六)年九月柳条湖事件を発端として満州事変が勃発し、内外急を告げてくると、海老名は名誉牧師として、九月二〇日から二〇回にわたって「ロマ書」を講解し続けた。時局下確固たる信仰をもって何事にも対応し得るよう、教会員に福音の本義を力をもって解き明かしたのであった。……国家非常時の時に際して、当教会で特にロマ書が学ばれることは興味深いことである。(2)

この時期海老名は伝道活動を行うと同時に、宗教思想の研究を行い、新日本精神の講義を連続して行っている。海老名は、弟子の渡瀬常吉に以下のような手紙を書いている。

拝呈平田篤胤本教外篇写本御送附難有御礼申上候。未だ全部は拝見不致候。小生推察の通りにて、ここまで進展致したるは正しく神道も基督教に流れ込んで、その目的を相達し可申候。黒住も井上も同時代の人にて基督教の準備をなしたるものと存候。小生は近頃処々にて、新日本精神と其の思想史について講演致し居候。……旧日本精神更生進展したるがすなわち新日米精神にて候。すなわち御互のいわゆる基督教精神にて候。この精神は従来の日本精神に胚胎し、世界の大勢に触れて誕生せるを証明致居候……[3]

土肥は、海老名の神道的基督教の神学思想はすでに、彼の神戸教会時代に現れていると述べている。[4]ところで、満州事変以降の海老名の思想は、大正デモクラシーから排他的国家主義に変節し、彼の「日本的基督教」は、神権的国体論に飲み込まれていったのであろうか。この点において海老名弾正の後輩で、組合教会の牧師であった湯浅与三（一九〇二〜一九七七）は以下のように批判的に述べている。

【海老名は】青年時代のことはさて置き日清、日露の戦役の頃には日本的基督教を鼓舞した。また欧州大戦後国際連盟の華やかなりし時代には世界的基督教を説いた。然るに晩年に至り満州事変以後再び日本的基督教を高唱した。これは餘にも時代を見るに敏なる実際家であった。[5]

この湯浅の評価は正当であろうか。実は、海老名の新日本精神は、時代状況の流れに影響されたものであることは確かであるが、同時に、彼の政治思想の発展と読むべきである。そのことを確認するために、まず、海老名弾正が加藤弘之の『吾国体と基督教』に対してどのような批判をしたかを確認しておくことにする。

『吾国体と基督教』が出版されて、すぐに批判したのが、熊本バンドの海老名弾正と彼の弟子の渡瀬常吉であった。

実は、加藤弘之は、『吾国体と基督教』を本郷教会の海老名弾正と霊南坂教会の小崎弘道に批評を求めて贈呈している。加藤と、海老名ないし小崎との間には一定の交友関係があったようである。(6)

小崎はあえて加藤の著作に対して批評しなかったが、海老名弾正は「老兄加藤博士に送る書」と題して、『新人』(八巻一〇号)に加藤批判を掲載した。特に海老名弾正は、第二章の「民族教と世界教」、第四章の「基督教と吾が国体」を批判し、国体の根幹を為す「天孫降臨説」を信じないからといって天皇に不忠とはいえないこと、また人間は下等動物より進化したとする加藤の進化論の方が、天皇陛下も罪悪をおかしたるアダムの子孫と説くキリスト教よりも天皇に不敬ではないかと反論している。海老名自身の立場は、「天孫降臨」を信ぜず、またアダムによる罪の遺伝も信じない立場であるが、だからといって天皇に不忠、真の神に不敬とはいえないと反論している。

また海老名は、キリスト教は各臣民が独立の品性の育成に寄与するので、真正の自主国民大帝国が生まれ、天皇の稜威が宇内に輝くので、キリスト教と国体は両立すると主張する。

海老名の神学的立場はすでに述べたように、原罪論の否定、キリストの贖罪・復活の否定という自由主義神学に立脚するものであるが、「神人同一」に立脚する神の子である人間に人格的尊厳を見る海老名の立場からすれば、人民を奴隷にする加藤の神権論的国体論は当然批判の対象とならざるを得なかった。

また弟子の渡瀬常吉も、一九〇七年一二月一日に『国体と基督教——加藤博士の所論を駁す』において、君主の意旨と神の聖旨が不一致になる場合は、真の忠臣は、君主に盲目的に服従するのではなく、神の聖旨に調和するようすべきであるとして、加藤の狭い愛国心を批判している。

加藤氏のいわゆる忠君は、君側の奸のみ。国家の為に尽くすもまたこの如くなるべし。自己の良心を明らかにし大地の公道に基きて、宜しくその国家を愛すべし。加藤氏の愛国はいわゆる小人の愛国、愚者の狂熱、知識ある義人のそれではない。(7)

それでは、海老名弾正の「新日本精神」の内容を、一九三五年に近江兄弟社出版から出版された『新日本精神』に即して考察することにする。

海老名にとって日本精神とは日本民族精神であり、日本民族に内在している精神である。それに対して「新日本精神」は、単なる日本古来の日本の伝統や宗教を体現した精神ではなく、キリストと一体となった精神であり、日本精神の中にキリストが刻印されている。海老名は序において、「古来日本精神の裡面に奥深く、キリストの霊が内在し来れるを、我々は信じて光明ある日本精神の前途を望むものであります(8)」と述べている。本書は、第一章「日本精神の本質とキリスト教、第二章「新日本精神の誕生」、第三章「日本精神の深化」、第四章「国際精神の隆替」、第五章「日本精神に於ける神の内在」によって構成されている。

海老名が言う新日本精神とは、偏狭で排他的な精神ではなく、世界の精神に開かれ、キリストの精神に満たされたものであった。彼は、五・一五事件の首謀者が唱道するような排他的な国体論を退ける。

日本精神は、絶大なる精神で、個人、国家、世界に充満する精神である。総てのものを抱擁し、総合し、完成して行く愛のキリスト精神こそ日本精神であらねばならぬ。日本精神はキリスト精神の洗礼を受けて、より高い、より深い、より広いものになる。此の主張は吾々クリスチャンが明治以来万難を排して絶叫し来たったものである。現代の青年諸君は此の精神を理解して新日本を建設してもらわなければならぬ。五・一五事件の如き偏狭な精神では新日本は建設せられない。偉大なる建設を為すためにはより高い、より深い、より広い精神に生きるより他に道はない。吾等は、キリスト精神に行かねばならない。偉大なる建設を為すためにはより高い、より深い、より広い精神に生くるより他に道はない。吾等はキリスト精神に行かねばならぬ。新日本を高調しながら、新日本精神を体得し得ざるは何たる矛盾である。ましてや新日本を主張して、旧日本精神を高調するに至りては、その矛盾たるや最も甚だしいと言はねばなるまい。我々はひとえに日本精神の覚醒と飛躍とを切望するものである(9)。

また海老名の『新日本精神』では、間接的にヒトラー批判が展開されている。

> 世界の優秀なる精神に深き共鳴と感激とを見出して行く国際的精神こそ、真の国民精神の根本的特質ではあるまいか。固定し凝縮した精神は、日本精神と何等関わりのないものであると確信する。だが勿論私と見解を異にして、日本精神は世界の他の精神と関わる所無い独特なる特色を有する精神であると主張する人もある。最近全独逸を席巻したるヒットラーの運動に絶大なる感激と興味を有する日本人も居るが、其の反面に反対して居る人もある。(10)

ここで重要なのは、海老名が「新日本精神」を「旧日本精神」に対立させていることである。旧日本精神とは五・一五事件の青年将校の排他的な国体思想であり、「新日本精神」とは開かれた、「キリスト精神」である。こうした文脈において、私たちは、海老名の『新日本精神』が排他的な国体思想の対抗概念であることを理解すべきである。そこに海老名の思想の大正デモクラシーとの連続性を見て取ることができる。

しかし同時に「新日本精神」には「旧日本精神」と共通したものがなければならない。それは第一に敬愛の精神である。表現は上帝、天、天之御中主神《あめのみなかぬしのかみ》、その他どのように表現されようと唯一神に対する敬愛であって、八百万の神に対するものではない。「天之御中主神」は、平田篤胤（一七七六～一八四三）の復古神道で最高位の究極神とされている。海老名は神道の本質を八百万の神ではなく、天之御中主神に求め、キリスト教の創造神、唯一神と神道を「敬愛の精神」として同一のものと理解しようと試みている。村岡典嗣（一八八四～一九四六）は、平田篤胤が禁書であったキリスト教関係の書籍を読み、創造主というキリスト教の神概念から影響を受けたと述べている。(11)

第二に、人間の「神の子」の自覚である。これは旧日本精神の日本人は神の子孫で、日本は神の国であるという考えを、キリスト教によって純化、道義化したものである。つまりキリストと一体化された「神の子」の意識である。これがすでに述べてきたように、海老名の「神の子」の特徴である。

第三に、新日本精神の「神の子」の意識は、日本的民族主義を越えた世界同胞兄弟の人道主義である。

第四に「新日本精神」は、人間のエゴイズムや肉の欲情を制御し、「忠君愛国の精神を浄化し、高尚にし、又遠大ならしめ」、「皇室を永遠に擁護」するものであった。

第五に、人間は「神の子」という信念に裏打ちされた「神の国」の思想である。神の子は、奴隷ではなく、自主、自治、自由なものであり、人を奴隷にするような専制主義的な精神ではない。「神の子」の意識に支えられた「神の国」を地上で実現することが海老名の使命であった。

このように、海老名の「神道的基督教」は、キリスト教と神道を折衷したものではなく、神道をキリスト教によって純化したものであった。私たちは、こうした海老名弾正の「新日本精神」の開明的な特徴を認識しつつも、キリスト教と神道を結び付けようとする海老名の試みにキリスト教の変容の危険性を感ぜずにはいられない。そこでは、キリストの十字架の贖罪も復活も説かれず、いわんや罪の問題も看過される。「新日本精神」とは海老名の神学をあらたな危機の時代において再現したものであり、両刃の剣である。つまり一方において排他的な国体イデオロギーを批判しつつ、他方においてキリスト教を民族的精神と関係づけることによって、キリスト教の独自性や超越性が失われていく危険性である。

金文吉は海老名の「神道的キリスト教」は、キリスト教思想の神道化に外ならず、天皇制ファシズムのイデオロギーへの変質に他ならないと決めつけている。[12]金は、民族精神とキリスト教を結びつけようとする点に、キリスト教をドイツの民族精神と結びつけ、神の国をヒトラーの第三帝国と同一視した、ナチ時代の「ドイツ的キリスト者」と同じ過ちを海老名の中に見ているのである。

これに対して、闢岡一成は、海老名における神道の神が天照大神ではなく、「天之御中主神」であることが重要であることを指摘する。[13]闢岡によれば、天皇制確立、天皇の神格化と結びついて建立された神社の祭神は、「天之御中主神」ではなく、「天照大神」であるので、海老名は神道的キリスト教という名目において、国体の神聖化と神社崇拝を正当化する意図はなかったと主張する。ただ闢岡も、海老名が朝鮮・京城基督教青年会の特別講師として語った「新日本精神」において、京城府民館大講堂に集まった一〇〇〇人を前に、天皇・神社崇敬の必要性を語っていることを認めている。崇敬という言葉が使われているが、実質は参拝、礼拝であろう。海老名は言う。

日本の宗教思想に於て神道は二つに分かれています。一つは、国民道徳になって来つつあるものであり、他は宗教的なものであります。神社崇敬は国民道徳に属する。故に、神社は宗教にあらずと政府が言われたのは尤もなことと思います。苟も日本国民たるものは神社に対して相当の崇敬をすべきである。(14)

また闕岡は、「海老名研究の諸問題」(『神戸外大論叢』四三巻六号、九九二年)で、一九三〇年代から顕著になった「日本的基督教」は、海老名においては、「日本精神に同化したキリスト教」ではないと主張している。(15)つまり彼は、「海老名はキリスト教の本質を変容させる意味での、すなわち神道・儒教・仏教など日本的伝統思想の中に埋没させたり、習合するような意味の「日本的キリスト教」は提唱していない(16)」と述べている。それは、その通りである。

海老名の「新日本精神」を読む限りにおいて、キリスト教によって純化された日本精神が、排外的な国体論ではなく、神の子の意識に裏づけられた敬神の念を持っており、そこに、一九三〇年代の排外主義的なファシズムに抵抗する側面があったことは否定できない。しかし、神道の発展をキリスト教と接合する目的をもって描くことにより、結果的にキリスト教に対する批判を避けると同時に、排他的な神権的天皇制と超越的な神信仰との緊張関係におおいをかける役割を果たしたのではないだろうか。内村の思考が対決型とするなら、海老名の思考は妥協型、ないし折衷型である。

鵜沼は、海老名の主張を以下のように的確に要約している。

海老名の主張の要点は、日本古来の神々の信仰から一神教的傾向を取り出して昇華させてゆけば、これをキリスト教的唯一神信仰に統合することが可能である、というものである。彼は、古来わが国民の宗教心には天照大神崇拝、阿弥陀仏信仰など一神教的な傾向がみられるとし、とりわけ天之御中主を神々中の根本神とする古神道は、迷信的要素や形式的儀式などの雑居物を取り除き、しかも倫理的要素を育成してゆけば、キリスト教と「神観に於て同一の宗教となることができると思う」という。[17]

しかし海老名の神学において一層危険なのは彼のロゴス論である。海老名はヨハネの福音書の「初めにことば（ロゴス）があった」（ヨハネの福音書一章一節）に着目し、このロゴスが人間、歴史、宇宙に内在する「キリストの霊」であるとして『新日本精神』の第五章「日本精神における神の内在」において次のように述べている。

さてこのヨハネのロゴスによれば、キリストはロゴスの実現であります。ロゴスの人格化であるということになります。ロゴスは宇宙における、また歴史における神の内在である。……この宇宙の機能、即ちユダヤ及びギリシャ等の歴史に内在する機能が同じく日本史の裏面にも存在して日本民族を指導し、また聖化しつつあるのを、我々は信じるものであります。……同時にまたこの精神は地上にも建設せられるべき神の国を建設する所の精神であることを信じます。[18]

ここに海老名の危険な汎神論的傾向が余す所なく示されており、異教的なるものがキリストの霊であるロゴスによって聖められ、神の国に発展していくという歴史観の表明である。

ところで一九三〇年代において「日本的基督教」は、主に二つの形態において主張された。第一は、海老名に見られるように、神道といった民族宗教の発展としてキリスト教を矛盾なく理解する立場であり、第二は宗教としてのキリスト教と国民的儀式としての神社参拝を両立させようとする試みである。これは「神社は宗教ではない」ので、キリスト教徒といえども国民の義務として神社参拝を行うべきであるとする主張を正当化するものである。日本基督教会の富田満がとった選択がそうであった。富田は、「日本的基督教」に関して、以下のように述べている。

次は、日本的基督教の樹立と云うことであります。之は、我基督教会内の声であると共に国家的要望であります。我国における現状は基督教が国体の本義に基づくなら容認しよう、然らざれば全面的に否定しようと云う状況であります。之に就いては、我々は尤もだと思います。……完全合同は、国策に添う所以でもあり、また一君万民の我国において之を成し遂げるのが吾々の任務でもあります。[19]

問題は、海老名弾正が神社参拝を正当化したのか、それを偶像崇拝として拒否したのかという問題である。この点について金文吉は、海老名弾正が特に朝鮮におけるキリスト教会に対して、神社参拝を奨励したと論じている。すでに朝鮮半島においては、一九二五年一〇月に天照大神と明治天皇を祭神として京城市内に神社が建立されていたが、一九三七年には朝鮮半島三一五カ所に神社が建立され、神社崇拝が強要されていた。既に述べたように富田満は、一九三八年六、七月に朝鮮を訪問し、神社参拝を奨励していた。金によるならば、海老名の立場は富田と同様に、神社崇拝は偶像崇拝ではなく、国民的儀式であるというものであった。したがって、朝鮮には海老名弾正の影響を受けた日本組合教会の朝鮮の指導者が神社崇拝を受け容れ、「皇国臣民たる私は、国家の元祖を崇拝する神社崇拝は当然だと思う」と表明したとのことである。[20]

総じて、富田や海老名の「日本的基督教」の試みは、一九三〇年代の神権的な国体イデオロギーの押しつけに対して、組織としての基督教会を守ろうとする試みであり、対立ではなく、妥協・融和路線であった。「日本的基督教」における対決型の代表的人物は、内村鑑三の薫陶を受け継いだ矢内原忠雄である。[21]

第二節　矢内原忠雄の日本的基督教批判

矢内原忠雄は、三〇年代における「日本的基督教」の試みを痛烈に批判した。内村は、キリスト教を外国の宣教師の伝道形態に対抗して、日本の文化的風土に根づかせる必要性から「日本的基督教」という言葉を用いたが、それが誤って用いられ、あたかも極端な国体イデオロギーと妥協するものと誤解されるおそれがあった。そこで矢内原は、「日本的基督教」が極端な国体的イデオロギーと対立するものであることを繰り返し、主張せざるをえなかった。矢内原は、一九三三年一一月の『改造』に、「民主主義の復興」を寄稿し、「今日においては、日本的基督教の声は基督教会を風靡せんとしつつある。これは、一般社会における民族主義、国家主義の風潮に刺激せられた結果であり、中にはこれに迎合したるものも無としない」（『矢内原忠雄全集』⑱―二二）と述べている。

また矢内原は、一九三三年一二月三日に江原万里（一八九〇～一九三三）の死を偲ぶ記念講演会で「日本的基督教」と題して講演し、一方において、加藤弘之が『吾国体と基督教』で主張した国体と基督教の矛盾を批判すると同時に、他方において基督教が過度に国体イデオロギーに変質することを憂慮し、「日本的基督教」の「日本的」よりも「基督教」を優先することの必要性を主張している。

矢内原は、一九三四年一月に「再び日本的基督教に就いて」において、以下のように述べている。この論稿は、極端な国家イデオロギーに対する彼の後の戦いを先取りするものであった。

日本的基督教は日本人の心情を以て基督教に回心したものであって、基督教が日本精神に回心したものではない。……基督教が日本主義に降伏することが、日本的基督教であるのではない。日本的基督教にとっての試金石は、神社問題、国体問題又は国家主義の問題である。之等の問題においてその態度決定を誤らない事が、日本的基督教の前途の為に絶対必要である。（同、⑱―二二二）

矢内原はここで、「日本的基督教」の真偽は、神社問題であり国体問題であると述べているが、日本の教会は、神社崇拝を容認し、基督教が日本主義に降伏する道を歩んでいくことになる。矢内原と富田や海老名と決定的に異なっていたことは、矢内原が神社参拝を宗教的行事として理解し、神社参拝は宗教ではないという政府見解を否定したことである。富田や海老名は天皇を神として礼拝することは当然反対であったが、神社参拝は国民的義務として肯定した。神社参拝は、「あなたには、私以外にほかの神があってはならない」とする十戒の第一戒に違反する偶像崇拝であることを認めなかったのである。

出征兵士の送別のごとに町や村の住民が神社参拝を求められたし、各家庭に伊勢神宮の大麻を祀る神棚を設けることが要求せられたが、神社参拝は日本本土よりも朝鮮や台湾において強制的に行われた。特に後に述べるように一九三八年に富田満が出席し、長老教会が神社参拝は宗教ではないと決議してから始まった。総督府としては長老教会が神社参拝のゴーサインを出したので、神社参拝を拒否する人を検挙しやすかったのである。

矢内原は、一九三三年の『理想』一月号に「日本精神の懐古的と漸進的」という論文を書き、一九三六年に『民族と平和』に収載して、刊行した。実はこの論文こそは天皇を現人神とする国体を批判したものとして、矢内原忠雄の辞職の引き金の原因になったものである。後に彼はこの論文の重要性について、「特に私が記憶するのは昭和八年一月号の『理想』に書いた「日本精神の懐古的と漸進的」という論文である。之は是非とも私が一言せねばならぬ問題であると思って、よく考えを練り、腹を決めて書いたものである。問題は基督教と国体との根本問題である。この論文は、『民族と平和』の中に収められたが、右の書物が司法処分に廻されたとき、一番問題にされたのはこの論文であった。私自身この論文を最も重んじている。」(同、㉖―二五八)と述べている。矢内原はこの論稿の中で、美濃部達吉の憲法学説を踏まえて、大日本帝国憲法第三条の「天皇は神聖にして、犯すべからず」とは、国法的表現であり、天皇の統治行為には責任が問われないことを意味し、天皇が神であることではないと主張する。矢内原にとって天皇は尊敬の対象ではあっても、礼拝の対象ではなかった。したがって矢内原は、天皇を現人神にしたてあげ、天皇崇拝を強要する試みには断固として反対した。

後の矢内原の回想によれば、彼が一九三七年一二月に東京帝国大学の経済学部教授の辞任を余儀なくされた真の原因は、『中央公論』(一九三七年八月号)に、「国家の理想」を寄稿し、日中戦争を批判したことではなく、また一九三七年一〇月に「神の国」と題する講演を行い、「この国を葬ってください」と主張したことでもなく、「天皇は人間である」と主張したことであった(同、⑱―三六九)。彼はこの点について戦後の論文「近代日本における宗教と民主主義」において以下のように述べている。

「このような国家の一大転回に対し国民の思想を統一する精神力として利用されたるものが天皇であった。天皇は日本の歴史において　かって見なかった程度に神格化され、天皇に対する不敬は最も重き犯罪として、而も最も簡単に有罪とされた。『天皇は人間である』という一点だけで不敬罪を構成するに十分であった。私自身がその被害者の一人であった。」（同、⑧―三六七）

内村の薫陶を受けた弟子たちが、内村の信仰を継承し、ファシズムと戦うことになるが、内村の最も忠実な信仰の継承者が矢内原忠雄である。そして矢内原は内村の預言者的性格を継承し、ファシズムに向かう日本の政治に対して神の言葉を語り続けるのである。

注

（1）闕岡一成『海老名弾正――その生涯と思想』（教文館、二〇一五年）、三六七頁。
（2）『弓町本郷教会百年史』（日本基督教団弓町本郷教会、一九八六年）、一一二頁。
（3）渡瀬常吉『海老名弾正先生』（龍吟社、一九三八年）、四四〇頁。
（4）土肥昭夫「海老名弾正――思想と行動」（和田洋一編『同志社の思想家たち』所収、一〇〇頁）。また海老名弾正の弟子の岩井文男は、海老名の神道研究を熊本時代に求め、次のように述べている。

海老名は明治二十年（一八八七年）七月、熊本教会に赴任し、二三年（一八九〇年）一〇月まで、教会伝道に従事したが、……この間においてさらにもう一つの彼の内的収穫があった。それは日本神道の研究である。……さいわい当時熊本市内の古本屋には、神道に関する書物が、二束三文で売り出されていた。彼はこれらを手に入れることができ、次第次第に、その道の研究を深めることができたのである。彼はさらにこの研究を京洛の時代、神戸時代にまでも継続した（『海老名弾正』日本基督教団出版局、一九七三年、二〇頁）。

（5）湯浅与三『我が国における三大基督教思想家』（警醒社、一九四二年）、四九頁。
（6）小崎弘道は、加藤について「明治二十二年【一八八九年】頃には、熱心な基督教の賛成者であって、余が番町教会の牧師であった頃は、その夫人、令嬢、令息等を勧めて教会に出席せしめられたのみならず、時には博士自身も教会に臨まれたこともある。その令息の如きは遂に洗礼を受けて教会に加わったのである。」と述べている。『小崎弘道全集』第二巻（日本図書センター）、五三四頁。

(7) 關岡一成、前掲書、三〇五～三〇六頁。
(8) 海老名弾正『新日本精神』(近江兄弟社出版部、一九三五年)、三頁。
(9) 同書、一一頁。
(10) 同書、四頁。
(11) 村岡典嗣『新編日本思想史研究』(平凡社東洋文庫、二〇〇四年)、一五三頁。
(12) 金文吉『近代日本基督教と朝鮮――海老名弾正の思想と行動』(明石書店、一九九八年)、八六頁。
(13) 關岡一成、前掲書、四四九頁。
(14) 海老名弾正『新日本精神』(朝鮮講演)、一七～一八頁。海老名弾正は、大正デモクラシー時代の一九一二年に『国民道徳と基督教』を刊行したが、その中に「神社崇敬の疑問」が収められている。それによれば、海老名は神社崇敬と宗教の二元論の政府の見解を踏襲した上で、神社崇敬が宗教ではなく、信教の自由を侵害しないためには、神社崇拝からすべての宗教的要素を払拭すべきことを主張する(三六頁)。海老名は当局者に対して、「若し日本人には、日本の神あり、外教の神を信じるは、日本の神々に対して不敬なりと主張するものあらば、是れとりも直さず神社と宗教とを混同するものである。当局者は斯かる愚論の跋扈を取り締まる責任がある」(三六頁)と要請している。神社崇敬からすべての宗教的要素を取り除くことは、古事記や日本書記といった古代迷信の上に帝国市民の宗教心を置くことをしないことであり、神社崇敬から一切の迷信的要素を取り除くことであった。ただ海老名は、「新日本精神」においては基本的に、神社は宗教ではないという立場をとり、神社崇拝を容認している。
(15) 關岡一成「海老名研究の諸問題」(『神戸外大論叢』四三巻六号、一九九二年)、三頁。
(16) 同書、五頁。
(17) 鵜沼裕子『近代日本キリスト教思想家たち』(日本基督教団出版局、一九八九年)、一二二頁。また土肥昭夫は、『内村鑑三全集』第三一巻月報での「日本基督教史における内村鑑三」において、海老名の「日本的基督教」について、「【海老名は】、儒教や神道、さらには時代の主要な潮流をキリスト教の中にとりこんでいった。その結果キリスト教の自己同一性が不明確となり、彼の思想はかえってその時々の思潮に取り込まれることになった」(二頁)と指摘している。また吉馴明子は、「海老名における超越性の希薄化現象は、キリスト教を欧米文明から剥離して日本の伝統的宗教と接合したための一つの結果と言える」と評している。吉馴明子、『海老名弾正の政治思想』(東京大学出版会、一九八二年)、八頁。
(18) 海老名弾正、前掲書、五六～五七頁。なお海老名は彼のロゴス論をアレキサンドリアのフレメンスやオリゲネスから継承している。海老名弾正の「第四講教父時代の基督教」(『新人』⑮―七―四七～五六頁)を参照。またこのロゴス論に関する有賀鐵太郎の「海老名弾正と希臘神学――歴史的神学思想の研究」（『基督教研究』、二一巻四号、一九四五年）を参照のこと。
（19）『特高資料による戦時下のキリスト教運動2』（新教出版社、一九七二年）、七八頁。なお富田満は「教会の体制」（一九四〇年一〇月）において基督教会も全体主義的な新体制の要求に応えるべきであると主張している（『福音新報』㉓㉖―一）。
（20）金文吉、前掲書、一八九頁。彼はまた以下のように述べている。「満州事変以降、神社参拝の運動が展開されるようになると、日本組合教会の朝鮮人信者たちは神社に参拝するように人々を扇動した。当時、朝鮮人は勿論であったが、朝鮮のキリスト教信者のうち神社を参拝した人は九〇％以上であった。この神社参拝率の高さは、海老名弾正の思想が強い影響を与えていたことを意味する」（同、一九九頁）。
（21）なお日本基督教会内部において「日本的基督教」に批判的で、「基督教の日本化」よりも「日本の基督教化」を主張し、キリスト教会の預言者的役割を強調したのが、高倉徳太郎の信仰の流れを汲み、一九三四年に浅野順一や伊藤恭二によって始められた『信仰と生活』誌であった。またこの雑誌は無原則な教会合同を批判した。この点については、金田隆一『昭和日本基督教史』（新教出版社、一九九六年）、三七三～三九四頁を参照のこと。

第一九章　基督教団の成立と戦時下におけるキリスト教迫害

第一節　日本基督教団の成立

一九三九年四月に「宗教団体法」が成立したことに伴い、日本基督教連盟のイニシャティブにより、一九四〇年一〇月に教会合同委員会が発足し、一九四一年六月に富士見町教会で開かれた教団創立総会において日本基督教団が結成された。教団の成立は国家によって強制される一方、教会は組織維持のために自ら天皇制国家の支配体制に編入されることを選んだ。しかし、共通の信仰箇条が作成できなかったため、しばらくは部会制をとることとなった、参加した三四教派は、第一部「日本基督教会」、第二部「日本メソジスト教会・日本美普教会」、第三部「日本組合教会・日本基督同胞教会・基督教会」、第四部「日本バプチスト教会」、第五部「日本福音ルーテル教会」、第六部「日本聖教会」、第七部「日本伝道キリスト教団」、第八部「日本聖化キリスト教団」、第九部「きよめ教会」、第十部「日本独立基督教会同盟会」、第十一部「救世団」という十一部会で構成された。しかしこの部会制は国家の要請もあり、一九四二年に解消されて、完全に統合された。

日本基督教団の統理として富田満が選ばれ、彼は一九四二年一月伊勢神宮を参拝し、そこで教団の成立を報告した。以降教団は国策に従い、教会で礼拝中に宮城遙拝、国家斉唱、武運長久祈禱を行った。富田満のこうした行動は、単に国家権力からの圧力によるものではなかった。なぜなら彼は、すでに一九三六年明治学院で「日本精神と基督教」と題して、以下のように述べていたからである。

日本精神と基督教の神髄は共に神の観念に発している。即ち日本精神は、その根本に遡るならば、日本書紀の中に神を本体として忠君愛国の主義を基として居る。又基督教に於ても聖書の巻頭に「元始《はじめ》に神天地を創造《つくり》たまえり」とあり、人格的神中心の宇宙観に発し、無言の裡《うち》に相通ずるものがある。斯《か》るが故に諸君はその根本に立ち返り、両者の真義を把握して、日本精神即ち精神国日本建設の為に基督教徒として十分に貢献すべきである。(1)

これはまさに海老名弾正が主張していた「新日本精神」であり、神道的基督教であるといえよう。

富田は、「神社は宗教ではない」を根拠に一九三八年六、七月に朝鮮を訪問し、六月三〇日に平壌で牧師や信徒を集め、神社は宗教ではなく、国家の祭祀として国民に要求されているので、神社参拝は問題ないと主張した処、朝鮮側はそれに対して理解し、神社崇拝を承認する決議を行い、総督府は富田の働きに感謝したという。

『特高資料による戦時下のキリスト教運動1』には次のように記されている。

朝鮮人や宣教師の間にして此の神社問題にて総督府の弾圧に反抗し殉教者たらんとの覚悟を定めて居るものが相当に多いと云うことである。本年六月より七月にかけて日本基督教会大会議長の資格を以て芝教会牧師、富田満氏が朝鮮の伝道旅行を行った。七月一日平壌に於て西鮮四道の長老教会信徒の代表者百数十名と一堂に会し神社問題を討議した。午後八時より翌朝午前四時半迄徹宵熱心真剣の態度を以て研究討論し遂に神社参拝を承認するの決議を行ったとの事である。平安南道の当局者も総督府の官吏も大に富田牧師の働きを多とし此の結果に対し感謝したそうである。富田牧師は平素より神社は宗教に非ずとの持論を有する人である。(2)

ただ土肥昭夫は、朝鮮側の資料では、そういうことはなく、富田と論戦した朱基徹《チュ・ギチョル》（一八九七〜一九四四）をはじめ二千余の長老教会の信者が反対闘争のために投獄されたと指摘する。[3] 朱基徹は、富田の主張に対して、「富田牧師、あなたは豊かな神学的知識を持っておられる。しかしあなたは聖書を知りません。神社参拝は明らかに第一戒を破っているのに、どうして罪にならないと言われるのですか」と叫んだと伝えられている。[4] 彼は非道な拷問の結果、一九四四年二月二一日に殉教している。神社参拝を理由として殉教した者は五十数名に達する。

富田は統理として一九四一年一二月九日に「日本国民たるキリスト者は、今次宣戦の意義を諒解し、国家に赤誠を捧げ、国土防衛に挺身戮力するはもちろん、進んで銃後奉公実践に万全を期し、遺漏なからんことを期す」べきと訴え、「祈禱のある所に必ず勝利あり。この際キリスト者は、祖国のため結束して祈禱に励むべし」と勧めた結果、全国の教会で大東亜戦争必勝記念会がもたれた。[5]

なお「教団規則」七条においては、「皇道の道に従いて信仰に徹し各其ノ分を尽くして幸運を翼賛し奉るべし」と記されてある。

戦時下における日本基督教団の活動としては、「日本基督教報告団の結成」（一九四一年）、国策遂行への強力を謳った「戦時布教方針」（一九四二年）、「日本基督教団より大東亜共栄圏に送る書簡」の発行（一九四四年）、「決戦態勢宣言」の発表（一九四四年八月）がなされ、多くの教会の礼拝で、宮城遙拝、国家斉唱、武運長久祈禱などがなされた。[6]

もし植村正久が生きていたとするならば、権力による強制的な合同、国家神道と基督教の合体にどのような態度をとったであろうか。彼がこうした合同や妥協を鋭く批判したであろうことは想像に難くない。植村はすでに「不敬事件」の所で述べたように、神社崇拝が宗教でないならば、神社参拝や神棚設置から宗教的要素を取り除き、強制すべきではないと論じていたのである。また彼は、『福音新報』（二七九号、一九〇〇年一〇月三一日）に寄稿した「宗教局と神社局」において、「神社は宗教にあらざるか。……神道の一部は国立宗教にあらざるなきか。少なくともこれに類似するものにあらずや」と問いかけている。更に植村は一九一七年六月の『福音新報』において一歩進んで、「既に祈りが神社祭祀の一要素なりとすれば、その宗教的行為なることは明らかである。かくの如きが事実なるにもかかわらず、神社礼拝を強制する事はとりもなおさず、宗教を強制することである。宗教を強制することは、信仰の自由に対する不法の処置である」（『植村正久全集』⑥―四五）と述べ、神社礼拝を憲法違反と断じている。こうした植村の見解に従って、日本基督教会は、一九一七年八月の第三一回大会で、「今日の神社の祭祀は、純然たる一種の宗教的精神と儀式を以てしつつあり。しかるに当局者が神社礼拝を奨励し、ややもすれば学童にこれが参拝を強いるがごとき事実あるは、明らかに帝国憲法に抵触し信教の自由を妨害せるものと認む」と決議をしていた。[7]

富田満のように神社参拝とキリスト教信仰が併存し両立するという二元論的立場は、国家神道を国教とする当局の立場に追随したものであり、国家権力の迫害を恐れ、教会の組織保持のための自己防衛策であり、国体イデオロギーに屈したといわれても仕方がないだろう。岡部一興は、一九三二年九月上智大学で学生が神社参拝を拒否したことによる神社参拝事件が起きると、キリスト教会全体が、急転直下し、神社参拝は愛国心と国家への忠誠を示すものに変容していったと述べている。[8]

雨宮栄一は『牧師植村正久』において、次のように述べている。

また日本の教会も、昭和という極めて困難な暗い谷間の時代に入り、やがてあの忌まわしい十五年戦争に巻き込まれるに至る。あれほど教会に対する国家の介入を嫌った正久が生きていたら、どのような対応をしめしただろうか。今となっては想像できないが、少なくとも、正久亡き後の、当時の日本基督教会指導者が見せたような愚かな態度はとらなかったであろう。[9]

また植村の富士見町教会に出席していたキリスト教史家石原謙（一八八二～一九七六）は、「この低迷期に処してほとんど無為無策なキリスト教が指導力を喪失したのは必然というほかはない。植村正久の路線は、よくこれを操守する者なく、その信条さえも忘れ去られてついに太平洋戦争に巻き込まれた」[10]と述べている。

しかし他方、植村が努力してきた教会合同の試みが、強制的な上からの日本基督教団の成立の下準備になったといえないだろうか。富田満は、日本基督教団合同以前の日本基督教会代表の合同の準備委員に熊野義孝、三吉務（一八七八～一九七五）、佐波亘、浅野順一（一八九一～一九八一）などとともに選ばれていたが、教会合同を推し進め、日本基督教団の初代統理に就任したのである。

一九二五年の植村正久の死、そして一九三四年の高倉徳太郎の死によって、日本基督教会は、霊的リーダーを失い、歴史の激流に飲み込まれていくことになる。

メインストリームの教会のこうした妥協に対して、内村鑑三の信仰を受け継いだ無教会の第二世代の矢内原忠雄は、まだ教団が成立する前の一九三九年一一月三日、青山学院で積極的に教会合同を願う各派教会有志約八〇〇〇人が富田満を中心に集った「基督教各派団体連合信徒大会」に触れて、以下のように批判している。この大会では賀川豊彦が説教者であり、陸軍大将松井石根と宗務局長川原謙造が挨拶をしている。

さる十一月三日東京青山にて、基督教徒大会なるものが開かれ、午前には基督教講演があり、午後には文部省宗務局長の講演を聴き、かつ陸軍大将【松井石根】の挨拶があった。その陸軍大将の挨拶に先立ち司会者は大将閣下の臨席を非常に光栄とし、一同起立したということである。……その陸軍大将は、南京事件当時の最高指揮官であった。南京陥落の時に、アメリカのミッションで建てられているキリスト教の女学校に対して、一つの大きな間違いが冒された。そのことが報道されて、外国殊にアメリカの排日感情に油が注がれたのである。若しそういう事実を基督教徒大会の主宰者が知らなかったとするならば、之ははなはだしき怠慢である。知っていたとするならば、何という厚顔無恥であるか、その事件の責任者たる者は、手をついて基督教会の前に謝らなければならない。基督教徒大会は、日本の基督教徒の名において謝罪を要求すべきではないだろうか。それを全会衆が起立して迎えるとは、之ほど逆さまの事がありますか。（矢内原忠雄『聖書講義』⑦―五七七）

松井石根は、一九三七年の南京事件の責任者であり、東京裁判において死刑を宣告された人物である。矢内原にとって、当時の教会合同運動は、軍部や政府の支援の下になされ、教会が政治的・軍事的権力に屈している典型的事例であると思われたのである。

矢内原は、戦後の一九四六年に「日本の基督教」と題して、当時の教会合同を以下のように批判している。

戦争中、日本の基督教は、大なる試練を受け、その多くの者が政府の強要に屈して迎合的態度を取り、ただ少数の者だけが、その信仰を純粋に守ろうとして政府の弾圧と迫害を蒙った。中にも不幸であったことは、プロテスタントの諸教会が政府の要求に応じて『日本基督教団』という統合体を造ったことである。プロテスタント教会の合同は、理論的には望ましいことであるにしても、この場合は、教会内部からの機運が信仰的に熟して合同したのではなく、明白に政府の統合政策により強要された合同であり、信仰的には不純なものであった。それはただ政府の戦争政策遂行の機関として利用されたにすぎなかったのである。（『矢内原忠雄全集』⑮―二二三～二二四）

第二節　戦時下のキリスト教迫害

戦時下、官憲の弾圧を受けた教会は、ホーリネス教会、無教会の信者、ブレザレン系の集会であった。思い出していただきたい、こうした団体は、一九一八年からの再臨運動に参加、ないし賛成であった少数派の教会であった。主流派の組合教会や日本基督教会が再臨に対して批判的であるのに対して、彼らは、等しくイエス・キリストの再臨を信じた信者の群れであった。一九一八～一九一九年にかけて内村とその弟子、また中田重治を指導者とするホーリネス教会は再臨運動を展開した。戦時下においては、当時の教会の主流派である「基督教団」が迫害をうけなかったのに対して、ホーリネス、無教会、ブレザレン系の集会の信者は、迫害・投獄され、裁判で有罪判決を受け、服役した。まさに再臨運動が単に宗教的運動のみならず、国体を脅かすものとして弾圧の対象となったのである。ここに私たちは、神のみを礼拝するという唯一神の信仰、そして再臨信仰といった宗教的信条が国体に反すると攻撃を受ける宗教の「政治化」を見るのである。

I　ホーリネス教会

中田重治を指導者とするホーリネス教会は、再臨とユダヤ民族の回復をめぐって一九三六年に中田を支持する「きよめ教会」と車田秋次と米田豊ら五人の聖書学院の教授を支持する「日本聖教会」に分裂した。「きよめ教会」が日本基督教団の第九部に「日本聖教会」は第六部に属したが、日本基督教団に加わらなかった別の群れが「東洋宣教会きよめ教会」を形成した。

一九四二年六月二六日、一九四三年四月の二回にわたって、ホーリネス系三教会の指導者一三四名が治安維持法違反で特高に検挙された。その内訳は、日本基督教団第六部の旧日本聖教会が六〇人、第九部の旧きよめ教会が六二人、東洋宣教会きよめ教会が一二人である。これは、近代日本プロテスタント史における最大規模の弾圧であった。逮捕理由は、ユダヤ人の世界統治国家建設に加担し、国体を否定し、神社の尊厳を冒瀆し、太平洋戦争を諸国家に対する神の審判とみなしたというものであった。ここでは、検挙理由として彼らが神社参拝を拒否したこと、そして再臨を強調したことを挙げておく(11)。

終末時にキリストが再臨の主として来られ、千年王国で王として支配するという考えは、国体における現人神である天皇の主権を侵害するものとみなされた。ホーリネス教会が治安を乱す行為を行ったのではなくて、キリストが王として支配する千年王国の信仰を持っていたという理由で弾圧されたのである。

一九四一年に改定された治安維持法の七条は以下の通りである。

国体を否定し又は神社若は皇室の尊厳を冒瀆すべき事項を流布することを目的として結社を組織したる者又は結社の役員其の他指導者たる任務に従事したる者は無期又は四年以上の懲役に処し情をしりて結社に加入したる者又は結社

の目的遂行の為にする行為を為したる者は一年以上の有期懲役に処す。

以下にこの法律によって検挙され、一九四三年一二月に獄中死したホーリネス系の日本聖教会（日本基督教団第六部）の菅野鋭（一八八四〜一九四三）と係官の会話を紹介する。

係官　君が言うとおりだとして、信条の根拠新旧約聖書を読むと、凡ての人間は罪人だと書いてある。
菅野　それに相違ありません。
係官　では聞くが天皇陛下も罪人なのか。
菅野　国民として天皇陛下のことを云々することは畏れ多いことですが、ご質問に答えます。天皇陛下が人間であられる限り、罪人であることは免れません。
係官　そうすると聖書の中には罪人はイエス・キリストによる十字架の贖罪なしには救われないと書いてあるが、天皇陛下が罪人なら天皇陛下も。
菅野　畏れ多い話ですが、先ほど申し上げました通り、天皇陛下が人間であられる限り、救われるためには、イエス・キリストの贖罪が必要であると信じます。(12)

また菅野は、神社参拝して天照大神を拝んだりすることは偶像崇拝だとして拒絶している。(13)
同じく日本聖教会の小出朋治《ともはる》（一八八八〜一九四五）は、第一次検挙後の拘置所生活一年後に病気で保釈となり、その後の公判で四年の実刑判決を受け、終戦後保釈を前にして獄死している。
中田が率いていたきよめ教会（ホーリネス系）の辻啓蔵（一八八六〜一九四五）は中田重治の次女京と結婚し、足利と弘前の教会で牧会をしていた時、一九四二年に治安維持法違反の容疑で逮捕され、懲役二年の実刑判決を受けた。公判で彼は、自らの信仰の撤回を以下のように表明した。

「聖書絶対無謬に立つ信仰を改めます」
「キリスト再臨に対して疑いをもちます」
「狂信的信仰を白紙に返し清算します」

彼は、懲役二年の判決を受け、一九四五年一月一八日に青森刑務所で獄死している。辻啓蔵の次男の辻宣道（一九三〇～一九九四）は、日本基督教団総会議長を務めた経歴の持ち主であるが、この事件について以下のように述べている。

ホーリネス教会弾圧の真因は、キリストが再臨したときの天皇の地位をめぐる問題であった。キリストは「目に見える現実」として地上に再臨する。そのとき日本を含むいっさいの国家の統治権は失われ、天皇制も廃止される。(14)

辻宣道は、当時の国家のみならず、ホーリネスに対する迫害を見捨てた日本基督教団の統理富田満や日本基督教団の自己保存的体質を鋭く批判した。また彼は、ホーリネス裁判で証人として証言した当時日本基督教神学専門学校の教授をしていたバルト神学者の桑田秀延《ひでのぶ》（一八九五～一九七五）の証言を批判的に紹介している。

元来、基督教には、キリストの再臨を以て歴史的なものとみなす立場と、宗教的なものと為す立場とがあるのであります。歴史的なものとみなす立場は、当然現在的なもの、政治的なものと為るのでありますが、宗教的なものと做する立場は、精神的なものは霊的なものとなるか、更に一歩進めてより現実的に印象づけて説くにしても、それは飽く迄、宗教的な領域に止まるものであって、歴史的現実とは区別せられるのであります。(15)

桑田は、一九一八～一八一九年の再臨運動を批判した海老名弾正や植村正久同様、キリストの再臨を霊的に解釈し、事実上再臨を否定したのである。桑田にとって逐語霊感説の立場にたつホーリネス教会の聖書解釈は間違っているとし、ホーリネス教会は正統的な教会ではないと主張した。彼はまた神社参拝はキリスト教と矛盾するものではないとし、ホーリネス教会の信仰上の戦いを全面的に否定したのである。彼は戦後、東京神学大学の初代学長となり、バルト主義者として活動した有名な学者である。辻宣道は「肝心なところで日本を代表するこの高名な神学者は同僚をすてたのだ。すてたのは桑田一人ではない。日本基督教団は、教団の名をもって同僚を見殺しにした」[16]と厳しく批判し、「桑田証人は、キリストの再臨を霊的なもの、精神的なものと断じ、被告人をいたく狼狽させた。桑田証人は、キリストの再臨を宗教的領域に留めることによって、国家権力との衝突を未然に防止することはしたが、獄にある同労者たちを孤立させるという結果をひきだした」と述べている。

桑田は、ドイツで一九三三年から始まったバルトやニーメラーの教会闘争を日本に紹介し、一九三六年五月日本基督教会の大修養会において、「日本基督教会の神学」と題して講演し、次のように語っていた人物である。

　信仰告白の真意義は、ここに公に表現せられている活ける信仰に対して、身心を賭けて、之を支持し肯定し告白することである。使徒行伝の初に記されている司・長老・学者らの前に於けるペテロの告白がそれであり、ヴォルムスに於けるルッターの告白がそれであり、ヒットラーの命に対して、福音の役者たることにもとらない限りに於て、という留保的条件の提出したバルトの態度がそうである。[17]

他方、一九四四年一一月の第八回公判において、桑田と共に証人として出廷した日本基督教女子神学専門学校長の渡辺善太（一八八八～一九七八）は、中田重治の説教を聴いて回心し、一時東洋宣教会の伝道者をしていたこともあり、桑田と異なり、日本聖教会が正統的な教会であると証言している。[18]

当時の日本基督教団統理の富田満は、警視庁の取り調べの中であたかもホーリネス系の教会に問題があるかのように、「今回の事件は、比較的学的程度が低く且聖書神学的素養不十分な為、信仰と政治と国家というものを混同して考えた結果とは云え、教団にとって洵に悲しむべき出来事であり、統理者としても充分其の責任を感じているのです……」（傍線部引用者）と述べている。

また日基教団財務局長の松山常次郎は、あたかもホーリネス弾圧が正当であるかのように、次のように言っている。

教理上日本国体に反するものがあるので結社禁止は当然の措置であると思う。日本に於て基督者が再臨問題を執り上げて上げて説くことが抑々の間違である。此の事件の影響に依り、日基教団が確立される機運に向かって来たことは日本基督教の為には幸福な事件であったと思う。[19]（傍点部引用者）

ホーリネス教会の弾圧という事態の中で、富田満は文部省の通達を受けて旧第六部と旧第九部のホーリネス系教会の取り消し処分と獄中にある教師の自発的な辞職を求めた。そこには、ホーリネス系の教師や信者の戦いに対する共感は見られず、異分子として切り捨てるような態度が見られる。[20]

Ⅱ　無教会

一九一八～一九一九年に中田重治とともに再臨運動を展開した内村鑑三の弟子の浅見仙作（一八六八～一九五二）も一九四三年七月に検挙され、一九四四年五月に治安維持法違反で札幌地方裁判所で懲役三年の判決を受けた。基督再臨の教義を宣伝し、国体の尊厳を冒瀆したという理由である。彼は、大審院に上告し、一九四五年六月に無罪判決を受けている。大審院の裁判長は三宅正太郎（一八八七～一九四九）、証人は石原謙と塚本虎二、担当弁護士は藤林益三であった。浅見の再臨信仰が、天皇主権と相容れないとみなされたのである。彼の起訴理由に関しては大審院の判決文で以下のように記されている。

神は近き将来に於いてキリストを空中に臨ませ、審判を開始し、戦争その他災禍の充満せるいわゆる艱難時代を現出せしめたる後、キリストを統治者、推挙せられたる聖徒を統治に参与する王と為す千年王国なる地上の神の国を建設し、次で新天新地と称する神の理想社会を顕現すべきものなり。(21)

浅見以外にも、浅見の伝道雑誌『喜の音《おとずれ》』を講読していた人や、浅見から信仰の導きを受けていた人々が取り調べを受け、投獄された。それ以外に無教会の指導者で、『信望愛』主筆の金沢常雄、『新シオン』主筆の伊藤祐之、『聖書の日本』主筆政池仁、『聖書之言』主筆の石原兵衛も警察と刑事局に召喚されたり、聖書雑誌が発禁処分にされたりしている。(22)

以上見たように、大正時代に再臨運動を展開した内村鑑三の無教会や中田重治のホーリネスの系統の教団が戦時期に弾圧され、再臨運動に批判的であった組合教会や日本基督教会が日本基督教団を形成し、弾圧されたクリスチャンに対して無理解であったことは、再臨運動の経緯を考えれば、理解できることである。再臨のイエスが神の国の主であり、天皇の上に立つことは政府にとっては政治的に受け入れられないことであったように、主流派教会にとってそもそも再臨を説くこと自体が福音主義信仰からの逸脱であり、政治的に危険であると考えたといえよう。

総じて、キリスト教と神権的な国体論の衝突は、詰まる所、誰を神とするか、あるいは主（κύριος、キュリオス）とするかの信仰告白をめぐるものであった。ローマ帝国においてクリスチャンが、ローマ皇帝を主とするかイエス・キリストを「主」とするかと問われた時に、イエス・キリストを主とすると答えた者は、厳しい迫害を受けた。同様に、第二次大戦中に、ホーリネス教会や無教会は、同じ迫害を受けたのである。日本のプロテスタント史におけるこうした衝突の端緒は、一八九一年の内村鑑三の不敬事件であった。それから約五〇年経過して、天皇の神格や主権を否定するクリスチャンに対しては、過酷な弾圧が加えられたのである。

Ⅲ　ブレザレン系の集会

戦時中、ブレザレン系の集会の指導者も迫害を受けた。通常プリマス・ブレザレンとして一括して呼ばれるが、ブレザレン系の教会には日本ではプリマス・ブレザレン（同心会）とキリスト集会の集まりがある。双方とも牧師制度を採用しない点に特徴がある。後者の集まりでは、通常教会と訳されるギリシャ語のエクレシア（εκκλησια）は、集められたもの、召し出されたものを意味するので、教会に代わって、「キリスト集会」という名称を用いている。特徴は、聖職者制度を認めず、万人祭司制を徹底する事、聖霊に導かれた教会形成を強調すること、礼拝においては牧師の説教ではなく、神への感謝と賛美の礼拝を大事にし、聖餐式を毎週行うことなどである。しかし、聖職者制度は認めないものの、洗礼や聖餐式を重視する点において、無教会とは異なる。

一九四一年九月二六日新宿の柏木にあるキリスト伝道館が急襲され、「キリスト集会」の藤本善右衛門（一九〇五～一九九四）が逮捕され、大阪では北本豊三郎（一九〇一～一九八一）等六名、神戸では石浜義則（一九〇三～一九八一）の逮捕が行われた。逮捕の理由は、皇居遙拝を偶像崇拝として拒否した事、キリスト再臨の信仰によりキリストが支配する千年王国、そして新天新地を待望し、天皇の権威を否定すること、大東亜戦争の批判などである。以下、藤本善右衛門に対する主任検事の主張する公訴事実（一九四二年五月一六日予審請求（起訴状））を引用しておく。主任検事は、藤本善右衛門が「……近き将来子なる神『イエス・キリスト』を地上に降し汎有る権威権力を撃滅し其の統治に係る千年王国の期間を経て神の直接統治する神の国新天新地を建設して人類に永遠の幸福を与へんとするものにして、右千年王国の建設に際しては地上各国家は総て撃滅一掃せられ其の一環として、我国天皇政治もまた廃止せらるべきものと為すと同時に此の三位一体の神より神なしと為し、伊勢神宮の祭神たる天照大神は畢竟此の真神の被造物たる偶像に過ぎずと妄断する」と述べ、「我国体を否定し、且つ皇室並に神宮の尊厳を冒瀆する前記教理を流布せしめる集団を創設し、……北本豊三郎並に石浜義則を各中心とせる大阪集団並に神戸集団とも相提携し、其の教理の宣布を通じ該集団の拡大強化を図り来りたるもの」と主張し、治安維持法違反と断じている。[23]

石浜義則は、起訴され、懲役三年六か月の判決を受け、広島刑務所で服役中、一九四五年八月六日原爆で被爆している。

以上、ホーリネス教会、無教会、ブレザレン系のキリスト集会に対する国家の迫害についてみてきた。まさに海老名弾正や植村正久が批判した再臨を説く教会が迫害の対象とされたのである。日本基督教団はこうした群れに対してはすでに述べたように非正統的な教会とみなし、迷惑がる傾向が強かったのである。

戦後日本基督教団は、一九五四年一〇月に「信仰告白」文を作成し、「主が再び来たりたまうを待ち望む」と再臨の一文を入れている。

注

（1）中村敏『中田重治とその時代――今日への継承・教訓・警告』（いのちのことば社、二〇一九年）、二五二頁。

（2）『特高資料による戦時下のキリスト教運動1』（新教出版社、一九八一年）、一〇二頁。富田満の神社崇拝のすすめについては、日高善一の報告（『福音新報』、一九三八年、七月一四日、一四日、二一日）を参照のこと。

（3）土肥昭夫『日本プロテスタント教会の成立と展開』（日本基督教団出版局、一九七五年）、一六五頁。

（4）富坂キリスト教センター編『天皇制の神学的批判』（新教出版社、一九九〇年）、一五九頁。また朝鮮における信者の神社参拝拒否については、趙寿玉・渡辺信夫『神社参拝を拒否したキリスト者』（新教出版社、二〇〇〇年）を参照のこと。

（5）金田隆一『昭和日本基督教会史』（新教出版社、一九九六年）、三九八頁。

（6）鵜沼裕子『史料による日本キリスト教史』（聖学院大学出版会、一九九七年）、五七頁。

（7）土肥昭夫、前掲書、一六〇頁。

（8）岡部一興『山本秀煌とその時代――伝道者から教会史家へ』（教文館、二〇一二年）、二五五頁。この上智大学の学生の靖国神社参拝拒否事件において、カトリック教会は参拝は宗教行為ではなく、愛国の行為として神社参拝を容認する旨の通達を行った。また一九三三年に宣教師セディ・リー・ワイドナー宣教師によって設立された教会の美濃ミッションの児童たちが一九三三年に神社参拝を拒んで停学になった時、当時の日本基督教会牧師朝倉重雄は、「神社に低頭するのは、キリスト教信仰に何ら差し支えない」として美濃ミッションを批判した（ウィキペディア「美濃ミッション」）。

（9）雨宮栄一『牧師植村正久』（新教出版社、二〇〇九年）、三五二頁。

（10）石原謙「植村正久の生涯と路線」（『植村正久著作集1』①―四五九～四六〇）。

（11）ホーリネスの弾圧については、中村敏、前掲書、一四五～一六七頁を参照のこと。

（12）中村敏、前掲書、一五四～一五五頁。

（13）同書、一五五頁。
（14）辻宣道『嵐の中の牧師たち――ホーリネス弾圧と私たち』（新教出版社、一九九二年）、六八頁。
（15）同書、六八頁。
（16）同書、九一頁。戦争時のバルト神学者桑田秀延と熊野義孝に対する批判については、井上良雄『戦後教会史と共に――1950―1989』（新教出版社、一九九五年）を参照のこと。
（17）金田隆一、前掲書、一九三頁。なお金田は本書の第二部第二節「ドイツ教会闘争とバルト神学の理解と問題点」において、基督教会の『福音新報』が一九三三年五月からドイツ教会闘争に関する記事を頻繁に詳しく掲載していることを紹介している。同時にバルト神学や教会闘争の受容が神学主義に堕し、信仰の実践や国家に対する戦いを生み出していないことを強調している。一五七～一八七頁。植村正久の三女の植村環牧師は、一九三四年三月八日号の『福音新報』において「神学の危機」を寄稿し、「今現にバルト思想の研究者を以て任じる人々でも、果たしてバルトの如く、基督を生命として信仰の中心に置き、之に生きつつある経験を発見し、世を覚醒せしめつつするものがあるだろうか」と疑問を呈している。金田隆一、前掲書、一六〇～一六一頁。
（18）中村敏、前掲書、一六一～一六二頁。
（19）『戦時下の基督教運動3』（新教出版社、一九七三年）、一四四頁。
（20）中村敏、前掲書、一六二頁。なお辻宣道、前掲書、六七頁を参照。
（21）浅見仙作『小十字架』（待晨堂、一九五二年）、五頁。浅見仙作に関しては田村光三『浅見仙作――福音と平和の証人』（シャローム図書、一九九六年）を参照のこと。
（22）オカノ・ユキオ編『資料　戦時下無教会主義者の証言』（キリスト教夜間講座、一九七三年）においては、当時の国家権力との戦いの記録として浅見仙作集、伊藤佑之集、金沢常雄集、政池仁集、石原兵衛集が収載されている。
（23）滝川晃一『雲のごとく』（伝道出版社、一九八七年）、一九四頁。
また『戦時下のキリスト教運動――特高資料による』二巻（新教出版社、一九七二年）における「無教派系基督者グループの軍刑並びに治安維持法事件」の九九～一〇二頁。また石浜義則の『私の歩んだ道イエス・キリスト』（私家版、一九七九年）も参照。

終わりに

今まで、明治維新から第二次大戦までの日本プロテスタント史を内村鑑三、植村正久、そして海老名弾正という三人のキリスト教指導者に焦点を当てて、時代順にその経緯と苦難を描いて来た。

三人とも正真正銘のナショナリストであり、日本という国を愛し、この日本国と日本人に福音を伝え、日本が「神の国」に発展することを願った。また三人とも福音宣教や教会形成において宣教師やミッションに頼ることを潔しとせず、宣教師から独立、自立した教会形成を目的とした。こうした共通点を持ちつつも、三人の間には超えることのない溝があった。

一番大きな溝は、一九〇一年の海老名‐植村論争に典型的に示されたように、海老名に代表される組合教会の指導者たちが、正統的な福音信仰から外れ、自由主義神学に与し、神としてのイエスを否定した事であり、これはプロテスタント史の闇の部分である。この点において、内村も植村も正統的な福音主義信仰を保ち続けるという点では、同じ立場に立っていた。

内村と植村が連携して福音宣教の働きをしていたら、日本のプロテスタント史も変わっていたかもしれない。しかし内村と植村との間には、二つの越えがたい溝があった。一つは、教会と無教会の対立である。二人は、キリストのからだなる霊的な教会という真理を把握しつつも、その実現のために植村が制度的な教会の創設と教会合同に走ったのに対して、内村は、洗礼、聖餐式などの儀式、そして聖職者の存在を重視する制度的教会を排し、無教会を提唱した。この点は最後まで、一致することがなかった。

もう一つの対立点は、再臨問題である。植村も海老名と同様、イエスが肉体を持って再臨するとは考えなかった。したがって内村の再臨運動に対しては冷淡であった。そして再臨問題の相違は、二人に歴史観の相違、そして神の国概念の相違をもたらした。植村が、福音宣教と教会形成の進展によって地上に「神の国」を形成することを夢見たのに対して、内村はこの世の終末を告知し、再臨によって上から新しい神の国が形成されることを期待し、死の数日前に「万物の完成を祈る」という言葉をのこして召天したのである。再臨を強調する内村の聖書観、歴史観は、進歩史観に立つ近代神学に対する原理的プロテストであった。内村にとって再臨は聖書が示す真理であり、救いの完成であるが、植村にとって再臨の真理は覆い隠されており、キリストの再臨によるキリスト者の復活と新しい新天新地という終末の希望を説くことはなかった。聖書が説く義認、聖化、栄化のうち、栄化（からだが栄光のからだに変えられること）は覆い隠され、神の救いの計画と摂理が中途で終わっているのである。

政治と宗教、国家と教会との関係においても、三人はそれぞれ独自の道を選択した。内村と植村は双方とも「平民主義」の立場にたち、藩閥政府を批判し、民衆の生活や権利の救済を主張した。また国家が、信仰の自由や教会の自律性に介入し、統制する事に強く反対した。また彼らは、大逆事件における政府の弾圧に批判的であった。信仰に固く立ち、権力に対して絶えず緊張関係を保つという点においては、海老名弾正など熊本バンドの出身者とは対照的であった。内村や植村の思考を対決型思考とするならば、海老名や熊本バンドの人々の思考は融和型ないし折衷型といえよう。

しかしこと戦争という争点になると、内村は海老名や植村と決定的に袂を分かった。植村が海老名と同様に、野蛮から文明へという進歩史観に立って日清戦争、日露戦争、韓国併合、第一次世界大戦を支持したのにたいして、内村は日清戦争後は「非戦論」を唱えた。内村が国権よりも民権を主張し、非戦論を展開したのに対して、植村は国権と民権の間を揺れ動き、国権をより重視し、戦争支持の論陣をはったのである。

植村は一九二五年に、内村は一九三〇年に、海老名は日中戦争がはじまる前の一九三七年五月に死んだ。三人は、侵略戦争と国内の軍国主義支配と神権的国体イデオロギーの強制を経験することはなかった。しかし植村正久亡き後の日本基督教会は、次第次第に教会を国家の統制に編入する「宗教法案」に次第次第屈し、神社参拝をも容認するように変質してしまった。そして宗教団体法を梃に日本基督教団成立へと進み、国体の護持と発展の一機関に組み込まれていく。戦時下において日本の教会は、無教会派やホーリネス教会による個々の信仰者の抵抗はあったものの、バルメン宣言に依拠するドイツ教会闘争のような戦いは行えなかった。すでに、信条そのものが自由主義神学などによって掘り崩されていたからである。抵抗できないどころか、教会合同によって成立した日本基督教団は、積極的に政府の侵略戦争の一端を担い、国体イデオロギーの宣伝のお先棒をかついでいった。それは教会史の「闇」の部分である。

もし闇が光を覆い隠してしまったら、もはや将来に希望を持つことはできない。光について考えることは、私たちが、植村正久、内村鑑三、海老名弾正の信仰から何を継承し、何を継承しないかを真剣に考えることでもある。この継承問題に関しては、様々な立場から様々な回答が考えられるであろう。ここでは、筆者の立場から、三点ほど指摘しておくことにする。

第一点は、キリストの十字架の贖い、キリストの復活と再臨の信仰に固く立つということである。イエスを神と認めなかったり、十字架の贖罪の意味を否定する自由主義的な神学は、聖書の信仰を掘り崩していくものである。この点に関して、本書は海老名弾正はじめ熊本バンドの信仰観に対しては客観的な叙述を試みつつも、一貫して批判的であった。この点は、内村鑑三や植村正久が強調した点でもある。キリストの十字架、復活、再臨の意義が説かれない教会は、暗闇に光を投じることはできない。この世界は滅びに向かっているにしても、キリストの再臨による神の国の到来を待ち望み、その備えをすることによってこの世界を変えていくことができるのである。

第二点は教会論であるが、制度的な教会に対する是非は別として、内村も植村も、キリストのからだなる教会、キリストが臨在され聖霊が支配する霊的なエクレシア観を持っていた。この点は、教会が世俗化し、この世的な価値観が持ち込まれ、社交場に堕さないためには継承すべき大事な点である。それでは、制度的な教会を否定する無教会を選択すべきであろうか。内村は、救いの妨げになり、教会の霊的いのちを窒息させるとして洗礼や聖餐を否定的にしか受け止めなかった。しかし洗礼や聖餐が救いの条件ではないことはその通りであるが、洗礼や聖餐が聖書に教えられた大事な儀式であり、洗礼を通して古き我に死に、新しくキリストに生きるという決意表明が行われ、聖餐式におけるパンと杯に与えることによって、私たちの罪のために流されたイエス・キリストの犠牲の血を覚えることは、聖書が示していることである。

第三点は、クリスチャンは政治や戦争に対してどのような態度をとるべきであろうか。それは内村が示したように、絶えず時代の流れを俯瞰する超越的視点を持ち、預言者的役割、つまり見張り番的役割を保持することである。時代の流れに流され、怒濤の如く戦争イデオロギーに染まっていった過去を反省しつつ、時代の流れに抗する（against the tide）姿勢が必要である。それは内村鑑三の後継者である矢内原忠雄の日中戦争やファシズムに対する戦いにも示されている。その戦いを支えていたのは聖書であった。

内村が足尾鉱毒事件などの政治運動から身を引き、『聖書之研究』誌に傾倒することに対して、非政治的な私的領域に閉じこもるものだと批判が強かった。植村が社会の木鐸として発言した『日本評論』を廃刊し、伝道や教会活動に専念することに対しても批判された。しかし、聖書の真理を発見し、それに固く立つことこそが、政治的領域における戦いの原動力となりうるという「逆説」を理解する必要がある。

最後に本書の副題となっている、内村鑑三、植村正久、海老名弾正に関する評価についても一言付け加えておきたい。

本書は、プロテスタント教会史において内村鑑三が果たした役割を評価するものであり、彼の遺産を継承する必要があると考える。その遺産とは、内村の非戦論、無教会論、平民主義からの国家批判以上に、聖書研究の遺産である。海老名弾正は聖書を超えた宗教的体験を強調し、植村正久は神学研究に向かい、内村は聖書主義に立って聖書研究に向かった。この聖書研究の成果こそ、内村の最大の遺産である。この点について作家の正宗白鳥（一八七九～一九六二）は、「この聖書研究は彼の一生の大事業と言うべきで、社会罵倒論や、教会攻撃文や人物評論や、戦争反対論などよりも、この聖書研究が、彼が世に残した価値ある作品などだ。これだけ完備した聖書研究は、日本では他に類がないのではないか」(1)と述べている。

本書でも内村の再臨論との関係で紹介した『ロマ書の研究』はその金字塔というべきもので、内村の贖罪、復活、再臨の生きた信仰が説得力をもって伝わってくる。筆者も時を忘れるほどにくぎづけになり、聖書の真理に目が開かれた経験がある。

他方、「無教会主義」の精神は、正しく理解され、教会形成に生かされる必要があるが、過度の制度的な教会批判には慎重でなければならない。他方内村が投げかけた真のエクレシアとは何かに、制度的な教会は真剣に答えていく必要がある。洗礼や聖餐の積極的な意味も教会形成において生かすべきであろう。

他方、本書では、植村正久が果たした役割にも注目した。植村正久の名前はキリスト教会においては良く知られているが、一般の人々にはほとんど知られていない。信者でなくても内村鑑三の書物を読んでいる人は多いが、植村正久の書物を読んでいる人は皆無に近い。これは不幸なことである。というのも、日本の近代プロテスタント史において重要な役割を果たし、教会を牽引していったのが植村であるからである。彼の信仰と行動を正しく理解することなくして、日本プロテスタント史の歩みを理解することはできない。特に彼が一九〇一年の植村‐海老名神学論争において自由主義神学に対して正統的な神学を擁護し、日本の教会の神学的路線を定めたことは、日本の近代プロテスタント史上において極めて重要な貢献であった。自由主義神学の台頭によって教会が弱体化し、多くの人々が信仰を喪う事態が生じていたからである。彼は、「福音主義」の立場を生涯貫いた。また彼は、内村鑑三以上に国家が信仰や教会に介入することを見張り、不敬事件に見られるように、鋭く当局を批判した。彼は、当局が折に触れて宗教法案を採択することによって、信仰や教会の活動を制限し、規制しようとする動きに目を光らせていたのである。国体と基督教は相矛盾し、基督教は愛国心を掘り崩していくという井上哲次郎や加藤弘之の認識は、彼らだけに限定された考えだけではなく、時代によって現れ方は異なるにせよ、一貫して当局者によって抱かれていた。植村が一九二五年に召天した後に、基督教会は時代の嵐に乗り込まれていき、ファシズムの嵐の中、宗教団体法が制定され、それに従って日本基督教団が形成され、日本の国体イデオロギーの一翼を担わされていった。植村が生きていたならば、彼はどのような行動をしたであろうか、プロテスタント教会の歴史は変わっていただろうか。

半強制的に国家によって上から一元化されたプロテスタント教会は国体の栄華と戦争遂行に邁進し、ドイツの改革派教会やルター派教会に見られたような「教会闘争」は全く見られなかった。それは、ドイツの「バルメン宣言」に見られるような、信仰的基盤がすでに掘り崩されていたからである。この点につき、教会合同を推し進め、「国民教会」を形成することを目指し、「簡易信条」を主張してきた植村の路線に問題はなかったのか。教会合同を推進し、「国民教会」を形成することに心血を注ぐあまり、失ったものも大きかったのではないか。その意味において、本書は、植村正久の果たした役割を高く評価するものの、彼の問題点をも指摘せざるをえない。それは彼の弟子の高倉徳太郎が認識していたことでもある。同じ福音主義に立つといえども、高倉の場合には再臨信仰が明確であり、教会を拡大することによって、地上に神の国を実現していこうとする植村の路線とは異なっている。植村は内村のように再臨の終末論的希望ではなく、歴史の進歩主義の幻想に立つことによって、日清戦争、日露戦争そして第一次大戦を「野蛮と文明」、「軍国主義と民主主義」の戦いと定式化し、国際連盟とデモクラシーの進展に期待したのである。もし植村が三〇年代を生き、ファシズムを経験していたならば彼の歴史観はどのように変化したであろうか。また彼の教会合同による国民教会の形成と発展も、信仰的な共通の基盤を欠いた試みであったと云わざるをえない。高倉徳太郎はそのことを見抜き、聖書的信仰に基づく教会論を形成していったが、残念ながらその使命を果たせずして死んだ。また植村が彼の聖書解釈学の立場から再臨信仰を軽視し、内村たちの再臨運動を「根本主義」の運動と非難したことは問題である。すでに一九章で述べたように、第二次大戦中に再臨を説いて権力によって迫害されたホーリネスや無教会の信者に対して、日本基督教団は、迫害される側ではなく、迫害する国家の側に立った。そこには神学者桑田秀延の法廷での証言にみられるようにホーリネス教会の素人神学に対する神学的傲慢が示されている。神学は内に二律背反をかかえており、聖書の真理に立脚して形成されることを求めるものの、同時に、聖書の真理を制限したり、固定化させてしまう役割を果たす。とりわけ植村や桑田の場合、再臨が看過されたことによって聖書のグランドデザインや神の救いの計画が見失われ、初代教会の信者たちが持っていたキリストの再臨を待ち望む生き生きとした信仰が失われていった。

本書は海老名弾正が日本プロテスタント史上に果たした役割にはできるだけ客観的な叙述を試みたが、否定的にならざるをえなかった。彼の真摯で倫理的な生き方に敬意を表しつつも、人間の罪、イエス・キリストの十字架の贖罪、基督の復活、奇跡、イエスが神であること、イエスの再臨をトータルに否定したことは、結果的に聖書の土台、福音主義の信仰の基礎を根底から揺るがしてしまった。彼が東京で牧した本郷教会には、たくさんの青年が海老名弾正の説教を慕って集まり、一時は六〇〇人以上の礼拝参加者があったという。しかし、海老名に魅了された人々の多くが彼の自由主義神学を通して基督教に近づいた人々であり、また彼の戦争肯定や植民地支配、膨張するナショナリズムを支持した人びとであった。本郷教会には、木下尚江や石川三四郎のように基督教社会主義者がいたが、後に彼らは信仰を捨て、中にはユニテリアン教会に転籍する人も続出した。

高倉徳太郎によれば、教会の教会たる由縁は人数の多さではなく、そこに集う信者が、キリストの贖罪を信じ、聖霊に導かれ、キリストに自らを捧げているかどうかであるが、そうしたことは海老名の教会形成においては全く問われることはなかった。

こうした視点から本書は、いわゆる熊本バンド、そして後の組合教会の指導者に対して、概して批判的である。しかし、熊本バンドや組合教会に属する人々に共通の特徴が存在するとはいっても、海老名弾正を組合教会で代表させることには慎重でなければならない。組合教会の三元老と呼ばれる海老名弾正、小崎弘道、宮川経輝のうち海老名弾正と宮川経輝は信条と行動を共にしていたが、小崎は植村を盟友として考え、海老名の神学には批判的であった。また内村の再臨運動を途中まで担った木村清松、また内村の非戦論や再臨運動に共鳴した住谷天来や柏木義円といった人々も組合教会には存在したのである。また熊本バンドや同志社関係の指導者たちは、慈善事業や社会福祉に熱心であったことを忘れてはならない。金森通倫からバプテスマを受けた石井十次の岡山孤児院の建設、新島襄の教えを受け、後に不良少年感化事業として「家庭学校」を起こした留岡幸助、福音信仰に立ちながら救世軍の社会事業を展開した山室軍平などがそうである。その意味において、組合教会や同志社関係者を一括りして画一的に評価することには、慎重でなければならない。同志社は他にも徳富蘇峰や徳富蘆花など実に多くの人材を輩出したが、熊本バンドや同志社の存在がプロテスタント教会史においていかなる役割を果たしたか歴史的検証が必要である。

そのためにも一九八五年に当時の連邦大統領ヴァイツゼッカーがドイツ連邦議会で『荒野の四十年』と題して語ったように、あやまちを繰り返さないために過去を「心に刻む」（erinnern）ことが必要である。過去の暗闇を通過して、悔い改め、私たちは光と出会うことができる。

このかた【イエス・キリスト】にいのちがあった。このいのちは人の光であった。光は闇の中に輝いている。闇はこれに打ち勝たなかった。（ヨハネの福音書一章四～五節）

注

（1）関口安義『闘いの軌跡』（新教出版社、二〇二三年）、四九六頁。

［参考文献］

Ⅰ《内村鑑三、植村正久、海老名弾正の著書》

【1】内村鑑三の著書

『内村鑑三全集』（全四〇巻）（岩波書店）
『内村鑑三日記書簡全集』（全八巻）（教文館、オンデマンド版、二〇〇五年）
『内村鑑三聖書注解全集』（全一七巻）（教文館、一九六一年）
『内村鑑三英文論説翻訳篇上』（亀井俊介訳、岩波書店、一九八四年）、『内村鑑三英文論説翻訳篇下』（道家弘一郎訳、岩波書店、一九八五年）
なお一般読者がアクセス可能なものとしては、以下の文庫本がある。
『余はいかにしてキリスト信徒となりしか』（岩波文庫、二〇一七年）
『基督信徒のなぐさめ』（岩波文庫、一九九七年）
『求安録』（岩波文庫、二〇一六年）
『宗教座談』（岩波文庫、二〇一四年）
『ヨブ記講演』（岩波文庫、二〇一一年）
『ロマ書の研究』（角川文庫、一九七二年）
『一日一生』（角川文庫、一九七二年）
『内村鑑三所感集』（岩波文庫、一九七三年）

【2】植村正久の著書

『植村正久全集』（全八巻）（植村全集刊行会、一九三三年）
『植村正久著作集』（全七巻）（新教出版社、一九六六年）

【3】海老名弾正の著書

海老名弾正『断想録』（北分館、一九一〇年）
海老名弾正『国民道徳と基督教』（北分館、一九一二年）
海老名弾正『基督教本義』（有隣堂、一九〇三年）

海老名弾正『基督教十講』（警醒社、一九一五年）
海老名弾正『世界と共に目覚めよ』（廣文堂、一九一七年）
海老名弾正『新日本精神』（近江兄弟社出版部、一九三五年）国立国会図書館デジタルコレクション
海老名弾正『基督教概論未完稿・我が信教の由来と経過』（一九三七年）
海老名弾正『日本の説教1――海老名弾正』（日本キリスト教団出版局、二〇〇三年）

Ⅱ《内村鑑三、植村正久、海老名弾正の研究書》

【1】内村鑑三の研究書

土肥昭夫『内村鑑三――人と思想シリーズ』（日本基督教団出版部、一九六二年）
鈴木俊郎編『回想の内村鑑三』（岩波書店、一九五六年）
山本泰次郎『内村鑑三――信仰・生涯・友情』（東海大学出版会、一九六六年）
関根正雄編著『内村鑑三』（清水書院、一九六七年）
山本泰次郎『内村鑑三の根本問題』（教文館、一九六八年）
石原兵永『身近に接した内村鑑三、上・中・下』（山本書店、一九七一年）
鈴木範久『内村鑑三とその時代――志賀重昂との比較』（日本基督教団出版局、一九七五年）
森有正『内村鑑三』（講談社学術文庫、一九七六年）
政池仁『内村鑑三伝――再増補・改訂新版』（教文館、一九七七年）
亀井俊介『内村鑑三』（中公新書、一九七七年）
小川三郎『内村鑑三不敬事件』（新教出版社、一九八〇年）
山本泰次郎『内村鑑三とひとりの弟子』（教文館、一九八一年）
鈴木範久『内村鑑三』（岩波新書、一九八四年）
小原信『内村鑑三の生涯――日本的キリスト教の創造』（ＰＨＰ文庫、一九九七年）
鈴木範久『内村鑑三目録』（全一五巻）（教文館、一九九三〜一九九九年）
江端公典『内村鑑三とその系譜』（日本経済評論社、二〇〇六年）
矢内原忠雄『新装版　内村鑑三とともに』（東京大学出版会、二〇一一年）
黒川知文『内村鑑三と再臨運動――救い・終末論・ユダヤ人観』（新教出版社、二〇一二年）
新保祐司『明治の光　内村鑑三』（藤原書店、二〇一七年）

若松英輔『内村鑑三――悲しみの使徒』（岩波新書、二〇一八年）
役重善洋『近代日本の植民地主義とジェンタイル・シオニズム――内村鑑三・矢内原忠雄・中田重治におけるナショナリズムと世界認識』（インパクト出版会、二〇一八年）
関根清三『内村鑑三――その聖書読解と危機の時代』（筑摩書房、二〇一九年）
鈴木範久『内村鑑三交流事典』（ちくま学芸文庫、二〇二〇年）
関口安義『内村鑑三――闘いの軌跡』（新教出版社、二〇二三年）

【2】植村正久の研究書

青芳勝久『植村正久傳』（教文館出版部、一九三五年）
佐波亘編『植村正久と其の時代』（全五巻、新補遺、教文館、一九七六年）
藤田治芽『植村正久の福音理解』（新教出版社、一九八一年）
京極純一『植村正久――その人と思想』（新教出版社、一九八四年）
青芳勝久『謙堂・植村正久・物語――日本人の心にキリストを命がけで伝えた伝道者』（渡辺省三訳、キリスト教図書出版社、一九九七年）
佐藤敏夫『植村正久――植村正久とその弟子たち』（新教出版社、一九九九年）
武田清子『植村正久――その思想史的考察』（教文館、二〇〇一年）
大内三郎『植村正久――生涯と思想』（日本キリスト教団出版局、二〇〇二年）
雨宮栄一『若き植村正久』（新教出版社、二〇〇七年）、『戦う植村正久』（二〇〇八年）、『牧師植村正久』（二〇〇九年）の三部作
木下裕也『植村正久の神学理解――『真理一斑』から「系統神学」へ』（一麦出版社、二〇一三年）

【3】海老名弾正の研究書

渡瀬常吉『海老名弾正先生』（龍吟社、一九三八年）
土肥昭夫「海老名弾正――思想と行動」（和田洋一編『同志社の思想家たち』同志社大学生協出版部、一九六五年）
岩井文男『海老名弾正』（日本基督教団出版局、一九七三年）
吉馴明子『海老名弾正の政治思想』（東京大学出版会、一九八二年）
同志社大学人文科学研究所編『熊本バンド研究』（みすず書房、一九九七年、新装版）
金文吉『近代日本基督教と朝鮮――海老名弾正の思想と行動』（明石書店、一九九八年）
關岡一成『海老名弾正――その生涯と思想』（教文館、二〇一五年）
望月詩史「海老名弾正――「実験」に支えられた「異端」者の生涯」（沖田行司編『新編　同志社の思想家たち（上）』晃洋書

房、二〇一八年）
關岡一成『人になれ人、人になせ人――クリスチャン・サムライ海老名弾正』（教文館、二〇一九年）
關岡一成『海老名弾正関係資料』（教文館、二〇一九年）
關岡一成『吉野作造と海老名弾正――吉野が「海老名門下のクリスチャン」とされる理由』（教文館、二〇二二年）

Ⅲ　《日本プロテスタント史に関する参考文献》

山本秀煌『日本基督教会史』（日本基督教会事務所、一九二九年）
久山康編『近代日本とキリスト教――明治篇』（創文社、一九五六年）
久山康編『近代日本とキリスト教――大正・昭和篇』（創文社、一九六一年）
久山康編『現代日本とキリスト教』（創文社、一九六四年）
熊野義孝『日本キリスト教神学思想史』（新教出版社、一九六八年）
和田洋一監修『特高資料による戦時下のキリスト教運動』全三巻（新教出版社、一九九七年）
海老沢有道・大内三郎『日本キリスト教史』（日本基督教団出版局、一九七二年）
土肥昭夫『日本プロテスタント教会の成立と展開』（日本基督教団出版局、一九七五年）
『弓町本郷教会百年史』（日本基督教団弓町本郷教会、一九八六年）
富士見町教会百年史資料委員会編『富士見町教会百年――文集・年表』（富士見町教会、一九八七年）
土肥昭夫『日本プロテスタント・キリスト教史』（教文館、一九八七年）
塩野和夫『日本組合基督教会研究序説』（新教出版社、一九九五年）
金田隆一『昭和日本基督教会史』（新教出版社、一九九六年）
鵜沼裕子『史料による日本キリスト教史』（聖学院大学出版会、一九九七年）
同志社大学人文化学研究所編『日本プロテスタント諸教派史の研究』（教文館、一九九七年）
信濃町教会七十五年史委員会編『信濃町教会七十五年史』（日本基督教団信濃町教会、一九九九年）

Ⅳ　《他の参考文献》

【あ】

浅見仙作『小十字架』（待晨堂、一九五二年）
芦名定道「キリスト教思想研究から見た海老名弾正」（『アジア、キリスト教、多元性』現代キリスト教思想研究会、二〇〇四

年）

雨宮栄一『暗い谷間の賀川豊彦』（新教出版社、二〇〇六年）
雨宮栄一『評伝高倉徳太郎（上）（下）』（新教出版社、二〇一〇、二〇一一年）
雨宮義人『田中正造の人と生涯』（茗渓堂、一九七一年）
有賀鐵太郎「海老名弾正と希臘神学――歴史的神学思想の研究」（『基督教研究』二二巻四号、一九四五年）

【い】
飯沼二郎『天皇制とキリスト者』（日本基督教団出版局、一九九一年）
飯沼二郎・片野真佐子編『柏木義円日記』（行路社、一九九八年）
家永三郎『近代日本の思想家』（有信堂、一九七〇年）
石川正俊『鵜沢総明――その生涯とたたかい』（伝記叢書270、大空社、一九九七年）
石浜義則『私の歩んだ道イエス・キリスト』（私家版、一九七九年）
出原政雄「安部磯雄――理想と現実のはざまで」（沖田行司編『新編同志社の思想家たち（上）』晃洋書房、二〇一八年）
絲屋壽雄『大石誠之助――大逆事件の犠牲者』（一九七一年、濤書房）
井上撤英『島田三郎と近代日本』（明石書店、一九九一年）
井上哲次郎「井上哲次郎自伝」（『井上哲次郎集』第八巻、富山房、一九七三年）
井上哲次郎『教育と宗教の衝突』（敬業社、一八九三年）
井上良雄『戦後教会史と共に――1950～1989』（新教出版社、新疆主出版社、一九九五年）
井上良雄『神の国の証人ブルームハルト父子――待ちつつ急ぎつつ』（新教出版社、二〇〇一年）
井深梶之助とその時代刊行委員会『井深梶之助とその時代』（第一巻～第三巻、一九六九年～一九七一年、明治学院）
岩村清四郎『基督に虜はれし清松』（キリスト新聞社、一九八二年）
【う】
鵜沼裕子『近代日本キリスト教思想家たち』（日本基督教団出版局、一九八九年）
鵜沼裕子『史料による日本キリスト教史』（聖学院大学出版会、一九九七年）
鵜沼裕子『近代日本キリスト者の信仰と倫理』（聖学院大学出版会、二〇〇〇年）
【お】
大竹庸悦『内村鑑三と田中正造』（流通経済大学出版会、二〇〇二年）
大島正健『クラーク先生とその弟子たち』（新地書房、一九九一年）

大宮溥『フォーサイス』(日本キリスト教団出版局、一九六五年)
オカノ・ユキオ編『資料　戦時下無教会主義者の証言』(キリスト教夜間講座、一九七三年)
岡本清一「安部磯雄・山川均――同志社が生んだ社会主義者たち」(和田洋一編『同志社の思想家たち』、同社社大学生協出版部、一九六五年)
岡部一興『山本秀煌とその時代――伝道者から教会史家へ』(教文館、二〇一二年)

【か】
片野真佐子『孤憤のひと柏木義円――天皇制とキリスト教』(新教出版社、一九九三年)
片野真佐子『柏木義円――徹底して弱さの上に立つ』(ミネルヴァ書房、二〇二三年)
加藤弘之『吾国体とキリスト教』(一九〇七年、国立国会図書館、デジタルコレクション)
加藤直士『宮川経輝伝』(大阪教会、一九五二年)
金森通倫『回顧録』(アイディア出版部、二〇〇六年)
金森通倫『日本現今の基督教』(『近代日本基督教名著選集――日本現今の基督教並に将来の基督教、我邦の基督教並に将来の基督教問題』、(日本図書センター、二〇〇二年)
金田隆一『昭和日本基督教会史』(新教出版社、一九九六年)
川合道雄『武士のなったキリスト者――押川方義　管見』(大正・昭和編)(りん書房、二〇〇二年)
河上肇『河上肇全集　続』(七巻、岩波書店、一九八七年)

【き】
木下尚江『火の柱』(岩波文庫、一九九三年)
木下尚江『木下尚江著作集第十四巻――神　人間　自由』(明治文献、一九七二年)
木原活信『ジョージ・ミュラーとキリスト教社会主義福祉の源泉』(教文館、二〇二三年)
キリスト教史学会編『植民地・デモクラシー・再臨運動』(教文館、二〇一四年)

【く】
熊野義孝『日本キリスト教神学思想史』(新教出版社、一九六八年)

【こ】
幸徳秋水『基督抹殺論』(岩波文庫、二〇二〇年)
古賀敬太『矢内原忠雄とその時代』(風行社、二〇二一年)
小崎弘道『基督教と国家』(国立国会図書館デジタルコレクション、一八八九年)

小崎弘道『基督教の本質』（教文館、一九一一年）
小崎弘道『70年の回顧』（大空社、一九九二年）
小塩力『高倉徳太郎傳』（新教出版社、一九五四年）
小山哲司「内村の再臨運動から学ぶ」（二〇一九年一二月二五日の記録、http://mitomukyokai.jimdofree.com）
近藤勝彦「デモクラシーの神学思想――自由の伝統とプロテスタンティズム」（教文館、二〇〇〇年）
【さ】
崔炳一『近代日本の改革派基督教――植村正久と高倉徳太郎の思想史的研究』（花書院、二〇〇七年）
斎藤宗次郎『花巻非戦論事件における内村鑑三先生の教訓』（牧歌社、一九五七年）
阪田寛夫『花陵』（文藝春秋、一九七七年）
佐藤敏夫『高倉徳太郎とその時代』（新教出版社、一九八三年）
【し】
島薗進『国家神道と日本人』（岩波新書、二〇一七年）
徐正敏「植民地化と基督教」（キリスト教史学会『植民地化・デモクラシー・再臨運動』（教文館、二〇一四年）
新堀邦司『金教臣の信仰と抵抗』（新教出版社、二〇〇四年）
【す】
碓田のぼる『石川啄木と大逆事件』（新日本新書、一九九〇年）
杉山亮『井上哲次郎と「国体」の光芒』（白水社、二〇二三年）
鈴木正三「隣人なき天皇制とキリスト教」（富坂キリスト教センター編『天皇制の神学的批判』、新教出版社、一九九〇年）
隅谷三喜男「天皇制の確立過程とキリスト教」（『民権論からナショナリズムへ』、御茶の水書房、一九五七年）
【せ】
關岡一成「海老名研究の諸問題」（『神戸外大論叢』四三巻六号、一九九二年）
関口安義『闘いの軌跡』（新教出版社、二〇二三年）
専修大学今村法律研究室『大逆事件と今村力三郎』（専修大学出版局、二〇一二年）
【た】
高倉徳太郎『高倉全集十巻――日記・書簡』（高倉全集刊行会、一九三七年）
高倉徳太郎『福音的キリスト教』（新教出版社、二〇一四年）
高倉徳太郎『日本の説教8　高倉徳太郎』（日本キリスト教団出版局、二〇〇三年）

高橋昌郎『島田三郎伝』（まほろば書房、一九八八年）
高橋虔「宮川経輝と金森通倫――信仰と人間」（『熊本バンド研究』、同志社大学人文科学研究所編、みすず書房、一九九七年）
滝川晃一『雲のごとく』（伝道出版社、一九八七年）
武邦保「ユニテリアン雑誌としての側面から」（同志社大学人文科学研究所編『『六合雑誌』の研究』所収（教文館、一九八四年）
立花隆『天皇と東大』（第一巻、文春文庫、二〇一二年）
田中伸尚『大逆事件――死と生の群像』（岩波現代文庫、二〇一八年）
田畑忍『加藤弘之』（吉川弘文館、一九五九年）
田村直臣『我が見たる植村正久と内村鑑三』（向田堂書店、一九三二年）

【ち】
千葉眞「内村鑑三の贖罪的終末論の諸相（上）」（『内村鑑三研究』（四六号、二〇一三年）
趙寿玉・渡辺信夫『神社参拝を拒否したキリスト者』（新教出版社、二〇一八年）

【つ】
塚本虎二『去思と望憶』（聖書知識社、一九七九年）
辻橋三郎「横井時雄と『時代思潮』――政治家横井のプロフィール」（『熊本バンド研究』、みすず書房、一九九七年）

【と】
同志社大学人文科学研究所編『六合雑誌の研究』（教文館、一九八四年）
同志社大学人文科学研究所編『熊本バンド研究』（みすず書房、一九九七年）
同志社大学人文科学研究所編『六合雑誌総目次』（教文館、一九八四年）
同志社大学人科学研究所編『日本プロテスタント諸教派史の研究』（教文館、一九九七年）
徳富蘇峰『蘇峰自伝』（中央公論社、一九三五年）
徳富健次郎『謀反論』（中野好夫編、岩波文庫、二〇一〇年）
富岡幸一郎『非戦論』（NTT出版、二〇〇四年）
土肥昭夫「海老名弾正――思想と行動」（和田洋一編『同志社の思想家たち』同志社大学生協出版部、一九六五年）
土肥昭夫「海老名弾正の神学思想」（『熊本バンド研究』所収）
土肥昭夫『キリスト教会と天皇制――歴史家の視点から考える』（新教出版社、二〇一二年）

【な】
中田重治『日本の説教4――中田重治』（日本キリスト教団出版局、二〇〇三年）

中村敏『中田重治とその時代――今日への継承・教訓・警告』(いのちのことば社、二〇一九年)
成田龍一『大正デモクラシー』(岩波新書、二〇一六年)
【に】
現代語で読む新島襄編集委員会編『現代語で読む新島襄』(丸善、二〇〇七年)
【の】
フレッド・G・ノートヘルファー『アメリカのサムライ――L・L・ジェーンズ大尉と日本』(飛鳥井雅道訳、法政大学出版局、一九九一年)
【は】
橋川文三・松本三之介編『近代日本政治思想史』(Ⅰ、Ⅱ)(有斐閣、一九七〇〜一九七一年)
J・I・バッカー――『福音的基督教と聖書』(岡田稔訳、一九六三年)
林竹二『田中正造の生涯』(講談社現代新書、一九七六年)
坂野潤治『明治デモクラシー』(岩波新書、二〇一五年)
【ふ】
福田英子『妾の半生涯』(岩波文庫、二〇二〇年)
W・E・ブラックストン『耶蘇は来る』(中田重治訳、東洋宣教会ホーリネス教会出版部、一九一七年)
M・プラング『東京の白い天使』(鳥海百合子訳、教文館、一九九八年)
【ま】
松岡八郎「吉野作造とキリスト教の影響④」(『東洋法学』、三七巻二号、一九九四年一月)
松浦義夫「ジェームズ・デニーの生涯と神学」(一)(二)(ypir.lib.yamaguchi-u.ac.jp)
【み】
宮田光雄『日本キリスト教思想史研究』(創文社、二〇一三年)
宮田光雄『権威と服従――近代日本におけるローマ書十三章』(新教出版社、二〇〇三年)
【む】
無教会論研究会編『無教会論の軌跡』(キリスト教図書出版、一九八九年)
村岡典嗣『新編日本思想史研究』、平凡社東洋文庫、二〇〇四年)
【も】
望月詩史「大西祝――短き生涯が遺したもの」(沖田行司編『新編同志社の思想家たち(上)』(晃洋書房、二〇一八年)

森鷗外『鷗外選集』、第三巻、第四巻（岩波書店、一九七九年）
森長英三郎『禄亭大石誠之助』（岩波書店、一九七七年）
【や】
矢内原忠雄『内村鑑三と共に（新装版）』（東京大学出版会、二〇一一年）
矢内原伊作『矢内原忠雄伝』（みすず書房、一九九八年）
山田滋『小野村林蔵――日本伝道二代目の苦難』（一麦出版社、二〇〇九年）
【ゆ】
湯浅与三『我が国における三大基督教思想家』（警醒社、一九四二年）
【よ】
横井時雄『基督新論』（警醒社、一八九一年）
横井道雄『我邦の基督教並に将来の基督教問題』（『近代日本基督教名著選集』）
横浜プロテスタント史研究会編『横浜開港と宣教師たち――伝道とミッションスクール』（有隣新書、二〇〇九年）
米原謙『徳富蘇峰』（中公新書、二〇〇三年）
【わ】
和田洋一編『同志社の思想家たち』（同志社大学生協出版部、一九六五年）

【海老名弾正・植村正久・内村鑑三の年譜と社会の動き】

＊海老名弾正の年譜は、關岡一成『吉野作造と海老名弾正――吉野が「海老名門下のクリスチャン」とされる理由』（教文館）巻末の「海老名弾正略年譜」を参考にした。
＊植村正久の年譜は、大内三郎「植村正久――生涯と思想」（日本基督教団出版局）巻末の「植村正久略年譜」を参考にし、加筆した。
＊内村鑑三の年譜は、関根正雄編著『内村鑑三』（清水書院）巻末の「内村鑑三年譜」や政池仁『内村鑑三伝』の「年譜」を参考にした。

年		海老名弾正・植村正久・内村鑑三の動向	政治史・教会史における出来事
一八五四			一八五三年米国のペリー浦賀に来航し、神奈川で日米和親条約が締結される。
一八五六	海老名	八月二〇日　柳川藩（福岡県柳川市）家禄一〇〇石の武家の長男として誕生、喜三郎と命名される。	
一八五八	植村	一月一五日　江戸芝露月町に徳川家旗本一五〇〇石の父禱十郎と母ていの間に長男として生まれる（幼名は道太郎）。次弟は儀三郎、末弟は甲子次郎。	七月　日米修好通商条約が締結される。
一八五九	植村	ヘボン（米国長老派）、ブラウン（米国オランダ改革派）、シモンズ（同）、フルベッキ宣教師（同）来日。	
一八六一	植村	バラ（米国のオランダ改革派）宣教師の来日。	
	内村	三月二三日　上州高崎藩士の父内村宜之と母ヤソの長男として江戸小石川の高崎藩邸内に生まれる。	
一八六五	海老名	母死去。藩校伝習館で漢学を学び始める。	
一八六七	植村	幕府が崩壊し、植村家は所行地の上総国山辺郡に帰農。	大政奉還・王政復古。
一八六八	植村	植村一家、横浜に移る。	ヘボン、バラ、タムソン共訳の『新訳聖書』完成。
	内村	王政復古により、内村一家高崎に引き揚げる。	
一八七一	植村	横浜博文館に入学。井深梶之助、本多庸一、押川方義も一緒。	廃藩置県、岩倉使節団の派遣。
	海老名	一月　英学を学び始める。	

一八七二	植村	バラの祈禱会に参加し、信仰を持つ。日本最初の日本基督公会（横浜公会）設立。	
	海老名	九月「熊本洋学校」二期生として入学。	
一八七三	植村	七月　バラより受洗。ブラウン塾に入り、キリスト教神学を学び始める。	二月　キリスト教禁止の高札の撤廃。
	海老名	毎週土曜日にジェーンズの自宅で始められたバイブル・クラスに参加。	
一八七四	内村	東京外国語学校入学。	一月　板垣退助等、民撰選議院設立建白書の提出、自由民権運動の始まり。新島襄、米国から帰国。
一八七五	海老名	バイブル・クラスで、ジェーンズの祈禱の意義を聞き、入信（第一の回心）。神を主君、自分を臣下として理解する。	加藤弘之、『国体新論』を著し、「天賦人権説」を提唱。
	内村	九月　札幌農学校二期生として太田（新渡戸稲造）や宮部金吾と共に入学。 一二月「イエスを信ずる者の契約」に署名。	
一八七六	海老名	金森通倫、横井時雄、宮川経輝、徳富猪一郎（後の蘇峰）ら三五名の学生と一緒に、花岡山での「奉教趣意書」に署名、ジェーンズによる受洗。 七月　熊本洋学校を卒業し、九月に同志社英学校入学。	
一八七七	植村	ブラウン塾、日本一致基督教会成立に伴い、東京一致神学校に統合。植村は、一致神学校に入ると同時に、下谷練塀町において開拓伝道を開始。	西南戦争。
	海老名	夏季休暇中に群馬県安中に夏期伝道に行く。	
一八七八	植村	下谷一致教会の設立。	大久保利通暗殺。 七月　第一回「全国基督教信徒大親睦会」の開催。
	海老名	二月に学業を中断して、安中伝道に赴き、三月に新島襄を迎えて安中教会を設立。同志社で第二の回心を経験。神を父、自分を赤子とする信仰を持つ。	
	内村	六月　メソジスト教会宣教師ハリスから洗礼を受ける。	
一八七九	海老名	同志社英学校を卒業。第一回の一五名の卒業者は全員熊本洋学校の卒業生。 一〇月　安中教会の伝道師に就任。 一二月　新島襄を迎え、安中教会で按手礼を受け、牧師となる。	
一八八〇	植村	一月　下谷一致教会で牧師に就任。 五月　小崎弘道と「基督教青年会」を組織し、一〇月に『六合雑誌』を始める。	三月に「国会期成同盟会」が誕生し、片岡健吉、河野広中が国会開設上願書提出。

一八八一	内村	七月　抜群の成績で卒業し、開拓使御用掛となる。	軍人勅諭公布。 加藤弘之、『人権新説』刊行し、社会進化論に転向。
一八八二	植村	八月　山内季野と結婚。	
	海老名	八月　名前を喜三郎から弾正に改名。 一〇月　横井小楠の娘で、横井時雄の妹の横井美屋と結婚。	
	内村	一月　友人たちと特定の教派に属さない札幌独立教会を設立。	中江兆民、「民約訳解」を出す。
一八八三	植村	下谷一致教会牧師辞任。長女澄江の誕生。	新聞紙条例の改正。 鹿鳴館の竣工。
一八八四	植村	一〇月　『真理一班』を出版。	六月、鹿鳴館時代始まる。
	海老名	一〇月　前橋に移転し、伝道に従事。	
	内村	三月　浅田タケと結婚するが一〇月に破婚、傷を癒すために渡米。	
一八八五	植村	一番町において開拓伝道を開始。高知伝道に参加。	四月　清国との間に天津条約締結。 一二月　太政官を廃止し、内閣制度を実施。 教会の親睦団体である「日本基督教信徒大親睦会」が「福音同盟会」に改められる。
	内村	一月　エルウィンの精神薄弱児児童施設にて看護人として働く。 六月　ワシントンで終生の友となるベルに会う。 九月　新島襄の紹介でマサチューセッツ州アーモスト大学に入る。	
一八八六	植村	一番町一致教会の設立。この頃、日本基督一致教会と日本組合教会の合同の話し合いが始まる。次女薫誕生。	
	海老名	七月　前橋教会を創立し、牧師に就任。	
	内村	八月　学長シーリーの感化によりイエスの十字架の贖いを体験。	
一八八七	植村	三月　一番町教会会堂の建設（後の富士見町教会）。	二月　徳富蘇峰、「民友社」を起こし、『国民之友』の創刊。 一二月　保安条例公布。 文語訳聖書の完成。
	海老名	七月　熊本に移転。一八八五年七月に創設された熊本教会を牧する。	
	内村	七月　アーモスト大学卒業、九月ハートフォード神学校に入学。	
一八八八	植村	三月　アメリカとイギリスに行き、見聞を広め、翌年一月に帰国。	
	海老名	四月　熊本英学校を設立し、校長となる。	

	内村	一月　ハートフォード神学校を退学し、五月に帰国。 九月　新潟の北越学館に赴任するが、宣教師と対立し一二月に帰京。	
一八八九	植村	組合教会と一致教会の合同の失敗。 九月　明治学院大学神学部教授となる。富士見町教会で国木田独歩に洗礼を授ける。三女環誕生。	二月に大日本帝国憲法発布。文部省、天皇の「御真影」を高等小学校に下付。 森有正の暗殺。
	海老名	一一月　熊本女学校を設立し、校長となる。	
	内村	七月　東洋英和学校と明治女学校で教える。横浜加寿子と結婚。	
一八九〇	植村	『日本評論』と『福音週報』を創刊する。『日本評論』に「帝国議会の開設」を書き、民権の進展を主張。日本基督一致教会は、日本基督教会に改称。	一月　新島襄の死。 四月　基督一致教会と組合教会の合同中止。 一〇月　教育勅語発布。 一一月　第一回帝国議会。
	海老名	一〇月　組合教会本部の決定により、日本伝道会社仮社長に就任し、京都に移転。翌年四月に社長就任。	
	内村	九月　第一高等中学校嘱託教員となる。	
一八九一	植村	内村鑑三不敬事件に際して、『福音週報』に「不敬罪と基督教」を寄稿。また本多や押川と共に声明書を発表する。『福音週報』は発行停止処分を受けるが、直ちに『福音新報』を刊行。 また七月に『日本評論』に「日本現今の基督教並に将来の基督教」を寄稿し、金森通倫の新神学を批判。	一月　内村鑑三不敬事件。 九月　井上哲次郎、教育勅語の解説書である『教育衍義』を刊行。 田中正造、足尾鉱毒問題を議会にて質問。 六月　金森通倫、『日本現今の基督教並に将来の基督教』を刊行。
	内村	一月　不敬事件の発生。国賊として非難され、職を失う。 四月　妻加寿子病没。 一一月　「我信仰告白」を『六合雑誌』に掲載し、横井時雄の自由主義主義神学を批判。	
一八九二	植村	『日本評論』に「今日の宗教論及徳育論」を掲載し、井上哲次郎を批判。 四月　次女薫の死。 日本基督教大会において高知伝道を決定、片岡健吉、植村正久委員となる。 島崎藤村が一番町教会に転入。 田村直臣の『日本の花嫁』事件が起こり、田村、日本基督教会から除名される。	『教育時論』に「宗教と教育との関係につき井上哲次郎氏の談話」が掲載され、国体とキリスト教の論争が展開される。 一一月　黒岩涙香、『万朝報』を創刊。
	内村	九月　大阪の泰西学館に赴任し、一二月岡田シズと結婚。	
一八九三	海老名	九月　アメリカン・ボードからの独立を主張し、伝道会社社長選挙で落選、神戸教会牧師に就任。	井上哲次郎、『教育と宗教の衝突』を刊行。八月に日清戦争勃発。

	内村	二月「基督信徒のなぐさめ」刊行。 九月『教育時論』に井上哲次郎の「教育と宗教の衝突」を批判した『文学博士井上哲次郎君に呈する公開状』を発表。泰西学館を去り、熊本英学校で教えた後、京都で文筆活動に入り、八月に『求安録』を刊行。 一〇月『六合雑誌』に「六合雑誌記者に申す」を書き、横井時雄の自由主義信仰を批判。	
一八九四	植村	一一月『福音新報』に「日清戦争を精神問題とせよ」を掲載し、日清戦争を支持。 七月『日本評論』を廃刊。日本基督教会伝道局は外国ミッションから独立し、宣教師との関係を断つ。 六月 四女恵子の誕生。	一二月 横井時雄、『我が国の基督教問題』を刊行。
	海老名	五月『六合雑誌』に「忠君愛国と博愛」を寄稿。	
	内村	七月 箱根の第六回夏期学校で「後世への最大遺物」と題して講演。 八月「流竄録」や日清戦争を支持した“Justification of the War”、九月 その邦訳「日清戦争の義」、一〇月「日清戦争の目的如何」を徳富蘇峰主筆の『国民之友』に発表。	
一八九五	植村	五月「平和の回復」の文章のゆえに、『福音新報』の発行停止を命じられるが、二カ月後再度『福音新報』を復活し、第一号から発行。	四月 下関で日清講和条約調印されるが、独・露・仏の三国干渉が起こり、日本は遼東半島を返還。 徳富蘇峰、平民主義から国家主義へ転向。
	海老名	一〇月 奈良で開催の組合教会教役者大会で、海老名が中心となり、奈良宣言を採択。組合教会の大講演会において、五月、「中原の鹿を追う」と題して講演し、キリスト教を中心とした諸宗教の統一を説く。	
	内村	五月 How I became a Christian を刊行。	
一八九六	内村	八月「時勢の観察」を『国民之友』に発表。 九月 名古屋英和学校の教師となる。 一二月『福音新報』に「寡婦の除夜」を寄稿。	
一八九七	植村	正宗白鳥に洗礼を授ける。	足尾鉱毒被害民、大挙して東京に向かう。 正宗白鳥、植村から受洗。
	海老名	五月 本郷教会牧師に就任。この時から一九二〇年三月まで本郷教会牧師時代。	
	内村	一月 黒岩涙香の要請により、『万朝報』の英文欄主筆となり、東京に移る。 六月『後世の最大遺物』を刊行。	

一八九八	内村	五月 万朝報社を退社。 六月 時事評論誌『東京独立雑誌』を創刊。	
一八九九	内村	七月 女子独立学校校長に就任し、九月に角筈の学校内に移転。	五月 清国で義和団事件が起きる。
一九〇〇	植村	一月『福音新報』に「宗教法案に付きて」を寄稿し、宗教法案を批判。	二月 足尾銅山の被害民二〇〇〇名が警官と衝突する川俣事件が発生。 三月 治安警察法公布。
	海老名	『新人』創刊。	
	内村	四月『宗教座談』を発表。 七月 内紛のため『東京独立雑誌』廃刊。 九月『聖書之研究』を創刊。 一〇月『興国史談』を刊行。万朝報社に客員として迎えられ、日本語の論説を書く。	
一九〇一	植村	海老名弾正との間で「キリスト論論争」が始まり、翌年まで続く。日本基督教会教役者大会において「教授ハルナックの神学」というテーマで講演。	一二月 田中正造、鉱毒問題で天皇に直訴。 幸徳秋水、『廿世紀の怪物 帝国主義』を刊行。 安部磯雄達、「社会民主党」を結成するが、即日解散。
	海老名	植村正久と九月から翌年五月までキリスト論論争を行う。	
	内村	二月に「洗礼晩餐廃止論」を書き、三月に『無教会』を創刊。足尾銅山鉱毒事件のために奔走。黒岩涙香、幸徳秋水らと一緒に「理想団」を結成し、足尾鉱毒事件に対する反対運動を展開する。	
一九〇二	植村	福音同盟会にて植村の福音主義の主張が認められる。	日英同盟調印。
	海老名	一月『新人』に「三位一体の教義と予が宗教」を掲載。 四月 福音同盟会は、海老名や自由主義神学系の教会を除名。福音同盟会の本多庸一会長、小崎弘道副会長は辞任。海老名は、仙台、九州、中国地方、関西に伝道旅行を行い、本郷教会で大講演会を行い、盛況を極める。	
	内村	八月『無教会』の廃刊。 九月 角筈聖書研究会を自宅で毎日曜日開く。	
一九〇三	植村	神学の教科書の件で、南長老教会派の宣教師と対立し、明治学院教授を辞任。藤村操の自殺を知り、『福音新報』に「生きるとも何の甲斐あらんや」を発表。 一〇月 一番町教会の説教「基督教と戦争」において非戦論を批判。	帝大七教授、対露強硬論を建議。 一〇月に幸徳秋水と堺利彦、平民社を設立し、『平民新聞』を発行。
	海老名	一二月『基督教本義』を刊行。	

	内村	三月『聖書之研究』に「キリスト教と社会主義」を掲載し、社会主義を批判。日露戦争反対。非戦論を『万朝報』や『聖書之研究』に発表し、十月「万朝報社」を堺利彦や幸徳秋水と共に退社。一〇月に「退社に際し涙香兄に送りし覚書」を書く。	
一九〇四	植村	四月「王たち君たちの羞辱」を『福音新報』に掲載し、文明対野蛮の対立軸から日露戦争を支持。海外ミッションから自立した伝道者養成機関として「東京神学社」を創立。	二月　日露戦争勃発。
	海老名	『新人』に四月に「人道の見地から見たる日露戦争」、八月に「聖書の戦争主義」と「戦争の美」を寄稿し、日露戦争を支持。	
	内村	九月「余が非戦論者となりし由来」を『聖書之研究』に寄稿。 一一月　母ヤソ永眠。	
一九〇五	植村	日本基督教会大会にて「独立自給案」が可決される。	九月　ポーツマスにて日露講和条約調印。条約に反対する暴徒の日比谷焼き討ち事件が発生し、キリスト教会も襲撃の対象となった。 一一月　第二次日韓協約（日韓保護条約）が締結され、翌年韓国統監府が設置され、伊藤博文が初代の韓国統監に就任。
	内村	二月『基督教問答』を刊行。 九月「教友会」が全国各地に設立される。	
一九〇六	植村	四月　富士見町教会献堂式。 一〇月『福音新報』に「時代の要求と教会の要求」を掲載。	一月　堺利彦らが日本社会党を結成し、機関誌として『平民新聞』を発行するが、翌年解散を命じられる。
	海老名	福音同盟会が福音主義の定義を削除したため、海老名弾正が福音同盟に復帰。	
一九〇七	内村	三月「無教会主義の前進」を『聖書之研究』に掲載。 四月　父宜之永眠。 一一月　角筈から柏木に移る。	加藤弘之、『吾国体と基督教』を出版。
一九〇八	植村	日本基督教会教役者会において「カルビンとその思想」を講演。	六月　荒畑寒村らの赤旗事件が起きる。
	海老名	五月　スコットランドエジンバラで開催された世界会衆派大会に組合教会を代表して参加、帰途サンフランシスコ郊外の恩師ジェーンズを見舞う。	
	内村	六月　今井館の開館式が行われる。	

一九〇九	海老名	四月　『新人』の姉妹誌として『新女界』を創設し、主幹となる。	一〇月　伊藤博文、ハルピンで安重根によって暗殺される。 一〇月　「開教五十年記念祝典」の開催。
	内村	多くの一高生が聖書研究会に参加し、一〇月に「柏会」誕生。	
一九一〇	植村	六月　「主の再臨」と題して説教。 九月　『福音新報』に「大日本朝鮮」を寄稿し、韓国併合を支持。日本統治下の韓国基督者に宛てた激励文「朝鮮のキリスト教」を『福音新報』に発表し、発売禁止処分を受ける。	五月　大逆事件が発生。 八月　韓国が日本に併合され、朝鮮総督府が設置され、初代総督として寺内正毅陸相が就任。 石川啄木『時代閉塞の現状』 英国エディンバラで「世界宣教会議」が開催され、超教派の運動が盛んになる。
	海老名	九月　『新人』に「日韓合併を祝す」を寄稿し、韓国併合を積極的に支持。 一〇月　組合教会総会が開催され、朝鮮伝道が決定される。 八月　『断想録』を刊行。	
一九一一	植村	一月　大逆事件の処刑者の一人大石誠之助の葬儀を遺族慰安会の名目で行う。 一〇月　第二回目の洋行。	一月　大逆事件の被告一二名の死刑が執行される。 二月　徳富蘆花、第一高等学校で「謀反論」と題して講演。 幸徳秋水の死刑後、『基督抹殺論』が刊行。
一九一二	植村	三教の合同の会議に参加することを拒否。本多庸一死去。	二月　第一次護憲運動が起こり、桂内閣総辞職。 七月　明治天皇の逝去。 福音同盟会に代わって「日本基督教会同盟」が組織され、一九一三年から一九一六年まで全国伝道を行った。
	海老名	二月　『国民道徳と基督教』を刊行。三教合同の会議に参加。	
	内村	一月　娘ルツ子の永眠、この時復活信仰を明確に把握する。	
一九一三	内村	二月　『所感十年』、『デンマルク国の話』を刊行。	八月　カリフォルニア州排日土地法案成立。 護憲運動が全国で活発化。

一九一四	内村	一〇月「欧州の戦乱と基督教」を『聖書之研究』に掲載し、非戦論を展開する。	七月 第一次世界大戦勃発。 三月 全国協同伝道が開始され、一九一六年まで三年間続く。
一九一五	植村	日本基督教会修養会にて「内外神学の趨勢」を講演。六月に朝鮮と満州、八月に台湾の伝道旅行を行う。	
	海老名	一一月『基督教十講』を刊行。	
一九一六	内村	第一次大戦の勃発、米国の参戦により信仰上の危機に陥ったが、再臨信仰を持ち、危機を脱する。 四月に弟子の藤井武に対する反論として「神の忿怒と贖罪」を『聖書之研究』に掲載。ベルからSunday School Timesを送られ、再臨信仰を刺激される。 九月「欧州戦争と基督教」を『聖書之研究』に寄稿し、「信者の大希望たる基督の再臨」を説く。 一〇月「柏会」解散し、「エマオ会」誕生。	吉野作造『中央公論』に「憲政の本義を説いて其有終の美を済すの途を論ず。」を発表。
一九一七	海老名	一一月『世界と共に目覚めよ』を刊行。	四月 米国、第一次世界大戦に参加。 ロシアに二月革命、十月革命がおこり、共産主義国ソ連が誕生。 第八回日曜学校世界大会が東京で開催。
	内村	一〇月に開かれた神田YMCA講堂でのルーテル宗教改革四百年記念講演会で「宗教改革の精神」と題して講演、大成功。	
一九一八	植村	六月「基督の再臨」と題して講演。 七月「世界の平和」を『福音新報』に寄稿し、国際連盟と民主主義を支持。	八月 シベリア出兵（一九二二年一月の撤兵まで続く）。 八月 富山県で始まった米騒動が全国に波及。 一一月 第一次世界大戦終わる。
	海老名	三月に「基督再臨論に対する見解」、四月に「基督再来論」、七月に「宗教思想の推移と再臨問題」、「宣傳すべきキリストの福音」を『新人』に寄稿し、内村の再臨運動を批判。 六月 組合教会、メソジスト教会、聖公会の代表者が海老名弾正が牧会する本郷教会に集まり、再臨反対運動を展開。 また三月に「世界恒久の平和は如何にして来るか」、八月に「基督の福音と民本主義」、一二月に「列国共通の民主主義」を『新人』に寄稿し、国際連盟や民主主義を支持する。 六月『基督教新論』を刊行。	

	内村	一月「聖書研究者の立場より見たる基督の再来」と題する第一回講演会を神田の基督教青年会で開き、再臨運動を展開する。以降、東京、大阪、京都、神戸、札幌など全国各地で再臨講演会を開催。 七月「聖書の預言とパレスチナの恢復」を『聖書之研究』に発表。 九月「組合教会の再臨論」を『聖書之研究』に掲載し、海老名を批判。 九月「東京教友会」、「エマオ会」、「白雨会」が合併し、「柏木兄弟団」が結成される。 一一月に「聖書全部神言論」、一二月に「基督再臨を信じたるより来たりし余の思想上の変化」を『聖書之研究』に寄稿。	
一九一九	植村	三月 富士見町教会の礼拝出席者六二八名となり、日本最大のプロテスタント教会になる。 三月 朝鮮で独立運動がおこる。	朝鮮で三・一運動（独立万歳運動）が発生。 六月 ベルサイユ講和条約に調印。
	海老名	二月 夫妻で欧米視察旅行、翌年一月に帰国。	
	内村	五月「連盟と暗黒」を『聖書之研究』に寄稿し、国際連盟と民主主義を批判。再臨運動によりキリスト教会にリヴァイヴァルが起こり、教会改革の声があがる。 四月 マタイ伝二四章を解説した「イエスの終末論」を『聖書之研究』に寄稿。 六月 基督青年会の講堂の使用が禁じられ再臨運動が終わる。 丸の内大日本私立衛生会講堂で聖書講義を始める。	
一九二〇	植村	七月 朝鮮・満州伝道旅行。 一二月 四女の恵子がニューヨークで召天。	一月 日本は国際連盟に加入し、理事国となる。
	海老名	四月 本郷教会牧師を辞任し、同志社第八代総長に就任。 六月「基督教とデモクラシイ」を『新人』に掲載。	
	内村	ダニエル書講義（一～三月）、ヨブ記講義（四～一二月）。	
一九二一	植村	新潟、青島、上海、大連へ伝道旅行。 四月「神社は宗教ではないか」を『福音新報』に掲載。	一一月 原首相暗殺される。
	内村	ロマ書講義（一～一二月） 一二月 柏木兄弟団の解散。	
一九二二	植村	日本基督教会を代表し、欧米の諸教会を歴訪。	二月 ワシントン軍縮条約調印。 七月 非合法組織である日本共産党の結成。

一九二三	植村	九月一日に起こった関東大震災のため、東京神学社、富士見町教会が焼失。その復興に務める。植村は、『婦人の友』の一〇月号に「神の業の顕れんためなり」を書く。 一一月　仮会堂建設。	六月　有島武郎自殺。 九月　関東大震災発生。 一一月　日本基督教会同盟、日本基督教会連盟に改組。 一二年　虎ノ門事件発生。
	内村	七月　有島武郎の自殺を批判した「背教者としての有島武郎氏」を「万朝報」に寄稿。 九月　関東大震災発生し、衛生会講堂が焼失したため、柏木の自宅内に今井館聖書講堂を増築。 一〇月　「天災と天罰及び天恵」を『主婦の友』に寄稿。	
一九二四	植村	六月　『福音新報』に、「日米の間に起これる案件」を寄稿し、米国の排日移民法に反対を表明。柏木の家屋を寄贈され、転居する。 高倉徳太郎、「戸山教会」を始める。 七月　「キリスト教思想の争い」、七月に「宣言もしくは信条」を『福音新報』に寄稿。	一月　第二次護憲運動が発生。 五月　米国で排日移民法が成立。
	内村	五月　アメリカの排日法案反対運動を展開。 一二月　「末日の模型」を『聖書之研究』に寄稿。	
一九二五	植村	一月八日　柏木の自宅で心臓発作のため急死。十二日　富士見町教会にて葬儀、多摩墓地に埋葬される。享年六九歳。召天の時の植村の立場は、富士見町教会牧師、日本基督教会伝道局長、東京神学校校長、『福音新報』の主幹であった。 高倉徳太郎が一月に東京神学社校長に就任。	四月　治安維持法。 五月　普通選挙法が成立。 井上哲次郎が出版した『吾国体と基督教道徳』が頭山満によって不敬であると非難される。
一九二六	内村	英文雑誌 The Japan Christian Intelligencer を創刊。（一九二八年二月廃刊）	
一九二七	植村	富士見町教会、後任の牧師の選任をめぐり、分裂。戸山教会は、富士見町教会からの転入者一〇六名を受け入れる。 高倉徳太郎、一〇月に『福音的基督教』を刊行。	三月　金融恐慌発生。
	内村	二月　宗教法案に反対し、意見書を文部大臣、貴族院議員と衆議院議員に送付。青山の日本青年館大講堂においてイザヤ書を講義。	
一九二八	植村	押川方義死去。	二月　最初の普通選挙。 三月　共産党大検挙。 六月　治安維持法の改正。 張作霖爆殺事件。
	海老名	「御大典」中に隣接する同志社の建物から出火して、一一月にその責任をとり、総長を辞任。総長在任は八年八か月。	

	内村	四月　横井時雄の葬儀において「故横井時雄君の為に論ず」で追悼演説をする。三月に「教会問題に就いて」、十月に塚本虎二の排他的な無教会論に対して「積極的無教会主義」を『聖書之研究』に寄稿。	
一九二九	海老名	吉月に東京に移転。	世界恐慌の発生。 一一月　「日本基督教会連盟」、賀川豊彦、富田満を中心に神の国運動を展開。
	内村	一月　心臓肥大を指摘され休養。 一二月　塚本虎二と分離。	
一九三〇	植村	七月　高倉徳太郎を中心に「福音同志会」が結成され、機関誌として翌年三月に『福音と現代』が創刊される。 九月　会堂建設と同時に戸山教会を信濃町教会に改称。	四月　ロンドン海軍軍縮条約。 一一月　浜口雄幸首相狙撃される。
	海老名	二月　本郷教会総会で名誉牧師に推薦される。	
	内村	三月二八日　永眠、享年七〇。東京雑司ヶ谷墓地に葬られた後、多摩墓地に改葬。墓碑銘には、“I for Japan, Japan for the World, The World for Christ, and All for God”とある。内村の意志により『聖書之研究』は四月号（三五七号）にて終刊、内村聖書研究会も四月六日に解散。内村の死の二日前の言葉は、「人類の幸福と日本国の興隆よ宇宙の完成を祈る」という言葉を遺す。	
一九三一			九月　満州事変発生。
一九三二			三月　満州国建国宣言。 五月　五・一五事件発生。
一九三三	海老名	一月『日本国民と基督教』を刊行。	三月　日本は国際連盟から脱退。
一九三四	植村	高倉徳太郎の死。	
	海老名	一二月『新日本精神』（近江兄弟出版部）を刊行。	
一九三五			二月　天皇機関説事件が発生し、八月に政府は「国体明徴宣言」を発する。
一九三六	海老名	一一月　富士見丘教会献堂式出席途中、自動車事故で負傷。	二月　二・二六事件発生。

一九三七	海老名	五月二二日　永眠。 五月二五日　本郷教会で葬儀。八〇歳八か月の生涯。	七月　日中戦争が始り、九月に第一次近衛内閣が「国民精神総動員運動」を始める。 矢内原忠雄、「国家の理想」を『中央公論』に寄稿し、日中戦争を批判、一二月、東京帝国大学を辞職。
一九三八		小崎弘道の死。享年八二歳。	三月　「国家総動員法」可決。
一九三九		四月　宗教団体法が成立。	一月　河合栄治郎、出版法違反で起訴。 九月　第二次世界大戦始まる。
一九四〇	植村	井深梶之助の死。享年八〇歳。	二月　津田左右吉の著書『古事記及び日本書紀の研究』、『神代史の研究』などが発売禁止となる。 九月　日独伊三国同盟調印される。 一〇月　第二次近衛内閣の時に「大政翼賛会」成立。
一九四一		六月　プロテスタント教会が合同して「日本基督教団」を結成。 一二月　太平洋戦勃発後、全国の教会で大東亜戦争必勝祈念会が持たれる。	九月　藤本善右衛門、北本豊三郎、石浜義則等「キリスト集会」信者の逮捕。 一二月　日本真珠湾を攻撃して、太平洋戦争が勃発。
一九四二		日本基督教団から国策遂行への協力を求める「戦時布教方針」が出される。	六月　ホーリネス系教職者の第一次検挙。
一九四三			四月　ホーリネス系教職者第二次検挙。 七月　無教会信者浅見仙作、キリストの再臨を主張し、天皇の権威を否定したとして、特高に逮捕され、起訴される。

一九四五		三月　金森通倫死去。享年八七歳。	六月　浅見仙作大審院で無罪判決。 八月　日本ポツダム宣言を受諾し、終戦。 一二月　ＧＨＱが「神道指令」を出し、国家神道を禁止する。
一九四六			一月　天皇の人間宣言。 一一月　日本国憲法の発布。

あとがき

本書『近代日本プロテスタント史の政治思想――内村鑑三、植村正久、海老名弾正の足跡』は、筆者が大阪国際大学の紀要『国際研究論叢』に寄稿した諸論稿に修正・加筆する形で成立したものである。各章の成立経緯は以下の通りである。

第一章　三つのバンドの成立とその特徴――書き下ろし
第二章　不敬事件をめぐる各バンドの対応――「内村鑑三とその時代（1）―不敬事件」（『国際研究論叢』第35巻第1号、二〇二一年一〇月）に修正・加筆。
第三章　国体とキリスト教をめぐる論争――（同上）
第四章　新神学をめぐる論争――「内村鑑三とその時代（2）―正統的神学と自由主義神学の論争」（『国際研究論叢』第35巻第2号、二〇二二年一月）に修正・加筆。
第五章　正統的神学と自由主義神学――植村正久と海老名弾正の神学論争――（同上）
第六章　日清戦争の勃発――「内村鑑三とその時代（3）―民権と国権の相克」（『国際研究論叢』第35巻第3号、二〇二二年三月）に修正・加筆。
第七章　藩閥政府批判――「内村鑑三とその時代（6）―内村鑑三と植村正久の政治批判」（『国際論叢』第36巻第3号、二〇二三年三月）に修正・加筆。
第八章　足尾鉱毒事件――（同上）
第九章　日露戦争の勃発――「内村鑑三とその時代（3）―民権と国権の相克」（『国際研究論叢』第35巻第3号）に修正・加筆。

第一〇章　韓国併合――（同上）
第一一章　大逆事件の衝撃――「内村鑑三とその時代（6）――内村鑑三と植村正久の政治批判」（『国際論叢』第36巻第3号）に修正・加筆。
第一二章　内村鑑三の再臨運動とその批判――「内村鑑三とその時代（4）――再臨運動と大正デモクラシー」（『国際研究論叢』第36巻第1号、二〇二二年一〇月）に修正・加筆。
第一三章　大正デモクラシーに対する対応――（同上）
第一四章　内村の無教会主義対植村の教会主義――「内村鑑三とその時代（5）――内村の無教会主義対植村の教会主義」（『国際研究論叢』第36巻第2号、二〇二三年一月）に修正・加筆。
第一五章　関東大震災の発生――「内村鑑三とその時代（6）――内村鑑三と植村正久の政治批判」（『国際論叢』第36巻第3号）に修正・加筆。
第一六章　排日移民法批判――（同上）
第一七章　宗教法案に対する対応――書き下ろし
第一八章　日本的基督教――書き下ろし
第一九章　基督教団の成立と戦時下におけるキリスト教迫害――書き下ろし

ところで私は神学者でもなければ聖書学者でもなく、日本政治思想史の専門家でもない。にもかかわらず、結果的に、「近代日本プロテスタント史の政治思想」という書物を刊行したのは、内村鑑三の政治思想を、当時の時代的文脈中で、植村正久や海老名弾正という当時のプロテスタント指導者との比較考察を通して明らかにするという手法を取ったためである。

こうした手法はメリットもあり、デメリットもある。メリットとしては内村鑑三を単に無教会の流れで理解するというワンパターンの理解から離れることができたことである。他方デメリットとしては、内村のみならず植村や海老名またはその周辺の人々の思想形成や神学・政治思想を跡付ける必要上、実にたくさんの史料や研究書を読むことを余儀なくされた。同志社今出川図書館や人文科学研究所に通い、『六合雑誌』、『福音新報』、『新人』、『基督教世界』などのキリスト教雑誌やプロテスタント史関係の史料を読み進めることを日課としたが、未熟なるが故に、明確な新機軸を打ち出せず、史料の山に圧倒された感がある。また内村鑑三、植村正久、海老名弾正の個々のキリスト教思想や政治思想分析も深みと一貫性に欠けるものとなっている。それでも、三人のキリスト教思想や政治思想を中心に、私自身の信仰的立場から、近代日本プロテスタント史の一断面を描くことができたとするならば、それは望外の喜びである。それぞれの専門家からの忌憚なき批判を歓迎する次第である。

本書を刊行するまでには、多くの方々の助けをいただいた。バルト研究者の掛川富康氏（茨城キリスト教大学名誉教授）とウェーバー研究者の佐野誠氏（奈良教育大学名誉教授）には、原稿を読んでもらい、貴重な助言をいただいた。特に掛川氏からはバルトに影響を及ぼしたブルームハルトの再臨信仰の重要性について教えられた。また高倉徳太郎の福音的キリスト教を高く評価されている宮田光雄先生（東北大学名誉教授）から『高倉全集』第十巻（日記・書簡）を送っていただいた。また千葉眞氏（ICU名誉教授）からは内村鑑三の聖書観や終末論についての御教示をいただいた。それぞれの先生に、心から感謝を表するものである。

また『矢内原忠雄とその時代――信仰と政治のはざまで』（風行社、二〇二一年）に続いて、本書の出版を快諾してくださった犬塚満氏、また忍耐しながら本書の組版をしてくださった伊勢戸まゆみさんに心から謝意を表するものである。またいつもながらこの書物の執筆を陰で支えた妻ひとみにも感謝したい。願わくは、本書が多くの人に読まれんことを。

二〇二四年八月一〇日　大津市瀬田にて

古賀敬太

人名索引

＊内村鑑三、植村正久、海老名弾正は、人名索引の中に含めていない。
＊人名索引は本文のみで注を含んでおらず、また本文の全ての人名を拾っているわけではない。

【か行】

【さ行】

【た行】

【な行】

【は行】

【ま行】

【や行】

【ら行】

【わ行】

【著者略歴】
古賀敬太（こが　けいた）

1952年　福岡県生まれ
早稲田大学政経学部卒、京都大学法学研究科博士課程修了。博士（法学）
現在　大阪国際大学名誉教授

［主要業績］
単著　『カール・シュミットとカトリシズム』（創文社、1996年）
『西洋政治思想と宗教——思想家列伝』（風行社、2018年）
『カール・シュミットとその時代』（みすず書房、2019年）
『矢内原忠雄とその時代——信仰と政治のはざまで』（風行社、2021年）
『28人の著名人と聖書——聖書の扉を開く』（伝道出版社、2021年）
編著　『政治概念の歴史的展開』（第1～6巻、第8巻、晃洋書房、2004～2016年）
共訳　E・H・ブロードベント『信徒の諸教会——初代教会からの歩み』（伝道出版社、1989年）
ロバート・P・エリクセン『第三帝国と宗教——ヒトラーを支持した神学者たち』（風行社、2000年）
A・D・リンゼー『オックスフォード・チャペル講話』（聖学院大学出版会、2001年）

【HP】keitakoga.com
【E-mail】gospel.keita@gmail.com

近代日本プロテスタント史の政治思想
——内村鑑三、植村正久、海老名弾正の足跡

2024年9月20日　初版第1刷発行

著　者　古　賀　敬　太
発行者　犬　塚　　満
発行所　株式会社 風　行　社
〒101-0064 東京都千代田区神田猿楽町1－3－2
Tel. & Fax. 03-6672-4001
振替 00190-1-537252
印刷・製本　中央精版印刷株式会社
装幀　大森裕二

 ISBN978-4-86258-159-4